汽车总线通信网络技术

主　编　王树春
副主编　姜　浩　袁玉龙

北京理工大学出版社
BEIJING INSTITUTE OF TECHNOLOGY PRESS

图书在版编目（CIP）数据

汽车总线通信网络技术 / 王树春主编 . —北京：北京理工大学出版社，2020.10
ISBN 978 - 7 - 5682 - 9181 - 1

Ⅰ．①汽…　Ⅱ．①王…　Ⅲ．①汽车 - 计算机控制系统 - 总线 - 高等职业教育 - 教材
Ⅳ．①U463.6

中国版本图书馆 CIP 数据核字（2020）第 206999 号

出版发行 / 北京理工大学出版社有限责任公司

社　　　址 / 北京市海淀区中关村南大街 5 号

邮　　　编 / 100081

电　　　话 / (010) 68914775（总编室）

　　　　　　(010) 82562903（教材售后服务热线）

　　　　　　(010) 68948351（其他图书服务热线）

网　　　址 / http：//www.bitpress.com.cn

经　　　销 / 全国各地新华书店

印　　　刷 / 三河市天利华印刷装订有限公司

开　　　本 / 787 毫米 × 1092 毫米　1/16

印　　　张 / 21.25　　　　　　　　　　　　　责任编辑 / 高雪梅

字　　　数 / 500 千字　　　　　　　　　　　　文案编辑 / 高雪梅

版　　　次 / 2020 年 10 月第 1 版　2020 年 10 月第 1 次印刷　　责任校对 / 周瑞红

定　　　价 / 86.00 元　　　　　　　　　　　　责任印制 / 李志强

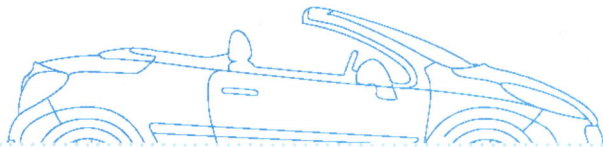

　　无论从政府立法机关要求降低废气排放和燃油消耗的角度，还是从客户希望不断改善驾驶舒适性和安全性的角度，都要求车辆使用大量的电子控制装置。随着电子控制装置增加，车辆会出现诸多问题，如质量增加、油耗上升、故障点增多和车辆可靠性下降等。然而，大多数控制装置需要相同的输入信息进行有效操作，如果这些控制系统能从同一输入端得到所需信息，那么就可以减少汽车上传感器和接线的数量。而"汽车总线通信网络技术"不仅可以解决汽车电子控制系统线路复杂和线束增加的问题，还可以实现控制系统间信息和资源的共享。本书编写的目的是适应并推动高等教育相关专业的发展，使所培养的汽车高级技术人员能够尽快掌握汽车总线通信网络技术的原理和维修技术。

　　本书中的每一个项目都给出了学习的知识目标和技能目标，增强了学习的目的性和针对性。本书对汽车总线通信网络技术与维修的相关理论知识和实践内容进行了有机整合，内容新颖，层次分明。

　　本书针对高等院校的教学特点，将书中的许多关键知识点和技能点以概念、提问、提示的形式加以注解，便于读者学习理解。本书实用性强，图文并茂，同时还利用二维码插入了与教学目标配套的教学视频及习题答案。全书力求理论概念准确、实操思路清晰、内容由浅入深，并注重将学生自学和教师讲解相结合、理论学习与实践操作相结合、学生的自我评价与教师的综合评价相结合，以提高学生的实践能力和综合素质。

　　为了配合实训教学和课后练习，书中在每个实训任务工单和学习评价中都设置有一定量的习题，以帮助学生进一步巩固所学知识。

　　本书可作为高等院校汽车类专业的教学用书，亦可作为相关专业的教学参考书。

　　本书的参考学时为 64 学时，各部分的参考学时参见下面的学时分配表。

项目	课程内容	时间安排（理论、实训一体化）/学时
项目一	汽车总线通信网络技术基础知识	6
项目二	汽车常用总线通信网络技术与检修	24
项目三	汽车现阶段拓展总线通信网络技术	4
项目四	典型的汽车总线通信网络检修	18
项目五	新能源汽车总线通信网络系统检修	12
总计		64

本书在编写的过程中，得到了上汽大众校企合作项目组、奔驰校企合作项目组、长安福特校企合作项目组和比亚迪新能源汽车校企合作项目组等单位的大力支持，在此表示真诚的谢意。

本书由王树春担任主编，姜浩、袁玉龙担任副主编，刘劲松、胡晶晶、谢成嗣参编。

由于编者的水平有限，编写时间仓促，资料缺乏，书中难免存在疏漏，敬请读者批评指正。

编　者

2021 年 3 月

目 录

CONTENTS

项目一

汽车总线通信网络技术基础知识

知识目标

（1）了解汽车需要总线通信网络的原因；

（2）了解车载总线通信网络不同类型的协议特性及技术参数；

（3）熟悉通信的定义与现代通信技术的主要特征；

（4）熟悉汽车电子信号的类型；

（5）熟悉汽车电子信号的判定依据；

（6）理解汽车总线通信网络技术常用术语的含义。

技能目标

（1）掌握万用表检测汽车相关电子信号的电气参数的方法；

（2）掌握示波器采集汽车相关电子信号的波形的方法。

✽ 任务一　汽车总线通信网络技术概述

一、通信技术简介

通信是将信息从一点传递到另一点的过程，而通信技术则是实现将信息从一点传递到另一点的方式和方法。在早期，人们使用肢体动作和声音与附近的人进行交流，随着社会的发展，人们开始使用火、光、狼烟和信件等方式来联系远方的人。

现代通信技术主要是指信息传输技术，当今社会的通信技术如图 1-1 所示。以联网汽车为例，联网汽车中的通信包括车辆对环境（V2E）、车辆对车辆（V2V）、车辆对基础设施（V2I）、车辆对行人（V2P）、车辆对用户（V2U）和车辆对网络（V2N）等。由此可见，信息传输技术的发展之快，已经超出了人们的想象。

现代通信技术的主要特征是通信的信息量大、表现形式多样、通信距离长和通信时间短。现代通信技术可分为有线通信和无线通信。

1. 有线通信

有线通信是指通过导线连接源设备和目标设备，并以此交换信息，如图 1-2 所示。一对一通信是有线通信的基本形态，我们所使用的通信方式一般为一对一通信。

有线通信的主要特点如下：

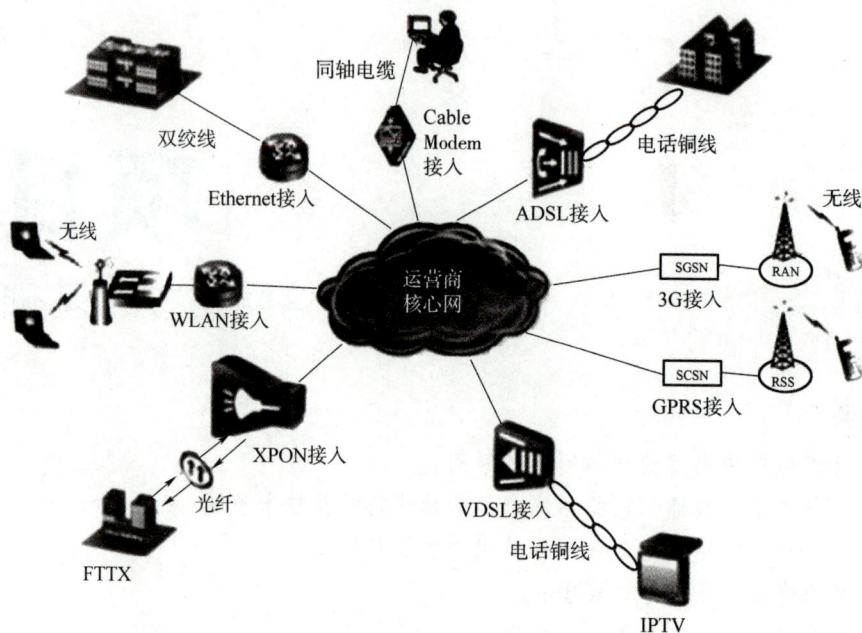

图1-1　当今社会的通信技术

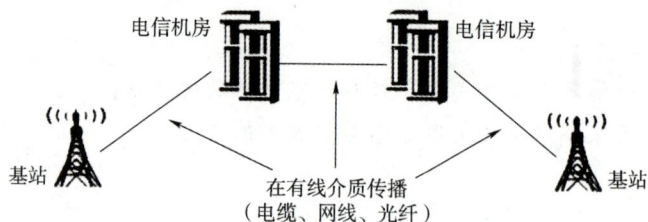

图1-2　有线通信技术

（1）传输信号为数字信号或模拟信号；

（2）应用范围有电话、传真、互联网、汽车总线通信网络等；

（3）通信导线（即有线介质或通信介质）可以是铜线，也可以是光纤；

（4）受干扰较小，可靠性、保密性强，但建设费用大。

2. 无线通信

无线通信是利用电磁波信号可以在空间中自由传播的特性，通过信道连接源设备和目标设备进行信息交换的一种通信方式。在通信网络中，信息传播的源节点为单一源节点，它允许电子设备之间进行非接触式的点对点的数据传输，也可以同时存在多个目标，如图1-3所示。

常见的无线通信分为近距离无线通信技术和远距离无线通信技术。

汽车上使用的主要为近距离无线通信技术，其主要特点如下：

（1）传输信号为电磁波信号；

（2）低速率（20~250 kbit/s）、短距离（5~100 m）、抗干扰能力较弱；

（3）应用范围有收音机、手机、汽车遥控、防盗控制系统天线线圈、智能钥匙低频/射频接收器等；

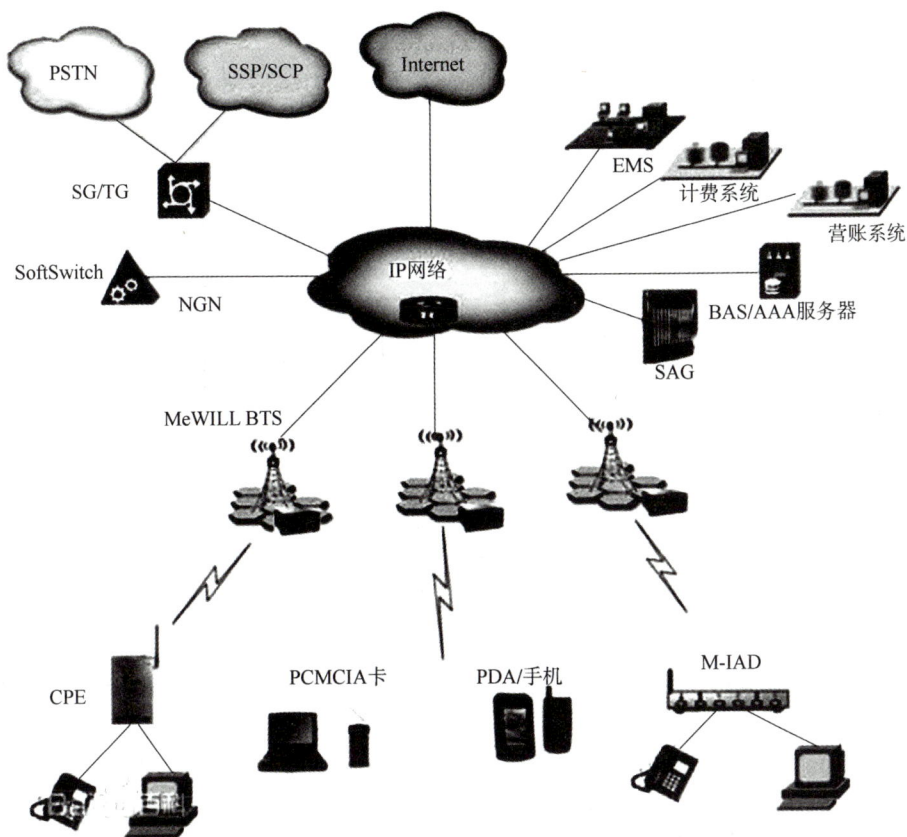

图 1 – 3　无线通信技术

（4）成本较低，扩展性强；

（5）故障诊断相对于传统有线通信更容易，维修可以通过远程诊断完成。

二、汽车为何需要总线通信网络

1. 社会责任与用户的需要

无论是从政府立法机关要求降低废气排放和燃油消耗的角度，还是从客户希望不断改善驾驶舒适性和安全性的角度，都要求车辆使用大量的电子模块。

当今的汽车从发动机、变速器、车身稳定到防盗及音响等各个部分都已使用电子模块进行控制，大多数电子模块都需要相同的输入信息来进行有效操作。例如，变速器和防抱死制动器似乎是互不相关的系统，但它们都需要车速信息；车门的开/闭锁和发动机的油泵继电器控制也属于互不相关的系统，但都需要遥控器发出的认证信息。如果这些系统能从同一输入得到相同的信息，就可以减少汽车上传感器和接线的数量了。

以动力系统为例。如果汽车不用总线通信网络，而是使用发动机转速信号、制动信号和加速踏板信号的电子模块，则需要使用大量的导线连接每个电子模块与相应的传感器和执行器，此时的通信方式是点对点通信。使用总线系统后，该电子模块检测信号可与其他电子模块共享数据，这样只需设置 1 条或 2 条通信线路。

电子模块之间的导线连接与电子模块之间的总线连接对比如图 1 – 4 所示。

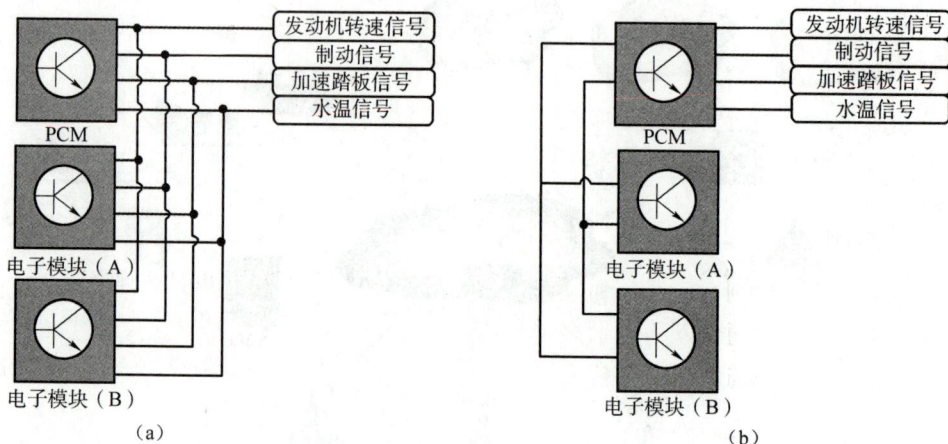

图1-4 电子模块之间的导线连接与电子模块之间的总线连接对比
(a) 导线连接；(b) 总线连接

2. 汽车电子化智能化需要

随着汽车电子化和智能化的深入，以网络通信为基础的线控技术（Control by Wire，CBW）已在汽车上普遍应用。

线控是指用电子信息的传输取代过去由机械、液压或气动的系统连接的传动部分，如换挡连杆、油门拉线、转向机传动机构、制动油路系统等。线控技术不仅仅是这些连接方式的变化，还包括操纵机构和操纵方式的变化以及执行机构的变化（电气化）。线控技术的广泛应用将形成一种全新的汽车结构。线控系统的基本结构原理框图如图1-5所示，驾驶人员通过人机接口，将操控动作转换为电信号传到执行机构，由执行机构控制功能装置。传感机构感知功能装置状态，通过电信号将状态传给人机接口，反馈给驾驶人员。线控系统的人机接口、执行机构、传感机构和其他系统之间要进行大量的信息传输，显然，基于串行通信的网络技术是实现这种通信功能的最佳结构。

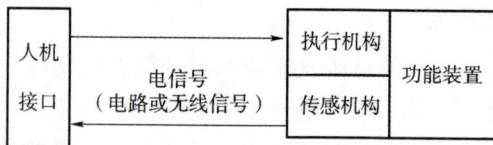

图1-5 线控系统的基本结构原理框图

线控技术要求网络的实时性好、可靠性高，而且一些线控部分要求具有冗余的功能，以保证在故障时仍可实现这个装置（总成）的基本功能，如ABS和动力转向在线路故障时仍具有制动和转向的基本功能。这就要求用于线控的网络数据传输速率高、时间特性好、可靠性高和具有必要的冗余技术。

汽车上使用总线通信网络技术得益于计算机网络在生活中的广泛应用和智能交通系统的应用，这使汽车成为互联网上的一个（或多个）终端。

目前，在汽车上应用的汽车联网技术，可以为汽车提供办公室或家庭中的网络信息服务。在智能交通体系中，一方面无人驾驶技术已纳入国家的发展战略，另一方面一辆汽车应当具有接收和提供相关信息的功能，如接收定位信号、提供地理信息服务、接收管理信息、发送本车状态信息、进行安全服务请求等。要完成这些任务，需要很强的通信能力和数据共享功能。

三、应用总线通信网络技术对汽车架构的影响

为了对车辆进行控制，传感器和执行器的电子模块数量急剧增加，这导致了汽车制造成本的增加。因此，总线通信网络技术比对每个电子模块增加导线更有优势。门窗控制单元使用了总线通信网络技术与常规线路技术的线束配置比较如图1-6所示。

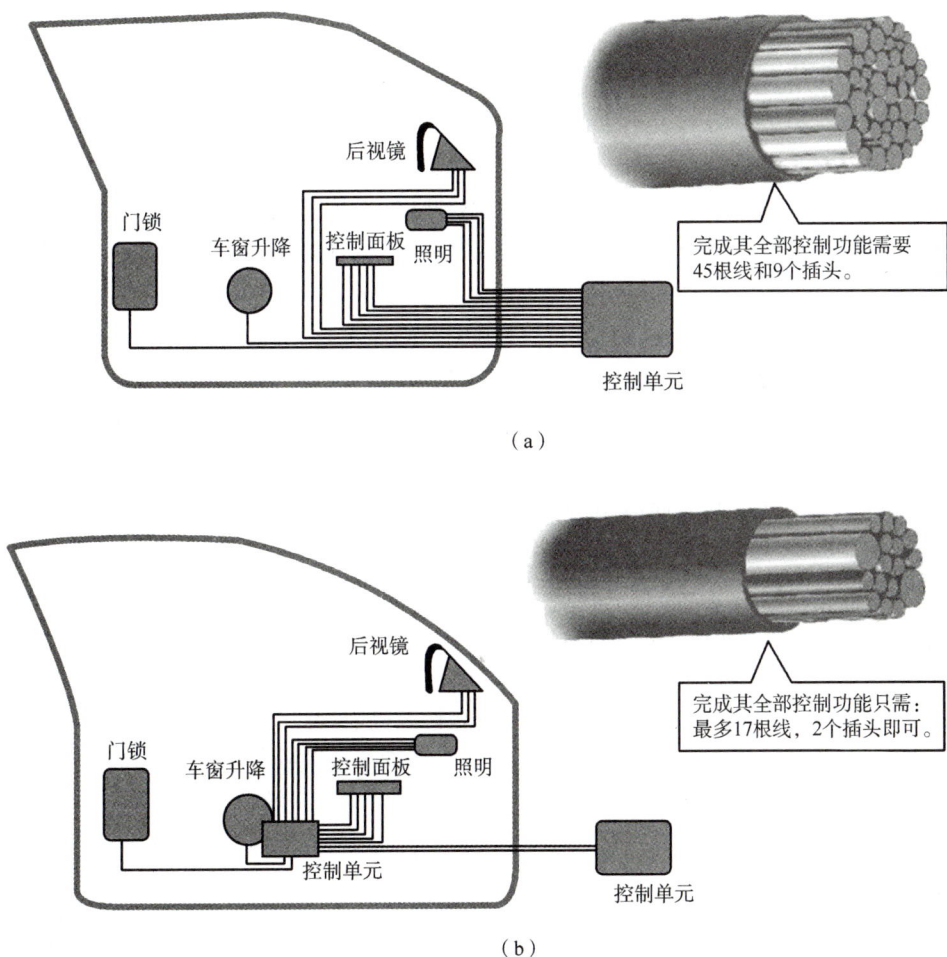

（a）

（b）

图1-6 门窗控制单元使用了总线通信网络技术与常规线路技术的线束配置比较
（a）常规线路的车门控制单元；（b）总线通信网络技术的车门控制单元

综上所述，在汽车上采用总线通信网络技术后，有如下优点：

（1）布线得以简化，减少了汽车的重量和制造成本，同时还减少了布置线束所占用的空间；

（2）实现了电子模块之间的通信，使得电子模块之间的交流更加简捷；

（3）丰富了汽车上的控制功能，通过电子模块之间的信息共享，减少了传感器的数量；

（4）由于布线简化，以及传感器的数量减少，使得汽车总体运行可靠性得以提高。

四、汽车总线通信网络技术的发展

早期的汽车总线通信网络没有自身的通用网络标准，而是采用一些现有的常规标准。汽车生产厂家也主要是沿用汽车技术的传统发展模式，根据需要和自己以往的技术基础来开发网络系统，较少与外部合作，开放性很差。而汽车总线通信网络系统和应用网络的控制与信息单元往往有多种来源，不同的地区或厂家制定不同的规范。但是，网络技术本身具有依赖于标准的特点。为了降低安装费用，便于设计和维护，必然要求汽车总线通信网络形成和采用行业标准，并和信息与电子产业密切合作形成开放结构。

随着汽车产业和信息与电子产业合作产生的收益的增加，汽车行业采用开放式标准的趋势越来越明显。汽车连接到网络上的产品，如传感机构、执行机构、控制模块（单元）等，可能来自不同行业的厂商，因此标准化有利于不同部件或装置生产厂家的产品的集成，也有利于设计、装配和维护的可操作性。有了统一的标准，设计时可以为尚未存在的装置或可替代的装置留出接口，如汽车软件接口。这种标准化产生了开放结构（Open Architecture），即一定的技术标准和对这个标准的认可和遵从。

在 20 世纪 90 年代，车身网络和连接一些电控单元的控制网络，包括故障诊断系统，已在不同车型上开始广泛应用。其中应用最广泛、支撑技术和元器件最丰富的标准是控制器局域网（Controller Area Network，CAN）。

当以 CAN 标准为主的总线通信网络技术在汽车上广泛应用后，一些汽车公司出于技术和集团利益方面的考虑，对拓展网络协议标准有不同的选择，如线控系统网络协议。线控系统网络协议主要有两个选择：一是满足 SAE C 级网络标准的时间触发协议（Time Triggered Protocol，SAE C1ass C，TTP/C），目前有 Audi、Volkswagen、Honeywell 和 Delphi 等倾向于选用这个协议作为线控网络的协议标准；另一个是 FlexRay，这是一种既支持时间触发访问方式，又支持事件触发访问方式的协议，具有高容错、高安全性及高实时性等特点，目前有 BMW、Motorola、Philips 半导体公司、Bosch 和 GM 等倾向于选用这个协议作为线控网络的协议标准。为了弥补 CAN 时间触发访问方式在实时控制应用中的缺陷，Bosch 推出了支持时间触发访问方式的 CAN 协议 TTCAN。对于媒体网络，多数公司倾向于使用面向媒体的传输系统（Media Oriented Systems Transport，MOST）和家用数字总线（Domestic Digital Bus，D2B）标准。

值得注意的是，近几年汽车智能联网和自动驾驶等技术的应用，必将推进车载网络容量需求的爆发式增长。对于汽车，现有的 CAN、MOST 及 Flex Ray 等车载网络协议已不能满足其要求。为此，汽车制造商将目光转向更高级别的车载以太网（Ethernet）。

车载以太网也是用于连接汽车内各种电气设备的一种物理网络，其设计目的是满足车载环境中的一些特殊需求，具体如下：

（1）满足车载设备对于电气特性的要求［滤波（EMI）/电磁干扰（RF）］；

（2）满足车载设备对高带宽、低延迟以及音视频同步等应用的要求；

（3）满足车载系统对网络管理的需求等。

因此，可以理解为，车载以太网在民用以太网协议的基础上，改变了物理接口的电气特性，并结合车载网络需求专门定制了一些新标准。针对车载以太网标准，电气和电子工程师协会（Institute of Electrical and Electronics，IEEE）也对 IEEE 802.1 和 IEEE 802.3 标准进行了相应的补充和修订。

汽车总线通信网络的应用，不仅涉及汽车上各个电子装置的硬件连接，其相关软件也必然成为每一个控制单元软件中的一部分。汽车的软件系统会逐渐发展成为一个相对独立的部分，它与汽车的电子系统的关系会逐渐发展成像计算机软件与硬件系统的关系一样。汽车上的应用系统，可以直接调用嵌入式操作系统中的网络功能服务程序和其他一些通用服务功能软件（或固件）。在不久的将来，软件设计在汽车设计中将与发动机设计、底盘设计、车身设计等一样重要。

由于车载网络应用的层次和目的的变化很大，为了满足不同的层次或目的对网络性能的差异要求，同时考虑汽车的性价比，避免用性能高的网络系统覆盖低层次的应用，现代汽车上的总线通信网络将是一个多层互联网结构。

五、汽车总线通信网络技术应用现状

1. 汽车总线通信网络分类

目前，绝大多数汽车总线通信网络协议都被美国汽车工程师学会（Society of Automotive Engineers，SAE）下属的汽车网络委员会按照协议特性分为 A、B、C、D 共 4 类，见表 1-1。

表 1-1　汽车总线通信网络协议分类

网络类别	总线名称	功能	应用范围	总线标准
A 类	LIN	面向传感器或执行器管理的低速网络	后视镜、电动窗和灯光照明设备调节等	UART
	K-线	面向诊断仪通信与防盗系统	OBD-Ⅰ与诊断仪通信、防盗系统	ISO 9141
	KW2000	诊断仪通信	OBD-Ⅱ与诊断仪通信	ISO 14230
	低速 CAN	面向独立控制模块信息共享中的低速网络	车身电子、舒适性模块	ISO 11898-3
B 类	VAN	面向独立控制模块信息共享中的中速网络	车身电子、舒适性模块和显示仪表等设备	ISO 11519-3
	中速 CAN			ISO 11898-2
C 类	高速 CAN	面向汽车动力系统等对通信的实时性要求比较高的场合，主要服务于动力传递系统	动力传动系统及闭环控制的多路传输高速网络	ISO 11898-2
	byteflight	面向安全气囊系统，控制单元以时间和事件控制方式进行通信。既能以同步，也能以异步方式传输数据	安全气囊系统、乘客保护系统和安全型蓄电池接线柱等	企业合作的成果

续表

网络类别	总线名称	功能	应用范围	总线标准
C 类	FlexRay	高效管理安全和舒适功能、支持线控操作	（1）车载信息计算机与车载相关区域娱乐系统；（2）汽车行驶动态管理系统与发动机管理系统联网	企业合作的成果
	TTP/C			
D 类	MOST	面向多媒体设备、高速数据流传递的高性能网络	CD、VCD、DVD 播放、液晶显示及导航等	企业合作的成果
	D2B			
	蓝牙			符合 ISO 18092 ISO 21481
其他	以太网	面向带宽要求高的系统	车载诊断系统（快速编程接口）、智能驾驶应用及车载信息娱乐系统	企业合作的成果

2. 汽车总线通信网络协议技术参数比较

汽车总线通信网络因应用的层次或目的不同，使得汽车总线通信网络有多个不同层次的网络标准共存，而每个网络标准各自的技术参数是不同的，汽车总线通信网络相关协议主要的技术参数比较见表 1-2。

表 1-2　汽车总线通信网络相关协议主要的技术参数比较

网络类别	总线名称	位速率/(bit·s^{-1})	传输介质	访问方式	基准电压/V
A 类	K-线	4.80×10^3	单线	主/从	12
	KW2000	1.04×10^4	单线	主/从	12
	LIN	$(1 \sim 2) \times 10^4$	单线	主/从	12
	低速 CAN	$(8.33 \sim 100) \times 10^4$	双绞线	竞争	0/5
B 类	VAN	$(6.25 \sim 25) \times 10^4$	双绞线	竞争	2.5
	中速 CAN	$(1.25 \sim 2.5) \times 10^5$	双绞线	竞争	2.5
C 类	高速 CAN	$\geqslant 500 \times 10^3$	双绞线	竞争	2.5
	FlexRay	1×10^7	双绞线（对）	FTDMA	2.5
	TTP/C	2.5×10^7	双绞线（对）	TDMA	—
	byteflight	1×10^7	光缆	主/从	—
D 类	MOST	2.5×10^7	光缆	主/从	—
	D2B	2.98×10^4	非屏蔽双绞线对	竞争	—
		1.2×10^7	单光纤		
	蓝牙	2.4 GHz ISM 频段，位速率为 $(1 \sim 2) \times 10^6$		无线电	

网络类别	总线名称	位速率/(bit·s⁻¹)	传输介质	访问方式	基准电压/V
其他	以太网	1×10^{7} 1×10^{8} 1×10^{9} 1×10^{10} 1×10^{11}	非屏蔽双绞线	—	—

✷ 任务二　汽车总线通信网络技术基础知识

一、汽车电子信号简介

电子控制系统使用电压或电流作为载体完成信息的传递，控制模块则通过对这些电压或电流的幅值进行检测，从而实现信息识别。

1. 汽车电子信号的类型

汽车电子信号的类型有模拟信号和数字信号。

1）模拟信号

模拟信号是指幅值随时间变化而连续变化的物理常量。

模拟信号可以采用0%～100%之间的任意值，为无级方式，如听音乐时耳朵接收到模拟信号（声波连续变化）。电气设备（音响系统、收音机、电话等）以同样的方式通过连续变化的电压表示出这种声音。模拟电信号包括直流信号和交流信号。

在汽车电子控制系统中，普通传感器与控制模块之间的通信，以及控制模块与执行器之间的通信，均使用模拟信号。

模拟信号传递的基本原理如图1－7所示。

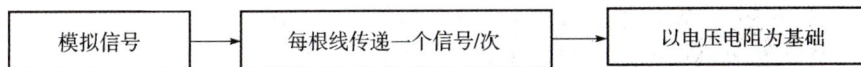

模拟信号	→	每根线传递一个信号/次	→	以电压电阻为基础

图1－7　模拟信号传递的基本原理

2）数字信号

数字信号是指电压或电流的幅值在时间上是离散、突变的信号，如频率调制、脉宽调制和串行数据等信号。

在汽车电子控制系统中，模块与模块之间的通信使用数字信号。

数字信号传递的基本原理如图1－8所示。

2. 汽车电子信号的基本类型

汽车电子信号（模拟信号和数字信号）可进一步细分为5个基本类型，即直流信号、交流信号、频率调制信号、脉宽调制信号和串行数据信号。

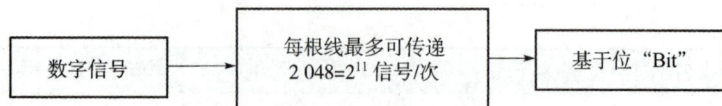

图 1-8　数字信号传递的基本原理

1）直流信号

直流信号是一种模拟信号，该信号的波形电压平稳，数值不会周期性变化，方向也没有变化，如图 1-9 所示。汽车上产生直流信号的传感器元件有发动机冷却液温度传感器、燃油温度传感器、进气温度传感器、节气门位置传感器、热丝式空气流量计和怠速开关等。

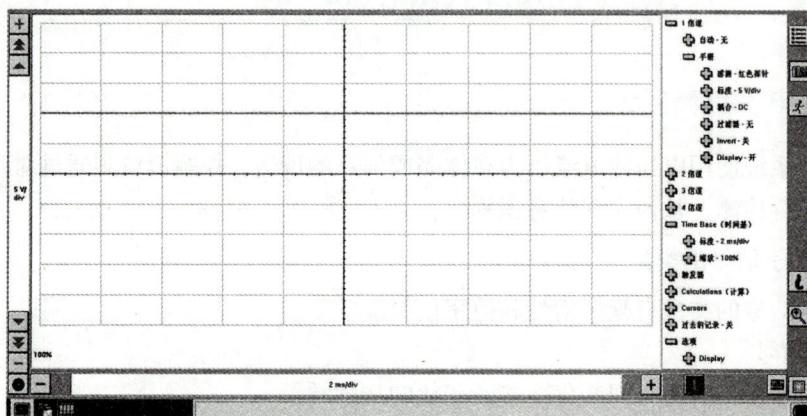

图 1-9　直流信号

2）交流信号

交流电是指大小和方向随时而呈周期性变化的电压或电流。交流信号也是一种模拟信号，如图 1-10 所示。汽车中产生交流信号的传感器元件有磁电式曲轴位置传感器、磁电式轮速传感器和爆震传感器等。

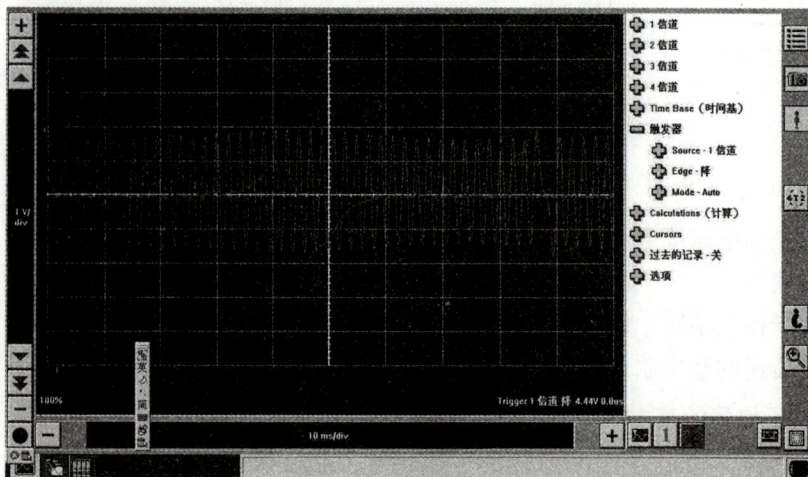

图 1-10　交流信号

3）频率调制信号

频率调制信号是一种数字信号，如图 1 – 11 所示。汽车中产生可变频率信号的传感器元件有霍尔式凸轮轴位置传感器、霍尔式轮速传感器、数字式空气流量传感器和部分曲轴位置传感器等。

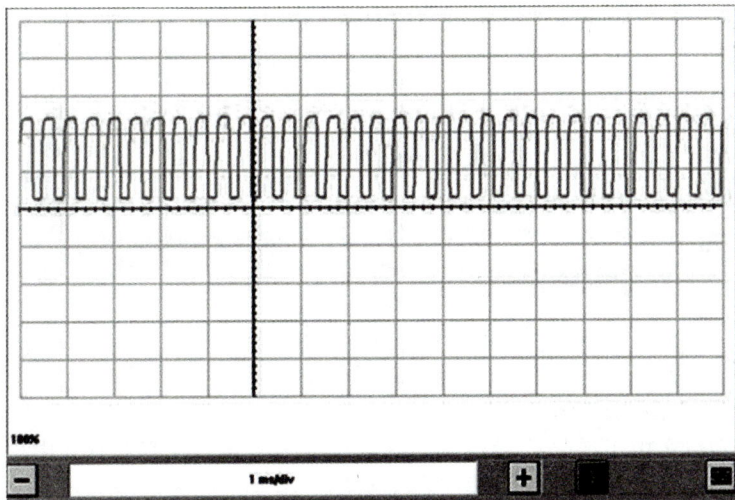

图 1 – 11　频率调制信号

4）脉宽调制信号

脉宽调制信号是一种数字信号，如图 1 – 12 所示。汽车中产生脉宽调制信号的电路有初级点火线圈、计算机控制点火正时电路、喷油器及相关电磁阀控制电路等。

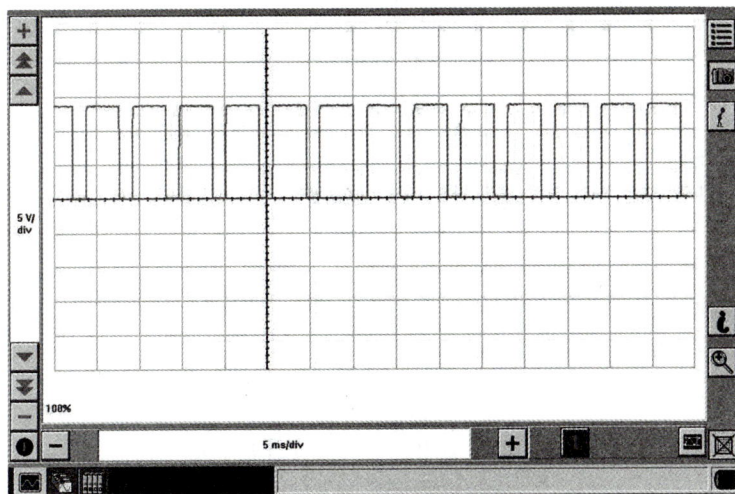

图 1 – 12　脉宽调制信号

5）串行数据信号

串行数据信号也是一种数字信号，如图 1 – 13 所示。串行数据信号是在汽车控制模块与控制模块之间通信时产生，部分传感器也可产生数据信号，如车身电子稳定程序系统中方向盘角度传感器、横/纵向加速度传感器等。

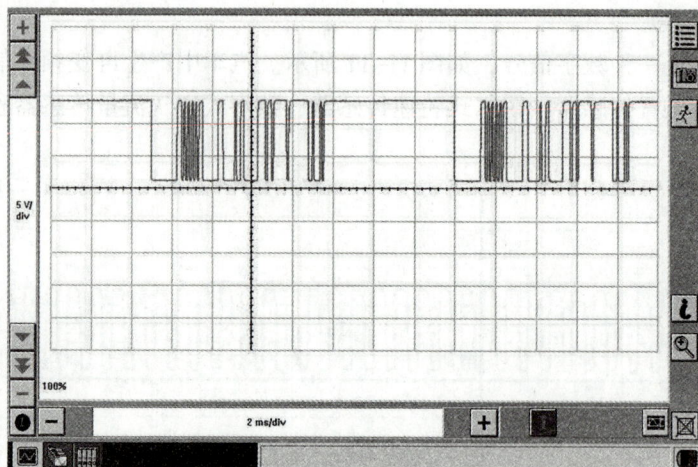

图 1 – 13　串行数据信号

3. 汽车电子信号的判定依据

在 5 种基本的汽车电子信号——直流、交流、频率调制、脉宽调制和串行数据信号的基础上，根据汽车电子信号的 5 种基本特征——幅值、频率、形状、脉冲宽度和阵列，即 5 个判定依据，诊断出汽车相关控制系统的故障。

1）幅值

幅值是指电子信号在一定点上的瞬时电压，如图 1 – 14 所示。

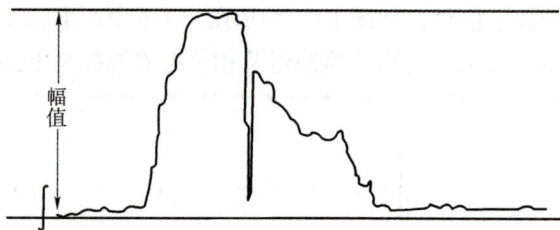

图 1 – 14　幅值

2）频率

频率是指电子信号在单位时间内循环次数的计量，如图 1 – 15 所示，频率的单位为赫兹（Hz）。

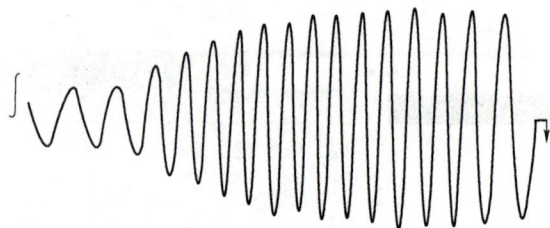

图 1 – 15　频率

3）形状

形状是指电子信号的外形特征，如图 1 – 16 所示，它包括曲线、轮廓、上升沿和下降沿等。

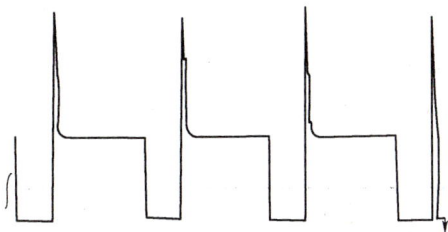

图 1 – 16　形状

4) 脉冲宽度

脉冲宽度是指电信号触发所占周期的时间，其单位通常用秒（s）或毫秒（ms）表示，如图 1 – 17 所示。当频率一定时，脉冲宽度和占空比是一一对应的，或者说是同一控制的两种表示方式。因此，脉宽控制方式有时也称为占空比控制方式。

5) 阵列

阵列是指组成信息信号的重复方式，如图 1 – 18 所示。

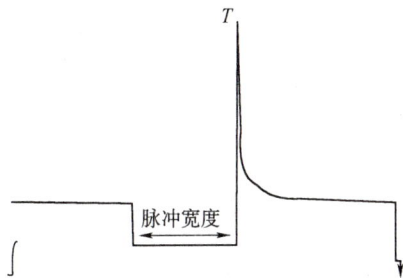

图 1 – 17　脉冲宽度

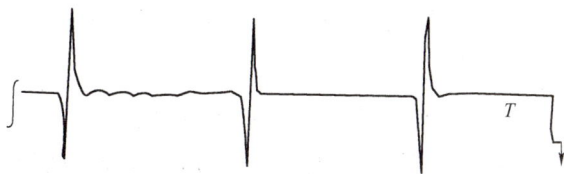

图 1 – 18　阵列

4. 电子信号与判定依据的关系

每个电子信号都可以用 5 种判定尺度中的一个或多个特征组成，见表 1 – 3。每个电子信号都要用判定依据的尺度来确定电子通信。5 个基本类型中的任何一个，必然是由一个或多个判定依据尺度来帮助理解当前的电子信号。

表 1 – 3　电子信号与判定依据的关系

信号类型	判定依据				
	幅值	频率	形状	脉冲宽度	阵列
直流	√				
交流	√	√			
频率调制	√	√	√		
脉宽调制	√	√	√	√	
串行数据	√	√	√	√	√

二、汽车总线通信网络中数字信号的识别方法

1. 二进制码

在数字逻辑电路中，一般采用二进制码的信号识别方法，二进制码中只有"0"和"1"两个数码。二进制信号只能识别两种状态，如开关断开、开关闭合；供电、未供电及数字信

号的高电平、低电平等。

汽车总线通信网络传递的每个信息都是通过连续的二进制编码来表示的，信号值越大，二进制编码表示的信息结构越长，见表1-4。

表1-4 bit信息案例

信息位数	案例	信号值	信息内容
1 bit 信息	压缩机状态	0	压缩机断开
		1	压缩机接通
2 bit 信息	中控锁开关信息状态	00	开锁
		01	安全锁
		10	锁车
		11	非安全

注意：

在汽车总线通信网络中，通信是按位传输数据的，单位为"bps"或"bit/s"，这里的bit表示"位"，"一位"即表示二进制中的一个"0"或"1"数码。

2. 信号电平

为了能够清楚地区分车辆应用中高和低两种电平状态，在数字逻辑电路中，明确规定了每种状态的对应范围：当电平超过波峰电压的70%时，控制模块识别为"1"；当电平低于波峰电压的30%时，控制模块识别为"0"；电平30%至70%之间的范围即禁止范围，用于识别故障。

3. 信号识别

在汽车总线通信网络技术中，数据线分为单线和双线两种，单线传递数字信号时采用电压高/低的识别方法（偏压法），双线传递数字信号时采用电平差的识别方法。

1）单线传输信号的识别与计算

（1）单线传输信号识别方法也称为偏压法，即控制模块通过识别电平的高低来判断信息含义。当电平高于某设定值时，认为是"1"；当电平低于某设定值时，认为是"0"。例如，LIN网络单线传输信号的识别方法如图1-19所示。

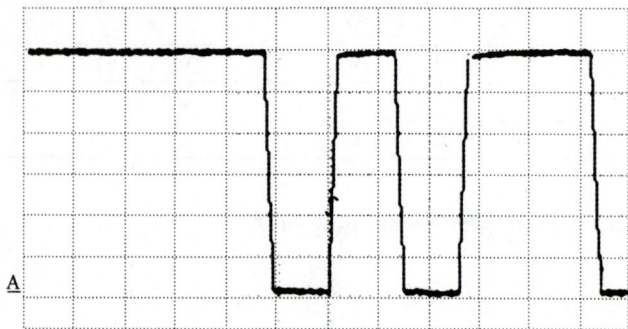

图1-19 LIN网络单线传输信号的识别方法

（2）单线传输信号计算方法。如图 1 - 20 所示，该数字信号的波峰电压为 12 V，波谷电压为 0 V。当电平超过波峰电压的 70%，即 8.4 V 时，识别为 "1"；当电平低于波峰电压的 30%，即 3.6 V 时，识别为 "0"。

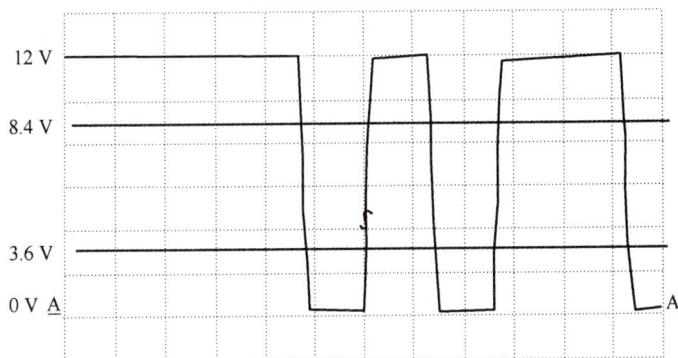

图 1 - 20 单线传输信号计算方法

（3）信号识别结果。模块通过识别电平高低和时间宽度，可判断这组信号的 "1" 和 "0" 组合。如图 1 - 21 所示，如果将第一个低电平点作为信号的起始，每 40 μs 是一位数据，则这组信号是一个由 "010110…" 等数字组成的数字信号。

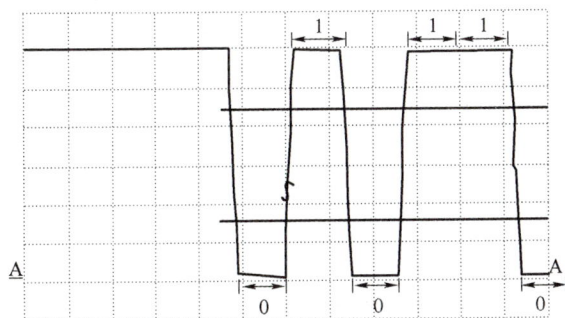

图 1 - 21 信号识别结果

2）双线传输信号识别与计算

（1）双线传输信号识别方法也称为电平差法，即控制模块通过识别两根数据线的电平差来判断信息含义。如图 1 - 22 所示，CAN - H 线波形的峰值电压为 3.5 V，峰谷电压为 2.5 V；CAN - L 线波形的峰值电压为 2.5 V，峰谷电压为 1.5 V。

（2）双线传输信号计算方法。在 CAN 中，通过计算同一时刻两根数据线的电平差（高电平与低电平相减），来判断数据结果。当电平差大于 1.4 V，识别为 "0"；当电平差小于 0.5 V 时，识别为 "1"。由此可知，当两根数据线的电压分别为 3.5 V 和 1.5 V 时，此时数据为 "0"，当两根数据线的电压均为 2.5 V 时，此时数据为 "1"，如图 1 - 23 所示。

（3）信号识别结果。如图 1 - 24 所示，如果将左侧第一个 0 作为信号的起始，每隔 2 μs 得到一位数据，则这组信号是一个由 "00100000101110001…" 等数字组成的数字信号。

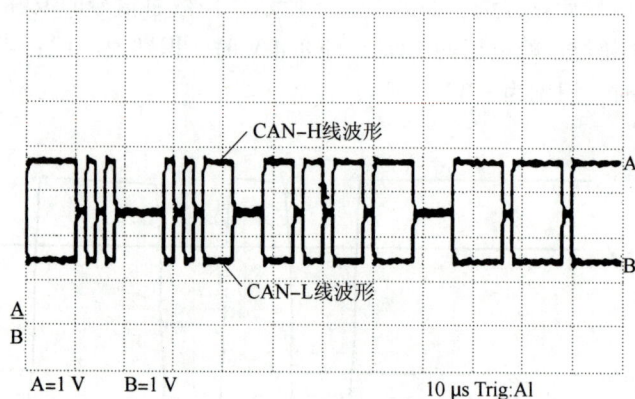

图 1-22　双线传输信号识别方法

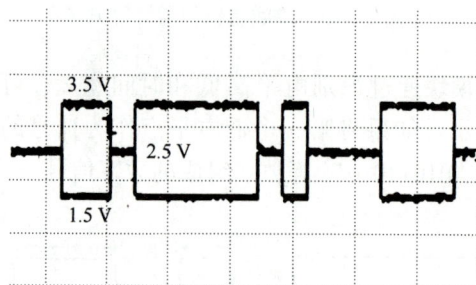

图 1-23　信号计算方法

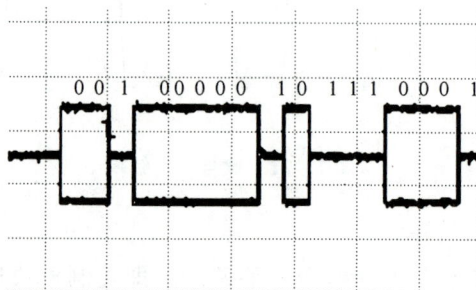

图 1-24　信号识别结果

三、汽车总线通信网络技术常用术语

1. 广域网

广域网（Wide Area Network，WAN）也称为远程网，通常由两个或多个局域网组成，它是一种跨地区的数据通信网络，通常跨接很大的物理范围。如果将一个国家的网络看作一个广域网，而超过这个范围，将许多国家级的广域网结合在一起，就形成了全球互联的因特网（Internet）。因特网是广域网与广域网再结合的结果。

广域网的通信子网主要使用分组交换技术。计算机通过使用运营商提供的设备作为信息传输平台，再通过电话网、光纤连接到广域网，也可以通过专线或卫星连接，达到资源共享的目的，如图 1 – 25 所示。

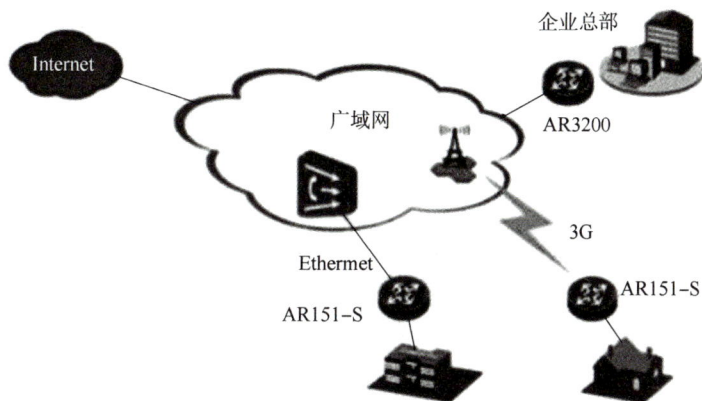

图 1 – 25　广域网

在现阶段，汽车可通过来自远程服务器或云的公用广域网络，向乘客提供与其旅程相关的信息。例如，地图、天气、景点、拥挤的道路、附近的事故、娱乐选项（如卫星广播）、互联网连接和社交网络应用程序等。汽车连接还可以在发生事故或汽车故障时提供紧急通信等服务。汽车的车载诊断（OBD） – Ⅱ端口可用于获取有关汽车性能和健康状况的消息，并将其提供给驾驶员或技术人员以排除故障。

2. 局域网

局域网（Local Area Network，LAN）是在一个局部的地理范围内（如学校、工厂和机关）一般是指方圆几千米以内，由各种计算机，外部设备和数据库等互相连接起来组成的计算机通信网络，如图 1 – 26 所示。局域网可以实现文件管理、应用软件共享、打印机共享、扫描仪共享、工作组内的日程安排、电子邮件和传真通信等功能。局域网的网线上可传输大批量的数字信息，如文本、声音、图像等，传输速率高，但不要求实时性。

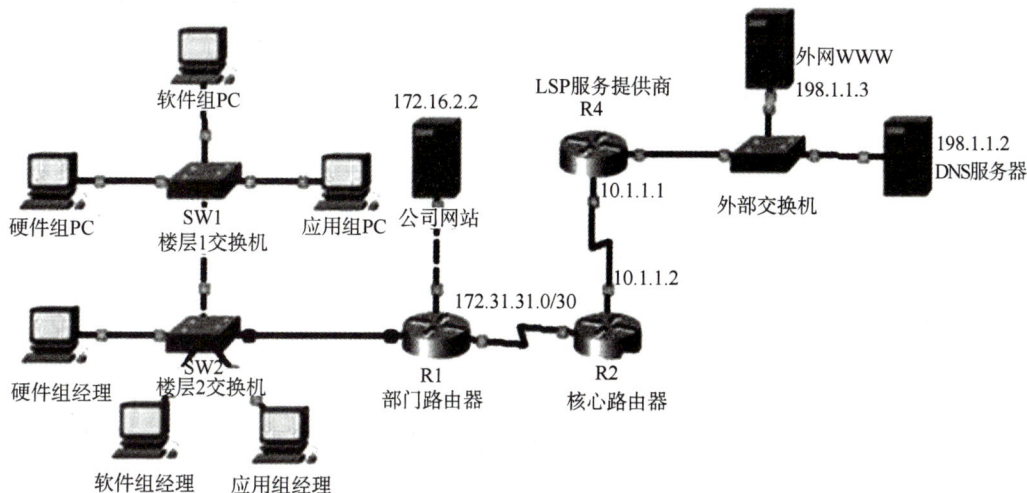

图 1 – 26　局域网

3. 现场总线

现场总线（Field Bus）用于过程自动化、自动化最底层的现场设备和现场仪表互连的通信网络，是现场通信网络与控制系统的集成。现场总线的网线上传输的是小批量数据信息，如检测信息、状态信息、控制信息等，传输速率低，但实时性高。因此，现场总线是一种实时控制网络。

现场总线连接的节点设备一般比较简单，连接的应用节点功能差别很大。因此，现场总线采用了3层网络结构，即物理层、数据链路层和应用层，如图1-27所示。

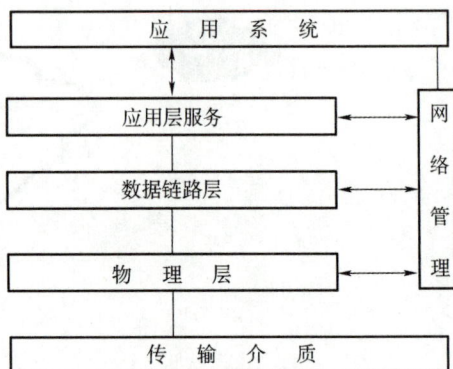

图 1-27　现场总线结构

与一般计算机网络系统比较，现场总线有如下特点：

（1）可靠性与容错能力强；

（2）实时性要求高，有时要求信息传输延时的离散性小或要求准确知道网络事件的时间；

（3）报文长度小，传输延时小；

（4）成本低，结构简单；

（5）环境适应能力强，可以在恶劣环境下工作；

（6）标准化程度较差，网络互连能力差；

（7）数据传输速率较低。

4. 汽车总线通信网络

汽车总线通信网络（Automobile Bus Communication Network）通过"串行接口"使车内各个控制单元联网，即形成了随车辆移动的网络，也称为车载网络，如图1-28所示，其特点如下：

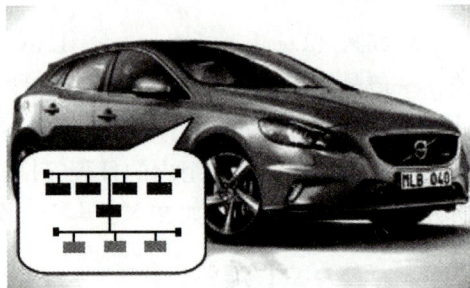

图 1-28　车载网络

（1）具有现场总线通信网络的所有特征，是一种实时控制的串行、异步、双向通信网络；

（2）连接范围窄（只限本车内的模块）；

（3）具有特定的职能；

（4）传输速率高等。

通过汽车总线通信网络能够实现汽车各系统的资源共享和信息通信。

5. 控制器局域网

CAN（控制器局域网），是一个支持分布式实时控制的串行通信网络，同时也是国际上应用最广泛的现场总线之一。

CAN被设计作为汽车环境中的微控制器（电子控制模块）之间的通信，使车载上各电子控制模块之间能够交换信息，并形成汽车总线通信网络。现代汽车上的电子控制模块通过控制相关传感器和执行部件来实现相应的控制目的。每个电子控制模块都是总线通信网络上的一个节点，一辆汽车不管有多少个电子控制模块，不管信息容量有多大，每个电子控制模块都只需引出两条导线共同接在节点上，这两条导线就称为 CAN – BUS，如图 1 – 29 所示。

6. 数据总线

数据总线是控制模块间传递数字信号的通道，即信息高速公路。车载网络中的数据总线，类似于计算机网络中的"网线"。

数据总线可以实现在一组数据线上传递的信号能同时被多个电子控制模块共享，从而最大限度地提高系统的整体效率，充分利用有限的资源。在车载网络中，数据总线可能是一根线（如 LIN），也可以是两根线（如 CAN），如图 1 – 30 所示。

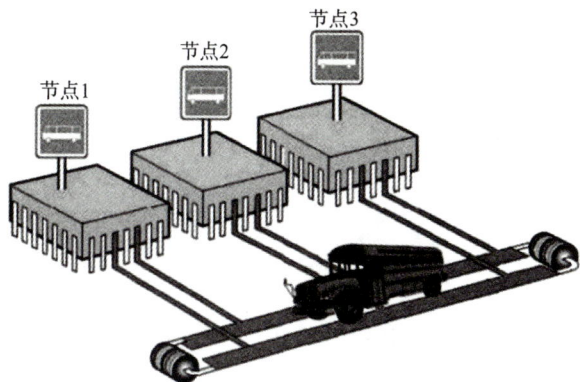

图 1 – 29　CAN – BUS

图 1 – 30　数据总线

7. 多路传输

汽车上的多个电子控制模块相互连接、协调工作并共享信息，构成了汽车总线通信网络系统。汽车总线通信网络系统采用一组数据线实现多节点之间的多个信号同时传输，即在同一通道或线路上同时传输多条信息，这种技术称为多路传输，如图 1 – 31 所示。

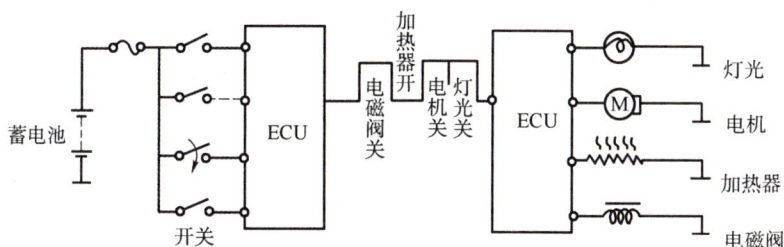

图 1 – 31　多路传输

8. 总线速度

总线速度是指总线网络信号的传输速率，有波特率（每秒传输的二进制位数）和比特率（每秒传输的字节数）之分。

1）串行通信传输数据单位

在串行通信中，通信是按位传输数据的，单位为"bps"或"bit/s"，这里的 bit（比特）表示"位"，一位即表示二进制中的一个"0"或"1"，每秒传输的位数为波特率，即 1 波特率 = 1 位/秒，更大的波特率单位有 kbit/s、Mbit/s 和 Gbit/s 等。汽车上的总线通信网络中采用的是串行通信方式。

注意：

比特单位的换算系数为 1 000。

2）并行通信传输数据单位

在并行通信中，通信是按字节数传输数据的，单位为"B/s"，这里的 B 表示"一个 8 位字节"，如图 1-32 所示。字节（Byte）是计算机的数据储存单位，可以对 256 个字符进行设码。每秒传输的字节数为比特率，即 1 比特率 = 1 字节/秒。

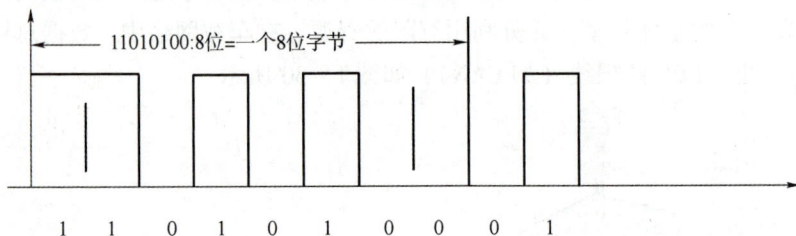

图 1-32　一个 8 位字节

更大的字节单位的常用名称如下：

1 千字节（KB）= 2^{10} 字节，即 1 024 字节；

1 兆字节（MB）= 2^{20} 字节，即 1 024 KB（1 048 576 字节）；

1 吉字节（GB）= 2^{30} 字节，即 1 024 MB（1 073 741 824 字节）。

注意：

字节单位的换算系数不是 1 000，而是 1 024。

9. 数据传输方向

在串行通信中，数据通过通信线路在线路两端工作站（微控制器或其他终端设备）之间传输。按数据传输方向，可将通信方式分为单工、半双工和全双工这 3 种方式。

1）单工通信

如图 1-33（a）所示，单工方式只允许数据按照一个固定的方向传输，即通信双方只能一方发送，另一方接收。例如，计算机与打印机之间的通信。

2）半双工通信

如图 1-33（b）所示，半双工通信允许数据由 A 发送到 B 或者由 B 发送到 A，即双方都能发送或接收数据，但由于只有一根传输线，故在同一时刻只能是一方发送，另一方接收。例如，按压对讲机的某一特定按钮时只能讲话（发送），接听（接收）时必须松开该按钮。

3）全双工通信

如图 1-33（c）所示，全双工通信有两根数据传输线，允许数据同时在两个方向上传输，即在 A 发送数据到 B 的同时，也允许 B 发送数据到 A。

需要指出的是，尽管许多串行接口都具有全双工通信的能力，但在实际应用中，为了简单方便，一般工作于半双工通信方式。例如，使用电话时可同时进行发送和接收（讲话和接听）。

10. 通信方式

计算机与其外部设备之间常常要进行信息的交换，计算机之间往往也要交换信息，即通信。

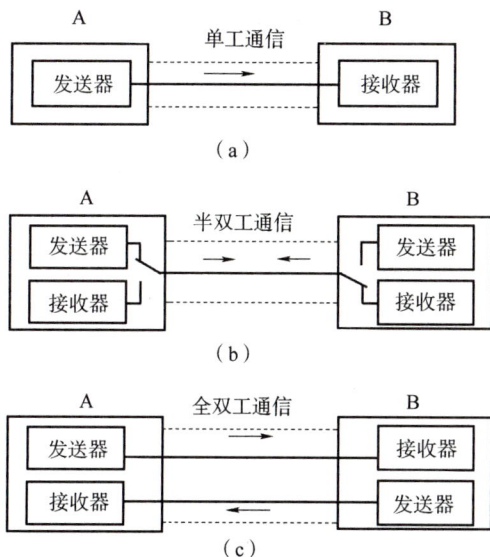

图 1-33 数据传输方向

(a) 单工通信；(b) 半双工通信；(c) 全双工通信

通信的基本方式可分为并行通信和串行通信两种形式。

1）并行通信

并行通信是指数据的各位同时进行传输的通信方式，如图 1-34 所示。并行通信的优、缺点如下。

（1）优点：传输速率快。

（2）缺点：数据有多少位，就需要有多少根数据总线。

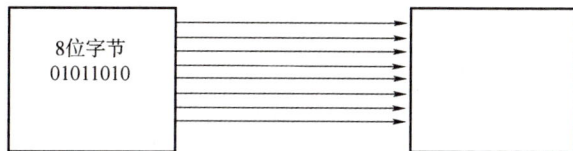

图 1-34 并行通信数据传输

在并行通信模式下的数据传输过程如图 1-35 所示。

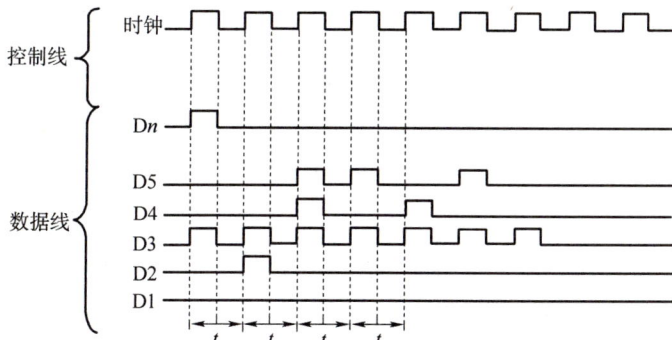

图 1-35 在并行通信模式下的数据传输过程

每一条线路仅传输一个二进制位，所以要传输一个数字化的字节需要许多条线路。每个字节与其他字节是同时传输的，按发射器和接收器共同的时钟速度进行传输。

2）串行通信

串行通信是指数据是一位一位地按顺序传输的通信方式，如图1-36所示。串行通信是为不需要瞬间处理或允许稍缓处理的信息交换而设计的。串行通信的优缺点如下。

（1）优点：只需要一根数据总线。

（2）缺点：传输速率比并行通信低。

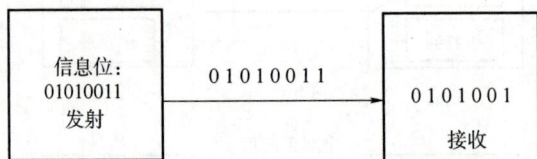

图1-36　串行通信数据传输

串行通信的通信方式有异步传输和同步传输两种。

（1）异步传输。在异步传输中，字符是按帧格式进行传输的，每个字符都要加上起始位和停止位。如图1-37所示，汽车上使用的是串行、异步、双向传输通信方式。在异步传输的帧格式中，先是一个起始位"0"；然后是5~8位数据，且规定低位在前，高位在后，接下来是奇偶校验位（可略），最后一位是停止位"1"。

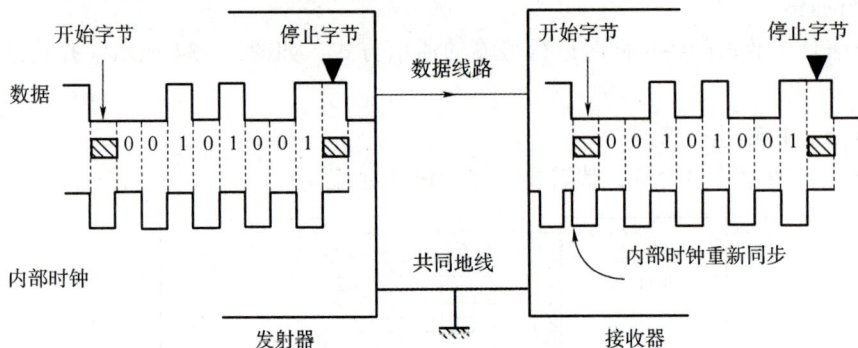

图1-37　串行通信异步传输数据过程

异步传输易受干扰影响，如电压降、噪声等。CAN通信、LIN通信还会受比特位增加或损失的干状。

（2）同步传输。同步传输是在没有起始代码/停止代码的情况下，传输字符和比特位，且必须安装SCK（时钟电路）以精确评估节点之间传输和接收数据的时间，如图1-38所示。如果没有安装时钟电路，数据信号中必须包含时钟数据。

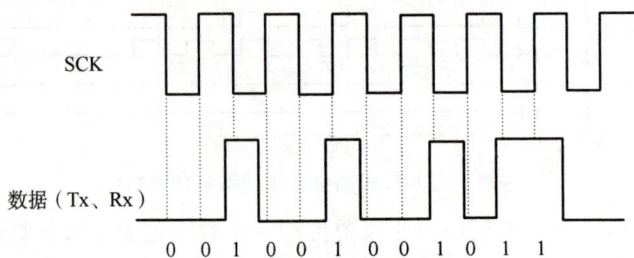

图1-38　串行通信同步传输数据过程

典型的同步传输有主线同步通信，在三线同步通信中，SCK 电路传输大多重要的信号。如果此电路故障，则即使输出数据，此系统也不工作。传输或接收电路故障时仅禁止它们所负责的功能。

11. 数据帧

为了可靠地传输数据，计算机通信传输是由"0"和"1"等位信息组成的一个个"字节"构成的。网络设备再将这些字节"封装"成"帧"（Frame），在网络上传输。二进制数据组成的帧是网络传输的最小单位。

相关协议标准帧结构如图 1-39 所示。帧有一个起点，称之为"帧头"，而且帧也有一个终点，称之为"帧尾"。帧头和帧尾之间的部分是这个帧负载的数据。

为什么要把数据"封装"成帧呢？因为用户数据一般都比较大，有的可以达到 MB 字节，一起发送出去十分困难，于是就需要把数据分成许多小份，再按照一定的次序发送出去。

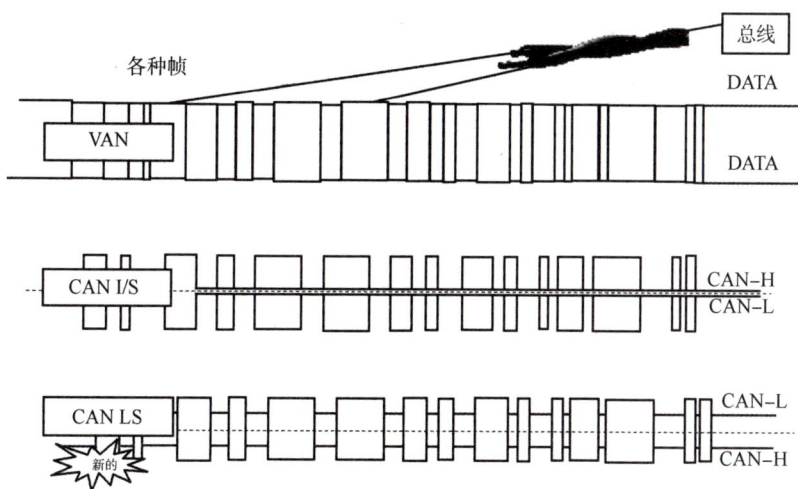

图 1-39 相关协议标准帧结构

12. 通信协议

通信协议是指在通信网络中各控制模块共享数据遵循的标准及约定的集合，即指数据在总线上的传输规则。如果按照通信协议制造控制模块，则可以按需要进行通信。

1）协议要素及其功能

（1）协议的三要素是语法、语义和定时规则，具体如下。

①语法由逻辑说明构成，要对信息或报文中各字段格式化，说明报头（或标题）字段、命令和应答的结构。

②语义由过程说明构成，要对发布请求、执行动作以及返回应答予以解释，并确定用于协调和差错处理控制信息。

③定时规则指出事件的顺序以及速度匹配、排序。

（2）协议的功能是控制并指导两个对话实体的对话过程，即发现对话过程中出现的差错并确定处理策略。具体说来，每个协议都是具有针对性的，用于特定的目的，所以各协议的功能不同；但是还有一些公共的功能是大多数协议都具有的。这些功能包括以下 4 个方面。

①差错检测和纠正。面向通信传输的协议常使用"应答—重发"，采用循环冗余检验、软件检查和通信校验进行差错的检测和纠正。一般说来，协议中对异常情况的处理说明要占很大的比重。

②分块和重装。用协议控制进行传输的数据长度是有一定限制的，参加交换的数据都要求有一定的格式。为满足这个要求，就需要将实际应用中的数据进行加工处理，使之符合协议交换时的格式要求，只有这样才能应用协议进行数据交换。分块与重装就是这种加工处理操作。分块操作将大的数据划分成若干小块，如将报文划分成几个报文分组；重装操作则是将划分的小块数据重新组合复原，如将报文分组还原成报文。

③排序。对发送出的数据进行编号以标识它们的顺序，通过排序，可达到按序传递、信息流控制和差错控制等。

④流量控制。通过限制发送的数据量或速率来防止在信道中出现堵塞现象。

3）协议的开放式系统互连参考模型

开放式系统互连参考模型，简称 OSI 体系结构，是一个较为通用的协议规范，此模型共有 7 层结构，如图 1-40 所示。

OSI 各层功能见表 1-5。根据汽车总线通信网络的参考模型，CAN 现场总线涉及其中的两层，即数据链路层和物理层。

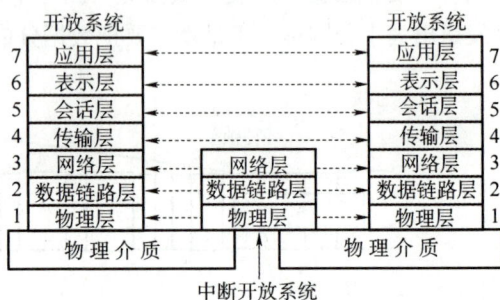

图 1-40　OSI 体系结构

表 1-5　OSI 各层的功能

OSI 基本参照模型		功能
软件控制	应用层	由实际应用程序提供可利用的服务
	表示层	进行数据表现形式的转换，如文字设定、数据压缩、加密等控制
	会话层	为建立会话式的通信，控制数据正确的接收或发送
	传输层	控制数据传输的顺序、传输错误的恢复等，以保证通信的品质，如错误修正、再传输控制
	网络层	进行数据传输的路由选择，如单元间的数据交换、地址管理
硬件控制	数据链路层	将物理层收到的数字信号组成有意义的数据，提供传输错误控制等数据传输控制流程，如访问方法、数据形式、通信方式、连接控制方式、同步方式、检错方式、应答方式、数据帧的构成、位的调制方法等
	物理层	规定了通信时使用的电缆、连接器等的媒体、电气信号规格等，以实现设备间的信号传送

13. 网关

SAE 车辆网络委员会将汽车数据传输网，按照协议特性划分为 A、B、C、D 这 4 个等级。其中前三类网络功能均向下涵盖，即 B 级网支持 A 级网的功能，C 级网能同时实现 B 级网和 A 级网的功能。

不同协议特性的网络，可以通过网关互联。而网关就是具备不同网络协议之间信息转换能力的微控制器。

图1-41为不同的网络互联，低速CAN执行器、高速CAN执行器是两个独立芯片，分别通过总线与网关相连，CAN执行器芯片将像随机存储器一样被网关读写。一旦收到信息，网关就执行接收CAN芯片的外部操作，然后按转换信息的逻辑指令，执行外部等的操作，并对网络第二个CAN芯片作编程传输。

网关的应用实例如图1-42所示。

网关的主要作用如下：

（1）报文路由：网关具有转发报文的功能，并对总线报文状态进行诊断；

（2）信号路由：实现信号在不同报文间的映射；

（3）网络管理：网络状态监测与统计、错误处理和休眠唤醒等；

（4）确定信息优先级；

（5）可作为诊断接口。

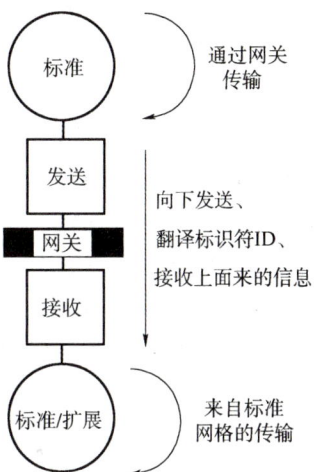

图1-41　不同网络互联

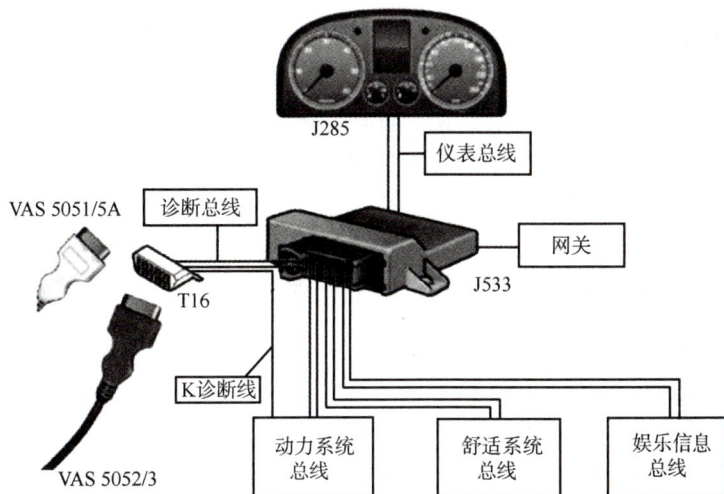

图1-42　网关的应用实例

14. 模块/节点

模块就是一种电子装置，如温度和压力传感器、计算机（微处理器）等。

在汽车总线通信网络系统中的某个节点就是车上的相关控制单元（模块）或智能装置（传感器）等。

15. 网络拓扑

计算机网络拓扑通过计算机网络中各个节点与通信线路之间的几何关系来表示网络结构，网络拓扑反映出网络中各实体之间的结构关系。

在网络设计中要根据网络的可靠性要求、应答时间、信息交换量、成本要求、节点的地理位置、通信线路的种类等诸多因素来选择和决定合适的网络拓扑结构。

目前，常见的网络拓扑结构主要有总线型网络拓扑结构、星形网络拓扑结构、环形网络拓扑结构。

1）总线型网络拓扑结构

在总线型网络拓扑结构中，每个节点都直接与公共链路相连，如图1-43所示。在不同的协议下，根据有关优先管理权规定，运用总线来传输一些被用户捕获或发送的信息。总线型网络拓扑结构的优、缺点如下。

（1）优点：组网灵活方便、成本低等。

（2）缺点：传输能力低、链路故障影响大等。

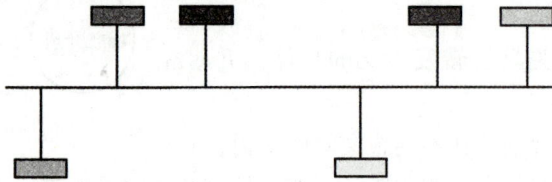

图1-43　总线型网络拓扑结构

2）星形网络拓扑结构

在星形网络拓扑结构中，每一个节点都有一条单独的链路与中心节点相连，如图1-44所示。中心节点组织不同端节点单元进行交流。星形网络拓扑结构的优、缺点如下。

（1）优点：结构简单、建网容易、便于管理、速度快等。

（2）缺点：通信数据量较小、中心节点负载重、线路利用率低等。

3）环形网络拓扑结构

在环形网络拓扑结构中，节点和链路构成"环状"，如图1-45所示，信息单向流动，链路共享，每个单元只有在被授权一次的情况下（即获得令牌）才有权进行数据交流。环形网络拓扑结构的优、缺点如下。

（1）优点：成本较低、具有分布处理能力等。

（2）缺点：信息流动路径固定、链路故障影响大、应用范围较小等。

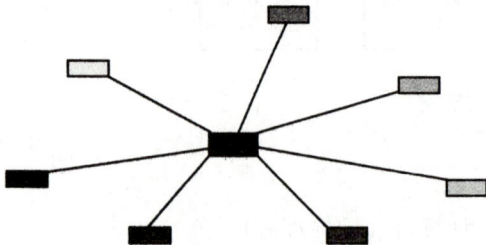

图1-44　星形网络拓扑结构

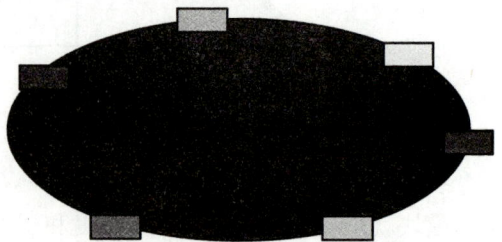

图1-45　环形网络拓扑结构

16. 架构

架构是指车载网络系统的配置，其重要特征包括：输入和输出端信息；能一起工作的模块数量；可扩展性，即不需要大的改动就可新增的模块；互交信息的种类；数据传输速率；可靠性或容错性（抗故障性）及数据交换的稳定与准确性；成本和特定的通信协议等。

项目二

汽车常用总线通信网络技术与检修

知识目标

（1）了解 CAN、LIN、MOST 等总线通信网络的特点和总体结构；

（2）熟悉 CAN、LIN、MOST 等总线通信网络传输原理与过程；

（3）理解 CAN、LIN、MOST 等总线通信网络系统的信号特点；

（4）理解 CAN、LIN 的容错特点。

技能目标

（1）掌握检测 CAN、LIN 总线通信网络系统终端电阻、总线电压的方法；

（2）掌握采集 CAN、LIN 总线通信网络系统总线波形的方法；

（3）掌握检测汽车主要控制系统控制模块的漏电（暗）电流的方法。

🌀 任务一　CAN 总线通信网络技术与检修

一、CAN 总线通信网络技术概述

控制器局域网主要用于嵌入式微控制器的通信系统及智能装置的开放通信系统。20 世纪 80 年代，电子系统在汽车中的应用不断普及，车上控制模块不断增加，BOSCH 公司提出了最初用于汽车电子装置互联的控制器局域网——CAN 串行总线通信网络系统。后来，CAN 在汽车行业和控制领域得到广泛应用，如今已经成为 ISO 和 SAE 标准。

CAN 有 CAN 1.0、CAN 1.2、CAN 2.0A 和 CAN 2.0B 等版本。CAN 2.0A 给出了 CAN 报文标准格式，而 CAN 2.0B 则给出了标准和扩展的两种格式。

在 CAN 系统中，协议功能多数由硬件完成，这个硬件称为 CAN 控制器。

SAE 按 CAN 不同的通信速率把它分为 3 个级别，即高速 CAN、中速 CAN 和低速 CAN。高速 CAN（500 kbit/s 以上）主要用于动力系统和汽车底盘的控制系统；中速 CAN（125 kbit/s 以上，500 kbit/s 以下）主要用于车身系统；低速 CAN（100 kbit/s 以下）主要用于汽车媒体系统控制（并非用于媒体信息传输）及仪表板（注：早期大众车系也用于车身系统）。

CAN 定义了 OSI 开放式系统互连参考模型的最低两层，即数据链路层和物理层（主要是数据链路层）。在不同的 CAN 版本中，对分层的定义有一些区别。

1. CAN 1.2 的分层结构

CAN 1.2 的分层结构如图 2 – 1 所示，数据链路层又分为目标层（Object Layer，OL）、传输层（TransPort Layer，TL）和物理层。

数据链路层	
目标层 　　信息过滤	信息与状态处理
传输层 　　故障限制 　　错误检测和信令 　　信息检验 　　应答	仲裁 格式化信息 传输速率与定时
物理层 　　信号电平与位编码	传输媒介

图 2 – 1　CAN 1.2 的分层结构

目标层具有的功能如下：

（1）获取应用层传来的数据；

（2）从传输层寻找要使用的数据；

（3）提供与应用层相关的硬件接口。

2. CAN 2.0 的分层结构

CAN 2.0 的分层结构如图 2 – 2 所示，是按 OSI 模型对 CAN 结构的描述。数据链路层又分为逻辑链路控制（Logical Link Control，LLC）和媒体访问控制（Medium Access Control，MAC）两个子层。

（1）逻辑链路控制（LLC）的功能如下：

①为数据发送以及远程数据请求传输服务；

②判定是否接收接收到的信息；

③提供恢复管理和超载处理。

（2）媒体访问控制（MAC）的功能如下：

CAN 2.0 的 MAC 层（与 CAN 1.2 TL 层对应）是 CAN 的核心，主要定义了传输协议，包括信息帧格式、仲裁方式、应答信号、错误检测、错误信号和故障限制等。MAC 层的约定是固定的。

（3）媒体访问控制（MAC）的具体特征如下。

①信息。CAN 总线上的信息以一定的格式发送，当总线空闲时，任何一个网上节点都可以发送信息。

②信息的路由。在 CAN 中，节点不使用任何站点地址信息，由接收节点根据信息的特征判断是否接收这帧信息。因此，CAN 有很多基于这个传输方式的特点。

③标识符。要传输的信息有特征标识符，它给出的不是目标节点地址，而是这个信息（数据帧）的特征。信息以广播的方式向网上发送，所有节点都可以接收。节点接收到信息

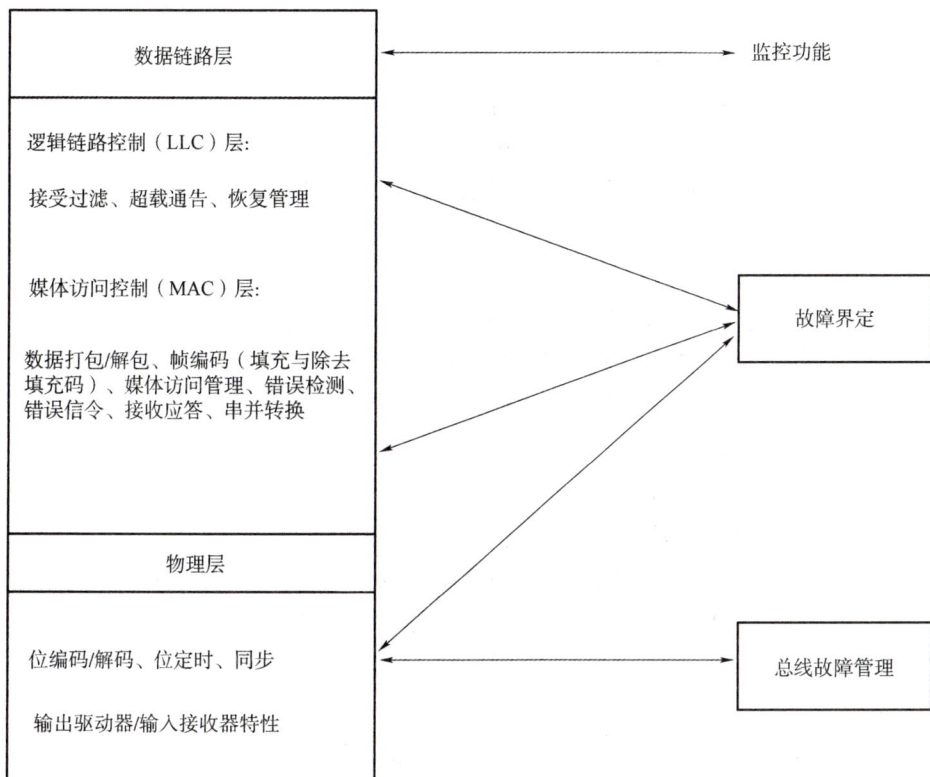

图 2 - 2　CAN 2.0 的分层结构

后，通过特征标识符判定是否接收这帧信息的数据。

④数据一致性。由于通过标识符识别数据，所以网络上同时有多个节点接收传输的数据，配合错误处理和再同步功能，这也保证了系统数据的一致性。

⑤信息传输率。不同的 CAN 系统可以有不同的数据传输率，同一网络上的节点传输速率必须是兼容的。

⑥优先级。由发送数据的标识符判定数据占用总线的优先权级别。当数据发送时，先发送标识符，由标识符决定信息优先权，标识符越小优先权越高。

⑦远程数据请求。一个节点通过向网络上发送一个远程帧请求需要的数据；能提供数据的节点接收到远程帧后发送远程帧请求的数据，返回的数据帧与远程帧拥有相同的标识域。

⑧仲裁。当总线空闲时，任何节点都可以发送信息；当出现竞争时，具有最高优先权的信息获得总线的使用权。

⑨仲裁过程。当数据发送时，节点不断监听总线状态，判别是否与发送的位一致，如果一致，则继续发送，否则发送"隐性"位。如果总线为"显性位"丢失仲裁，则从下一位开始停止发送。

⑩错误检测与可靠性。为了保证可靠性，CAN 采用了发送/监听的位错误检测、帧数据的 CRC 校验、位填充技术（每 5 位相同极性的连续位，插入一个补位）、帧格式检验等故障检测方法。这些措施使 CAN 具有识别全局错误、发送端的局部错误、一帧信息中 5 个以内

的随机错误、一帧信息中 15 个以内的突发性错误以及一帧中任何奇数个错误的能力，使 CAN 错误漏报率小于 4.7×10^{-11}。

⑪错误信令与恢复时间。当节点检测出错时，错误信息被标记并向网上发送，发送过程会自动中止并重发。如果没有新的错误，从检出错误到开始重发的最大延时为 29 个位时段。

⑫故障界定。CAN 节点能区分瞬时扰动引发的故障与永久性故障，坏节点将被关闭。

⑬CAN 节点数量。理论上 CAN 的节点没有数量限制，而在实际应用中却受限于总线上的信号传输延时和电气的负载能力。

⑭同步。CAN 节点间采用单串行线连接，数据和同步信号都由这个通道承担。信息发送时有起始同步信号，在传输过程中接收节点对起始同步信号进行再同步。

⑮总线状态。总线有"显性"和"隐性"两个状态。当总线上有一个或多个节点发送"显性"位时，总线处于"显性"状态。例如，采用"显性"状态为逻辑"0"的电平，"隐性"状态为逻辑"1"的电平，但 CAN 协议并没有具体定义这两种状态的实现规范。

⑯应答。所有接收节点对正确接收的信息给出应答，对不一致的信息进行标记。

⑰休眠状态与唤醒。为了降低功耗，CAN 设备可以被置于休眠状态，这时它没有任何内部活动并与总线驱动断开。休眠状态的设备可以被内部或总线事件唤醒。一旦被唤醒，内部功能起动，传输层要直到与总线同步（检测到 11 个连续的隐性位）后才参与总线活动。

⑱发送端与接收端。若一个节点起动一个信息的发送过程，它称为发送端，这个状态直到总线空闲或这个节点丧失仲裁为止；若一个节点不是发送端，而且总线不是空闲状态，则该节点为接收端。

⑲信息有效性。对于发送端，若直到发送完一帧数据的终止域都没有出错，则这帧数据就是有效的；对于接收端，若在一帧数据最后一位之前没有错误，则认为这帧数据有效。

⑳位流编码。在一个帧中，起始域、仲裁域、控制域、数据域和 CRC 域的二进制位流通过位填充方式编码，每当发送端检测到连续的 5 个相同位时，自动插入一个补位；而一帧中其他的域不使用填充位，故障帧和超载帧也不使用填充位；二进制位采用非归零（NRZ）编码，所以，位电平不是"显性"就是"隐性"。

3. 物理层

物理层实现节点间的物理信号传输，主要定义网络的电气特性。

CAN 可以采用多种不同的物理层协议，但它几乎没有对物理层的定义。同样是基于 CAN 的网络，不同的网络物理层可能有很大差别，但同一网络上所有节点的物理层必须是相同的。

物理层的协议主要根据数据传输率、成本和可靠性决定。

基于 CAN 的 ISO 标准对物理层进行了定义，故在设计一个 CAN 时，物理层有很大的选择余地，但必须保证 CAN 协议中媒体访问层非破坏性位仲裁的要求，即出现竞争时有高优先权标识符的数据获取仲裁的原则，因此要求物理层必须支持 CAN 中隐性位和显性位的状态特征。在没有节点发送显性位时，总线处于隐性状态，总线空闲时也处于隐性状态；在有一个或几个节点发送显性位时，则覆盖隐性状态，使总线处于显性状态。在这个基础上，物理层主要取决于对传输速率的要求，CAN 节点的物理层结构如图 2-3 所示。

物理信号层（PLS） 位编码/解码 位定时	同步
物理介质附件层（PMA） 发送/接收器特性	
介质接口层（MDI） 电缆/连接器	

图 2-3　CAN 节点的物理层结构

在 CAN 节点的物理层中，物理信号层（Physical Lager Signaling，PLS）的功能主要由 CAN 控制器芯片完成，物理介质附件层（Physical Medium Attachment，PMA）的功能主要由 CAN 发送器/接收器电路完成，介质接口层（Medium Dependent Interface，MDI）主要定义了电缆和连接器的特性。目前，很多支持 CAN 的微控制器内部都嵌入了 CAN 控制器和发送/接收电路。PMA 和 MDI 有很多不同的实施标准，使用者也可以自行定义，目前使用较为广泛的是 ISO 11898 定义的高速 CAN 发送/接收器标准。

二、CAN 总线通信网络技术基本特点与硬件结构

（一）CAN 总线通信网络基本特点

CAN 总线通信网络将各个控制模块连接在一起形成一个整体，所有信息都沿总线传输，与所连接的控制模块数及所涉及的信息量的大小无关，这样不仅解决了随着信息量的加大，线路及控制单元上插头数目也增加的问题，还使不同信息需要不同线路的问题也得以解决。

由于采用了许多新技术及独特的设计，CAN 总线与一般的总线相比，其数据通信具有突出的可靠性、实时性和灵活性，其主要特点归纳如下。

1. 国际标准

CAN 是目前为止唯一有国际标准且成本较低的现场总线。

2. 多主方式

CAN 以多主方式工作，而不分主从顺序。网络上任一节点均可在任意时刻主动地向网络上其他节点发送信息，有极高的总线利用率。

3. 标识符报文

CAN 传输的报文中不包含源地址或目标地址，仅用标识符来表示功能及优先级信息。在报文标识符上，CAN 上的节点分为不同的优先级，可满足不同的实时要求，优先级高的数据最多可在 134 μs 内得到传输。

4. 非破坏总线仲裁技术

CAN 采用的非破坏总线仲裁技术是指当多个节点同时向总线发送信息出现冲突时，优先级低的节点会主动退出发送，而最高优先级的节点则不受影响地继续传输数据，从而大大节省了总线冲突仲裁时间。即便在网络负载很重的情况下，也不会出现网络瘫痪的情况。

5. 数据传输方式灵活

CAN 节点只需通过报文的标识符滤波即可实现一点对一点、一点对多点及全局广播等

方式发送和接收数据。

6. 通信距离与速率

CAN 的直接通信距离最远可达 10 km，此时速率在 5 kbit/s 以下；通信速率最高可达 1 Mbit/s，此时通信距离最远为 40 m。

7. 节点数

CAN 上的节点数主要取决于总线驱动电路，目前可达 110 个。在 CAN 2.0A 标准帧报文中标识符有 11 位，而在 CAN 2.0B 扩展帧报文中标识符有 29 位，节点的个数几乎不受限制。

8. 短帧结构

报文采用短帧结构，可使其传输时间缩短，受干扰概率降低，从而降低数据的出错率。

9. 校验及检错

CAN 的每帧信息都有 CRC 校验及其他检错措施，从而保证了数据的可靠传输。

10. 通信介质

CAN 的通信介质可以是双绞线、同轴电缆、光纤等，使用者可根据实际情况灵活选择。

11. 自动关闭和自动重发

CAN 节点在严重错误的情况下，具有自动关闭输出的功能，以使总线上其他节点的操作不受影响，而且发送的信息遭到破坏后，可自动重发。CAN 总线通信网络中任意两个节点的最大通信距离与位速率的关系见表 2-1。

表 2-1　CAN 总线通信网络中任意两个节点的最大通信距离与位速率的关系

位速率/(kbit·s^{-1})	1 000	500	250	125	100	50	20	10	5
最大通信距离/m	40	130	270	530	620	1 300	3 300	6 700	10 000

（二）CAN 总线通信网络的逻辑运算电路

在数字逻辑电路中常见的逻辑运算电路有两种类型，一种是正逻辑运算电路，另一种是负逻辑运算电路。CAN 总线通信网络系统中的 CAN 收发器采用的是负逻辑运算电路。

1. 正逻辑运算电路

正逻辑运算电路如图 2-4 所示。

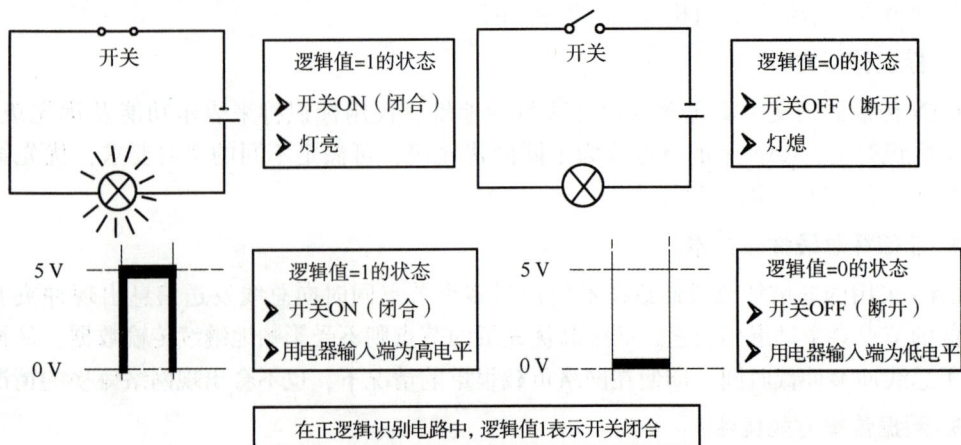

图 2-4　正逻辑运算电路

2. 负逻辑运算电路

负逻辑运算电路如图 2 – 5 所示。

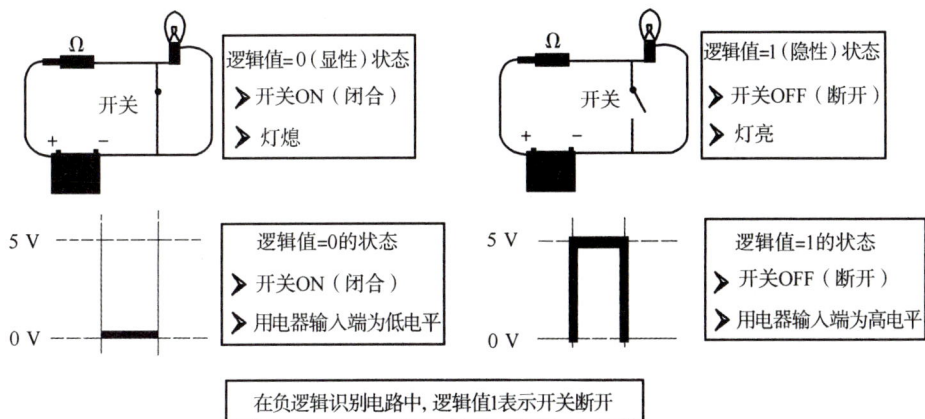

图 2 – 5 负逻辑运算电路

（三）CAN 总线通信网络的总线状态与电压等级

1. 高速 CAN 总线

1）隐性状态

当 CAN – H 与 CAN – L 的差值小于 0.5 V 时，总线上的接收节点认为总线是隐性状态，对应的逻辑值用 "1" 表示，称之为隐性位。如图 2 – 6 所示，此时 CAN – H 与 CAN – L 线对应的总线电压都为 2.5 V，称之为隐性电压。

2）显性状态

当 CAN – H 与 CAN – L 的差值大于 1.4 V 时，总线上的接收节点认为总线是显性状态，对应的逻辑值用 "0" 表示，称之为显性位。如图 2 – 6 所示，此时 CAN – H 线对应的总线电压为 3.5 V，CAN – L 线对应的总线电压为 1.5 V，称之为显性电压。

图 2 – 6 是 CAN 总线通信网络状态的一个例子。一般 CAN – H 的标称取值（单位：V）为 2.0、2.5、2.75、3.0、3.5、4.5，CAN – L 对应的取值（单位：V）为 0.5、1.5、2.0、2.25、2.5、3.0。

2. 低速 CAN 总线

1）隐性状态

当 CAN – H 与 CAN – L 的差值小于 0 时，总线上的接收节点认为总线是隐性状态，对应的逻辑值用 "1" 表示。由图 2 – 7 所示，此时 CAN – H 线对应的总线电压为 0 V，CAN – L 线对应的总线电压为 5 V，称之为隐性电压。

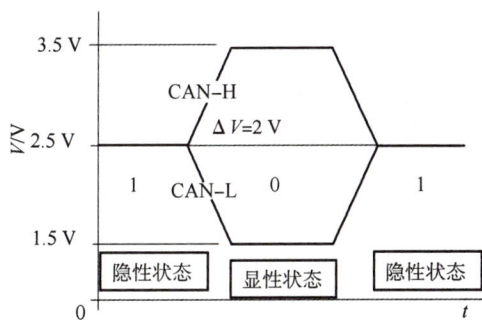

图 2 – 6 高速 CAN 总线显性与隐性状态

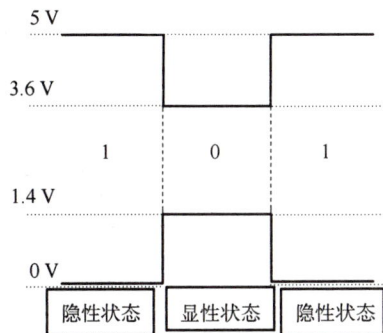

图 2 – 7 低速 CAN 总线显性与隐性状态

2）显性状态

当 CAN – H 与 CAN – L 的差值大于 1.5 V 时，总线上的接收节点认为总线是显性状态，对应的逻辑值用"0"表示。如图 2 – 7 所示，此时 CAN – H 线对应的总线电压为 3.6 V，CAN – L 线对应的总线电压为 1.4V，称之为显性电压。当低速 CAN 总线处于"休眠"状态时，CAN – H 线电压为 0 V，CAN – L 线电压为 12 V。

（四）CAN 总线通信网络硬件组成

如图 2 – 8 所示，CAN 总线的通信网络结构硬件部分主要包括：节点微控制器（Central Processing Unit，CPU）、CAN 控制器、CAN 发送/接收器、数据传输线以及数据传输终端等。

1. 节点微控制器

节点微控制器如图 2 – 9 所示，它是用集成电路组成的中央处理器，是节点的核心元件，主要用于执行控制部件和算术逻辑部件的功能。

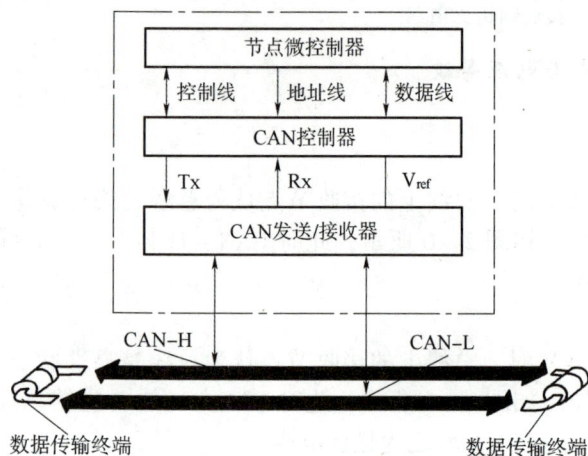

图 2 – 8　CAN 总线的通信网络结构

图 2 – 9　节点微控制器

2. CAN 控制器

CAN 控制器是基于单片机控制的、专用于执行 CAN 总线通信协议的独立数字集成电路芯片，如图 2 – 10 所示。其内部组成主要有接口管理逻辑电路、发送缓冲器、验收过滤器、接收缓冲器、CAN 核心模块等。CAN 控制器有 28 个针脚，主要实现了两部分的功能：（1）数据链路层的全部功能；（2）物理层的位定时功能。

图 2 – 10　CAN 控制器

CAN 控制器的作用是接收节点中微控制器传来的数据，并将其封装成帧，传往 CAN 收发器。同样，CAN 控制器也接收由 CAN 收发器传来的帧，并从中取出数据，传往节点微控制器。

3. CAN 收发器

CAN 收发器是 CAN 总线通信网络的物理层接口芯片。由于绝大多数微控制器都无法直接识别或处理 CAN 的总线信号，所以必须用 CAN 收发器对 CMOS 电平与差分电压之间的信号形式进行转换。

CAN 收发器共有 8 个针脚，如图 2－11 所示。CAN 收发器的作用是将 CAN 控制器传来的数据帧 "0" 或 "1" 的逻辑信号转换为规定的电平，并向总线输出；同样，CAN 收发器也将从数据线上接收的电压转换为逻辑信号，并向控制器反馈。

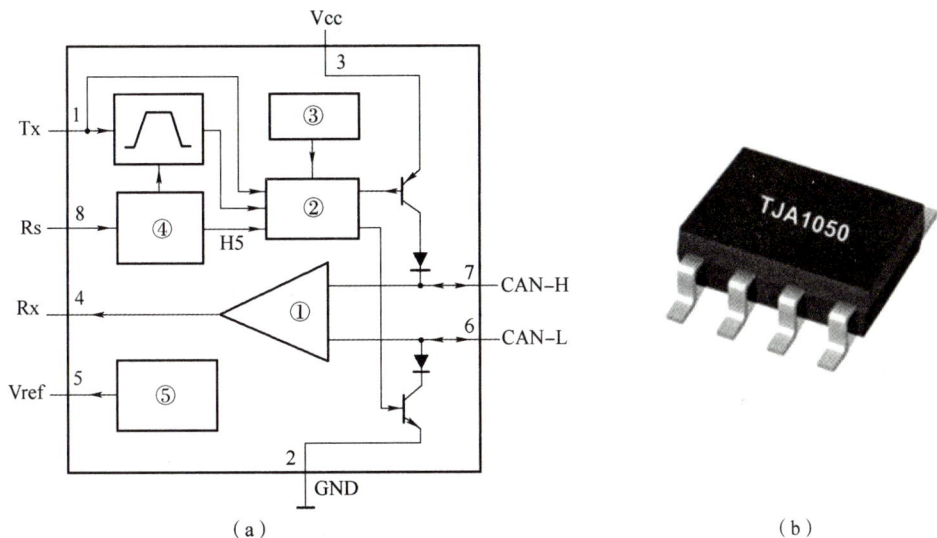

①—接收器（差动信号放大器）；②—驱动器；③—保护电路；④—斜率/等待；⑤—参考电压。

图 2－11　CAN 收发器控制电路及 CAN 收发器芯片

(a) CAN 电路；(b) CAN 收发器

1）CAN 收发器的针脚定义和功能

CAN 收发器的针脚定义和功能如下：

Tx（1#）：接收控制器的驱动指令、向总线上发送信息、改变总线状态；

GND（2#）：接地；

Vcc（3#）：电源；

Rx（4#）：接收总线上信息，并向控制器反馈，同时监听总线状态；

Vref（5#）：向控制器提供参考电压；

CAN－L（6#）：连接总线 CAN－L；

CAN－H（7#）：连接总线 CAN－H；

Rs（8#）：接收控制器的斜率/延迟控制指令。

2）CAN 收发器的特点

输出信号与信号处理。经过驱动器（差动信号放大器）内的信号处理，CAN 收发器向 CAN－H、CAN－L 发送差分电平信息，高速 CAN 总线的信号波形和低速 CAN 总线的信号波形有所不同。

（1）符合 ISO 11898 - 2 标准高速 CAN 总线的信号波形如图 2 - 12 所示。由图分析可知，CAN - H 线的信号电压在 2.5 ~ 3.5 V 之间波动，CAN - L 线的信号电压在 1.5 ~ 2.5 V 之间波动，CAN - H 和 CAN - L 线的主体电压为 2.5 V。通过差分信号处理后的总线信号电压 CAN - H 线为 (3.5 - 1.5) V = 2 V，CAN - L 线为 (2.5 - 2.5) V = 0 V。理论上，当总线电压 > 1.4 V 时，总线为显性状态，逻辑值为 "0"；当总线电压 < 0.5 V 时，总线为隐性状态，逻辑值为 "1"。

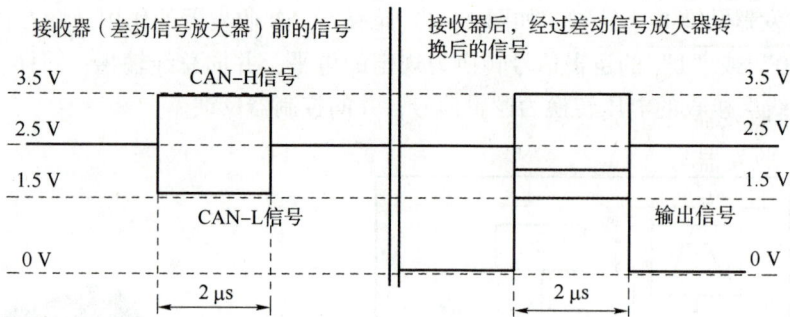

接收器（差动信号放大器）前的信号　　接收器后，经过差动信号放大器转换后的信号

图 2 - 12　高速 CAN 总线的信号波形

（2）符合 ISO 11898 - 3 标准低速 CAN 总线的信号波形如前图 2 - 7 所示。

由图分析可知，CAN - H 线的信号电压在 0 ~ 3.6 V 之间波动，CAN - L 线的信号电压在 1.4 ~ 5 V 之间波动，CAN - H 和 CAN - L 线的主体电压分别为 0 V 和 5 V。通过差分信号处理后的总线信号电压 CAN - H 线为 (3.6 - 1.4) V = 2.2 V，CAN - L 线为 (0 - 5) V = - 5 V。理论上，当总线电压 > 1.5 V 时，总线为显性状态，逻辑值为 "0"；当总线电压 < 0 V 时，总线为隐性状态，逻辑值为 "1"。

3）CAN 收发器的工作原理

如今一般将 CAN 收发器嵌入到微控制器中，它通过串行口与 CAN 控制器和 CAN 物理总线连接。收发器使用 + 5 V 电源，并通过输入电路中电阻上的电流状态来检测总线，如图 2 - 13 所示。当总线为显性状态时，输出的显性位打开发送节点驱动晶体管，此时有电流流过电阻（有源）；当总线为隐性状态时，输出隐性位关断总线上接收节点的驱动晶体管，此时没有电流流过电阻（无源）。

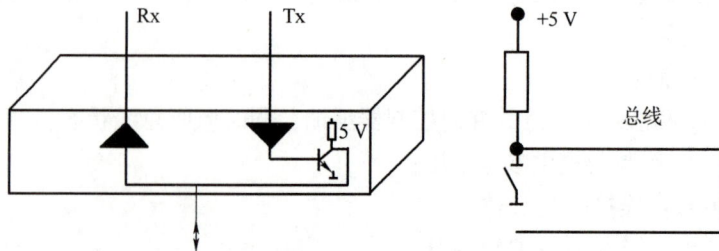

图 2 - 13　收发器的 Tx 线与总线耦合

（1）单个收发器与总线的耦合。

收发器的 Tx 线始终与总线耦合，两者的耦合过程是通过一个负逻辑开关电路来实现的。

收发器内晶体三极管的状态与总线电平之间的对应关系见表 2 – 2。

表 2 – 2 收发器内晶体三极管的状态与总线电平之间的对应关系

逻辑信号	晶体三极管状态	线路电阻是否构成回路	总线对蓄电池负极电阻状态	总线电平/V
1	截止（相当于开关 OFF）	未构成回路（无源）	高阻抗	5
0	导通（相当于开关 ON）	构成回路（有源）	低阻抗	0

（2）多个收发器与总线的耦合。

当有多个收发器与总线耦合时，总线的电平状态取决于各个收发器开关状态的逻辑组合。下面以 3 个收发器接到一根总线上的情况为例加以说明，如图 2 – 14 所示。

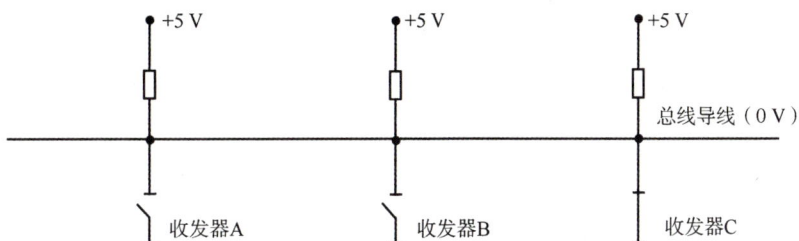

图 2 – 14 3 个收发器接到一根总线上

在图 2 – 14 中，收发器 A 和收发器 B 的开关为断开（OFF）状态，收发器 C 的开关为闭合（ON）状态。由图 2 – 14 不难看出，如果某一开关已闭合（ON），电阻上就有电流流过，则总线上的电压就为 0 V；如果所有开关均 OFF（未闭合），那么电阻上就没有电流流过，电阻上就没有电压降，则总线上的电压就为 5 V。3 个收发器开关的状态与总线电平的逻辑关系见表 2 – 3。如果总线处于隐性状态 1（无源），那么该状态可以由某一个节点使用显性状态 0（有源）来改写。

表 2 – 3 收发器开关的状态与总线电平的逻辑关系

收发器 A	收发器 B	收发器 C	总线电平/V
1	1	1	5
1	1	0	0
1	0	1	0
1	0	0	0
0	1	1	0
0	0	1	0
0	1	0	0
0	0	0	0

4）数据传输线

数据传输线也称为通信介质，CAN 的通信介质有双绞线、同轴电缆和光纤等，在汽车上的 CAN 总线通信网络系统中，通信介质选用的是双绞线，如图 2-15 所示。

ISO 标准对收发器制定的相应标准中定义了这两条线，即 CAN-H 和 CAN-L。总线上是差动信号，具体电平和特性取决于适用的标准或设计规范。

汽车中的干扰源主要是产生电火花或运行中电路开闭的部件，其他干扰源包括汽车电话或发射站，即任何发出电磁波的物体。电磁波能影响或者破坏数据传输，如图 2-16 所示。

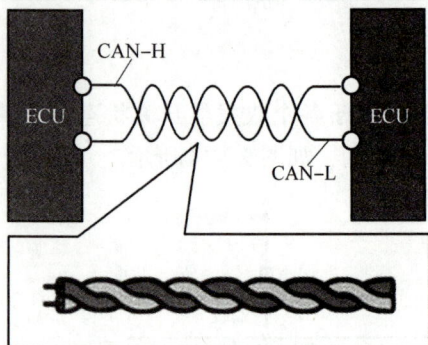

图 2-15 双绞线通信介质

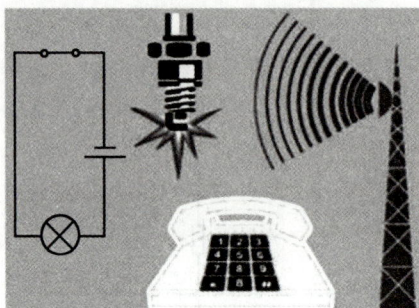

图 2-16 汽车中的主要干扰源

为了防止数据传输中的电磁干扰，生产厂商把两条数据线缠绕在一起。当总线受到干扰时，由于 CAN-H 线与 CAN-L 线缠绕，且干扰脉冲信号对 CAN-H 线和 CAN-L 线的作用是等幅值、等相位、同频率的，所以，在取差分电压后，差分电压值保持不变，即消除了外界电磁辐射对 CAN 总线信号传输的影响，如图 2-17 所示。

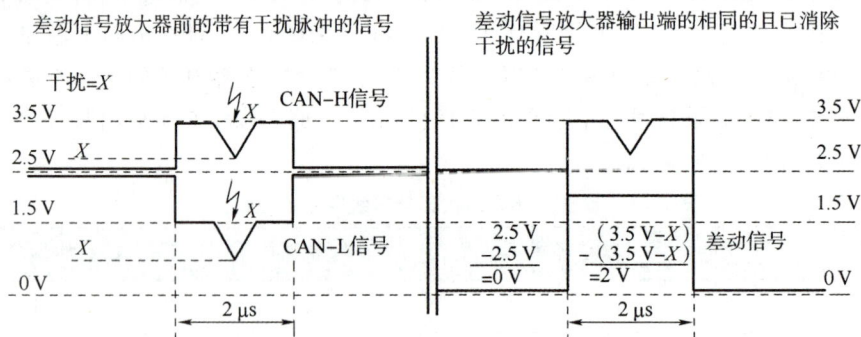

图 2-17 消除了外界电磁辐射

例如，某时刻 CAN-H 线和 CAN-L 线的正常电压分别为 3.5 V 和 1.5 V，则差分电压 $U_{diff} = 3.5 - 1.5 \text{ V} = 2 \text{ V}$，外界对 CAN 总线产生干扰脉冲信号 X 后，CAN-H 线和 CAN-L 线的电压分别变为 $(3.5 - X)$ V 和 $(1.5 - X)$ V，则差分电压 $U_{diff} = (3.5 - X) - (1.5 - X)$ V $= 2$ V。虽然此时外界在 CAN 总线上产生了干扰，但总线的差分电压值不变，外界干扰不会影响 CAN 总线的数据传输。

双线缠绕和差分电压能使 CAN 总线向外辐射保持中性，即无辐射。当 CAN 总线向外辐射电磁波时，双线缠绕使 CAN-H 线与 CAN-L 线对外界的干扰幅值相同、频率相同，但方向相反，干扰相互抵消，如图 2 – 18 所示。

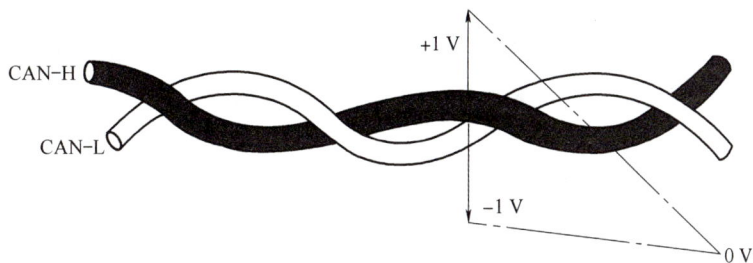

图 2 – 18　干扰抵消

5）数据传输终端

数据传输终端是一个电阻，其作用是防止数据在线端被反射，避免信号失真。

终端电阻可以通过使用不同的方法安装，常见的安装方法如下。

（1）符合 ISO 11898 – 2 标准，终端电阻通过 CAN – H 和 CAN – L 线连接，具体如下。

①终端电阻与节点分离安装，如图 2 – 19 所示。

图 2 – 19　终端电阻与节点分离安装

②终端电阻与节点集成安装，如图 2 – 20 所示。由于终端电阻安装在距离最远的两个节点上，因此其收发器结构有所区别，在节点内部的总线接口处，串联了两个 60 Ω 的电阻，并使用一个电容消除总线的电压波形。例如，在驱动子网中，它一般应用在位于总线终端上的发动机模块和仪表模块内。

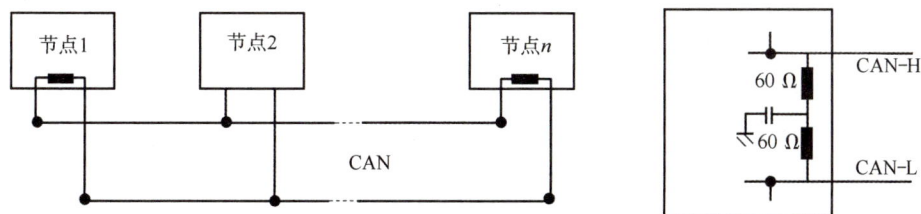

图 2 – 20　终端电阻与节点集成安装

③分配式电阻器。大众和奔驰车系使用的是分配式电阻器，如图 2 – 21 所示，其特点是吸收电阻器与节点集成，网络每个节点上的 CAN – H 和 CAN – L 线之间安装了匹配好阻值的吸收电阻器。例如，在大众车系的驱动子网中，发动机控制单元和网关控制单元内的中央末端电阻的阻值为 66 Ω，其他控制单元内的吸收电阻值为 2.6 kΩ。该终端电阻的安装形式适用于 CAN 高速网。

（2）符合 ISO 11898 - 3 标准，CAN - H 和 CAN - L 线分别连接两个终端电阻。

图 2 - 22 是一个有容错能力的收发器结构，它提供差分发送能力，当故障发生时，该收发器可以切换为一个单线发送或接收器。在发生与设计相适应的容错故障时，所有节点可以继续通信，但信噪比降低。一旦故障解除，它会自动恢复差分传输。

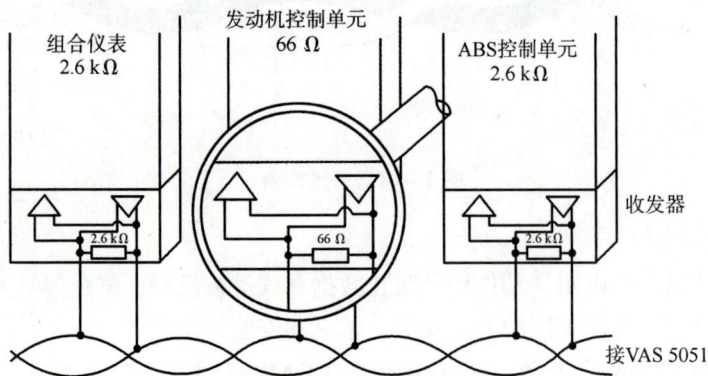

图 2 - 21　节点内的分配式电阻器

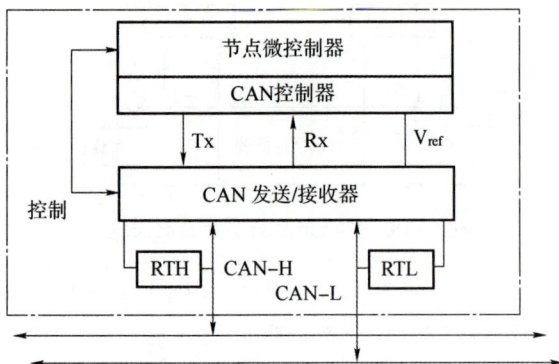

图 2 - 22　有容错能力的收发器结构

具有容错能力的收发器结构适用于 CAN 低速网（如车身与信息等网络），终端电阻没有应用于总线两端，而是按 ISO 11898 - 3 标准设在网络上所有的节点模块内，如图 2 - 23 所示。其目的如下：

①终端电阻能使电信号在网络上进行正常通信；

②终端电阻能对高电位和低电位的电路分离，使得通信所需的电流流动，保证正确电压类型的传输。

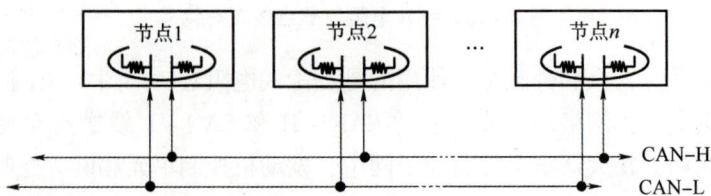

图 2 - 23　终端电阻设在网络上所有的模块内

知识拓展

TTL 电平和 CMOS 电平

1. TTL 电平

TTL 集成电路主要为晶体管 – 晶体管逻辑门电路，且大部分都采用 5 V 电源，其参数如下：

(1) 输出高电平 U_{oh} 和输出低电平 U_{ol}，$U_{oh} \geqslant 2.4$ V，$U_{ol} \leqslant 0.4$ V；

(2) 输入高电平 U_{ih} 和输入低电平 U_{il}，$U_{ih} \geqslant 2.0$ V，$U_{il} \leqslant 0.8$ V。

2. GMOS 电平

CMOS 电路是电压控制器件，输入电阻极大，对于干扰信号十分敏感，因此不用的输入端不应开路，接到地或者电源上。CMOS 电路的优点是噪声容限较宽，静态功耗很小，其参数如下：

(1) 输出高电平 U_{oh} 和输出低电平 U_{ol}，$U_{oh} \approx V_{cc}$，$U_{ol} \approx GND$；

(2) 输入高电平 U_{ih} 和输入低电平 U_{il}，$U_{ih} \geqslant 0.7V_{cc}$，$U_{il} \leqslant 0.2V_{cc}$（$V_{cc}$ 为电源电压，GND 为地）。

三、CAN 总线通信网络信息传输原理与过程

（一）CAN 总线通信网络信息传输原理

CAN 总线通信网络上的节点会根据工作需要访问总线，由于 CAN 网络为多主结构，故各节点内 CAN 收发器内部的驱动器，都可以连续输出显性和隐性电压，而且 CAN 收发器内部的接收器接收总线信号（消息）。这些信号结构由数据帧单元组成，这些数值包括由各厂商进行了不同定义的 ID、传输信号、各信号的功能及物理量。

1. 高速 CAN 总线通信网络信息传输

1）信号发送

当总线为空闲状态时，收发器测量总线电压为 2.5 V，这是高速 CAN 总线的基准电压，由收发器内部电路提供。

如图 2 – 24（a）所示，中央处理器将需要传输的信息发送给 CAN 控制器，控制器以数字信号的形式驱动收发器内部的驱动器电路，当驱动器同时起动电路中分别与 CAN – H 和 CAN – L 总线相连的两个 FET 时，驱动器电路中的 5 V 电源通过 FET 流到 CAN – H 总线，CAN – H 总线的 2.5 V 基准电压拉升到 3.5 V，CAN – L 总线上的 2.5 V 基准电压连接到低电位，电压降低到 1.5 V。

此时总线上输出的是显性信号，CAN – H 和 CAN – L 线压差为 2 V，

如果当数据传输时驱动器没有起动，则总线保持 2.5 V。此时总线上输出的是隐性信号，CAN – H 和 CAN – L 线压差为 0 V。

2）信号接收

如图 2 – 24（b）所示，当节点需要从总线上采集信号时，差动放大器将 CAN – H 与 CAN – L 线的电压值进行差动处理，并将结果发送给控制器。控制器依据数字信号识别原则（压差方式识别数字信号），如果 CAN – H 和 CAN – L 线压差为 2 V，则 CAN 控制器内部接

收器接收信号并检测信号为显性信号，得到结果为"0"。如果 CAN – H 和 CAN – L 线压差为 0 V，则 CAN 控制器内部接收器接收信号并检测信号为隐性信号，得到结果为"1"。

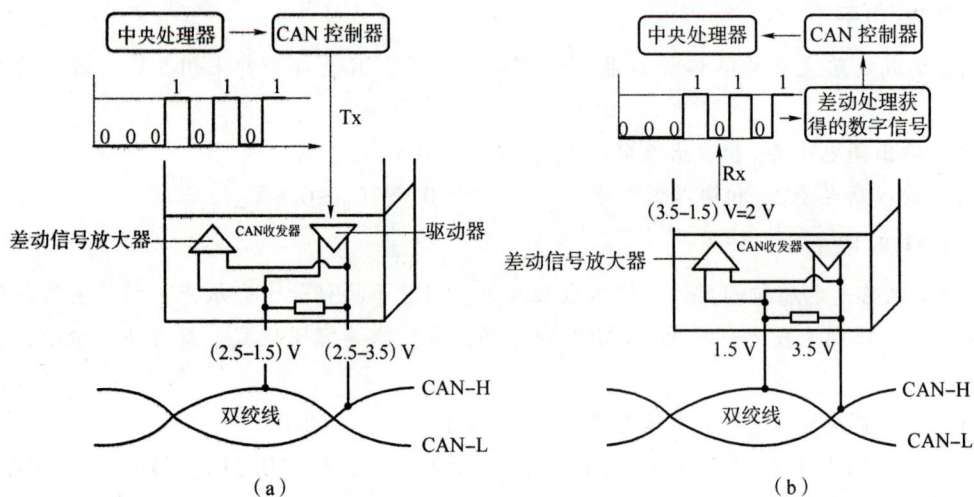

图 2 – 24　高速 CAN 信号传输
(a) 高速 CAN 信号发送；(b) 高速 CAN 信号接收

2. 低速 CAN 总线通信网络信号传输

1）信号发送

当总线为空闲状态时，CAN 收发器测量总线电压 CAN – H 线为 0 V，CAN – L 线为 5 V，这是低速 CAN 总线的基准电压。当总线由睡眠模式进入警戒模式后大约 60 s，CAN – H 线电压保持 0 V，CAN – L 线电压保持 12 V。上述电压由收发器内部电路提供。

如图 2 – 25（a）所示，中央处理器将需要传输的信息发送给 CAN 控制器，控制器以数字信号的形式驱动收发器内部的驱动器电路，当驱动器同时起动电路中分别与 CAN – H 和 CAN – L 线相连的 FET 时，CAN – H 线电压从 0 V 上拉至 3.6 V，CAN – L 线上的 5 V 电压连接到低电位，电压降低到 1.4 V。此时，总线上输出的是显性信号，CAN – H 和 CAN – L 线压差为 2.2 V。

如果数据传输时驱动器没有起动，则 CAN – H 保持 0 V、CAN – L 线保持 5 V。此时，总线上输出的是隐性信号，CAN – H 和 CAN – L 线压差为 – 5 V。

2）信号接收

如图 2 – 25（b）所示，当节点需要从总线上采集信号时，差动放大器将 CAN – H 与 CAN – L 线的电压值进行差动处理，并将结果发送给控制器。控制器依据数字信号识别原则（压差方式识别数字信号），如果 CAN – H 和 CAN – L 线压差为 2.2 V，则 CAN 控制器内部接收器接收信号并检测信号为显性信号，得到结果为"0"。如果 CAN – H 和 CAN – L 线压差为 – 5 V，则 CAN 控制器内部接收器接收信号并检测信号为隐性信号，得到结果为"1"。

当低速 CAN 总线通信网络出现 CAN – H 或 CAN – L 线断路、短路故障时，低速 CAN 总线通信网络将转入单线工作模式。

高速 CAN 和低速 CAN 的通信原理是相同的，但 CAN 收发器结构不同。如果两条线路中的一条线分离时（断路、短路故障），由于不能检测电压差，所以高速 CAN 通信发生故障。但是低速 CAN 可以维持通信，此时低速 CAN 收发器将压差方式识别数字信号改为偏压方式识别数字信号，从而判断所传输的信息含义。

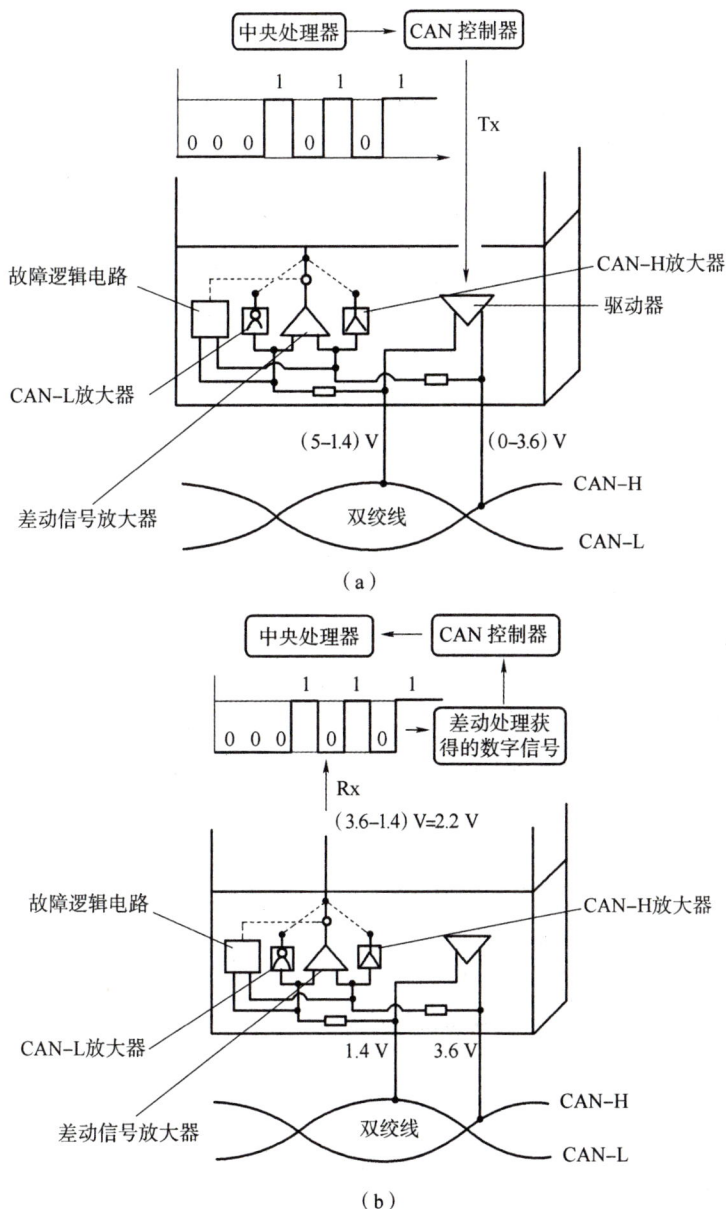

图 2-25 低速 CAN 信号传输

（a）低速 CAN 信号发送；（b）低速 CAN 信号接收

（二）CAN 总线通信网络信息传输过程

CAN 总线通信网络并没有指定的信息接收者，即信息在 CAN 总线通信网络的传输过程中，可以被所有节点接收和计算。下面以发动机转速信息的传输过程为例，分析 CAN 总线通信网络中信息的传输过程，如图 2-26 所示。

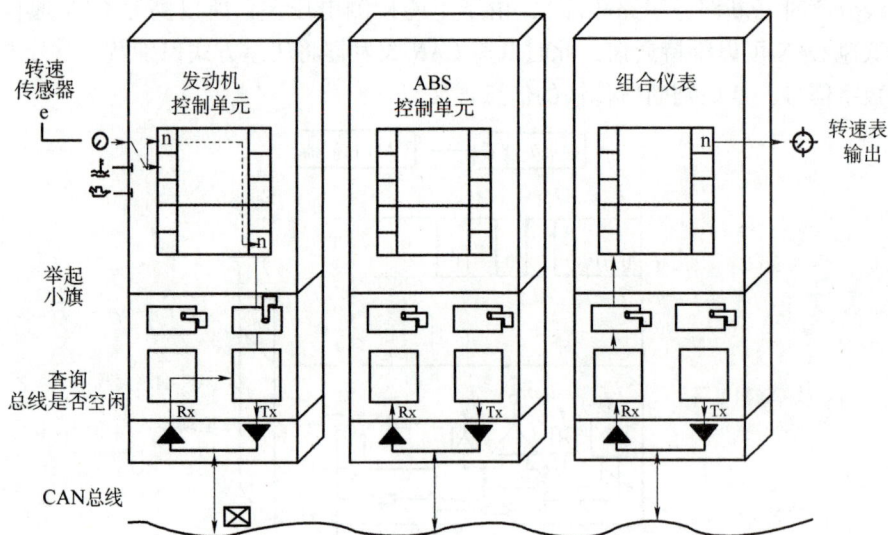

图 2-26　信息的传输过程

1. 信息发送

1）节点微控制器的任务

首先是发动机节点微控制器接收到发动机转速信息（转速值），该值以固定的周期（循环往复地）到达发动机节点微控制器的输入存储器内。由于瞬时转速值不仅用于发动机运转控制、变速器换挡控制，还用于显示其值的控制单元（如组合仪表），故该值通过 CAN 总线通信网络来传输，以实现信息共享。于是转速值就被复制到发动机节点微控制器的发送存储器内，并从发送存储器经过内部总线进入 CAN 控制器的发送邮箱内。

如果发送邮箱内已有一个发动机转速实时值，那么该值会由发送特征位显示出来。将发送任务委托给 CAN 控制器，发动机节点微控制器就完成信息传输任务。

2）CAN 控制器的任务

当 CAN 控制器收到由发动机节点微控制器经过内部总线转送的发动机转速值（字节信息）后，CAN 控制器按协议将字节信息转换成如图 2-27 所示的帧格式字节信息，并发送给 CAN 收发器。

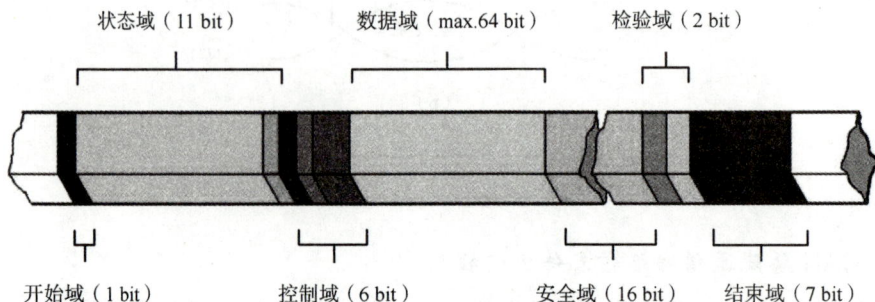

图 2-27　帧格式字节信息

3）CAN 收发器的任务

CAN 总线通信网络上各个控制模块通过自身嵌入 CAN 收发器的 Rx 线来检查总线是否是显性状态（是否有别的信息传递），必要时会等待，直至总线空闲下来为止（隐性状态），如图 2 - 28 所示。如果总线空闲，则说明发动机转速的帧格式字节信息就会被 CAN 收发器转化成帧格式电平信息，并发送到 CAN 总线通信网络上。

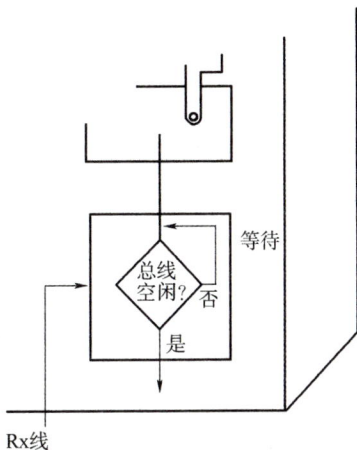

图 2 - 28　总线空闲查询

2. 信息接收

当总线为显性状态时，所有与该 CAN 总线通信网络连接的节点都转为接收器，从 CAN 总线通信网络上接收数据。信息接收过程分为两步，第一步为检查信息是否正确（在监控层），第二步为检查信息是否可用（在接受层），其过程如图 2 - 29 所示。

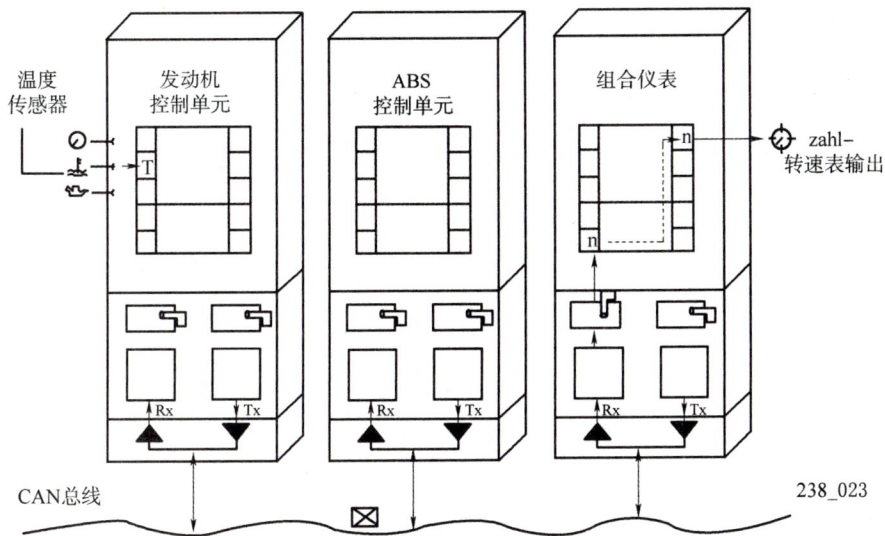

图 2 - 29　信息接收过程

1）信息接收

连接 CAN 总线通信网络的所有节点都接收发动机节点微控制器发送的信息，该信息是通过 Rx 线到达数据传输总线构件的接收区。

2）信息校验

接收器接收发动机的相关信息，并且在相应的监控层检查这些信息是否正确，从而识别出在某种情况下某一节点上出现的局部故障。

3）信息接受

已接收到的正确信息会到达相关数据传输总线构件的接受区，在那里决定该信息是否用于完成各控制单元的功能。如果不是，则该信息就被拒收；如果是，则该信息就会进入相应的接收邮箱。控制单元根据接收信号可知有一个信息（如转速）在排队等待处理，如图 2 - 30 所示。组合仪表节点微控制器调出该信息并将相应值复制到它的输入存储器内，至此，通过数据传输总线构件发送和接收信息的过程结束。在组合仪表内的转速信息经微控制器处理后显示相应的转速。

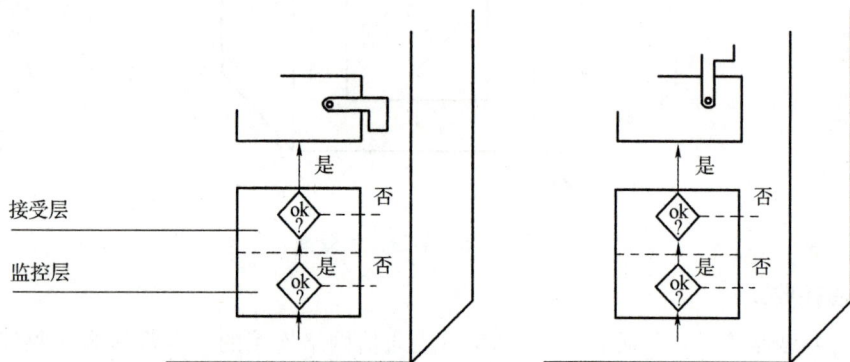

图 2 - 30　信息接受判断

（三）CAN 总线通信网络信息传输/接收实例

以某款汽车发动机控制模块（Engine Control Module，ECM）传输/接收每条控制器信息（消息）为样本，CAN 总线通信网络信息传输/接收如下。

1. ECM 传输信息

动力控制模块（Powertrain Control Module，PCM）内侧包括配备 CPU 的 ECM 与汽车自动变速箱控制模块（Transmission Control Module，TCM）和二者的收发器。在电子控制单元（Electronic Control Unit，ECU）内是 120 Ω 终端电阻，并且它与仪表盘一起，有形成高速 CAN 端子的功能。电子控制单元又称为车载电脑。ECU 传输总计 9 条信息到高速 CAN 总线，并且使用此数据的控制器如图 2 - 31 所示。每条信息包括多种信号，并且实时发动机数据以一定时间间隔被传输到 CAN 总线。使用此数据的控制器应用滤波器来识别和接收数据。

高速 CAN 的相关控制器使用 ECM 传输的信息见表 2 - 4，车辆实际使用的信息和信号的数量大于表 2 - 4 所列的数量。此外，信号不同于数据，有多种形式，它可以是命令、信号值，也可以是状态信息。

2. ECM 接收信息

如图 2 - 32 所示，ECM 接收的信息通常是发动机动力请求数据和各种控制信号。发动机包括控制 GDI 喷油嘴和高压泵的信号，以及当前压力和操作燃油泵的诊断数据。TCM 发送发动机转速和扭矩请求信号以及当前挡位到 ECM。此外，底盘控制器发送相关数据到 ECM，使

ETC 系统根据需要控制发动机转速和扭矩。

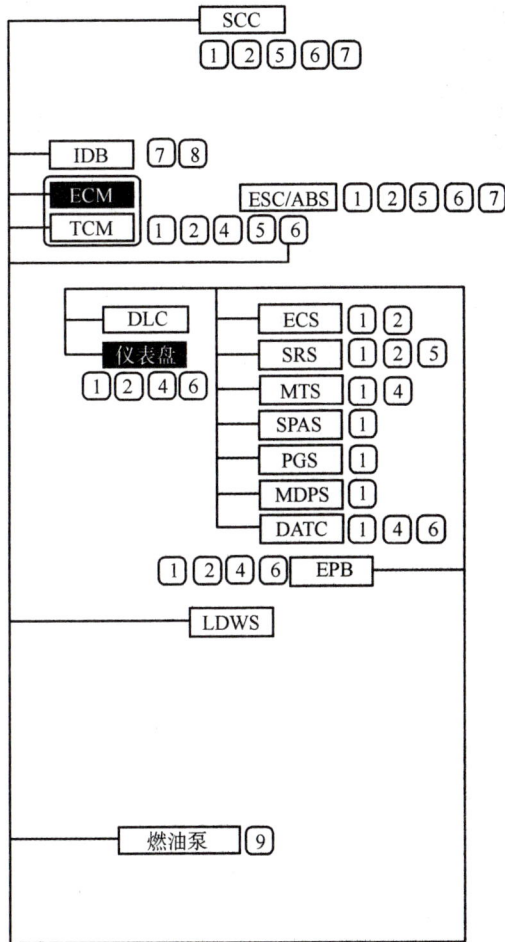

图 2-31 ECM 传输信息

表 2-4 传输的信息

编号	传输的信息
1	发动机转速、发动机扭矩、车速、燃油切断
2	APS、TPS、ATP、警告灯
3	水温，进气温度，进气流量，MAP，发动机状态（运行、怠速、转动）
4	警告灯、ATP、钥匙防盗系统状态、燃油经济性、电源电压、飞轮扭矩、巡航控制设置
5	加/减速数据、进气温度、加速踏板状态
6	发动机扭矩，发动机状态（运行、怠速、转动），巡航指示灯，点火开关 OFF 时间
7	GDI 相关（泵、喷油嘴功率等）
8	电磁阀控制占空比（GDI、IDB）
9	燃油泵目标压力

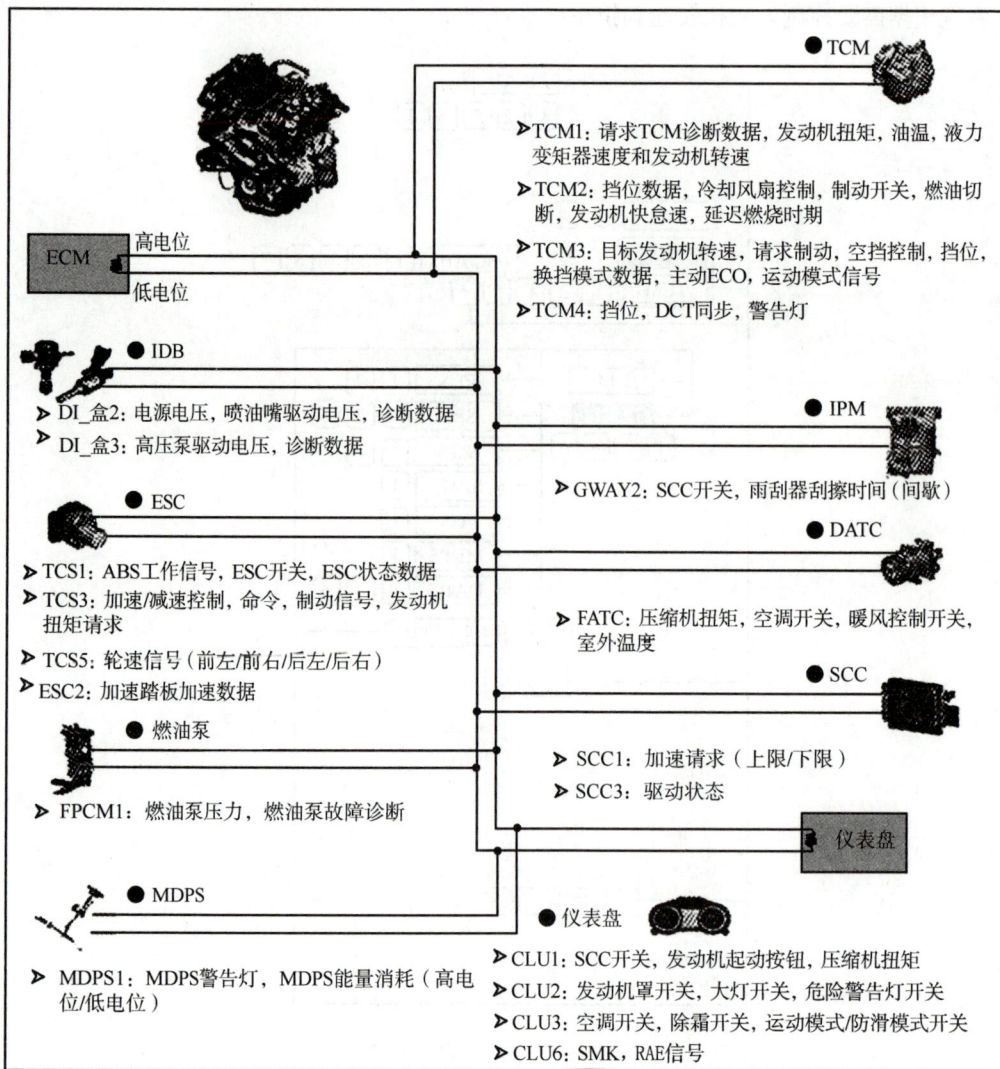

图 2-32 ECM 接收信息

四、CAN 总线通信网络的数据结构

CAN 总线通信网络上所传输的数据，包括数据帧、远程帧、错误帧、过载帧和帧间隔 5 种，作用分别如下：

（1）数据帧将数据由发送器传至接收器；

（2）远程帧由节点发送，以请求发送具有相同标识符的数据帧；

（3）错误帧可由任何节点发出，以检验总线错误；

（4）过载帧用于提供先前和后续数据帧或远程帧之间的附加延时；

（5）帧间隔用于将数据帧及远程帧与前面的帧分离开。

（一）数据帧

为了可靠地传输数据，通常将原始数据分割成一定长度的数据单元，也称为帧。一个数据帧由 7 个功能不同的基本区域组成，即开始域、仲裁域、控制域、数据域、安全域、确认域和结束域，如图 2–33 所示。

注意：

CAN 以报文为单位进行信息传输，CAN 中一个报文称为一帧。

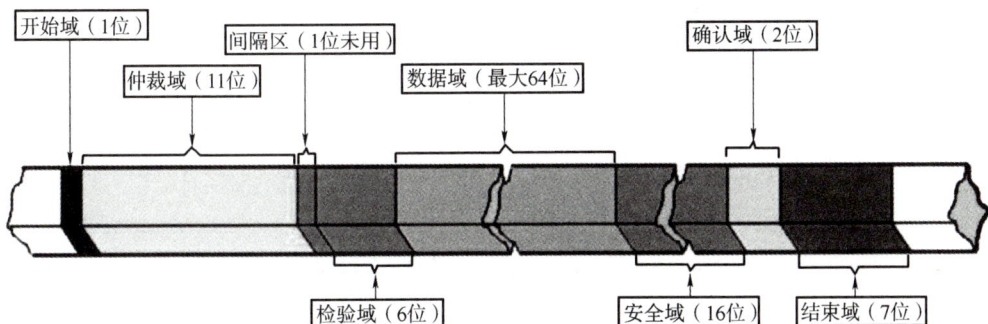

图 2–33　CAN 数据帧构成

1. 开始域

开始域表示帧（包括数据帧或远程帧）开始的区，包含 1 个位的显性位。此外，还用于确定与其他节点硬件的同步。

在 CAN 总线上，逻辑值"0"表示显性电平，逻辑值"1"表示隐性电平。"显性"具有优先功能，只要有一个节点输出显性电平，总线上即为显性电平；"隐性"具有包容功能，只有所有的单元都输出隐性电平，总线上才为隐性电平。

2. 仲裁域（状态域）

仲裁域的 ID 字段包括 11 位，表示数据的优先级。显性值"0"的优先级比隐性值"1"高。在标准帧里，仲裁域的末端是远程传输请求（Remote Transmission Request，RTR）位，数据帧中为显性，远程帧中为隐性，它是区别数据帧与远程帧的标志。

当总线空闲时，各节点均可向总线发送数据，如果各个节点要同时发送各自的数据，那么系统必须决定哪一个节点先发送。CAN 总线系统规定具有最高优先权的数据先发送，ID 字段的二进制值越小，其优先权就越高。

例如，图 2–34 是由 3 个控制器发送数据信号的仲裁过程。如果总线为 12 V，则数据判断为"1"；如果总线 0 V（搭铁），则数据判断为"0"。3 个控制器发送数据信号的仲裁过程如下。

（1）当传输"1"时，控制器内的 FET 没有起动，但是当传输"0"时，FET 被起动。

（2）由 3 个控制器同时传输数据。

（3）如果在 ID 字段，节点 1 发送"1"和剩余两个控制器发送"0"时，来自节点 1 的"1"信号流到节点 2、节点 3 的搭铁端，节点 1 被终止发送数据，转为接收数据。

（4）重复相同的方法，节点 3 的数据最后发送到总线上。

理论上，拥有最高优先级的 ID 为 0000 0000 000，但是如果 ID 如此配置，则数据会独占总线，所以需要适当地进行 ID 分类。

3. 检验域（控制域）

控制域表示数据域的字节数，由 6 个位构成。前两位为保留区，以备将来应用，其为显性；后四位为数据长度码（DLC），包括随后的数据区中字节的数量，其值为 0 ~ 8。

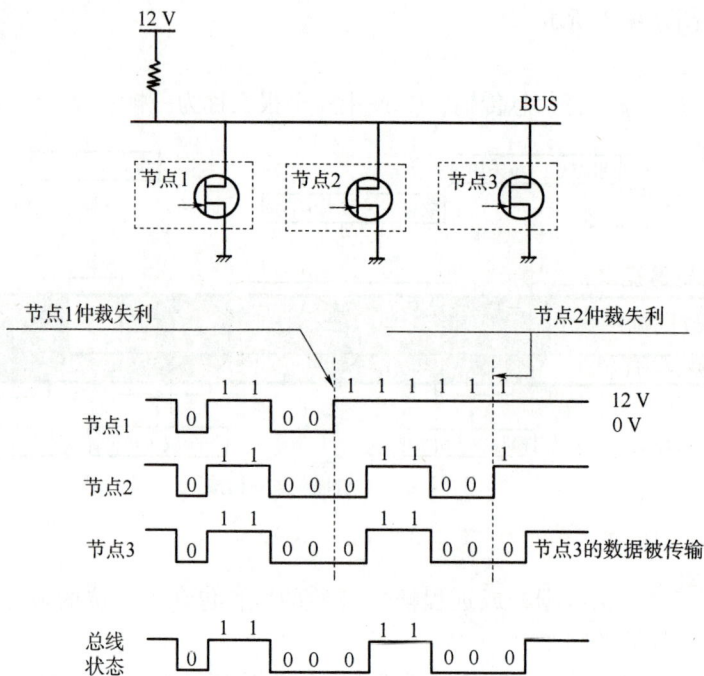

图 2 – 34   仲裁过程

4. 数据域

数据域包括即将传输的数据信息，最多可达 64 位（8 字节）。数据从最高位开始输出可以代表实际的数据，也可以是一个数据请求。如果是数据请求，就没有数据字节随从，控制域中的数据长度代码就不会与数据字节有直接关系。

5. 安全域

安全域用来检测传递数据中的错误。由于 CAN 系统通常工作于电噪声很大的环境，数据容易丢失或被破坏，因此 CAN 协议提供了 5 种错误检测和修正的方法。如果数据被破坏，则安全域能够检测出来，而且网络中的所有的节点都会忽略这个数据。这 5 种错误检测类型分别为位错误、填充错误、循环冗余校验（Cyclic Redundancy Check，CRC）错误、形式错误和应答错误。

6. 确认域

在确认域中，接收器会接收信号并通知发送器，其所发信号已被正确接收；如果检查到错误，接收器会立刻通知发送器，发送器会重新发送一次数据。

7. 结束域

结束域用于标志数据帧的结束，由 7 位隐性位序列表示，通过这 7 位隐性位接收器可以判断该数据帧是否结束。

（二）MAC 远程帧

为了激活数据接收器的节点，我们可以通过发送一个远程帧，来起动源节点发送各自的数据。

1. 远程帧帧结构

一个远程帧由 6 个不同的域构成，即帧起始（SOF）、仲裁域、控制域（两位保留位 + DLC 域）、安全域（CRC）、确认域（ACK）和帧结束（EOF），如图 2-35 所示。

帧起始	仲裁域	控制域	安全域	确认域	帧结束

图 2-35　MAC 远程帧

2. 远程帧与数据帧的区别

远程帧与数据帧的区别如下。

（1）远程帧没有数据域，帧起始、控制域、安全域、确认域和帧结束均与数据帧的相应域相同。

（2）在远程帧中，RTR 位通常为隐性。

（3）没有数据段的数据帧可用于各节点的定期连接确认与应答，或者用于仲裁区本身带有实质性信息的情况。

（三）出错帧

出错帧由两个不同的域构成，第一个域由来自不同节点的错误标志叠加给出，第二个域为错误界定符。

1. 错误标志

错误标志有活动错误和认可错误两种形式，前者由 6 位连续的"显性"位组成；后者由 6 位连续的"隐性"位构成，认可错误标志的某些或所有位，可由来自其他节点的"显性"位改写。

2. 错误界定符

错误界定符由 8 位"隐性"位构成。发送错误标志后，每个节点送出"隐性"位，并监控总线，直至其检测到"隐性"位。此后，它开始发送剩余的 7 个"隐性"位。

（四）超载帧

超载帧存在 LLC 要求的超载帧和超载帧重激活的超载帧两种相同的格式。前者为 LLC 子层所要求，以表明内部超载状态；后者由 MAC 子层的一些出错条件起动发送。超载帧包括超载标志和超载界定符两个域，超载标志的完整形式相对于活动错误标志；超载界定符与错误界定符具有相同形式。超载标志由 6 个"显性"位构成；超载界定符由 8 位"隐性"位构成。

（五）帧间空间

数据帧、远程帧、出错帧、超载帧，被称为帧间空间的域隔开。与此相反，超载帧和错误帧前面不存在帧间空间，并且多个超载帧也不用帧间空间分隔。

帧间空间包括间歇域和总线空闲域，并且对先前帧已发送"错误—认可"的节点还有暂停发送域，如图 2-36 所示。

1. 间歇域

间歇域由 3 个"隐性"位构成。间歇期间不允许节点开始发送数据帧或远程帧，仅起标注超载条件的作用。

2. 总线空闲域

总线空闲域可以是任意长度。总线空闲时，任何节点均可访问总线以便发送。在其他帧

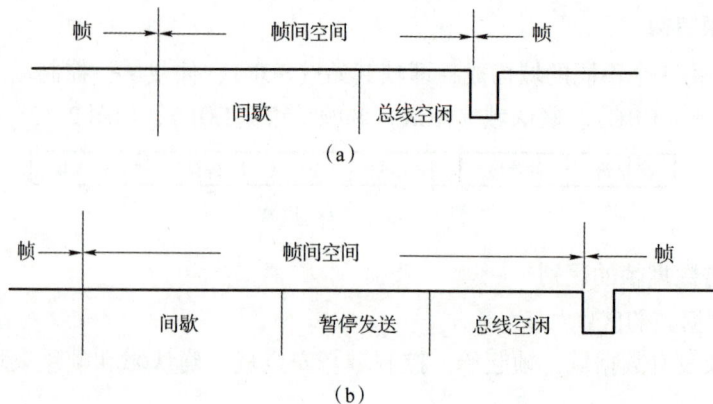

图 2-36　帧间空间
(a) 非"错误—认可"或已收到先前帧节点的帧间空间；
(b) 先前帧已发送"错误—认可"节点的帧间空间

发送期间，等待发送的帧在紧随间歇域后的第一位起动。在总线空闲期间检测到总线上的"显性"位将被理解为帧起始。

3. 暂停发送域

"错误—认可"节点完成发送后暂停发送域，在紧随间歇后，被许发送下一帧前，送出8位"隐性"位。其间，若有发送起动（由其他节点引起），则节点变为该帧的接收器。

五、CAN 总线通信网络的容错特点

CAN 的特性之一就是在总线出现特定故障（断路、短路）的情况下，能够继续保持通信。当总线出现故障时，节点将会识别各种错误，并存储相应的故障代码。

然而，一旦出现致命的故障，CAN 就会丢失通信能力，如 OBD-Ⅱ诊断插头的 6 号针脚（CAN-H 线）如果对地短路，则所有连接在高速 CAN 上的模块均无法互相通信。

下面分别介绍高速 CAN 与低速 CAN 在哪些情况下具有容错能力，在哪些情况下会失效。

（一）高速 CAN 符合 ISO 11898-2 标准

1. CAN 节点故障

当网络上的任一节点出现故障时，包括节点自身故障、电源或接地损坏等，此节点将无法与 CAN 总线上的其他节点进行通信。其他节点可以继续通信，且会存储节点通信丢失的诊断故障代码（Diagnostic Trouble Code，DTC）。CAN 节点故障如图 2-37 所示。

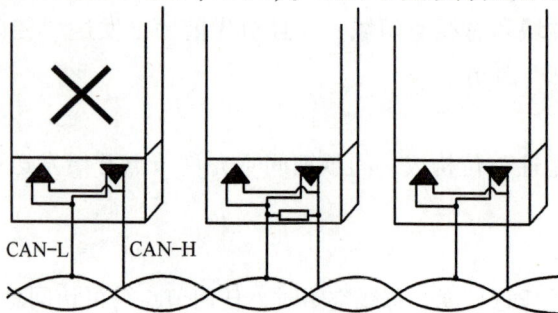

图 2-37　CAN 节点故障

2. CAN 支路断路（不带终端电阻）

当不带终端电阻的节点的支路（CAN－H 或 CAN－L）断路时，此节点无法与其他节点通信，但其他节点的通信不受影响，如图 2－38 所示。

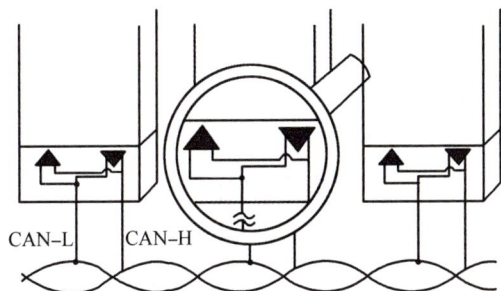

图 2－38　CAN 支路断路

3. CAN 支路断路（带终端电阻）

当带终端电阻的节点的支路断路时，此节点无法进行通信，但其他节点以信噪比降低后的值继续工作，高速 CAN 通信继续进行，如图 2－39 所示。

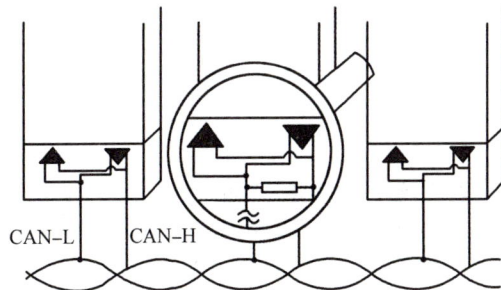

图 2－39　支路断路（带终端电阻）

4. CAN 总线断路

当高速 CAN 总线上的 CAN－H 或 CAN－L 断路时，断路对侧的节点之间无法进行通信，但断路同侧的节点之间可以进行通信。由于终端电阻的合成作用，此时的通信降低了抗扰度，如图 2－40 所示。

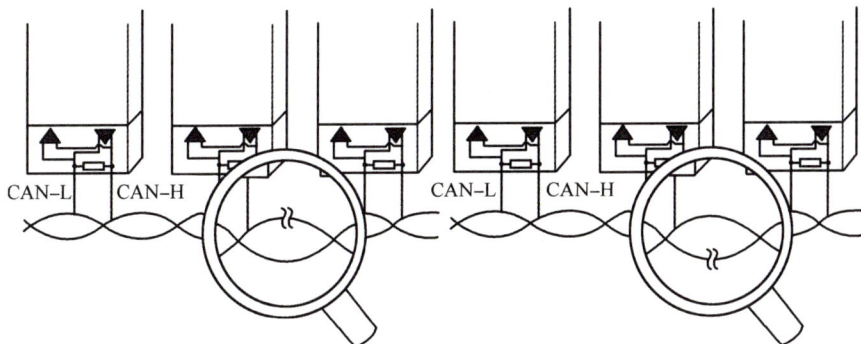

图 2－40　CAN－H 或 CAN－L 总线断路

5. CAN-H 对地短路

当 CAN-H 对地短路时，高速 CAN 总线整体失效，所有节点之间都不能进行通信，如图 2-41 所示。

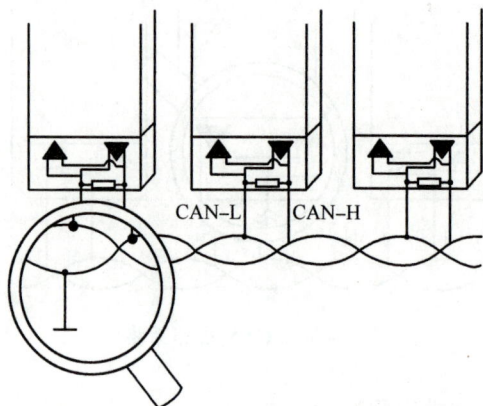

图 2-41　CAN-H 对地短路

6. CAN-H 对蓄电池正极短路

当 CAN-H 对蓄电池正极短路时，高速 CAN 总线具有继续工作的能力，如图 2-42 所示。

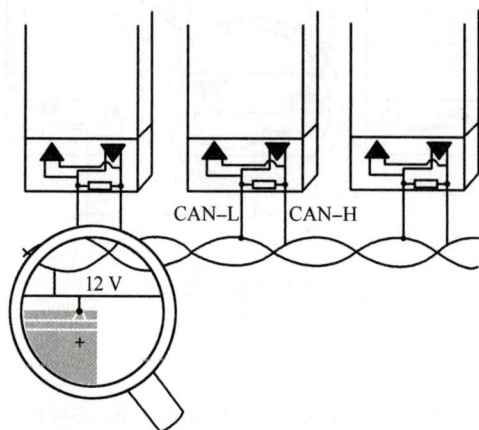

图 2-42　CAN-H　对蓄电池正极短路

7. CAN-L 对蓄电池正极短路

当 CAN-L 对蓄电池正极短路时，高速 CAN 总线整体失效，所有节点之间都不能进行通信，如图 2-43 所示。

8. CAN-L 对地短路

当 CAN-L 对地短路时，由于 CAN 总线电压在共模电压范围内，故可以实现网络通信，如图 2-44 所示。但是这种情况会使总线的抗扰度降低，电磁辐射增加。

9. CAN-H 与 CAN-L 相互短路

当 CAN-H 与 CAN-L 相互短路时，高速 CAN 总线整体失效，所有节点之间都不能进行通信，如图 2-45 所示。

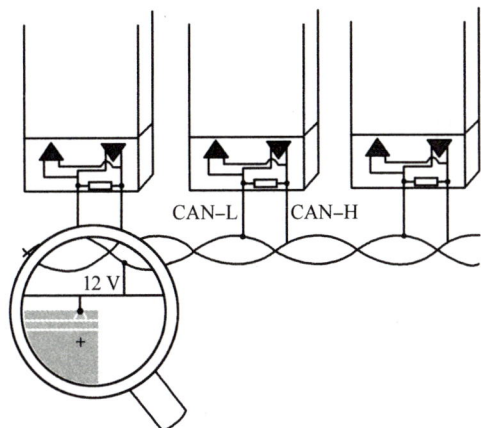

图 2 - 43　CAN - L 对蓄电池正极短路

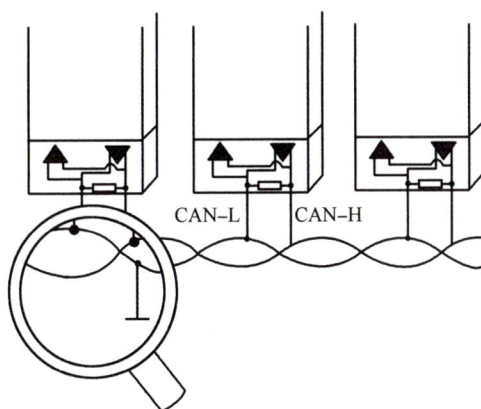

图 2 - 44　CAN - L 对地短路

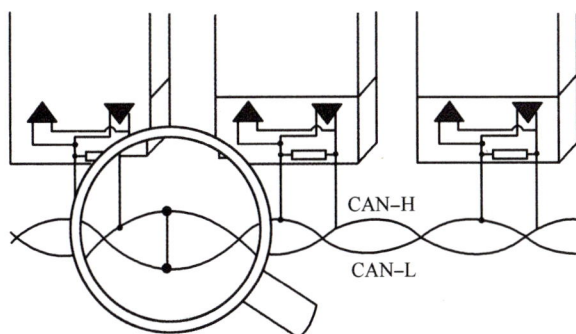

图 2 - 45　CAN - H 与 CAN - L 相互短路

10. CAN - H 与 CAN - L 互接

当节点的支路 CAN - H 与 CAN - L 互接时，高速 CAN 总线整体失效，所有节点之间都不能进行通信，如图 2 - 46 所示。

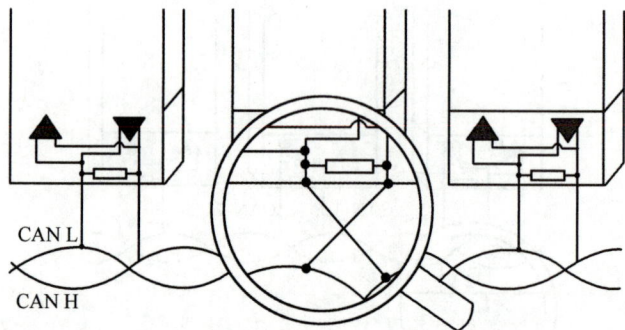

图 2 – 46　CAN – H 与 CAN – L 互接

（二）低速 CAN 符合 ISO 11898 – 3 标准

1. CAN 节点故障

当网络上的任一节点出现故障时，包括节点自身故障、电源或接地损坏等，此节点将无法与 CAN 总线上的其他节点进行通信，但其他节点可以继续通信，且会存储节点通信丢失的 DTC，如图 2 – 47 所示。

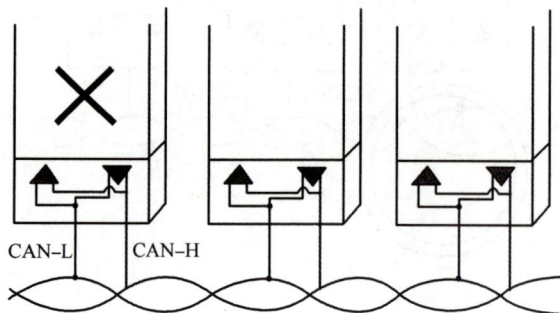

图 2 – 47　节点故障

2. CAN 总线断路

当总线（CAN – H 或 CAN – L）断路时，低速 CAN 总线系统处于"单线工作"和"双线工作"交替变化的状态，如图 2 – 48 所示。

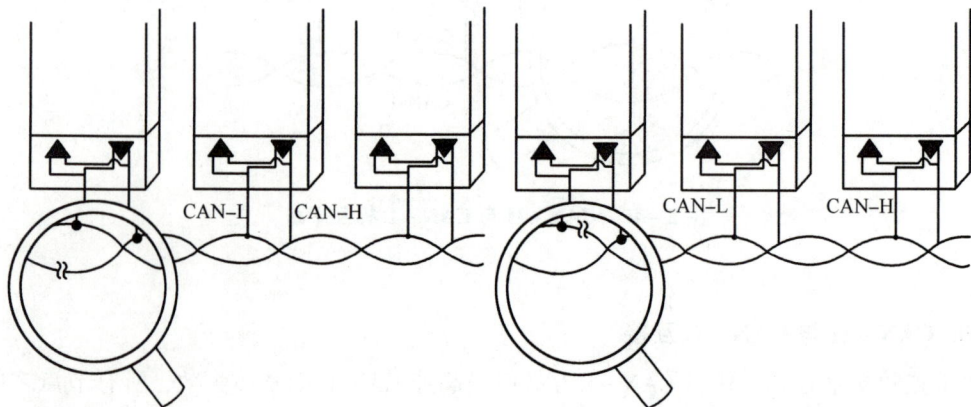

图 2 – 48　CAN – H 或 CAN – L 总线断路

3. CAN‑H 或 CAN‑L 对地短路

当 CAN‑H 或 CAN‑L 对地短路时，低速 CAN 总线系统处于"单线工作"模式，如图 2‑49 所示。

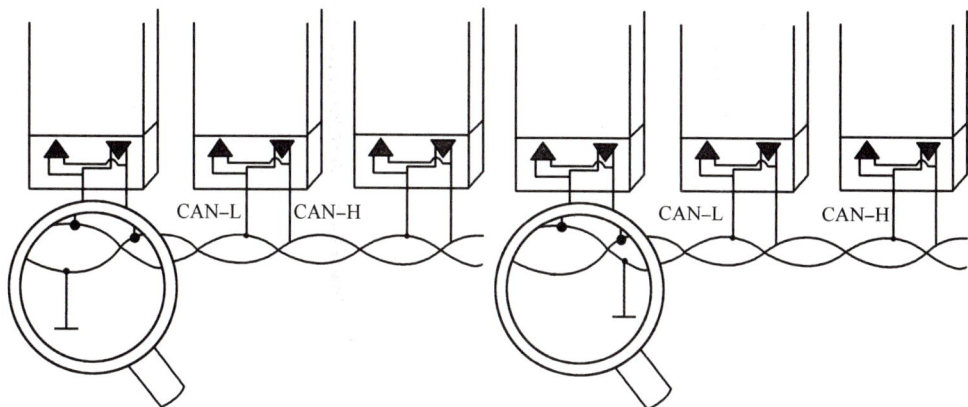

图 2‑49　CAN‑H 或 CAN‑L 对地短路

4. CAN‑H 或 CAN‑L 对蓄电池正极短路

当 CAN‑H 或 CAN‑L 对蓄电池正极短路时，低速 CAN 总线系统处于"单线工作"模式，如图 2‑50 所示。

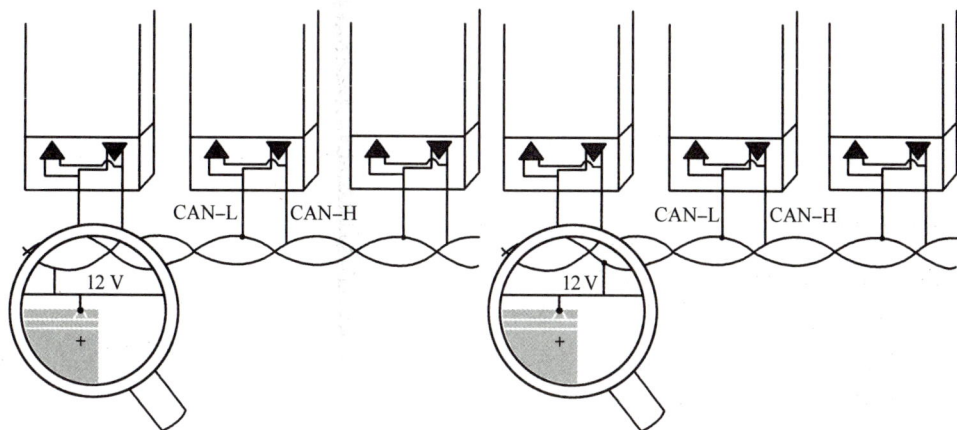

图 2‑50　CAN‑H 或 CAN‑L 对蓄电池正极短路

5. CAN‑H 与 CAN‑L 相互短路

当 CAN‑H 与 CAN‑L 相互短路时，低速 CAN 总线系统处于"单线工作"模式，如图 2‑51 所示。

6. CAN‑H 与 CAN‑L 互接

当节点的支路 CAN‑H 与 CAN‑L 互接时，低速 CAN 总线系统处于"单线工作"模式，如图 2‑52 所示。

7. CAN‑H 与 CAN‑L 同时断路或同时对地、对电源短路

当 CAN‑H 与 CAN‑L 同时断路或对地、对电源短路时，低速 CAN 总线整体失效，所有节点之间都不能进行通信。

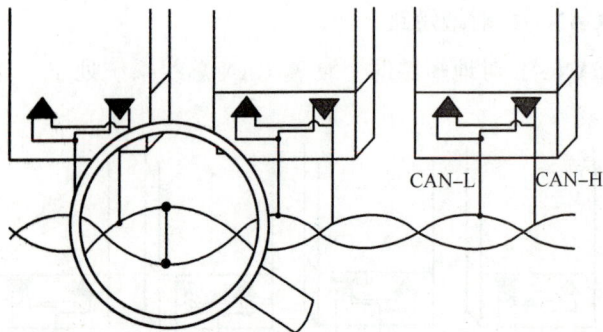

图 2-51　CANH 与 CANL 相互短路

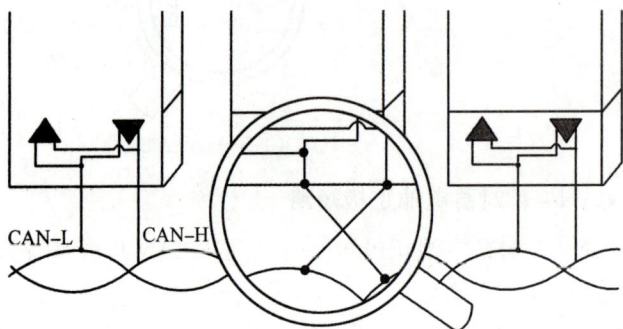

图 2-52　CAN-H 与 CAN-L 互接

六、CAN 总线通信网络系统的诊断

（一）故障原因

CAN 总线上通信故障可能是下列原因：

（1）CAN-H 或 CAN-L 通信线断路或者短路；

（2）插头连接损坏（触头损坏、污垢或锈蚀）；

（3）车用电源系统中的故障电压（如由点火线圈损坏或接地连接引起）；

（4）某个控制模块中的通信部件故障；

（5）某个控制模块的供电故障或搭铁故障（当蓄电池电量快耗尽时蓄电池电压缓慢下降可能会存储故障记录，因为不是所有的控制单元都在电压下降的同时关闭）。

（二）检测步骤

CAN 总线通信网络系统的故障检测步骤如下：

（1）了解该车型汽车总线系统传输的特点，包括传输介质、几种子网及车载网络传输系统的结构形式等；

（2）检查汽车总线系统传输的功能，如有无唤醒功能和睡眠功能等；

（3）检查汽车电源系统是否存在故障，如交流发电机的输出波形是否正常等；

（4）检查汽车总线系统传输的链路是否存在故障，可采用替换法或跨线法检查；

（5）如果是节点故障，则只能采用替换法进行检测。

（三）CAN 总线的维修要点

进行 CAN 诊断和系统故障查询时，主要是检查总线上的信号电平是否对应于额定值，以及总线上的信号关系是否正常。如果信号电平和信号关系均正常，则可认为总线无故障，车辆中出现的故障是其他原因引起的。

控制单元通过插头连接在 CAN 上。在插头的压接点中始终只能连接一根导线。这就导致第二根导线必须在一个规定点上连接到 CAN 线束上。为了避免在维修 CAN 导线时把新的、可能影响安全的故障无意间引入车辆系统中，CAN 的压接点绝对不能打开和通过维修更新。如果要脱开 CAN 导线，则只允许在与下个压接节点相距不小于 100 mm 处进行。

由于 CAN 导线的铰合不良会影响 CAN 的抗干扰能，因此在维修 CAN 导线时要尽量少地干涉导线铰合，如图 2 – 53 所示。

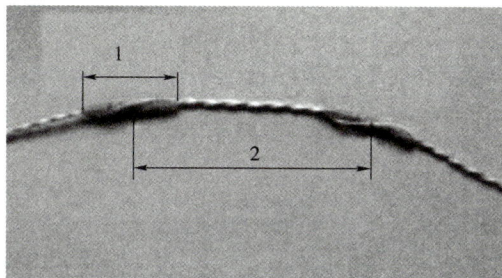

1—铰合只可解开最长 50 mm；2—CAN 导线断开处要与下一个压接节点相距至少 100 mm。

图 2 – 53　CAN 导线的维修要点

（四）CAN 的故障诊断方法

CAN 的故障诊断方法，包括网络测试、DTC 读取、电阻测量、电压测量和波形测量等几种常用方法。此外，根据对故障现象的合理分析也可以初步判断故障原因。

1. 故障现象

因为 CAN 的故障与节点或网络总线有关，所以发生故障后单个模块或部分模块的通信会丢失，因此从仪表上可以观察到相关模块的几种异常信息，如图 2 – 54 所示。

图 2 – 54　仪表显示异常

例如，当高速 CAN 总线失效后，仪表上来自高速 CAN 的各种警告灯就会点亮。

2. 网络测试

通过解码仪的"网络测试"功能，可以判断 CAN 模块是否存在通信异常现象，并可以快速而准确地找到故障原因。当执行网络测试时，故障诊断仪会与各个模块进行通信，并在相关界面显示文字提示或通过不同的颜色展示网络拓扑的测试结果，如图 2 – 55 所示。

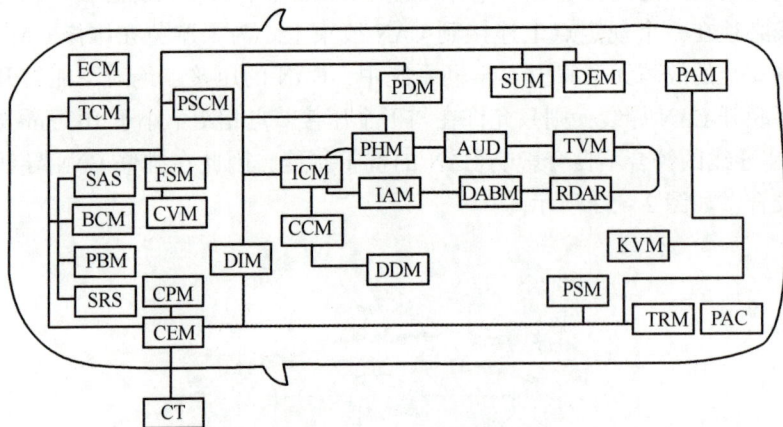

图 2 – 55　测试结果

通过颜色展示的测试结果如下：

（1）绿色表示模块对通信有反应，如 TCM；

（2）红色表示模块对通信无反应，如 ECM；

（3）灰色表示模块不属于车辆配置，如 FSM。

3. 故障代码（DTC）读取

车载网络的故障代码用"U"表示，如"TCM – U 010000"表示发动机控制模块失去通信。因此，当使用解码仪读取到此类故障码时，即可判断此故障与网络相关。

1）故障代码"TCM – U 010000"的信息解读

（1）此 DTC 由 TCM 存储；

（2）此 DTC 能通过解码仪读取，说明解码仪与 TCM 通信正常；

（3）TCM 无法与 ECM 建立通信，则故障原因可能在 ECM 或总线上。

2）故障代码数量与故障原因的关系

（1）如果解码仪只读取到一个网络 DTC，则该故障可能是由节点故障导致，如节点硬件故障、供电或接地不良等；

（2）如果出现多个网络 DTC，则可能是总线出现故障。

4. 主要技术参数检测

1）标准终端电阻的检测

在对 CAN 总线通信网络系统的故障诊断过程中，可以利用终端电阻来判断 CAN 总线通信网络系统是否出现故障，因为终端电阻是为了阻止 CAN 总线信号在 CAN 总线上产生变化电压的反射。终端电阻装在系统的两个控制单元内，当终端电阻出现故障时，线路的反射影响，会使控制模块的信号无效。

高速 CAN 总线通信网络系统上的终端电阻可以用万用表进行测量。在测量 CAN 总线电阻前，需断开蓄电池，以使 CAN 网络断电，并等待大约 5 min，使所有的电容器都充分放电。测量时应将万用表的两个表笔分别连接在总线的 CAN－H 和 CAN－L 上，测量点可以在 DLC 或总线的其他节点位置。

在 DLC 位置，用万用表分别测量 6 号和 14 号针脚之间的电阻值，如图 2－56 所示。因为 CEM 与 ECM 中的终端电阻分别为 120 Ω，它们形成了并联关系，所以万用表的测量结果应为 60 Ω。

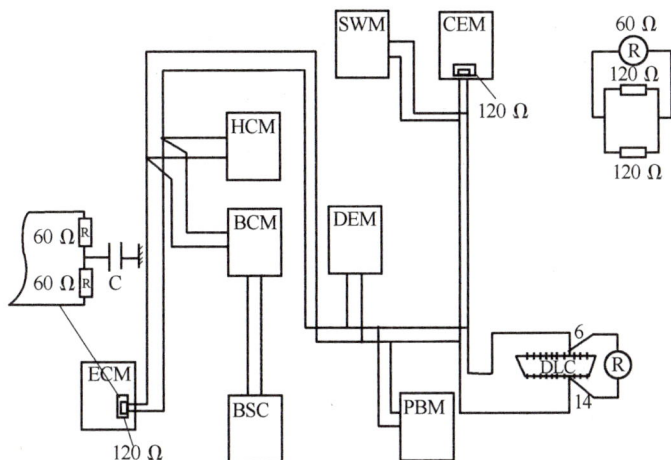

图 2－56　HS CAN 总线电阻检测

检测结果分析如下：

（1）如果测量结果为 120 Ω，则说明有一个终端电阻或一侧总线断路；

（2）如果测量结果为无穷大，则说明两个终端电阻或 DLC 支路断路；

（3）如果测量结果为 0 Ω，则说明 CAN－H 与 CAN－L 互相短路。

思考：

低速 CAN 总线通信网络系统上的终端电阻可以用万用表测量吗？为什么？

2）总线电压检测

通过测量 CAN 总线对蓄电池负极的电压，可以判断 CAN 总线是否能够正常地传输信号。测量时使用万用表的直流电压挡，并使 CAN 总线处于工作状态。

（1）检测高速 CAN 总线的电压。

测量点可以在高速 CAN 总线通信网络节点上的任意位置，如图 2－57 所示，这里从 DLC 的 6 号和 14 号针脚出测量高速 CAN－H 和 CAN－L 对蓄电池负极的电压。因 CAN 总线的 CAN－H 与 CAN－L 电压信号不一样，所以测量结果也有所区别。

CAN－H 线信号电压在总线空闲时的电压约 2.5 V，当总线上有信号传输时，总线上的电压在 2.5～3.5 V 之间高频波动，因此 CAN－H 线的主体电压应是 2.5 V，所以万用表的测量值比空闲时的电压更大些（在 2.8 V 左右）。

同理，CAN－L 线信号在总线空闲时的电压约为 2.5 V，当总线上有信号传输时，总线上的电压在 1.5～2.5 V 之间高频波动，因此 CAN－L 线的主体电压应是 2.5 V，所以万用表的测量值比空闲时的电压更小些（在 2.3 V 左右）。

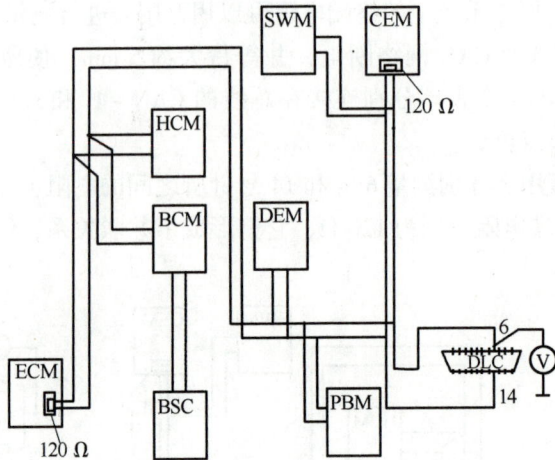

图 2 –57　高速 CAN 总线电压检测

（2）检测低速 CAN 总线的电压。

测量点可以在低速 CAN 总线通信网络节点上的任意位置，如图 2 – 58 所示。

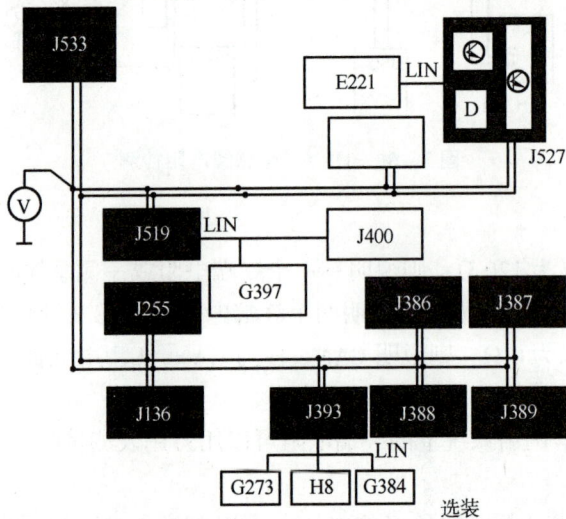

图 2 –58　低速 CAN 总线电压检测

CAN – H 线信号在总线空闲时的电压约为 0 V，当总线上有信号传输时，总线上的电压一直在 0 ~ 3.6 V 之间高频波动，因此 CAN – H 线的主体电压应为 0 V，所以万用表的测量值为 0.35 V 左右。

同理，CAN – L 线信号在总线空闲时的电压约为 5 V，当总线上有信号传输时，总线上的电压值在 1.4 ~ 5 V 之间高频波动，因此 CAN – L 线的主体电压应 5 V，所以万用表的测量值为 4.7 V 左右。

当低速 CAN 总线处于"休眠状态"时，CAN – H 线电压为 0 V，CAN – L 线电压为 12 V。

3）总线波形检查

如果总线存在故障，则通过测量和识别 CAN 总线的波形，可以直观地判断其故障性质。

（1）电路连接。

用汽车专用示波器对 CAN 总线双通道模式检测的电路连接，如图 2 – 59 所示。

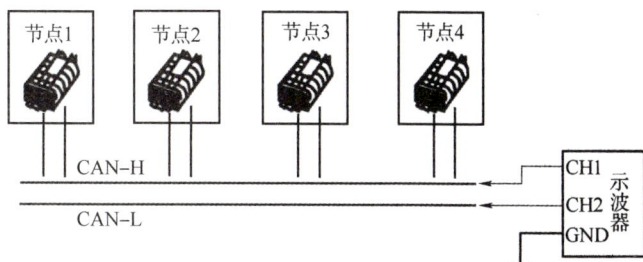

图 2 – 59　双通道模式检测的电路连接

（2）示波器用语解释如下：

触发电平，示波器的起始电压值；

触发源，示波器的触发通道，即通道 CH1 ~ CH6，以及外触发通道 EXT；

触发沿，示波器显示时的波形上升沿或下降沿；

电压比例，每格垂直高度代表的电压值；

时基，每格水平长度代表的时间值；

直流耦合，测量交流和直流信号；

交流耦合，只允许信号的交流成分通过；

接地耦合，确认示波器显示的 0 V 电压位置；

自动触发，如果没有手动设定，示波器就自动触发并显示信号波形。

（3）汽车专用示波器 DSO 的设置。

下面以高速 CAN 总线波形测量为例，完成汽车专用示波器的设置，如图 2 – 60 所示。

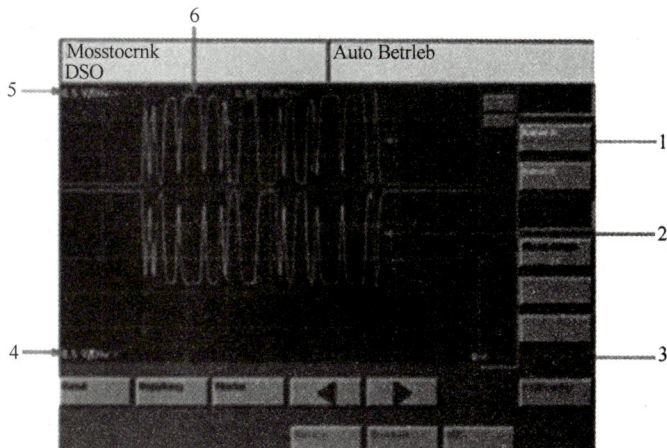

1—CH1 通道；2—CH2 通道；3—零线坐标；4—通道电压；5—触发沿；6—时间基准。

图 2 – 60　DSO 仪器的设置

①触发源通道（CH1）测量 CAN – H 线。

②触发源通道（CH2）测量 CAN – L 线。

③通道（CH1）和通道（CH2）的零线坐标置于等高（零标记重合），在同一零坐标线下对电压值进行分析更为简便。

④通道（CH1）和通道（CH2）的电压，比例值在 0.5 V/Div 的设定下，DSO 的显示被较好地利用，便于读取电压值。

⑤触发沿的设定，它位于被测定信号的范围内。当 CAN – H 线信号为 2.5 ~ 3.5 V 时，CAN 低线信号为 1.5 ~ 2.5 V。

⑥时间基准的单位值应尽可能选择得小一些，最小的时间单位值为 0.02 ms/Div。

（4）电压特点。

高速 CAN 电压特点见表 2 – 5。

表 2 – 5　高速 CAN 电压特点

基准电压/V	通信期间电压变化	显性电压"0"/V	隐性电压"1"/V	位/帧时间
2.5	测量波形与基准电压对称	高电位：3.5 低电位：1.5 两个电路电压差：2	高电位：2.5 低电位：2.5 两个电路电压差：0	2 μs/ 约 222 μs

低速 CAN 电压特点见表 2 – 6。

表 2 – 6　低速 CAN 电压特点

基准电压/V	通信期间电压变化	显性电压"0"/V	隐性电压"1"/V	位/帧时间
0 5	测量波形与基准电压对称	高电位：3.5 低电位：1.5 两个电路电压差：2	高电位：0 低电位：5 两个电路电压差：– 5	10 μs/ 约 1.1 ms

（5）波形检查的关注位置。

①基准电压是否维持。在网络内所有控制器的高电位和低电位端子提供 2.5 V（0 V/5 V）的基准电压。即使一些控制器被分离，但只要一个控制器被连接，网络的基准电压也不改变。

②数字格式是否变化。电压必须转换为数字格式以明显区分 1 和 0。

③显性和隐性电压与基准电压是否一致。区分 1 和 0 的电压宽度非常小，所以检查两个电路的电压差与基准电压比较，即可明显地区分。

④每个位是否遵守预设定时间。如果位时间间隔增加，则数据内容变形。

⑤每个帧是否遵守预设定时间。如果帧时间（位时间×位计数）超过预设定时间，则可以判断在帧的故障信号输入。

（6）波形分析。

①单波/位时间及压差测量。

a. 高速 CAN。

示波器设置：时间—2 μs；电压—1 V。

分析点：单波/位时间、压差。

高速 CAN 单波/位时间及压差的波形特征如图 2-61 所示。

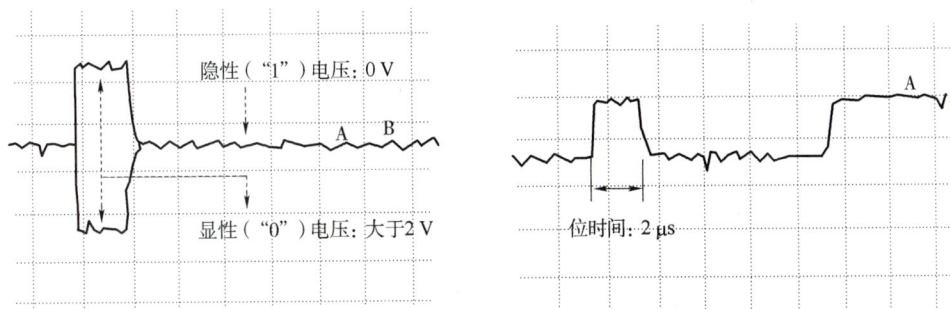

图 2-61　高速 CAN 单波/位时间及压差的波形特征
(a) 同时测量 CAN-H/CAN-L；(b) 仅测量 CAN-H

b. 低速 CAN。

示波器设置：时间—5 μs；电压—1 V。

分析点：单波/位时间、压差。

低速 CAN 单波/位时间及压差的波形特征如图 2-62 所示。

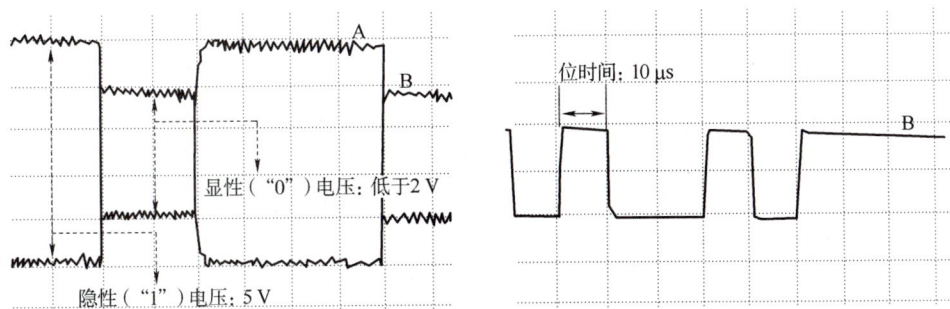

图 2-62　低速 CAN 单波/位时间及压差的波形特征
(a) 同时测量 CAN-H/CAN-L；(b) 仅测量 CAN-H

②帧时间测量。

a. 高速 CAN。

示波器设置：时间—100 μs、电压—5 V。

分析点：区分正常通信波形和压缩波形。

高速 CAN 帧时间的波形特征如图 2-63 所示。

波形分析：

设置示波器时间为 100 μs，然后测量总线波形。如果测量结果为如图 2-63 所示的波形，则在设置间隔找出维持 2.5 V（空闲）的点，并使用它为各帧的边界。然后测量总线空闲和如图 2-63 所示的空闲之间的时间，并检查是否重复一定间隔。如果传输到总线的数据正常时，则可以测量保持恒定形状的帧和如上所示的时间。如果两个通信电路的其中一个为断路或短路，则不保持恒定形状，此时测量的波形不均匀。如果示波器时间设置为大于 100 μs，则太多的帧压缩到屏幕，就不能找到空闲部分和测量帧时间。

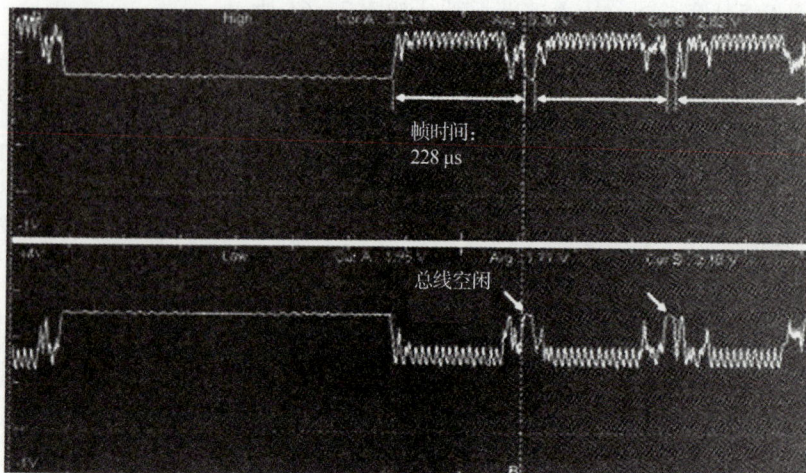

图 2−63　高速 CAN 帧时间的波形特征

b. 低速 CAN。

示波器设置：时间—1 ms；电压—5 V。

分析点：恒定帧时间测量。

低速 CAN 帧时间的波形特征如图 2−64 所示。

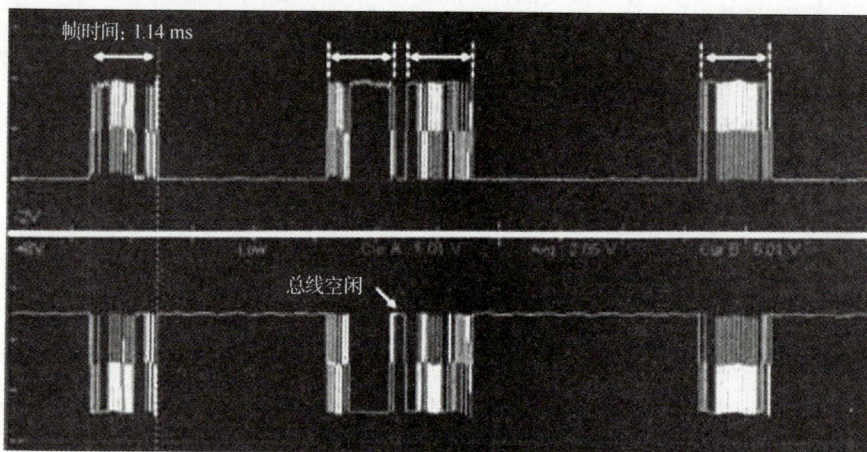

图 2−64　低速 CAN 帧时间的波形特征

波形分析：

与高速 CAN 比较，低速 CAN 有更大的电压波动和更慢的通信速度。因此，即使时间设置成 1 ms，也可以测量各帧。但时间如设置得太高，将不能找到总线空闲部分，且不能判断帧的起始点。其他部分用与高速 CAN 一样的方法完成波形分析。

5. CAN 总线故障波形实例分析

1）高速 CAN 总线故障波形实例分析

（1）故障 1：CAN−H 线与 CAN−L 线短路。

当 CAN−H 与 CAN−L 短路时，总线整体失效，所有节点之间不能通信。

波形说明：电压电位置于隐性电压，电压值大约为 2.5 V，如图 2 – 65 所示。

故障原因及判断方法：插拔驱动系统 CAN 总线上的控制单元，判断短路是由于控制单元引起还是由于 CAN – H 线和 CAN – L 线线路连接引起的。若是线路引起的短路，需要将 CAN 线组（CAN – H 线和 CAN – L 线）从线节点处依次拔取，同时注意 DSO 的波形变化。直到故障线组被取下，DSO 的图形恢复正常。

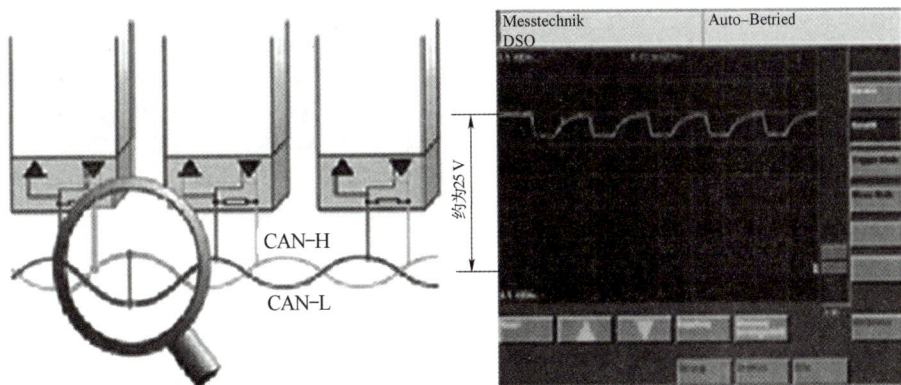

图 2 – 65　CAN – H 线与 CAN – L 线短路信号故障波形

（2）故障 2：CAN – H 线对地短路。

当 CAN – H 对地短路时，总线整体失效，所有节点之间不能通信。

波形说明：CAN – H 线的电压为 0 V，CAN – L 线的电压也为 0 V，但在 CAN – L 线上还能够观察到一小部分的电压变化，如图 2 – 66 所示。

该故障的判断方法与故障 1 相同。

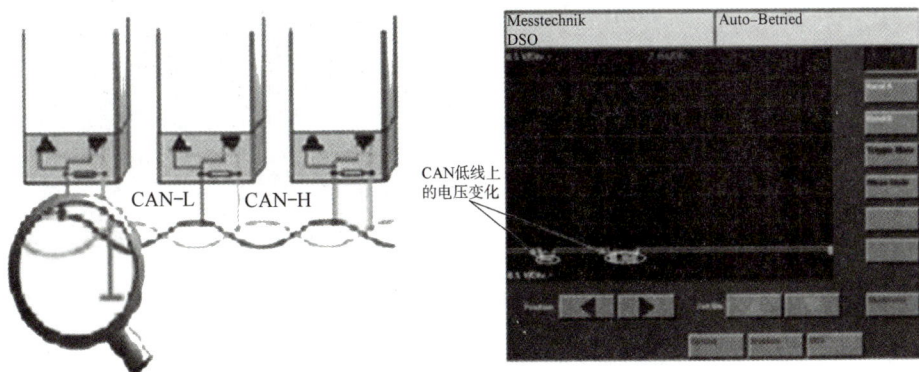

图 2 – 66　CAN – H 线对地短路信号故障波形

（3）故障 3：CAN – H 线对蓄电池正极短路。

当 CAN – H 对蓄电池正极短路时，CAN 总线具有继续工作能力。

波形说明：CAN – H 线的显性电压电位被置于 12 V，CAN – L 线的隐性电压被置于大约 12 V，如图 2 – 67 所示。

故障的判断方法与故障 1 相同。

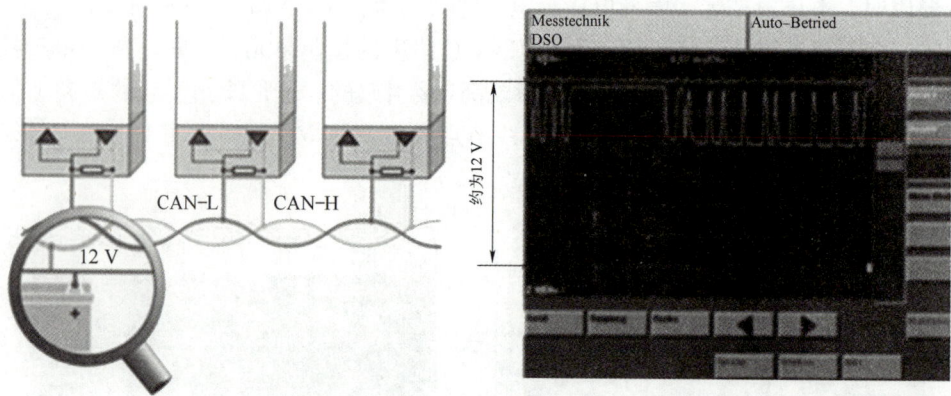

图 2 – 67　CAN – H 线对蓄电池正极短路信号故障波形

（4）故障 4：CAN – L 线对地短路。

当 CAN – L 对地短路时，可以实现网络通信，因为 CAN 总线电压在共模电压范围内。但是总线的抗扰度降低，电磁辐射增加。

波形说明：CAN – L 线的电压大约为 0 V，CAN – H 线的隐性电压也被降到 0 V，如图 2 – 68 所示。

该故障的判断方法与故障 1 相同。

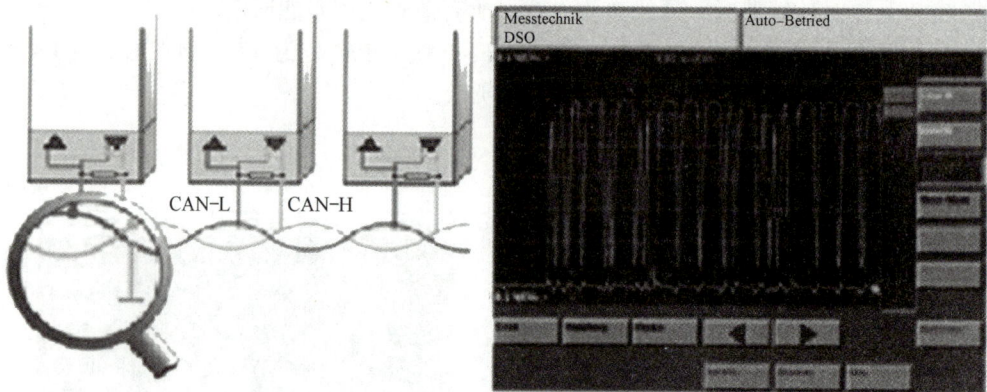

图 2 – 68　CAN – L 线对地短路信号故障波形

（5）故障 5：CAN – L 线对蓄电池正极短路。

当 CAN – L 对蓄电池正极短路时，总线整体失效，CAN 网络不能工作。

波形说明：两条总线电压大约都为 12 V，如图 2 – 69 所示。

该故障的判断方法与故障 1 相同。

（6）故障 6：CAN – L 线断路。

当总线上 CAN – L 断路时，则断路对侧的节点之间无法进行通信。断路同侧的节点之间可以进行通信，但是由于终端电阻的合成作用，降低了通信抗扰度，波形如图 2 – 70 所示。

该故障的判断方法与故障 1 相同。

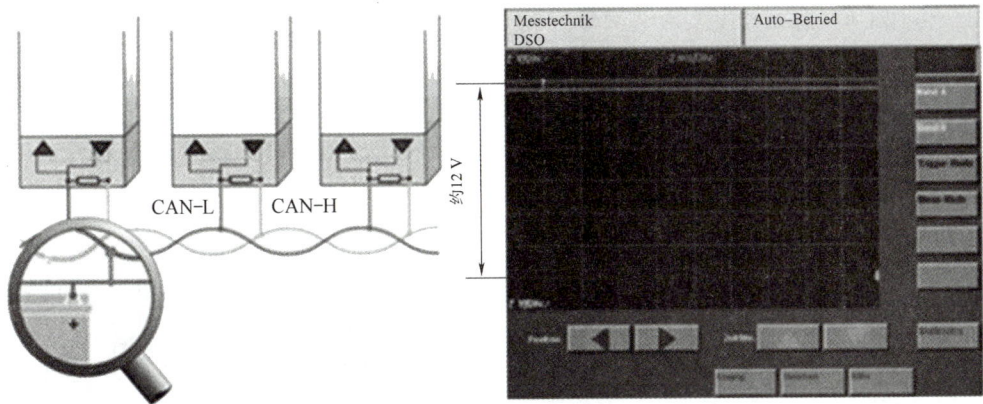

图 2 – 69　CAN – L 线对蓄电池正极短路信号故障波形

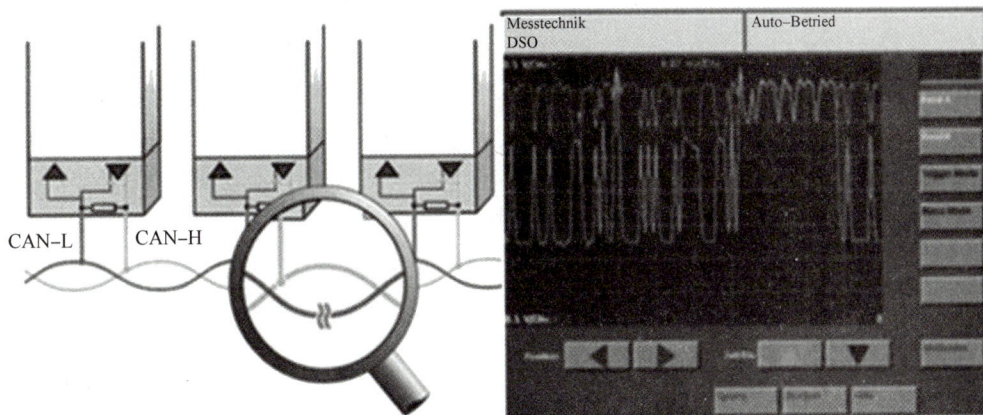

图 2 – 70　CAN – L 线断路信号故障波形

（7）故障 7：CAN – H 线断路。

当总线上 CAN – H 断路时，断路对侧的节点之间无法进行通信，而断路同侧的节点之间可以进行通信，但由于终端电阻的合成作用，降低了通信抗扰度，波形如图 2 – 71 所示。

该故障的判断方法与故障 1 相同。

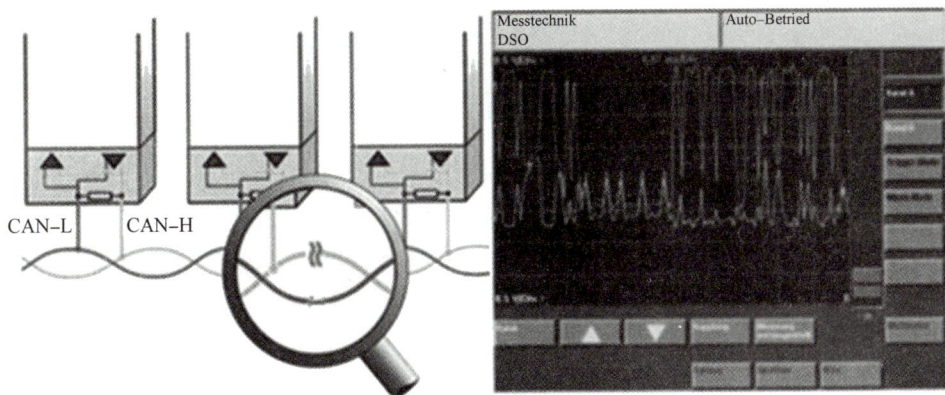

图 2 –71　CAN – H 线断路信号故障波形

2）低速 CAN 总线故障波形实例分析

（1）故障 1：低速 CAN－L 线对地短路。

当低速 CAN－L 线对地短路故障时，检测到的信号波形如图 2－72 所示。

波形说明：CAN－L 线此时电压为 0 V，CAN－H 线信号正常，低速 CAN 总线系统处于"单线工作"模式。

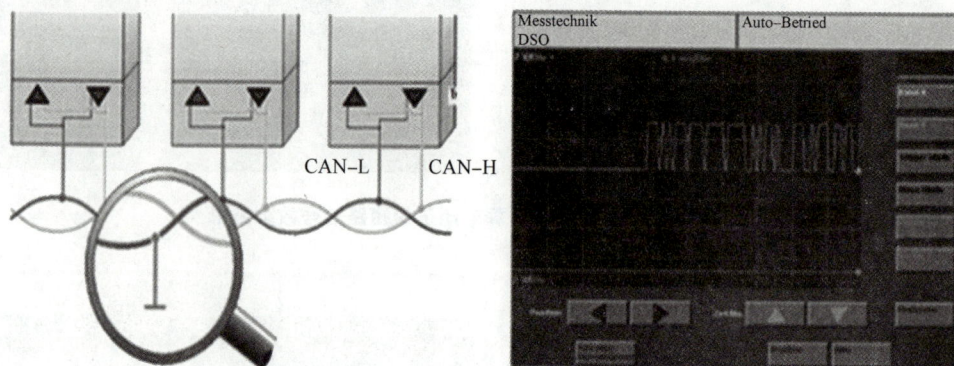

图 2－72　低速 CAN－L 线对搭铁短路的信号故障波形

（2）故障 2：低速 CAN－H 线对正极短路。

当低速 CAN－H 线对正极短路故障时，检测到的信号波形如图 2－73。

波形说明：CAN－H 线此时电压为 12 V，CAN－L 线信号正常，低速 CAN 总线系统处于"单线工作"模式。

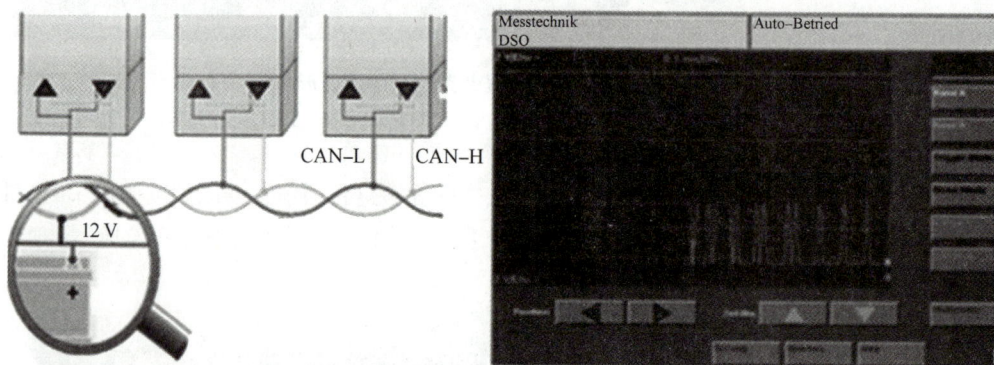

图 2－73　低速 CAN－H 线对正极短路的信号故障波形

（3）故障 3：低速 CAN－L 线断路。

当低速 CAN－L 线断路故障时，检测到的信号波形如图 2－74 所示。

波形说明：CAN－L 线此时为 5 V 的隐性电压，并有一单波应答信号。CAN－H 线信号正常，低速 CAN 总线系统处于"单线工作"和"双线工作"交替变化的状态。

（4）故障 4：低速 CAN－H 线断路。

当 CAN－H 线断路时，检测到的信号波形如图 2－75 所示。

波形说明：CAN－H 线此时为 0 V 的隐性电压，并有一单波应答信号。CAN－L 线信号正常，低速 CAN 总线系统处于"单线工作"和"双线工作"交替变化状态。

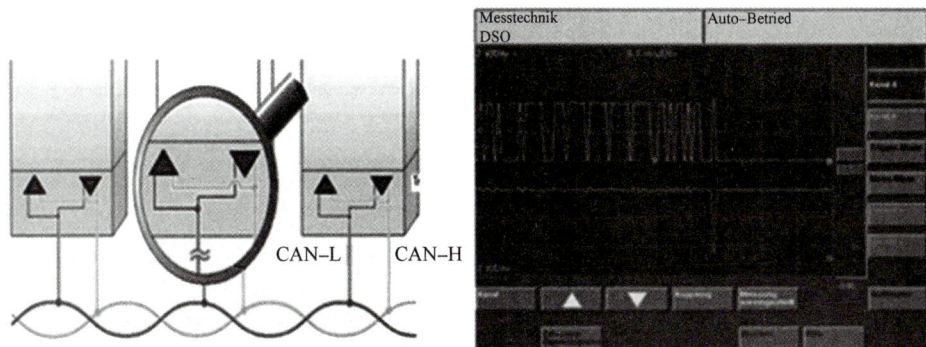

图 2 – 74 低速 CAN – L 线断路的信号故障波形

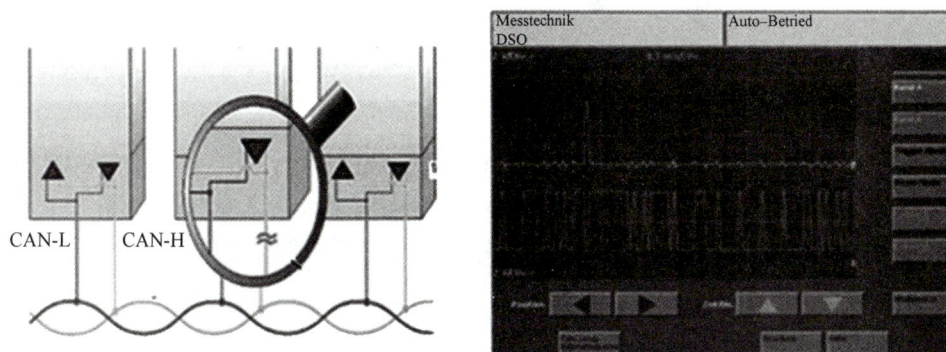

图 2 – 75 低速 CAN – H 线断路的信号故障波形

（5）故障 5：低速 CAN – H 线和 CAN – L 线短路。

当低速 CAN 数据总线 CAN – H 和 CAN – L 短路时，检测到的信号波形如图 2 – 76 所示。

波形说明：低速 CAN – H 线和 CAN – L 线的信号为同步电压信号，电压信号正常，此时如 CAN – L 与 CAN – H 的电压差为 0，线性界面就会认识到 CAN – H 和 CAN – L 之间短路，那么 CAN – L 自动断开。低速 CAN 总线系统处于单线工作模式。

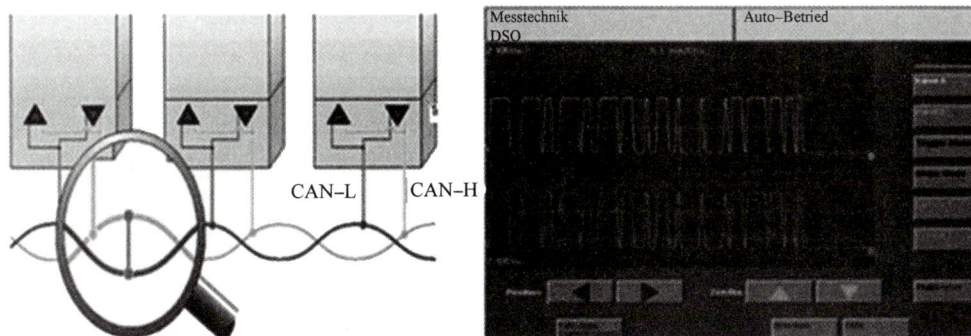

图 2 – 76 低速 CAN – H 线和 CAN – L 线短路的信号故障波形

（6）故障 6：低速 CAN 数据总线 CAN – H 和 CAN – L 交叉连接。

当低速 CAN 数据总线 CAN – H 和 CAN – L 交叉连接故障时，检测到的信号波形如

图 2 – 77 所示。

波形说明：当 CAN – H 和 CAN – L 交叉连接故障时，总线 CAN – H 和总线 CAN – L 的信号波形反向，低速 CAN 总线系统处于"单线工作"模式。

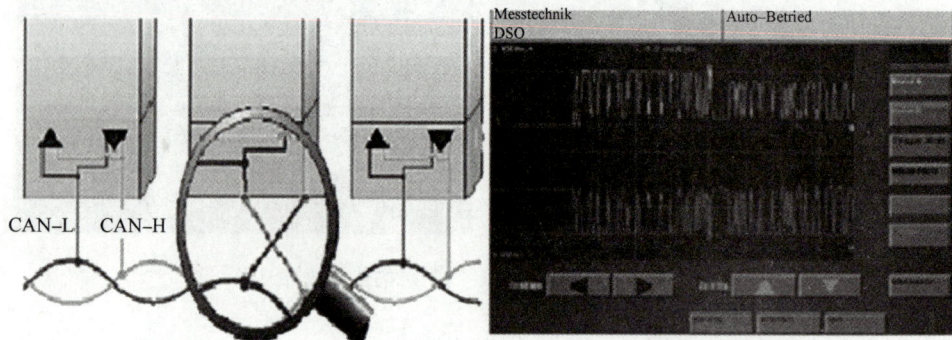

图 2 – 77 低速 CAN – H 线和 CAN – L 线交叉连接的信号故障波形

（7）故障 7：低速 CAN 总线间接短路。

当低速 CAN – L 线间接短路故障时，CAN – L 导线通过一个 560 Ω 的接触电阻与接地连接。隐性电平明显向 0 V 移动，显性电平仍保持额定值，如图 2 – 78 所示。

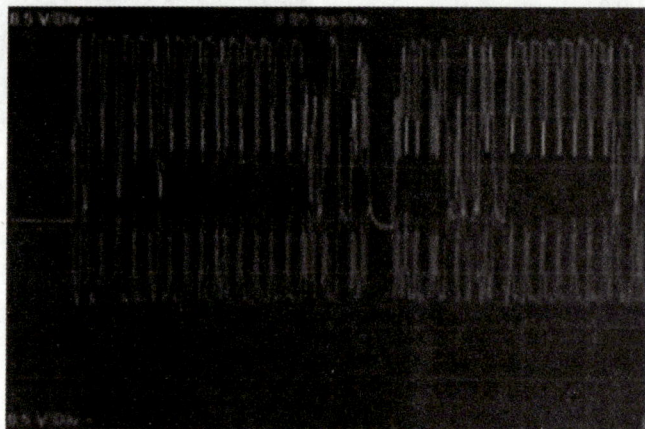

**图 2 – 78 CAN – L 导线通过一个 560 Ω 的接触电阻
与接地连接时的总线信号波形**

如果一根总线导线上的信号未完全达到 0 V 或工作电压，而是仅在其方向上移动某个值，则不存在直接短路。因为导线已通过一个电阻与该电位连接，通过电阻的间接短路通常会在车辆渗水时发生。此外，污垢、清洗剂和盐都可能导致间接短路。另一种可能性是，一根总线电缆磨损并通过油漆、污垢和氧化铁与地连接。我们必须非常细致地判断该故障产生的波形图，因为故障症状与接触电阻的大小有关并且不同的电阻差别可能很大。

对于 CAN 导线由于电阻引起的所有负载，可作为经验法则提出，隐性电位能够略微移动，且总是向负载电阻拉动的方向移动。如果负载电阻向接地拉动，则这些电位向 0 V 方向移动。如果电阻向 +12 V 拉动，则电位向 +12 V 方向移动。显性信号也同样受影响，但为此需要的电阻小得多。

（8）故障8：低速 CAN 数据总线不能进入睡眠模式。

低速 CAN 数据总线睡眠模式时的信号波形如图2-79所示。当低速 CAN 数据总线满足睡眠模式条件，如检测到的信号波形与图2-79所示不符，即 CAN - H 上的电压不为0 V、CAN - L 上的电压不为12 V，则低速 CAN 数据总线上相关节点故障的可能性较大。

图2-79　低速 CAN 数据总线处于睡眠模式时的信号波形

🌼 任务二　LIN 总线通信网络技术与检修

一、LIN 总线通信网络技术概述

局域互联网（Local Interconnect Network，LIN）是一种低成本的串行通信网络。在 LIN 内，某个主要的节点能够对其他节点实现功能控制。

LIN 典型的应用是车载传感器和执行器的联网。按 SAE 的车上网络等级标准，LIN 属于汽车的 A 级网络。

LIN 协议是以广泛应用的串行通信（Serial Communication Interface，SCI）为基础定义的，它支持与这类产品的连接。LIN 采用单主/多从带信息标识的广播式信息传输方式，网络节点根据在通信中的地位分为主节点和从节点。从节点的同步不需要固定的时间基准。LIN 物理层是根据汽车故障诊断系统标准 ISO 9141 拟定的12 V 单总线，满足汽车环境的电磁兼容（Electro Magnetic Compatibility，EMC）、静电放电（Electro Static Discharge，ESD）和抗噪声干扰要求。

LIN 总线的数据传输率最高为20 kbit/s，还可实现2.4 kbit/s、9.6 kbit/s 等传输速率。通常一个 LIN 上节点数目小于12个，共有64个标识符。

尽管 CAN 系统中控制模块间的连接已经最优化了，但有的控制模块和它的传感器和执行器之间不一定是由串行数据总线完成通信的，而是用点对点硬线连接完成通信的，如图2-80所示。

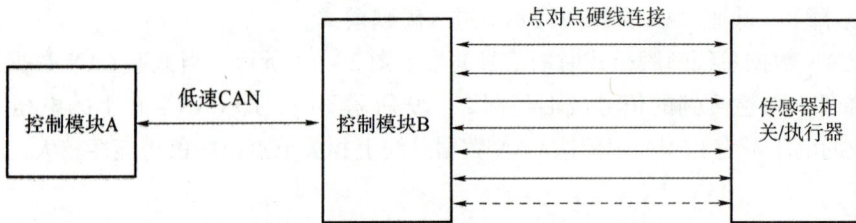

图 2 – 80　不用 LIN 的 CAN 总线系统结构

采用 LIN 后，几乎所有的控制模块，都已经实现由串行数据总线完成通信了。由于建立了一个连接传感器/执行器与控制模块的二级网络，原来 CAN 中的用点对点硬线连接的通信线束将取消，如图 2 – 81 所示。

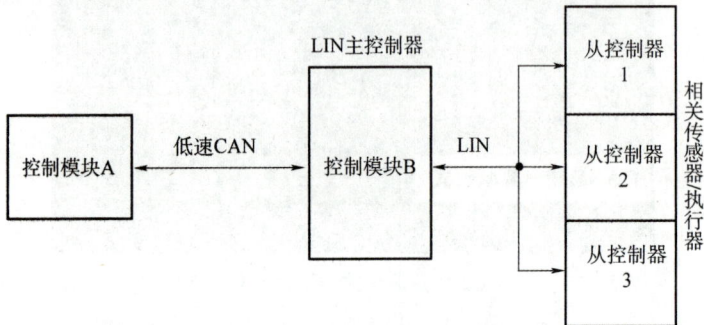

图 2 – 81　采用 LIN 的 CAN 总线系统结构

显然，LIN 作为一种高效率的串行通信网络，可以为现有的汽车网络（CAN）提供辅助功能。

二、LIN 总线通信网络技术基本特点与硬件结构

（一）LIN 总线通信网络技术基本特点

LIN 总线的特点有主/从结构、基于 UART/SCI 接口实现网络连接、单线通信、偏压驱动、容错特性等。

1. 主/从结构

LIN 属于单主多从结构，即在一组网络中，只有一个主控制器节点，从控制器节点可以有多个，如图 2 – 82 所示。

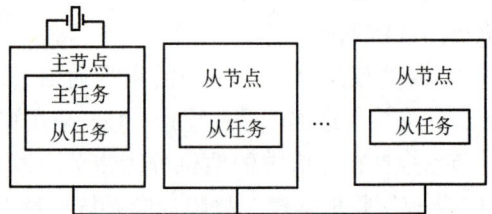

图 2 – 82　LIN 总线主/从结构

1）主控制器节点

LIN 总线通信网络系统内的主控制器节点，连接在 CAN 总线通信网络上，它执行 LIN 总线通信网络系统内的主要功能。

主控制器节点的主要功能如下：

（1）监控数据传递及其速率，发送信息标题；

（2）该控制单元的软件内已经设定了一个周期，这个周期用于决定何时将哪些信息发送到 LIN 数据总线上，以及发送次数；

（3）该控制单元在 LIN 数据总线与 CAN 总线之间起"翻译"作用，它是 LIN 总线系统中唯一与 CAN 数据总线相连的控制单元；

（4）通过 LIN 主控制单元进行 LIN 系统自诊断。

2）从控制器节点

在 LIN 总线通信网络系统内，单个的控制模块、传感器及执行元件都可看作是 LIN 总线主控制节点的从控制节点。LIN 总线系统中的传感器、执行元件都是智能型的。传感器内集成有一个电子装置，通过该装置可对测量值进行分析，数值是作为数字信号通过 LIN 总线传递；执行元件通过主控制节点的数字信号接收任务；LIN 主控制节点通过集成的传感器来获知执行元件的实际状态，并进行规定状态和实际状态的对比，从而获得相应的控制信号，通过闭环控制，控制执行元件的工作状态。

从控制器节点的主要功能有：

（1）从控制器节点仅在主控制器节点的控制下向 LIN 总线发送数据；

（2）只能按照主控制器节点的要求同其他子控制器节点进行数据交换；

（3）从控制器节点一旦将数据发布到总线上，任何节点都可以接收该数据，但只有一个节点允许回应；

（4）可以通过一个"叫醒"信号唤醒 LIN 总线通信网络系统。

2. 基于 UART/SCI 接口实现网络连接

（1）LIN 协议控制器集成在微控制器中的一个标准单位上，微控制器靠软件负责管理 LIN 协议，实现发送/接收 8 bit；构成请求帧，接收回应帧；发送帧等功能。UART/SCI 接口如图 2-83 所示。

（2）线路接口。线路接口负责将 LIN 总线的信号翻译成无干扰的 Rx 信号，并传入 LIN 协议控制器（CP—LIN），以及将协议控制器（CP—LIN）的 Tx 信号进行翻译传入 LIN 总线，即这个部件有两个重要作用：翻译和保护。

3. 单线传输

LIN 总线通信网络系统使用单根非屏蔽导线作为数据总线连接主控制器节点与任何一个从控制器节点，如图 2-84 所示。

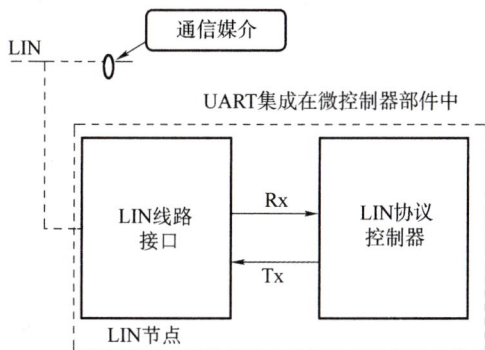

图 2-83 UART/SCI 接口

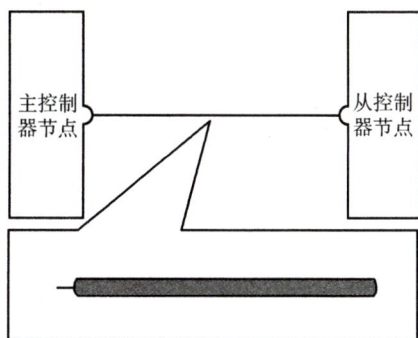

图 2-84 LIN 单线传输

LIN 单线传输的特点如下：

（1）总线不与诊断仪连接；

（2）总线的最长允许长度为 35 m；

（3）连接在总线上的从节点数量一般不超过 12 个，过多将减少网络阻抗，导致环境条件变差。

4. 偏压驱动

LIN 总线通信网络系统采用偏压驱动，系统内收发器使用 12 V 基准电压，主从控制器节点之间使用 12 V 基准电压的高低变化，表示数据信息的含义（逻辑数据 "0" 和 "1"），如图 2-85 所示。

当电平超过基准电压的 70%（8.4 V）时，识别为 "1"；当电平低于基准电压的 30%（3.6 V）时，识别为 "0"。

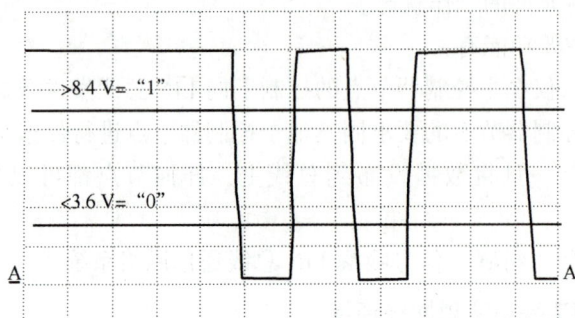

图 2-85　偏压驱动

5. 容错特性

1）无容错能力故障

无容错能力故障如图 2-86 所示。当 LIN 出现如下故障时，则认为该网络无容错能力：

（1）总线接地；

（2）总线断路；

（3）主节点故障。

2）有容错能力故障

有容错能力故障如图 2-87 所示。如果从节点损坏或其支路断路，则其他从节点与主节点的通信不受影响。

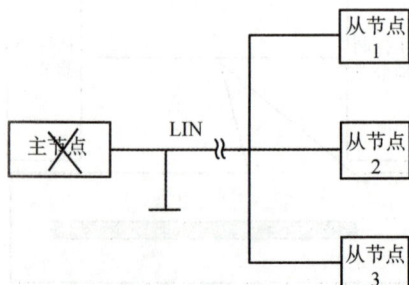

图 2-86　无容错能力故障

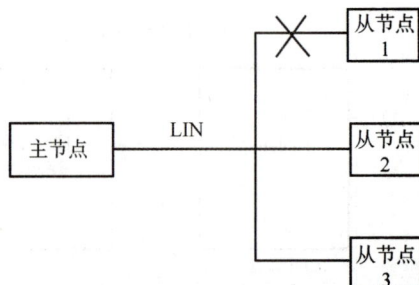

图 2-87　有容错能力故障

（二）LIN 总线通信网络的硬件结构

为了实现 LIN 的信号传输功能，主节点和从节点的硬件结构必须按照特定的协议规范设计，并按照协议发送和接收数字信号。每组 LIN 由一个主节点和多个（或单个）从节点组成，这些节点均通过单线路连接在 LIN 总线上。

1. 节点结构

主节点和从节点的结构如图 2–88 所示。两者的结构类似，区别在于从节点没有主节点的功能。

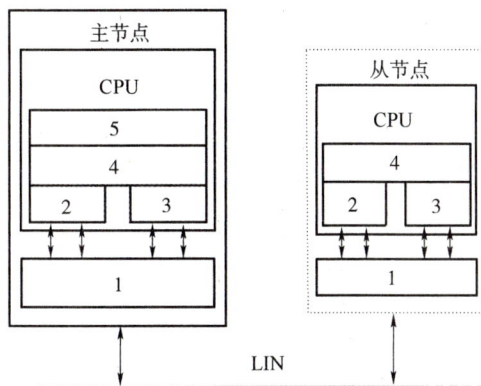

1—物理接口；2—硬件 SCI；3—软件 SCI；4—从节点功能；5—主节点功能。

图 2–88　主节点和从节点的结构

2. 节点物理接口

LIN 节点物理接口如图 2–89 所示。主节点与从节点的物理接口结构类似，其主要内容如下：

（1）LIN 总线通过上拉电阻与电源线（V_{BAT}）连接，电源线连接外部电源；

（2）上拉电阻为 1 kΩ（主节点）或 30 kΩ（从节点）；

（3）与上拉电阻串联的二极管可以防止当电源电压下降时从 LIN 总线消耗电能；

（4）GND 为接地；

（5）LIN 总线与接地之间的电容可以消除 LIN 信号波动，电容的大小为 2.2 nF（主节点）或 220 pF（从节点）。

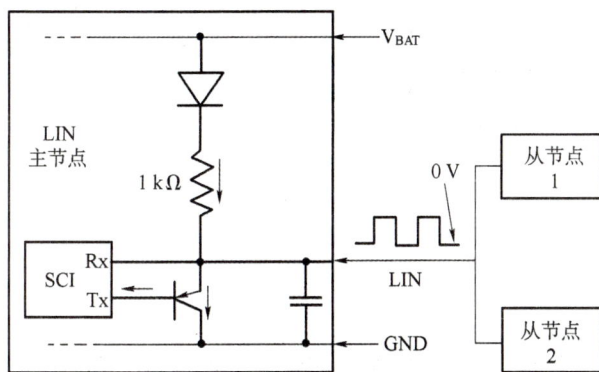

图 2–89　LIN 节点物理接口

三、LIN 总线通信网络信息传输原理与过程

采用主从结构的 LIN，主节点用于控制 LIN 总线，它通过对从节点查询，将数据发布到总线上。从节点仅在主节点命令下发送数据，从而可在无须仲裁的情况下实现双向通信。

因为节点物理结构类似，因此主节点和从节点的信号收发控制原理是一样的，下面从主节点的角度说明信号的发送和接收过程。

1. 信号发送

1）三极管导通

LIN 收发器（SCI）通过 Tx 控制三极管，使 V_{BAT} 与 GND 通过上拉电阻接通，LIN 总线接地，如图 2-90 所示。此时，LIN 总线为低电平（0 V）。

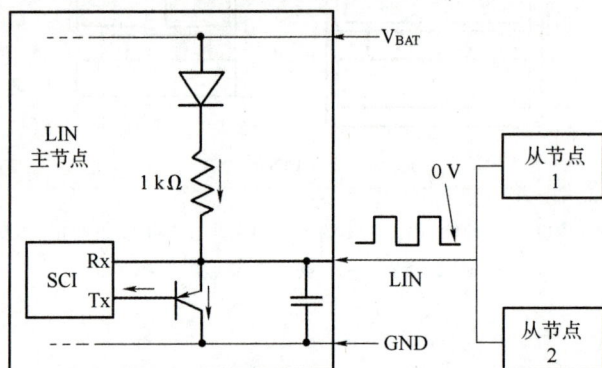

图 2-90　信号发送—低电平

2）三极管截止

当 LIN 收发器（SCI）不可控制三极管时，三极管处于截止状态，如图 2-91 所示。此时 LIN 总线为高电平（等于 V_{BAT}）。

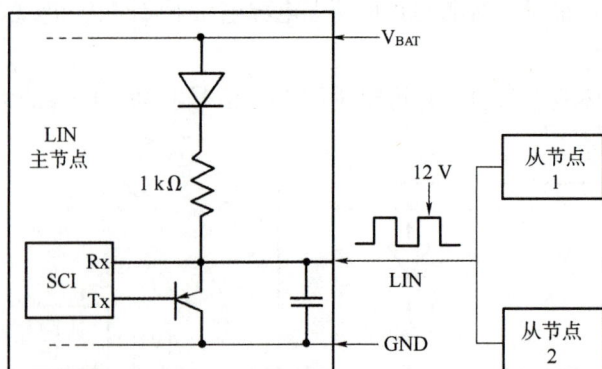

图 2-91　信号发送—高电平

2. 信号接收

从节点中的 LIN 收发器（SCI）在接通与断开内部三极管的过程中，会在总线上产生高低电平的变化，如图 2-92 所示。

主节点的 Rx 线可以接收这个高低变化的电压，从而判断其含义。

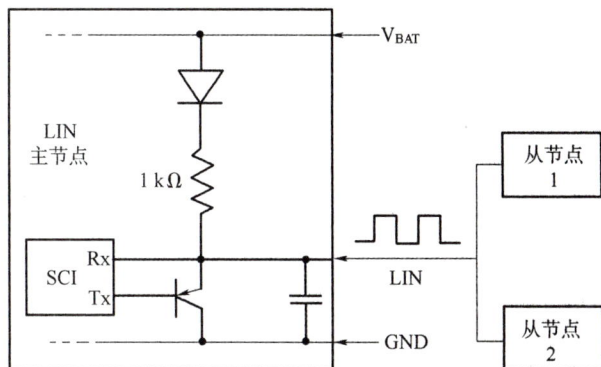

图 2 – 92　信号接收

如果 LIN 总线处于待用状态一定时间，则主节点向网络上发送一个休眠命令，所有节点都进入休眠状态，以便降低功率消耗。在被唤醒之前总线上不会有任何活动，这时总线处于隐性状态，节点没有内部活动，收发器处于接收状态。

四、LIN 总线通信网络的数据结构

一个 LIN 的数据帧是由一个数据标题和一个数据响应组成的，如图 2 – 93 所示。

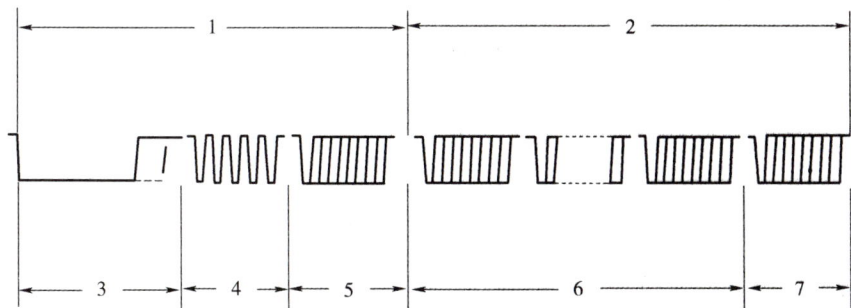

1—数据标题；2—数据响应；3—同步间隔区；4—同步区；
5—标识符区；6—数据区；7—检验区。

图 2 – 93　LIN 的数据结构

1. 数据标题

数据标题包括一个同步间隔区、一个同步区和一个标识符区。

1）同步间隔区

同步间隔区由间隔和同步定界符组成，如图 2 – 94 所示。其作用如下：

（1）间隔用于唤醒处于睡眠模式中的从节点。它是一个持续 T Synbrk 或更长时间（即最小是 T Synbrk，不需要很严格）的显性总线电平；

（2）同步定界符是最少持续 T Syndel 时间的隐性电平，它允许用来检测下一个同步区的起始位。

2）同步区

同步区包含了时钟的同步信息，用于帮助从节点与主节点的时钟频率同步，以便能够正

确接收所发送的信息。

同步区由 1 个起始位、8 个同步位和 1 个结束位组成，如图 2 - 95 所示。

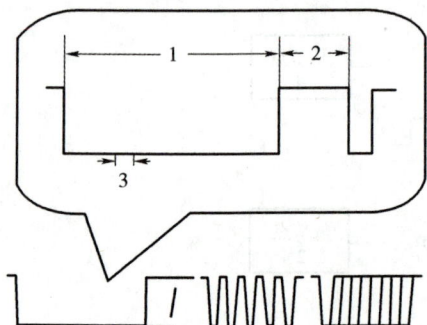

1—间隔；2—同步定界符；3—位时间。

图 2 - 94　同步间隔区

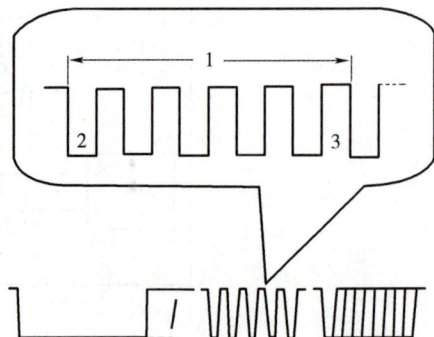

1—同步区；2—起始位；3—结束位。

图 2 - 95　同步区

3）标识符

标识符区定义了数据的内容和长度，其内容是由 6 个标识符位（ID0 ～ ID5）和 2 个奇偶校验位（P0、P1）组成，如图 2 - 96 所示。标识符的具体含义如下：

（1）ID0 ～ ID4 定义了数据的类型、发送的目标节点等信息；

（2）ID4 和 ID5 定义了数据区数量（即数据长度）；

（3）P0 和 P1 用于检验 ID0 ～ ID5 的正确性（不能全部为隐性或显性数据）。

2. 数据响应

数据响应由多个数据区和一个校验和区组成，数据区由间隔字节区相隔。

根据应用，如果信息和节点无关（如不知道或错误的标识符），则数据的响应区可以不处理，在这种情况下，校验和的计算可以忽略。

1）数据区

数据区定义了数据的含义，如驱动指令等，如图 2 - 97 所示。数据长度可以是 2 ~ 8 个字节，在发送数据信息时，最不重要的字节先发送。每个字节由 8 位数据组成，传输由 LSB 开始。

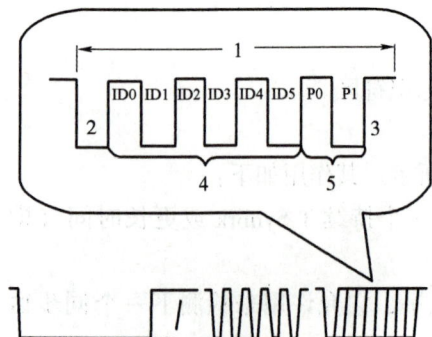

1—标识符区；2—起始位；3—结束位；

4—标识符位；5—奇偶检验位；6 - 结束位。

图 2 - 96　标识符

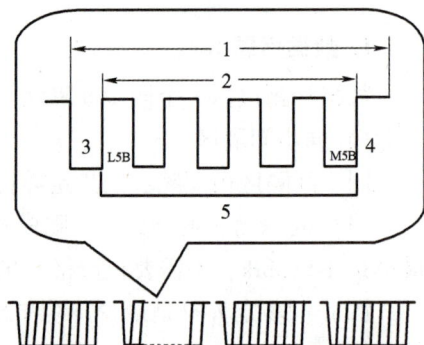

1—数据区；2—字节区；3—起始位；

4—结束位；5—8 数据位。

图 2 - 97　数据区

2）检验和区

校验和区是数据区所有字节的和的补码，该区域中从节点可以检查所收到的信息是否正确传输，或者在传输期间是否可能发生干扰而破坏数据。

如果在主节点到从节点的传输期间信息发生错误，也就是说，从节点计算的检核总和不一致，从节点就会清除信息，并且等待主节点发送下一条信息。

3. 数据的检测

当主节点发出信号时，数据帧定义了此数据发给哪个从节点，而且只有此目标节点能对这个数据做出响应。由于没有仲裁过程，如果多于一个从节点回应，则产生错误。从节点不会对已经正确接收的信息发送确认。

主节点重新读取 LIN 总线上发送的信息，并且将重新读取的信息与先前发送的信息比较。如果所发送和检测的信息相同，主节点就会假定从节点已经正确接收信息了。

五、LIN 总线通信网络系统的诊断

因为 LIN 总线通信网络没有容错功能，所以当 LIN 总线出现故障后相关的功能会失效。但如果是从节点故障或支路断路，则不会影响主节点与其他节点的通信。

一般而言，引起 LIN 总线故障的原因有：节点的供电或接地故障、节点本身硬件故障及总线短路或断路故障等。

（一）LIN 总线的诊断流程

对 LIN 总线进行诊断时，也应按照确认故障、收集信息、分析信息、诊断故障、修复故障、确认故障修复的顺序进行。

1. 确认故障

当某个带 LIN 总线的功能失效后，应怀疑此系统与 LIN 总线的相关性，如图 2－98 所示。例如，当通过方向盘无法操作音响的音量时，LIN 总线可能存在故障。此外，通过故障表现的全面症状，可以更准确地推断原因。例如，通过操作面板是否能调节音量等。

2. 收集信息

明确 LIN 总线的拓扑，可以查阅线路图，对诊断 LIN 总线的故障非常关键，如图 2－99 所示。

图 2－98　确认故障

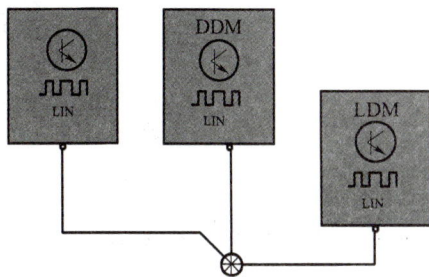

图 2－99　查阅线路图

特别是多个从节点的 LIN 总线，可以通过验证其他功能是否正常来推断当前故障是在主节点或总线上，还是在从节点上。

例如，通过左前电动窗开关无法操作左后车窗，但能通过左前门锁开关操作左后门上锁，则说明此故障可能发生在节点功能上。

3. 分析信息

通过收集到的故障症状、LIN 总线的拓扑结构，以及相关功能的工作原理，推测可能的故障原因，并制定故障诊断方法，如图 2-100 所示。

4. 诊断故障

通过各种手段对 LIN 总线进行故障诊断，如读取节点数据流，测量总线电压、电阻，测量节点的供电和接地等，从而找到故障原因。

5. 修复故障

如果故障原因在节点，则更换节点；如果故障原因在节点的供电或接地，则修复供电或接地；如果故障原因在 LIN 总线，则修复总线。修复故障如图 2-101 所示。

LIN 总线的修复方法与普通导线相同。

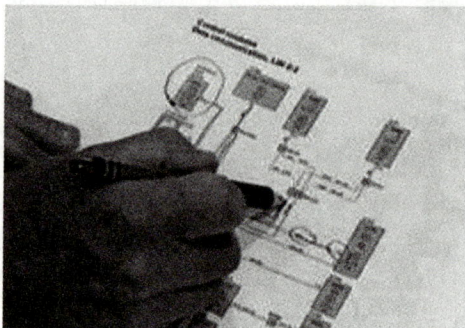

图 2-100　分析信息

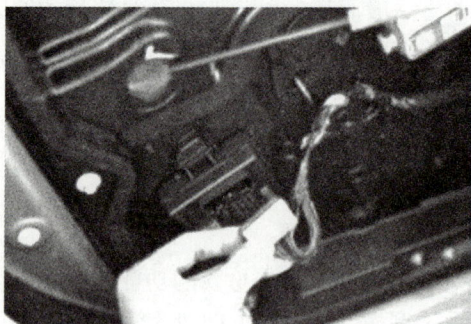

图 2-101　修复故障

6. 确认故障修复

修复故障后，操作相关功能，确定 LIN 总线的故障完全修复，如图 2-102 所示。

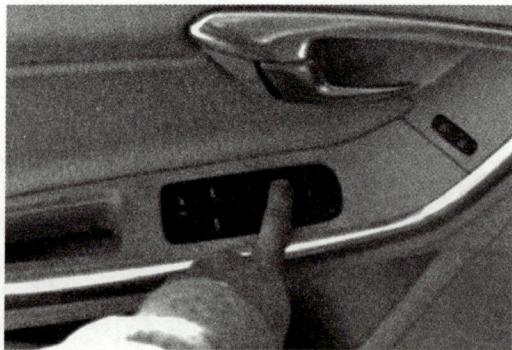

图 2-102　确认修复故障

（二）LIN 网络的诊断方法

LIN 总线本身不能进行自诊断，因此无法通过诊断仪等设备对其进行网络测试，但可以通过读取模块参数的方法来进行故障判断。LIN 总线的常用诊断方法还包括节点电阻测量、总线电压测量、总线波形测量等。

1. 参数读取

LIN 总线的主节点一般都连接在 CAN 总线上，因此使用解码仪可以读取到主节点的参数。

一般情况下，LIN 总线的从节点都作为主节点的特定参数，因此通过解码仪读取这些参数信息，并配合相应的功能操作，即可判断从节点或总线的性能是否良好。

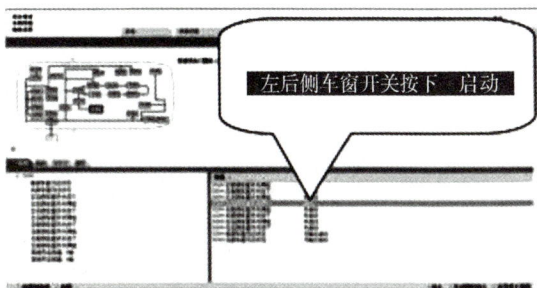

左后侧车窗开关按下 - 启动

图 2-103　参数读取

如图 2-103 所示，在诊断仪中可以读取驾驶员电动车窗开关的参数。当操作开关时，若数据随之变化，则说明此节点以及总线正常。

2. 节点电阻测量

通过 LIN 节点的硬件结构可知，LIN 总线与电源之间有一个上拉电阻，因此测量此电阻值可以作为判断节点故障的方法之一，如图 2-104 所示。

测量时，万用表的红表笔应放在电源线端，黑表笔应放在总线端。

测量结果：主节点为 1 kΩ；从节点为 30 kΩ。

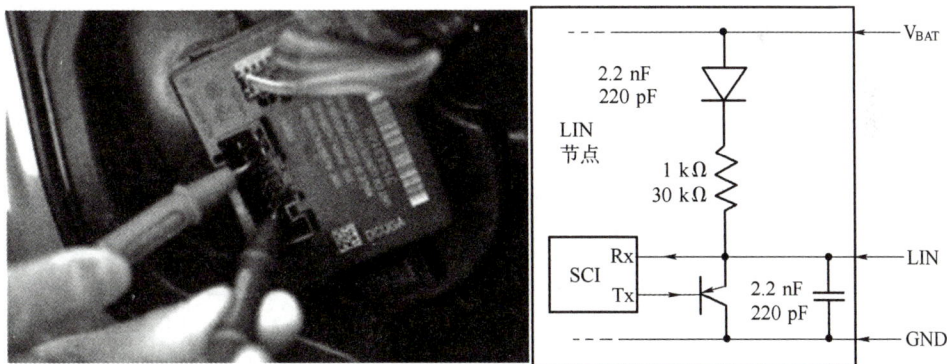

图 2-104　节点电阻测量

3. 总线电压测量

在正常电源电压和正常通信下，LIN 总线上的平均电压为 7~8 V。因此，通过测量 LIN 总线的电压，可以作为判断 LIN 总线是否工作的依据。

测量 LIN 总线的工作电压时，使用万用表的直流电压挡，测量结果约为 10.5 V（存在小范围的波动），如图 2-105 所示。

4. 总线波形测量

测量 LIN 总线工作时的波形，可以直观地判断 LIN 总线是否正在传递信号。如果 LIN 总线存在故障，则其波形也表现出异常特征。

1）LIN 总线正常

LIN 总线工作时的正常波形，如图 2-106 所示。

图 2－105　LIN 总线电压测量

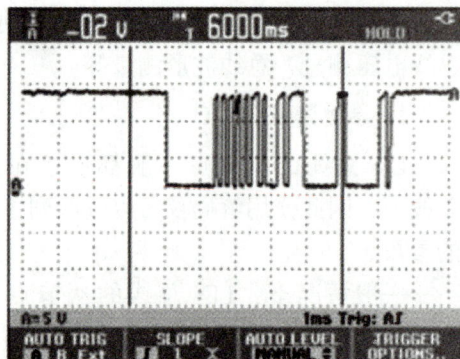

图 2－106　LIN 总线正常波形

2）LIN 总线对地短路

当 LIN 总线出现对地短路时，其波形如图 2－107 所示。LIN 总线因电压保持为 0 V，所以失去了通信能力。

3）LIN 总线对电源短路

当 LIN 总线对电源短路时，其波形如图 2－108 所示，此时 LIN 总线同样失去了通信能力。

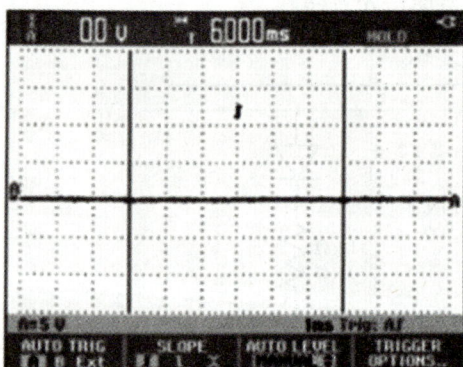

图 2－107　LIN 总线对地短路波形

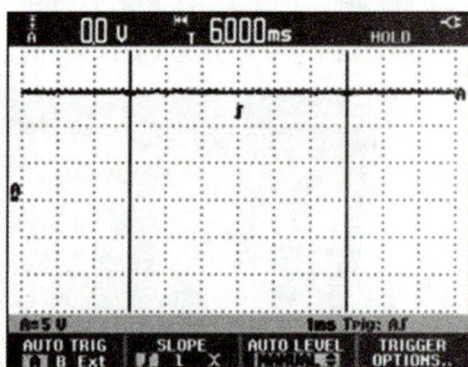

图 2－108　LIN 总线对电源短路波形

4）LIN 总线断路

当总线断路时，LIN 总线依然可以从主模块发出数据信号，但信号波形有所变化，如图 2－109所示。此时非断路的从节点可与主节点进行通信，断路的从节点失去了通信能力。

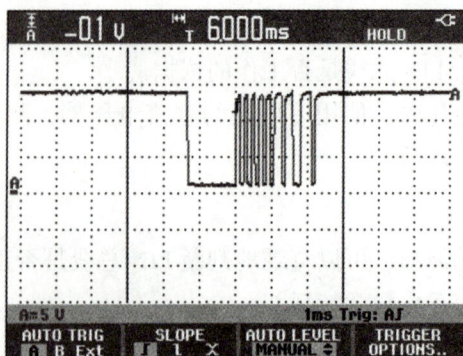

图 2－109　LIN 总线断路波形

✳ 任务三 MOST 总线通信网络技术与检修

一、MOST 总线通信网络技术概述

MOST 是一种专门针对车内使用而开发的、服务于多媒体应用的通信技术。如今欧洲主要的知名车系，如梅赛德斯－奔驰、宝马及沃尔沃等车辆几乎都装配了用于信息娱乐系统控制的 MOST 网络，以满足客户对娱乐系统的高质量需求。MOST 总线利用光脉冲传输数据。目前，MOST 总线主要的应用范围有：电话、收音机、电视导航系统、CD 换碟机、放大器、多功能信息显示屏/车载监视器及 E – Mail 等设备，如图 2 – 110 所示。

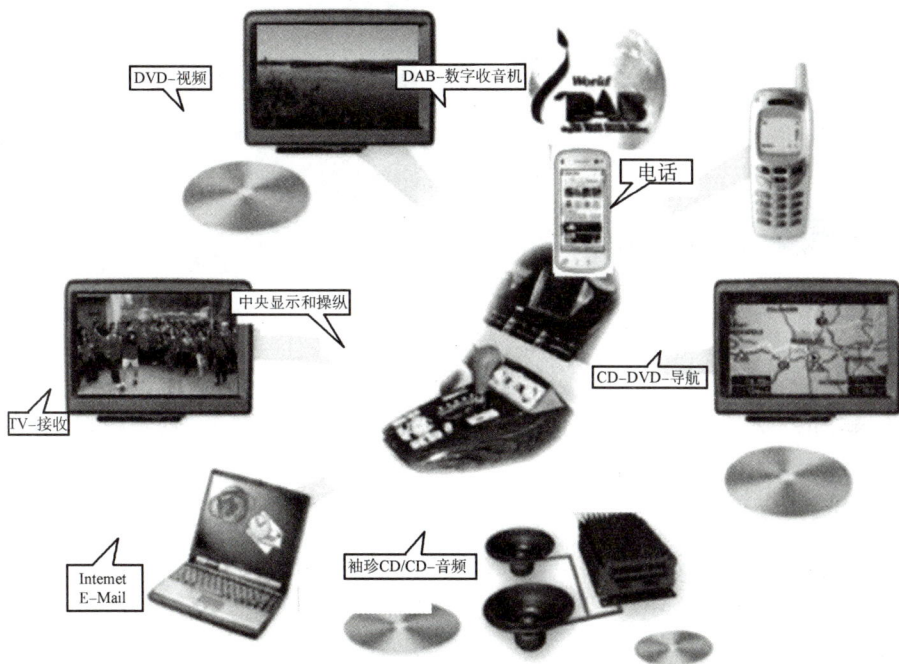

图 2 – 110 MOST 总线的应用

二、MOST 总线通信网络技术基本特点与硬件结构

（一）MOST 总线通信网络基本特点

多媒体系统通信网络（Media Oriented Systems Transport，MOST）是一个用于多媒体应用程序的标准化网络通信系统，它符合 OSI 的 7 层数据通信协议参考模型，通信介质为光纤。其优点如下：

（1）总线不可能出现电流短路的情况，降低了节点损坏的风险；

（2）具有良好的电磁兼容性；

（3）线路对于来自其他线路的电流交叉感应不敏感；

（4）容易实现新增功能以及安装附件。

MOST 总线通信网络的特点主要体现在主从结构、光纤通信、光数据传输、单向传输和高速率通信等方面。

1. 主从结构

MOST 网络使用主从结构。一般在配置了 MOST 总线通信网络系统的车辆上，信息娱乐控制模块（ICM）作为主模块对 MOST 网络上的通信全权控制，如图 2 – 111 所示。

2. 光纤通信

MOST 使用单根光纤作为总线，光纤用塑料做成。各个节点串联在光纤上，其数量可达64 个，如图 2 – 112 所示。

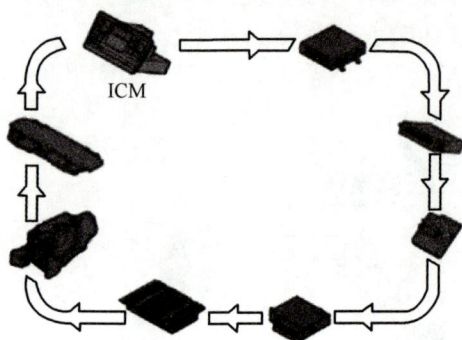

图 2 –111　主从结构

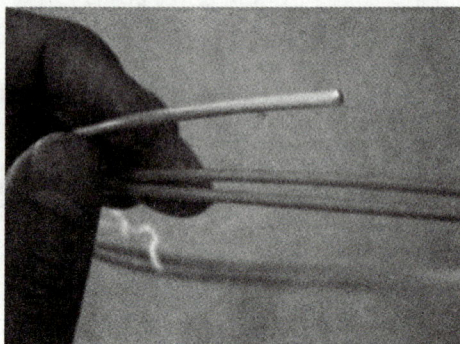

图 2 – 112　光纤通信

3. 光数据传输

MOST 网络的节点与节点之间，使用光波作为媒介来传输数据信息，光波使用波长为650 nm 的红光，如图 2 – 113 所示。

4. 单向传输

MOST 总线通信网络的通信具有单向性，它允许大量不同的指令与信息在同一总线上以同一方向被传输与接收，故 MOST 网络一般设计成环形拓扑关系。

5. 高速率通信

MOST 网络的传输速率比 CAN 网络高出许多，一般可达 25 Mbit/s，因此能够满足高质量的音频和视频数据传输。MOST 网络每秒可传输超过 300 个信息类型和大约 1 000 个信息。

6. 网络控制

MOST 总线通信网络具有主模块驱动、信号放大、信号旁通、总线系统状态管理、网络监控（故障管理）等控制特点。

1）主模块驱动

MOST 网络上的大部分起动是由主模块开始的。主模块一定要连接到总线上，MOST 网络才能工作。

2）信号放大

光波信号在传输过程中可能会变弱，为了避免信号经过若干模块后无法被后面的模块接收，每一个模块接收到光信号后，需对其进行放大再继续发送，如图 2 – 114 所示。

因此，如果在两个正在通信的控制模块之间新增一个模块，光波的传输效果不受影响。

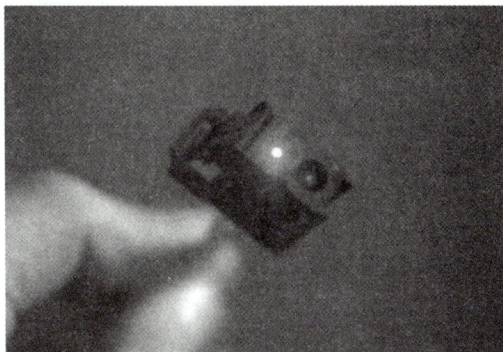

图 2 – 113　光数据传输

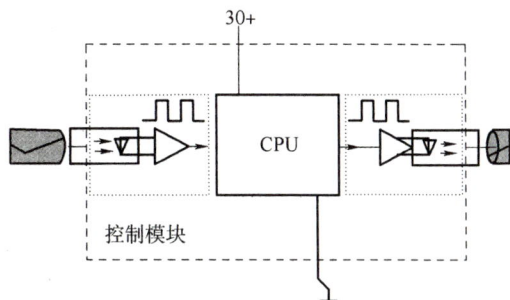

图 2 – 114　MOST 信号放大

3）信号旁通（容错）

如控制模块内部可设置为旁通模式。在此模式中，光波通过控制模块直接传输而不会被放大。这样，在光波被放大之前距离会更长，亮度会更弱。

7. 总线系统状态管理

1）睡眠模式

在睡眠模式中，MOST 总线中没有数据交换，闭路电流下降至最小值。

睡眠模式激活的条件如下：

（1）MOST 总线中的所有控制单元都准备就绪，可切换至睡眠模式；

（2）其他总线系统没有通过网关提出任何要求；

（3）自诊断未激活。

2）备用模式

在备用模式中，没有来自其他用户需要执行功能的请求，即系统给出已被关闭的印象。MOST 总线系统仍在后台工作，但所有的输出媒介（显示屏、音频放大器等）都不工作。此模式在起动和系统运行时被激活。

备用模式激活的方法如下：

（1）由其他数据总线通过网关激活，如驾驶员车门的关闭或开启，点火开关接通；

（2）由 MOST 总线中的控制单元激活，如打入电话。

3）唤醒模式

（1）正常唤醒。

当车钥匙关闭，系统进入休眠后，MOST 控制单元需要通过专用线进行唤醒。这条专用唤醒线与 MOST 的光纤是独立的。正常唤醒过程：开钥匙后，网关通过舒适 CAN 被唤醒，然后，网关改变唤醒线的电压（休眠时为 12 V，唤醒后，短暂的降到 0V（74 ms），然后重新恢复到 12 V）所有的 MOST 控制单元均与这个唤醒线相连，若一切正常，则控制单元将被唤醒，并发出光信号对网关进行注册。即使唤醒线断了，仍然可以通过光信号唤醒。

（2）诊断唤醒。

诊断唤醒功能 MOST 系统是通过光纤进行数据传输的，但作为唤醒，有另一套导线，负责唤醒功能。由于这套导线与光纤是相对独立的，所以诊断仪提供了一个诊断唤醒功能，通过诊断仪可以激活主节点测试。诊断唤醒过程激活后，首先，主节点会把主节点上的专用唤醒线的电压降低至 0 V（500 ms）（比正常的唤醒时间长），各个 MOST 控制单元（从节点）就是通过判断这个长的电压将进入了主节点测试模式。各个从节点按照顺序，依次通过唤醒线降低电压 50 ms 的方式反馈给主节点。若某一个控制单元没有反应，则说明有 3 种可能：

①到该控制单元的唤醒线故障；

②该控制单元本身故障；

③该控制单元供电故障。

（二）MOST 总线通信网络硬件结构

MOST 网络采用光纤传输光信号，以实现信息传输。光信号与普通电信号不同，其硬件结构、信号收发方式、网络控制模式等都有自己的特性。

1. 光信号介绍

1) 光信号

利用发光二极管通电后可以发出光的原理，控制模块可以按照一定的规律控制二极管，使其产生有规律的光线。我们可以对光线的"亮""灭"变化规律赋予特定的含义，于是产生了光信号，如图 2 – 115 所示。

当二极管发出光线时表示"1"，无光线时表示"0"。因此，从二极管发出的光线即可表示特定的二进制数字信号。

2) 光纤通信

光纤通信就是以光纤作为传输介质，以光波作为信息载体进行的通信，如图 2 – 116 所示。光波即为光信号，它在传输过程中加入了具有特定含义的信息。

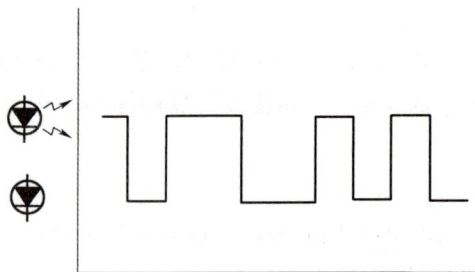

图 2 – 115　光信号

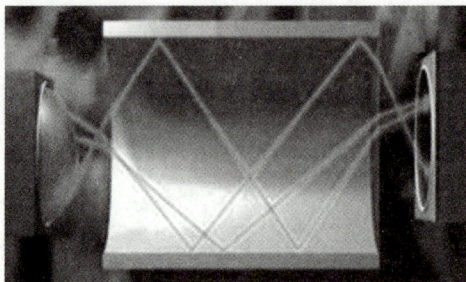

图 2 – 116　光纤通信

2. MOST 网络硬件结构

1) MOST 设备

光纤通信系统主要包括控制模块和光传输设备两大部分，其中控制模块的核心是光接收器和光发送器。

MOST 设备的逻辑结构，如图 2 – 117 所示。逻辑上一个 MOST 设备包括功能块应用、网络服务层（网络服务接口）、MOST 发送/接收器和物理层接口。一个 MOST 设备可以有多个功能块，如使用 CD，需要有"播放""停止"和"设置播放时间"等功能。这些功能，对于 MOST 设备来说都是外部可访问的。

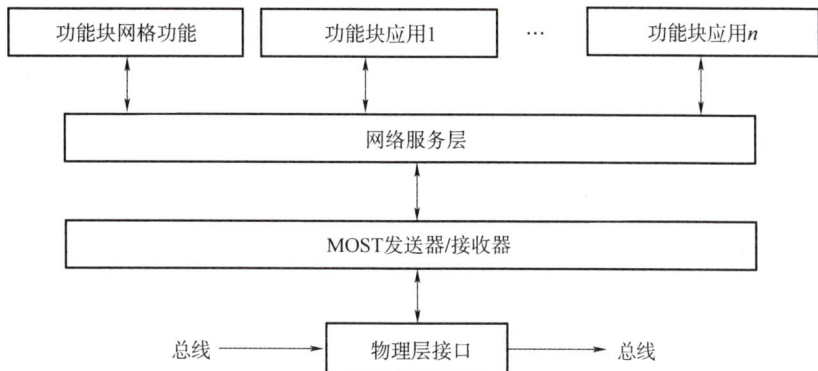

图 2 – 117　MOST 设备的逻辑结构

典型 MOST 设备的硬件结构如图 2 – 118 所示。其中"Rx"表示输入信号，"Tx"表示发送信号，"Ctrl"表示控制信号。在一些简单的设备中，可以没有微控制器模块，由 MOST 功能模块（MOST 发送/接收器）直接把应用系统连到网络上。

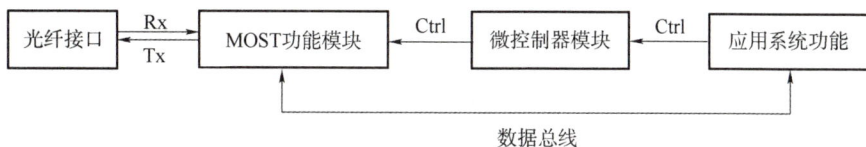

图 2 – 118　典型 MOST 设备的硬件结构

2）控制模块

因为 MOST 网络为环形单向传输网络，因此每一个控制模块都与光纤形成连接。MOST 网络控制模块结构如图 2 – 119 所示。其中，输入光纤与光接收器连接，输出光纤与光发送器连接。

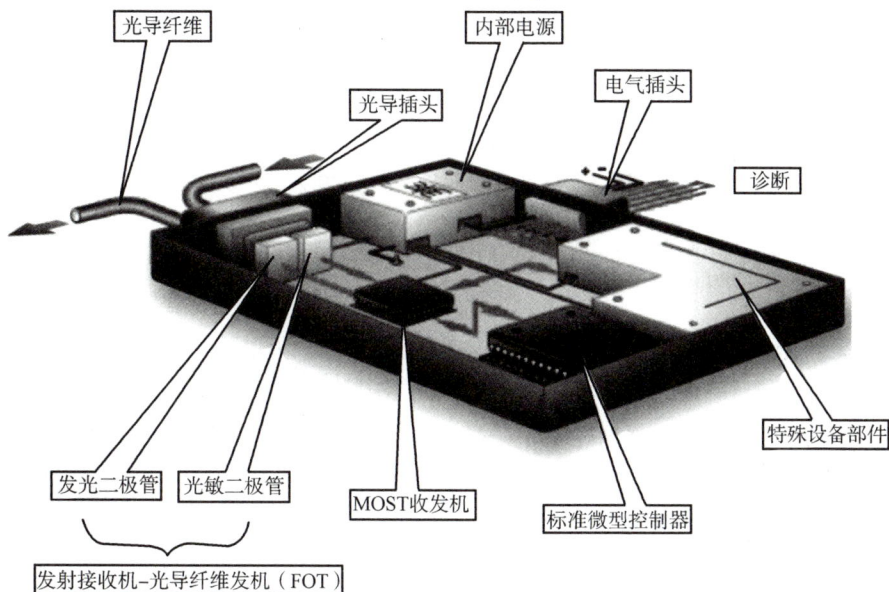

图 2 – 119　MOST 网络控制模块结构

（1）光接收器。如图 2 – 120 所示，光接收器内有一个光敏二极管，可以将光信号转换为电信号。

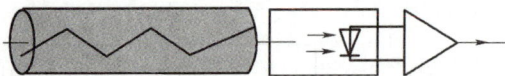

（2）光发送器。如图 2 – 121 所示，光发送器内有一个发光二极管，可以将电信号转换为光信号。

图 2 – 120　光接收器　　　　　　　　　**图 2 – 121　光发送器**

光信号从发送器输出后，通过光传输设备传递到另一控制模块的接收器，如图 2 – 122 所示。

3）光传输设备

（1）光纤电缆。光传输设备包括光纤电缆、铜管和光纤连接器。光纤电缆如图 2 – 123 所示，光纤电缆由光纤、涂层和保护层组成。光纤为光信号提供反射，以使光波从发送设备发出快速、无损地传输到接收设备中。

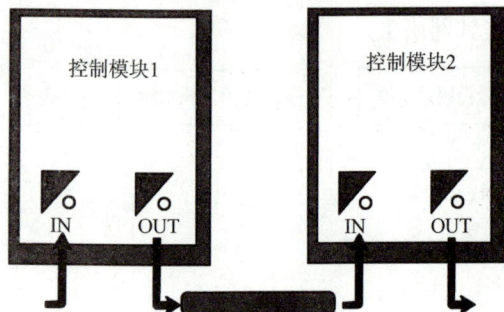

图 2 – 122　控制模块连接　　　　　　**图 2 – 123　光纤电缆**

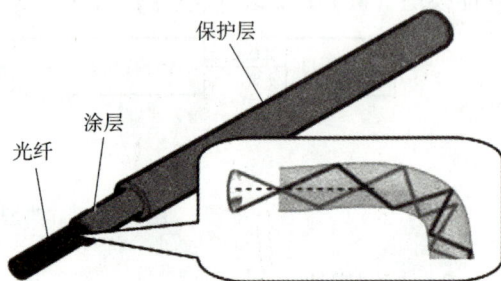

（2）铜管。光纤电缆需要通过铜管（或塑料管）安装到连接器，如图 2 – 124 所示。安装时需保证铜管与光纤电缆和连接器的紧密配合。

（3）光纤连接器。光纤连接器用于连接光纤和模块，连接器分为插头和插座两部分，如图 2 – 125 所示。插头上的指示箭头表示光纤的接入和接出方向，接入光纤后，可使用锁销将光纤锁紧。

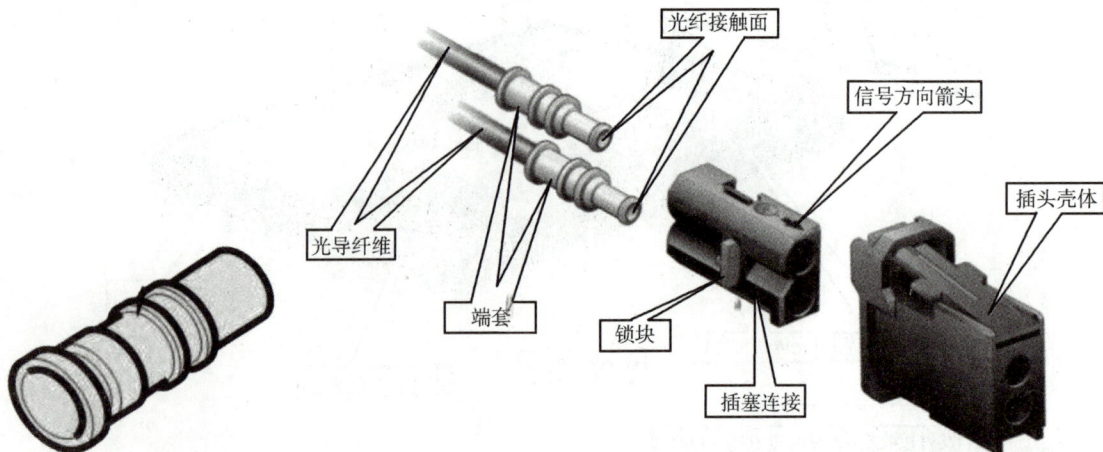

图 2 – 124　铜管　　　　　　　　　　　**图 2 – 125　光纤连接器**

三、MOST 总线通信网络技术传输原理与过程

MOST 总线采用环形结构。各通道（同步通道、异步通道和控制通道）在媒介上以同步方式传输，在整个环形总线内都可获得相关数据，即以无损方式读取数据（复制）并能够用于不同组件。

1. MOST 数据传输

每个 MOST 控制单元都可以将数据发送到 MOST 总线上。只有主控控制单元能实现 MOST 总线与其他总线系统之间的信息交换。

1）信息内容与数据通道

为了满足信息传输应用方面的各种要求，每条 MOST 信息都分为 3 个部分，如图 2-126 所示。

（1）同步数据，如音频、视频信号等通过同步通道发送。

（2）异步数据，如导航系统，矢量表示等通过异步通道发送。

（3）控制数据，如调节光强度、扬声器音量控制信号和诊断数据等通过控制通道发送。

2）数据传输路径

MOST 的功能就相当于一条环形布置的铁路，各个串联在铁路上的模块形成了沿路的站点。例如，在图 2-127 所示的 MOST 网络中，数据从主模块出发，按节点顺序依次经过相关从模块，最后返回主模块。

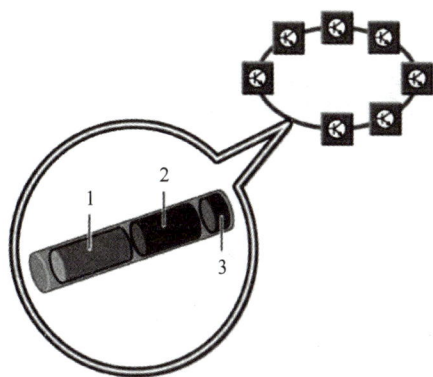

1—同步数据；2—异步数据；3—控制数据。

图 2-126 MOST 信息内容

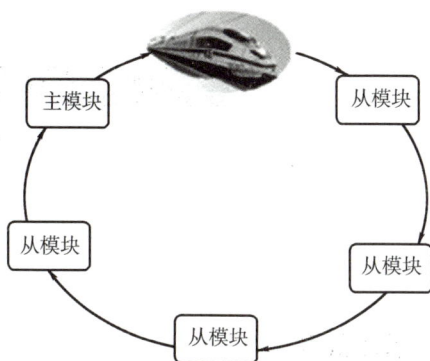

图 2-127 MOST 数据传输

2. MOST 数据发送

控制模块按照 MOST 协议，驱动发送器工作，并输出光信号。CPU 向发送器发送电信号，发送器驱动发光二极管工作，并产生光波信号向光纤输出，如图 2-128 所示。

3. MOST 数据接收

如图 2-129 所示，光波信号从总线连接器进入接收器，并照射在光敏二极管上，使其产生电信号。控制模块识别这些转换后的电信号，并按照 MOST 协议解读信号含义。

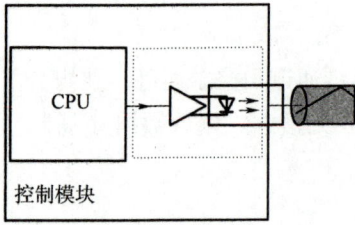

图 2 – 128　MOST 数据发送　　　图 2 – 129　MOST 数据接收

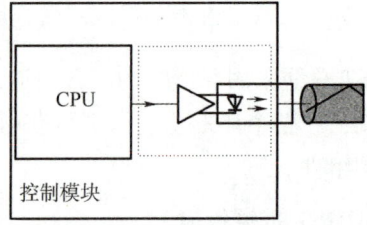

四、MOST 总线通信网络的数据结构

MOST 网络需要 16 个数据帧组成一个数据区，数据区是最小的 MOST 信息单元。

一个数据帧由 64 Byte（512 bit）组成，它包括管理数据、同步数据、非同步数据和控制数据，如图 2 – 130 所示。

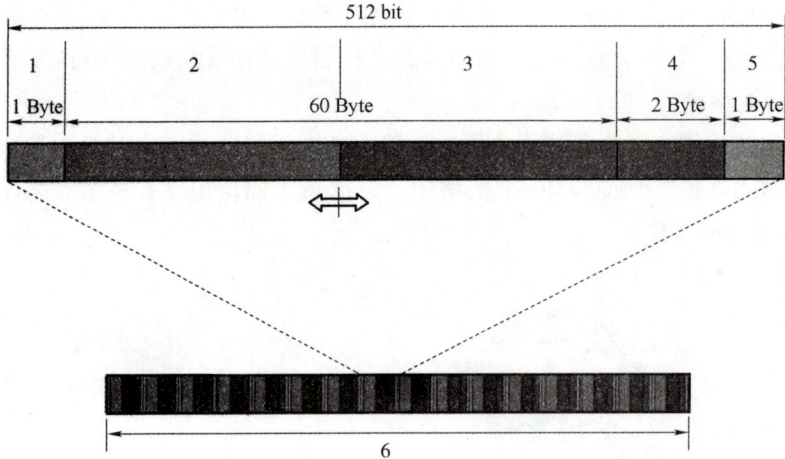

1—管理数据；2—同步数据；3—非同步数据；4—控制数据；
5—管理数据；6—1 个数据区（16 个数据帧）。

图 2 – 130　MOST 数据结构

1. 管理数据

管理数据由两部分组成，它们分别占用一个字节，如图 2 – 131 所示。第一部分在数据帧的开始，它说明所传输的数据有多少是同步的，而有多少是非同步的；第二部分在数据帧的结尾，用于检查在 MOST 网络上的控制模块运作是否正常。

2. 同步数据

同步数据和非同步数据共享数据帧，通过主模块（如 ICM）控制来传递同步数据和接收数据，如图 2 – 132 所示。

同步数据用于传输即时信息，如从 IAM 播放声音。可以发送的同步数据的长度最多可达 60 Byte，最少为 24 Byte。这使以同步数据传输的数据的传输速率高达 23 Mbit/s。

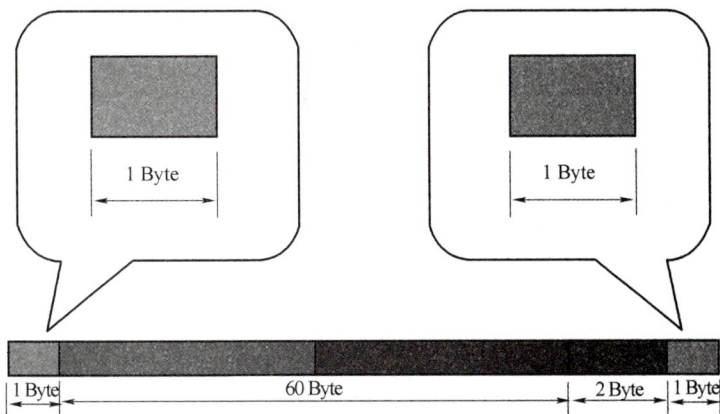

图 2 – 131　MOST 管理数据

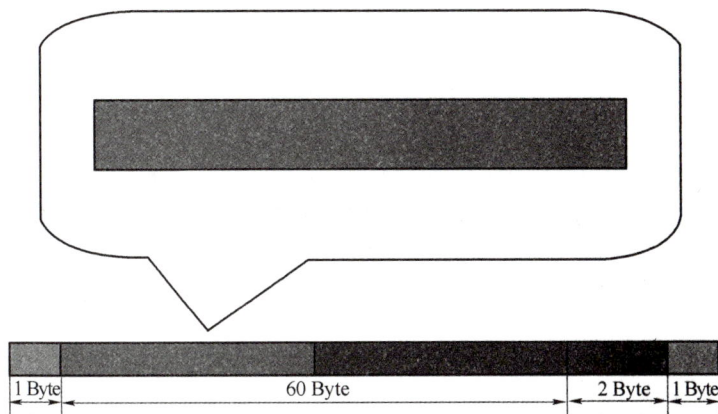

图 2 – 132　MOST 同步数据

3. 非同步数据

非同步数据用于发送大量的非实时的数据，如 TCP/IP 和数码影像等。非同步数据的长度最高可达 36 Byte，这使其最大的传输速率达到 14 Mbit/s，如图 2 – 133 所示。

当发出信息时，系统会自行检查以确保它被正确地接收到。

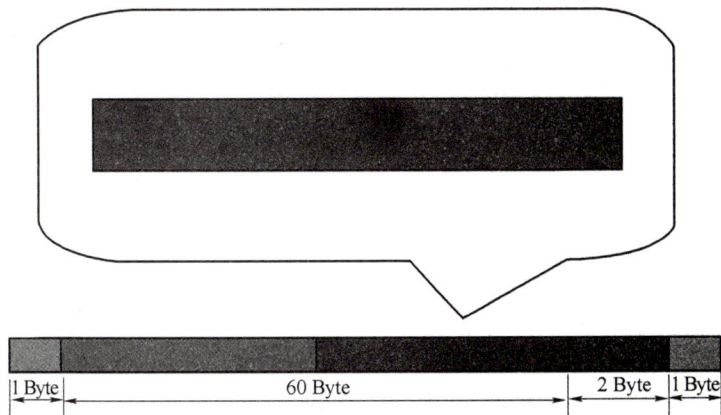

图 2 – 133　MOST 非同步数据

4. 控制数据

控制数据用于检查和分配到控制模块的功能以及 MOST 网络中的功能，它从 ICM 传输到另一个特定的控制模块。

控制数据能够自动地检查接收器是否接收到信号，并且检查数据在传输和接收控制模块之间是否正确地传输。

每个数据帧的控制数据中包括 2 Byte，要发送控制信息需要用到一个数据区（即一个控制信息包含 32 Byte），如图 2 - 134 所示。

控制数据是起动或解除 MOST 网络上各功能的最小数据单位，如 CD 机上的改变曲目或停止命令。

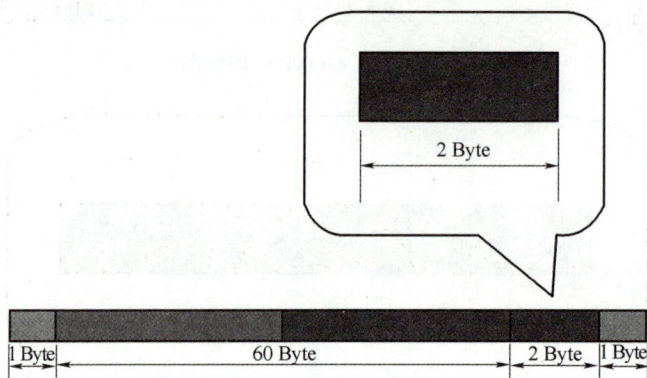

2 Byte

| 1 Byte | 60 Byte | 2 Byte | 1 Byte |

图 2 - 134　MOST 控制数据

五、MOST 总线通信网络系统的诊断

MOST 网络没有容错能力，总线或节点损坏都会导致网络停止工作。因此，当信息娱乐系统出现故障后，需要根据收集到的信息判断是否与 MOST 网络相关，并对其进行合理的诊断和维修。

（一）MOST 网络故障管理

MOST 网络由主模块监测，如果主模块探测到 MOST 网络有故障，将会储存 DTC。如果 MOST 网络中的光波消失，则整个网络将停止工作，同时所有在 MOST 网络上的控制模块也将停止工作。

处理的故障类型主要有控制模块通信中断和通信故障两种类型。

1. 控制模块通信中断

MOST 网络中主模块与控制模块都连接在 MOST 网络上，如图 2 - 135 所示。如果 MOST 网络中任何一个控制模块通信中断，主模块中都会储存一个对应的 DTC。

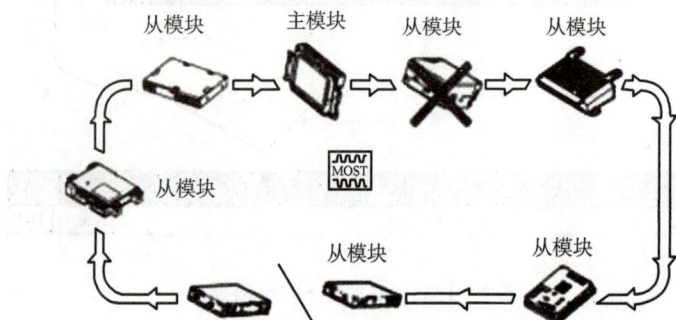

图 2 - 135　控制模块通信中断

2. 通信故障

任何导致 MOST 网络不能发送信息的故障，如模块内部故障、模块电源或接地丢失、光纤故障等，主模块都会储存相同的"DTC——环完整无通信"。针对此 DTC，可以对 MOST 网络执行环路断点诊断，如图 2-136 所示。

根据"DTC——环完整无通信"，推测可能的原因如下：

（1）光纤连接器松动、脏污或被损坏；

（2）光纤交叉连接；

（3）光纤损坏、弯折、挤压；

（4）控制模块电源或接地丢失；

（5）控制模块内部硬件损坏。

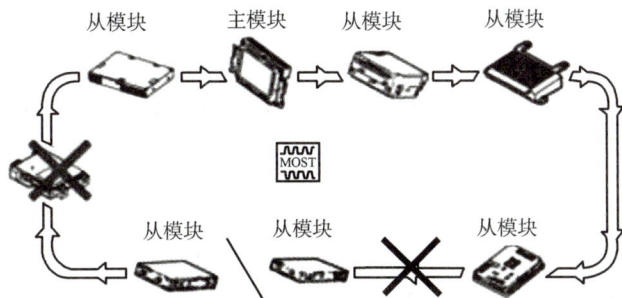

图 2-136 通信故障

（二）MOST 网络的诊断流程

与 CAN 和 LIN 一样，诊断 MOST 网络的故障时，需按照确认故障、收集信息、分析信息、诊断故障、修复故障和确认故障修复的顺序进行，这样做将能够准确、快速的发现所有问题。

1. 确认故障

确认故障是 MOST 的所有功能均失效，还是单个模块功能失效，可以作为总线是否失效的依据。

2. 收集信息

详细检验 MOST 网络上的各个功能是否失效，使用故障诊断仪执行网络测试和 DTC 检测。

3. 分析信息

一旦 MOST 网络发生光波无法传输时，主节点（ICM）会关闭 MOST，致使其所有功能失效。如果只是单个模块故障，而其他模块功能正常，则此故障与 MOST 网络无关。

4. 诊断故障

根据分析结果选择合适的诊断方法，执行 MOST 网络的故障诊断。如果存在与 MOST 相关的 DTC，则可以根据故障追踪执行故障诊断，从而准确判断 MOST 故障所在。

5. 修复故障

根据故障诊断的结论，执行 MOST 网络的故障修复。

6. 确认故障修复

完成 MOST 网络的故障修复后，需要检验故障现象是否已经消失。

（三）MOST 网络的诊断方法

MOST 网络的故障主要表现为节点损坏（包括电源或接地丢失）和总线开路。如果某模块无法接收或发送光信号，或者某区域的光纤出现断路，则 MOST 网络就会关闭全部功能。为了诊断 MOST 网络故障，可以使用以下方法进行。

1. MOST 网络测试

使用故障诊断仪执行网络测试，可以查看 MOST 网络各模块的通信情况，从而判断 MOST 系统是否存在故障。

执行网络通信，主模块将会检测 MOST 网络中各个模块的通信。如果 MOST 通信异常，则在相关界面展现文字提示或通过不同的颜色展现网络拓扑的测试结果（故障模块将显示红色）。

2. MOST 网络 DTC 诊断

使用故障诊断仪读取 MOST 系统是否存在 DTC，有则按照 DTC 的故障追踪执行环路断点诊断，以便找到故障所在。

3. 环路断点诊断

当 MOST 网络中有开路以及 DTC 被储存到主模块时，可使用环路断点诊断。如果诊断之后在 MOST 网络中出现了断路，则主模块会存储相应的 DTC。

提示：

（1）如果故障为永久性的，则使用环路断点诊断方法可以准确地确定开路的位置；

（2）采用环形断点诊断方法来诊断间歇性故障可能会比较困难。

✺ 任务四　车辆暗电流检查与 CAN 总线综合故障诊断

一、车辆暗电流检查

暗电流是指点火开关在"OFF"的位置时，电路中仍然存在的电流。这个电流是汽车上的电控单元为了保存数据的记忆功能，必须长期供电产生的。暗电流的正常值应控制在 50 mA 以下，否则视为故障。

（一）检查暗电流时的注意事项

（1）一切电气部件全部置于"OFF"，点火开关置于"OFF"。

（2）除了发动机罩，关闭并锁止所有门，具体如下：

①分离发动机罩开关连接器；

②关闭后备厢；

③关闭车门或拆卸车门开关。

（3）等待几分钟，直到车辆的电气系统进入休眠模式。

注意：

为了精确测量车辆暗电流，所有电气系统都会进入睡眠模式（进入睡眠模式至少需要 1 h，最多需要 1 d），但在 10 ~ 20 min 后可以测量车辆暗电流近似值。

（二）检查暗电流的步骤与方法

1. 电流表检测法

电流表检测暗电流如图 2－137 所示，检测电路的连接如下：

（1）在蓄电池"－"端子和搭铁线束之间连接跨接线；

（2）从蓄电池"－"端子分离搭铁线束；

（3）在蓄电池"－"端子和搭铁线束之间连接电流表；

（4）分离跨接线；

（5）读取电流表的电流值。

注意：

在蓄电池"－"端子和搭铁线束之间连接跨接线的目的是防止蓄电池被初始化。如果蓄电池被初始化，则需要重新连接蓄电池负极"－"导线，启动发动机或将点火开关置于"ON"位置，并持续 10 s 以上，然后重新从第（1）步开始进行。

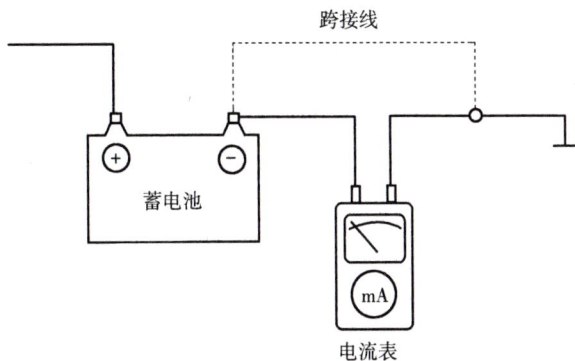

图 2－137　电流表检测暗电流

2. 夹钳型电流表检测法

夹钳型电流表检测暗电流如图 2－138 所示，检测电路的连接如下：

（1）一切电气部件全部置于"OFF"，点火开关置于"OFF"；

（2）除了发动机罩，关闭并锁止所有门，具体如下：

①分离发动机罩开关连接器；

②关闭行李箱；

③关闭车门或拆卸车门开关。

（3）等待几分钟，直到车辆的电气系统进入休眠模式；

（4）在蓄电池负极"－"端子上安装夹钳型安培表；

（5）读取电流表的电流值。

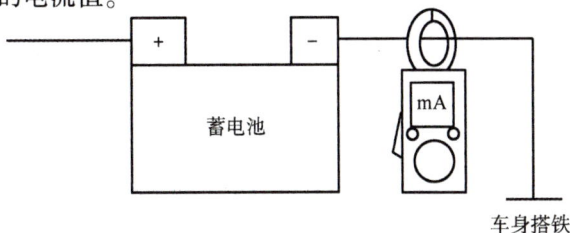

图 2－138　夹钳型电流表检测暗电流

（三）故障电路的判别方法

故障电路的判断方法如下：

（1）界限值（10～20 min 后）：50 mA 以下；1 d 以后 20 mA 以下

（2）如果暗电流超出界限值，应逐个拆卸各系统保险丝，检测暗电流变化状态，找出异常电路。

（3）连接可疑电路的保险丝，并逐个分离连接至可疑电路的部件，以此搜索可疑部件，直到实际暗电流下降至界限值以下。

二、CAN 总线综合故障诊断

（一）诊断流程

在对汽车总线通信网络综合进行故障诊断时，应按照标准程序来查找引发问题的线索。根据这些线索，确定必须修理或者更换的部件，以便解决问题。解决用户提出的问题最有效的方法就是采取"症状→系统→部件→原因"的诊断策略。现以高速 CAN 总线为例，给出总线通信网络综合故障的诊断流程。

1. 总线节点故障

总线节点故障的诊断流程如图 2-139 所示。

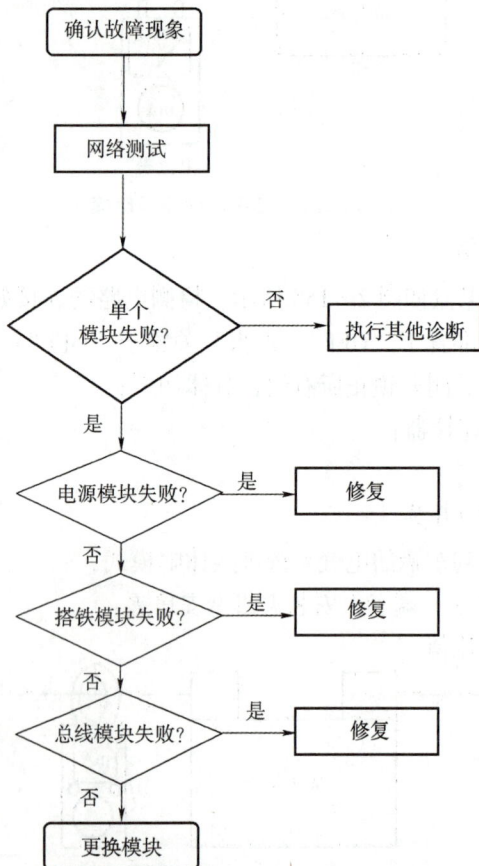

图 2-139　总线节点故障诊断流程

2. 总线终端电阻及总线支链路故障

总线终端电阻及总线支链路故障的诊断流程如图 2 - 140 所示。

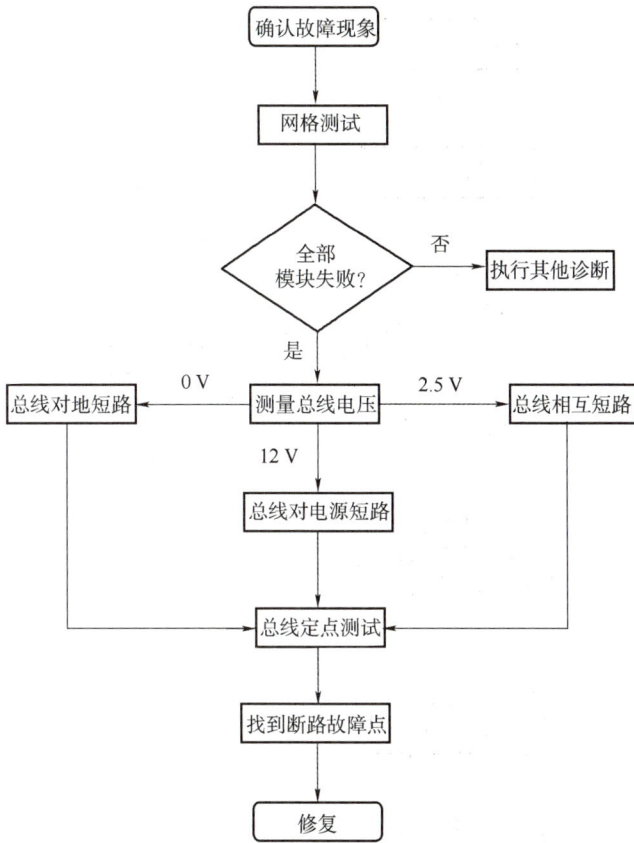

```
        确认故障现象
             ↓
          网格测试
             ↓
          ┌─────────┐        否
          │  全部   │──────→ 执行其他诊断
          │模块失败? │
          └─────────┘
             │是
    0 V       ↓       2.5 V
总线对地短路 ←  测量总线电压  → 总线相互短路
             │
         12 V↓
        总线对电源短路
             │
             ↓
         总线定点测试
             ↓
        找到断路故障点
             ↓
           修复
```

图 2 - 140　总线终端电阻及总线支链路故障的诊断流程

3. 总线主链路故障

总线主链路故障的诊断流程如图 2 - 141 所示。

（二）故障追踪分析

下面以配置标准终端电阻的高速 CAN 为例，介绍常见故障的故障区域追踪方法。

1. CAN 主电路和终端电阻

所有连接到高速 CAN 主电路的控制模块都受终端电阻的影响。如果没有终端电阻，则不能输出正常波形并且会出现故障。同样地，如果分离任意主电路上的控制模块，会根据断路位置产生各种故障代码，并出现故障症状，如通信故障。在这种情况下，可使用终端电阻测量追踪断路区域，如图 2 - 142 所示。首先，将 CAN 主电路划分为 A、B 和 C 3 个区域，并在图示的位置测量终端电阻，来追踪断路区域。如果主电路断路，则测量可获得120 Ω 的终端电阻电阻值。但如果在这种情况下拆卸了 PCM 或仪表盘，则会出现如图 2 - 143 所示的电阻变化。

注意：

必须断开蓄电池使 CAN 网络断电，并等待大约 5 min，直到所有的电容器都充分放电后再执行总线电阻的测量。

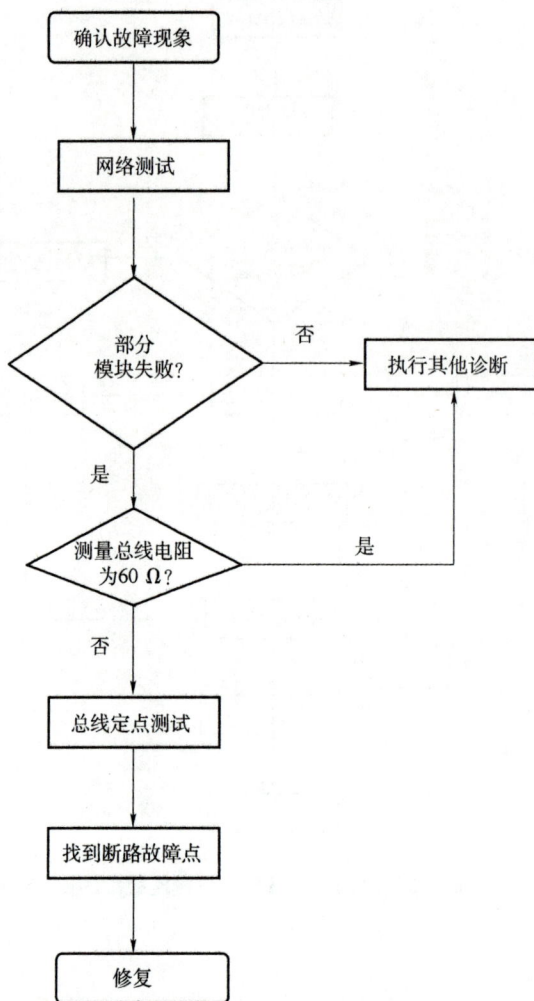

图 2 – 141　总线主链路故障的诊断流程

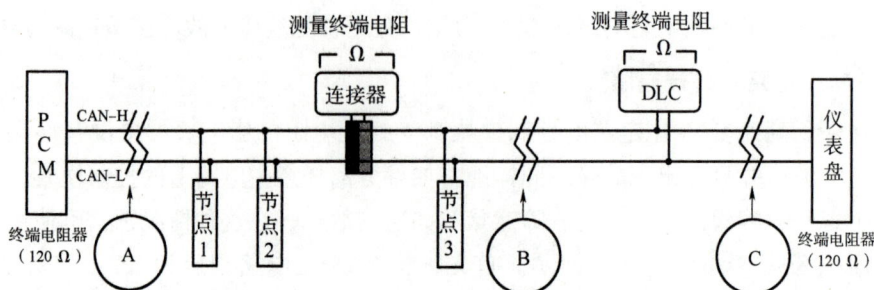

图 2 – 142　断路区域追踪

断路区域	电阻测量值	
	连接器	DLC
A	120 Ω	120 Ω
B	120 Ω	120 Ω
C	120 Ω	120 Ω

测量断路期间终端电阻器

断路区域	如果拆卸PCM		如果拆卸仪表盘	
	连接器	DLC	连接器	DLC
A	120 Ω	120 Ω	∞	∞
B	∞	120 Ω	120 Ω	∞
C	∞	120 Ω	120 Ω	120 Ω

测量断路期间拆卸PCM或仪表盘后的终端电阻器

图 2 – 143　终端电阻的变化

2. CAN 主电路断路和诊断通信

主电路断路不会使 CAN 总线全面瘫痪。如果有 1 个终端电阻处于连接状态，则每个控制模块在信噪比减弱的状态下工作，并在仍能通信的控制模块中形成组群，如图 2 – 144 所示。此时节点微控制器能检测到各种故障代码，这是因为节点微控制器没有接收到所需要信息。与断路端故障代码相关的目标系统（模块）能被故障诊断仪检测到。

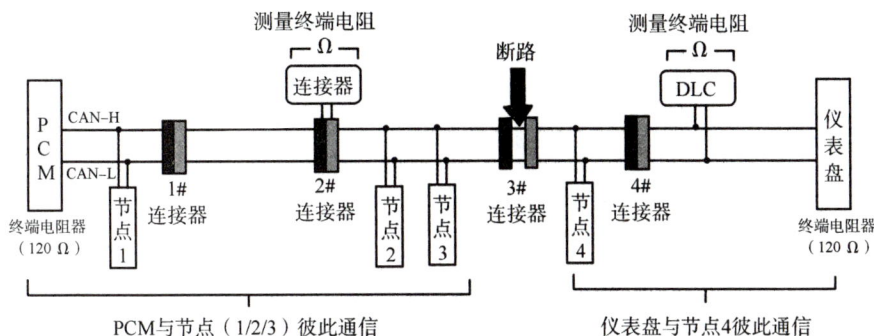

图 2 – 144　在相同区域内的控制模块之间通信

使用这样的原则有助于定位主电路上的断路位置。根据断路位置划分诊断仪的通信范围，即可在此基础上追踪断路。例如，如果 3#区域断路，则 PCM 和各控制模块（节点 1/节点 2/节点 3）可彼此通信，通过故障诊断仪检查通信状态，并记录仪表盘和控制模块（节点 4）的相关通信中断代码。相反地，如果试图使用 DLC 通信，能起动仪表盘与节点 4，并记录 PCM 和各控制模块（节点 1/节点 2/节点 3）的相关通信中断代码。

注意：

通信故障、CAN、BUS、OFF 和通信中断的故障代码完全不同，不要与过去的故障代码混淆。显示过去的故障相关故障代码表示当前通信正常。

3. CAN 支电路断路/短路和诊断通信

如果 CAN 支电路断路或短路，或者连接到高速 CAN 内的控制模块内部断路或短路，则此时 CAN 总有 2 个主要症状。第 1 个症状影响整个 CAN 通信电路并且所有模块的通信失效，第 2 个症状仅从 CAN 总线上断开对应控制模块。

1）电路短路

如果电路短路，则对主电路或支电路来说无影响。所有 CAN 收发器并联使得整个 CAN 通信电路受影响并且整个系统的通信无效，在这种情况下，强制从 CAN 通信电路上拆下短路区域可恢复正常通信。用这种方法对 CAN 通信电路进行诊断时，有助于快速找到短路位置。

图 2-145 为控制模块（节点 2）支电路的 CAN-L 线与搭铁电路短路。在这种情况下，CAN-L 线的电压被下拉至 0 V；CAN-H 线的电压被下拉至 0.2 V，整个系统的通信无效。如果拆卸控制模块（节点 2）与主电路的连接器，则通信会恢复正常。

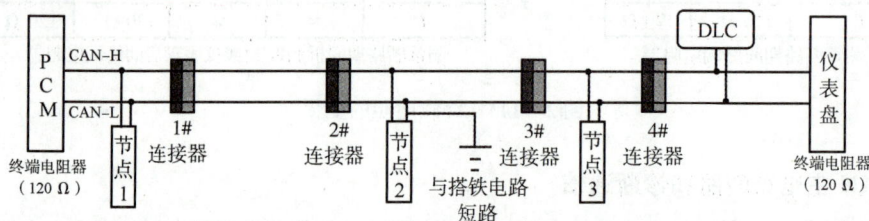

图 2-145 节点 2 支电路 CAN-L 线与搭铁电路短路

（1）分离 2#连接器。

按图 2-146 所示，我们首先拆卸 2#连接器，那么 PCM 与控制模块（节点 1）之间的通信起动，能使用 DLC 进行诊断。就右侧的仪表盘通信而言，由于电路短路影响，控制模块（节点 2）和控制模块（节点 3）仍通信失效。

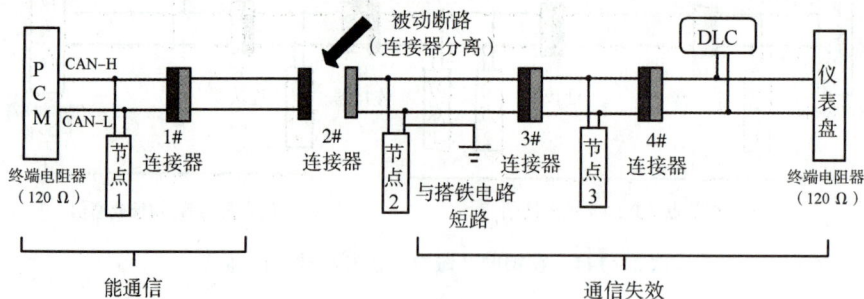

图 2-146 分离节点 2 与主电路的连接器

（2）分离 3#连接器。我们强制分离 3#连接器，结果会与分离 2#连接器时相反。由于电路短路影响，图 2-147 左侧变为通信无效，但右侧仪表盘和节点 3 的通信正常，也能使用 DLC 进行诊断。我们可以使用此方式对 CAN 通信电路的相关节点上电路短路或控制模块内部故障进行检修。

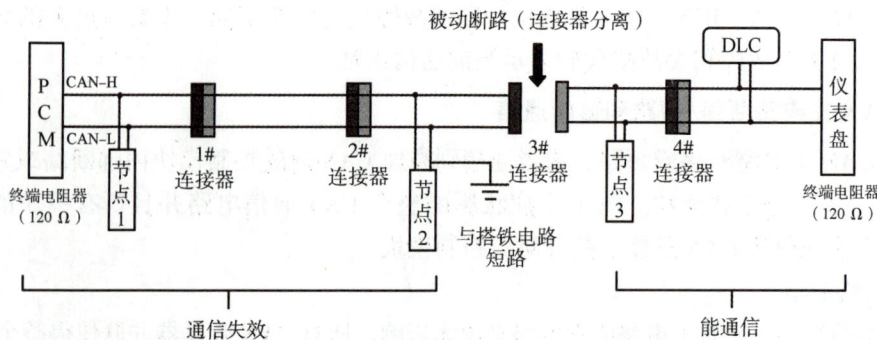

图 2-147 分离节点 3 与主电路的连接器

2）主电路断路

主电路断路，故障症状根据被断开的控制模块的不同而有所不同。控制模块有短传输间隔和大数据接收量，会影响整个 CAN 通信电路并且所有系统的通信失效。但如果控制器有少量信息并且仅与几个控制模块通信，那么可以从 CAN 总线上分离对应控制模块。如果仅有 1 个系统的通信由于电路断路而失效，如图 2 - 148 所示，则只需要检查连接到对应控制器上的导线即可。如果整个系统的通信都失效，则必须对故障进行分类追踪，并在观察波形的同时诊断故障。CAN 支电路不同故障诊断时的应对策略见表 2 - 7。

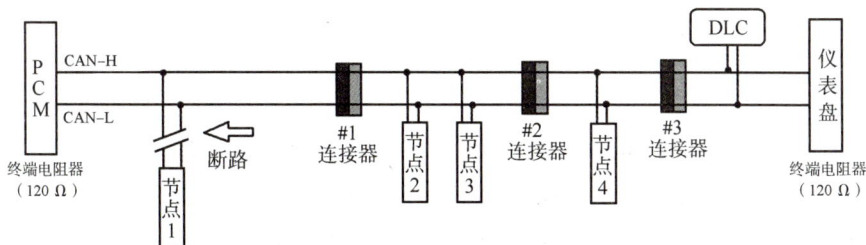

图 2 - 148 分离节点 3 与主电路的连接器

表 2 - 7 CAN 支电路不同故障诊断时的应对策略

故障分类	症状	诊断
支电路断路	仅从 CAN 总线上分离对应控制模块	检查对应控制模块的 CAN - H/CAN - L
	整个 CAN 总线故障	检查波形
支电路短路	整个 CAN 总线故障	检查波形

思考：

本任务介绍了配置标准终端电阻 CAN 总线通信网络的故障追踪方法。如果诊断的是分配式终端电阻配置的 CAN 总线通信网络，试讨论其相关故障追踪方法的相同点与不同点。

项目三

汽车现阶段拓展总线通信网络技术

知识目标

（1）了解 FlexRay 总线、byteflight 总线及蓝牙技术的特点和总体结构；
（2）熟悉 FlexRay 总线、byteflight 总线及蓝牙技术等网络的传输原理；
（3）理解 FlexRay 总线、byteflight 总线通信网络系统的信号特点；
（4）理解 FlexRay 总线、byteflight 总线及蓝牙技术等网络的容错特点。

技能目标

掌握检测 FlexRay 总线通信网络系统终端电阻、总线电压的方法。

任务一 FlexRay 总线通信网络技术

一、FlexRay 总线通信网络技术概述

FlexRay 是 1999 年由宝马、戴姆勒 – 克莱斯勒、摩托罗拉、飞利浦等公司制定的，同时支持事件触发与时间触发的通信网络系统。FlexRay 通信系统的目标是在电气与机械电子组件之间实现可靠、实时、高效的数据传输，可以作为新一代汽车内部网络的主干。

FlexRay 总线具有更高的数据传输速率、更灵活的拓扑结构以及更高的安全性（容错功能），现已在高端汽车市场中得到了相关应用。随着汽车电子技术的发展以及 FlexRay 总线技术研发的成熟与深入，FlexRay 总线将会在高端汽车中实现与汽车安全性及实时性相关的信息控制功能。而在低端汽车市场中，增加的 FlexRay 总线网络节点也会与 CAN 和 LIN 等传统总线通过网关实现有效地结合与支持，使 FlexRay 网络能够覆盖所有车型。

FlexRay 的优点如下：
（1）带宽较高（10 Mbit/s，CAN 仅为 0.5 Mbit/s）；
（2）实时数据传输；
（3）数据通信可靠；
（4）支持系统集成。

二、FlexRay 总线通信网络的数据结构

FlexRay 总线通信网络的数据结构如图 3 – 1 所示。

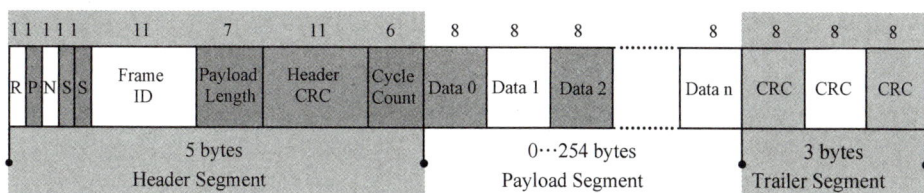

| 1 | 1 | 1 | 1 | 1 | 11 | 7 | 11 | 6 | 8 | 8 | 8 | | 8 | 8 | 8 | 8 |

Frame ID | Payload Length | Header CRC | Cycle Count | Data 0 | Data 1 | Data 2 | Data n | CRC | CRC | CRC

R P N S S

5 bytes
Header Segment

0…254 bytes
Payload Segment

3 bytes
Trailer Segment

图 3-1　FlexRay 总线通信网络的数据结构

1. 数据帧组成

数据帧组成如下。

（1）起始段（Header Segment）。

（2）有效负载段（信息段）（Payload Segment）：

①静态帧——静态段；

②动态帧——动态段。

（3）结束段（Trailer Segment）。

2. FlexRay 的信息段

FlexRay 总线通信网络与 MOST 光纤网络类似，采用了同步信息（时间触发）与异步信息（事件触发）相结合的方式，如图 3-2 所示。因此，FlexRay 的信息会有规律地、一份一份地传输，就像一辆一辆的公交车，准时到站接送乘客（信息）后离开。

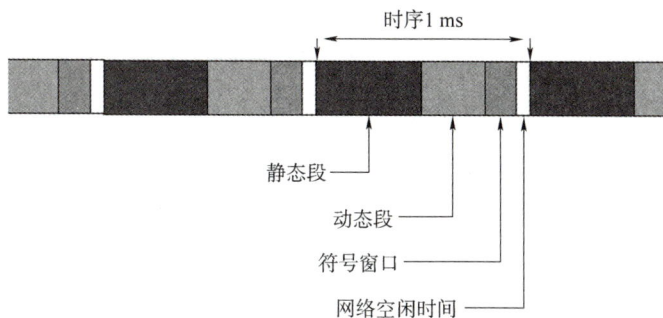

时序 1 ms

静态段
动态段
符号窗口
网络空闲时间

图 3-2　时间触发（静态段）/事件触发（动态段）相结合

1）按时间区间确定的信息

FlexRay 的静态段（循环数据传输的时间控制区域）可以比作 VIP 车厢，这些车厢在静态段内可预留给某些控制模块或某些重要信息使用，也被称为时隙。一个时隙是指一个规定的时间段，且该时间段对特定信息（转速）开放，即使这些信息暂时不需要传输，位子也会空着，不允许被占用。在 FlexRay 确定性时间触发与事件触发的数据传输过程中，静态段传输的有：转速（n）、角度（°）、温度（t）和车速（v）等信息，如图 3-3 所示。

在 FlexRay 的静态段中，因为有按时间区间传递的信息，为了确保每个"乘客"都能准时"上车"，所有的信息传递者都必须要进行精确时间同步，即对时。否则，信息就会因为时间不同步而无法传播。

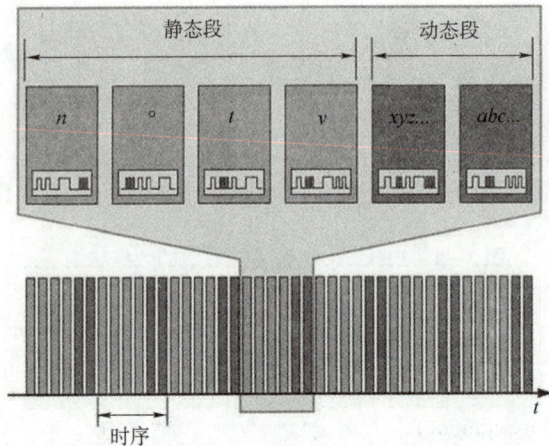

图 3 – 3　FlexRay 确定性时间触发与事件触发的数据传输过程

　　既然是对时，那么至少要有两个"人"的时钟进行校对，一旦校对成功，校对后的时刻会发放给所有的其他信息传递参与者。

　　用于对时的两个"人"是有规定的，这些"人"称为起动和同步控制模块。在具体的车型配置中，介绍如下：

　　（1）在奔驰车型配置的 FlexRay 总线中，起动和同步控制模块由电子点火开关控制系统（Electronic Ignition System，EIS）、电控行驶平衡系统（Electronic Stability Program，ESP）、电子方向助力系统（Electronic Power Steering，EPS）等控制模块来承担；

　　（2）在宝马车型配置的 FlexRay 总线中，起动和同步控制模块由数字式发动机电子伺控系统（Digital Motor Electvonics，DME）、动态稳定控制系统（Dynamic Stability Control，DSC）、集成式底盘管理（Integrated Chassis Managtment，ICM）等控制模块承担。

　　在奔驰车型中，EIS 和 ESP 或 EIS 和 EPS 对时正确地执行后，或在宝马车型中，DME 和 DSC 或 DME 和 ICM 对时正确地执行后，整个网络才能开始正常工作。因此，每次打开点火开关（ON 位），FlexRay 都会有一个冷起动过程，即对时过程，大致需要 $500\ \mu s$。

　　2）按事件确定的信息

　　FlexRay 的动态段（循环数据传输的事件控制区域），是给按事件触发类型的信息使用的（与 CAN 很像），可以比作普通车厢。按事件触发的信息，采用仲裁逻辑，如果信息优先级高，则优先传送，当传完后，若还有剩余空间，则次优先级的信息也能加入，否则，次优先级的信息只能等第二趟 FlexRay 信息的到来，在 FlexRay 确定性时间触发与事件触发的数据传输过程中，动态段传输的有 $xyz\cdots$ 和 $abc\cdots$ 等信息。

三、FlexRay 总线通信网络技术基本特点

1. 总线拓扑结构

FlexRay 总线系统可以有不同的拓扑结构，其主拓扑结构如下。

1）线性总线拓扑结构

如图 3 – 4 所示，在线性总线拓扑结构中所有控制单元都通过一个双线总线连接，该总线采用两个铜芯双绞线。CAN 总线也使用这种连接方式。在两根导线上传输相同的信息，

但电压不同。

线性拓扑结构所传输的差分信号不易受到干扰，但仅适用于电气数据传输。

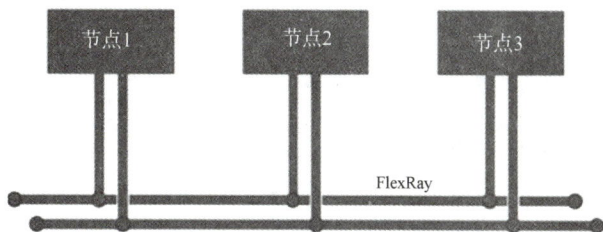

图 3 - 4　线性总线拓扑结构

2）星形总线拓扑结构

在星形总线拓扑结构中，控制单元（节点 2 ~ 5）分别通过一个独立的导线与中央主控控制单元（节点 1）连接，如图 3 - 5 所示。星形拓扑结构既适用于电气数据传输，也适用于光学数据传输。

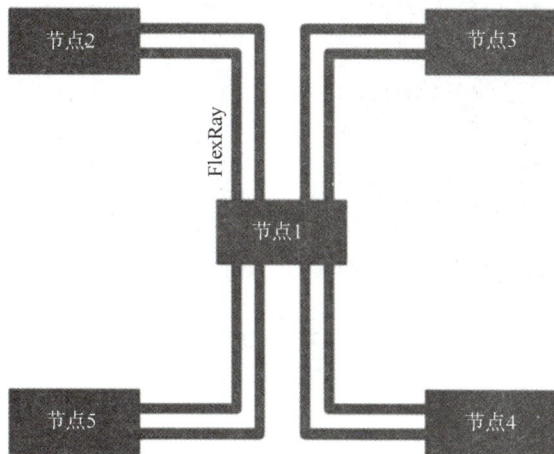

图 3 - 5　星形总线拓扑结构

3）混合总线拓扑结构

在混合总线拓扑结构中，一个总线系统具有不同的拓扑结构，即总线系统的一部分采用线性结构，另一部分为星形结构。

例如，在中央网关模块内带有一个或两个星形连接器，每个星形连接器都有 4 个总线驱动器，最多可提供 8 个接口。

4）冗余数据传输

FlexRay 支持两通道，可通过一个或两个通道进行数据传输。当其中某个通道出现故障或信息有误时，另一通道可继续正常传输，通过这种冗余备份实现很好的容错性，如图 3 - 6 所示。

2. 信号特性

FlexRay 总线信号必须在规定范围内。图 3 - 7（a）为总线信号的正常图形，图 3 - 7（b）为非正常图形。无论在时间轴上还是电压轴上，电信号都不应进入内部区域。FlexRay 总线系统是数据传输率较高且电压电平变化较快的一种总线系统。

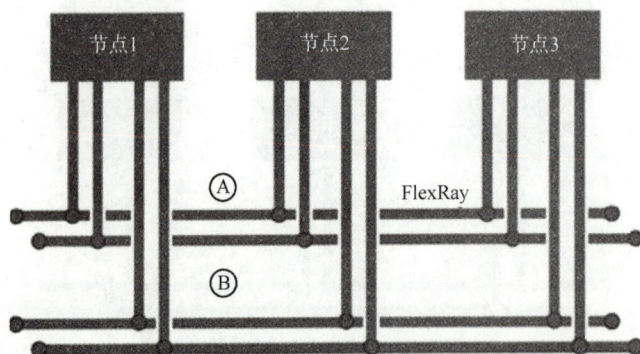

图 3 - 6　冗余数据传输

电压高低以及电压上升沿和下降沿斜率有严格规定，必须达到规定数值，且不得进入所标记的区域，如图 3 - 7 (b) 所示。电缆安装不正确、接触电阻等可能会导致数据传输出现问题。

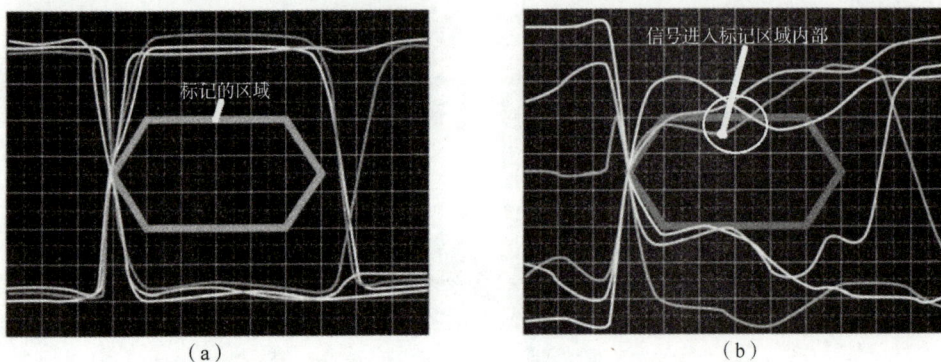

图 3 - 7　总线信号

(a) 正常图形；(b) 非正常图形

注意：

图 3 - 7 只能用速度很快的（实验室）示波器显示出来，目前的汽车专用示波器不适合显示这种图形。

3. FlexRay 总线系统的电压范围

FlexRay 总线系统的电压范围如图 3 - 8 所示。

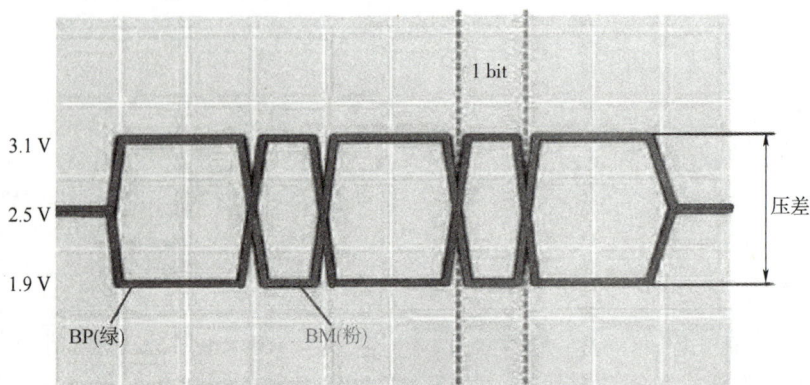

图 3 - 8　FlexRay 总线系统的电压范围

当总线无信号时，FlexRay BP（"＋"）线与 FlexRay BM（"－"）线的总线电压为 2.5 V（平静电压）；当总线有信号时，FlexRay BP（"＋"）线的总线电压为 3.1 V（电压信号上升 600 mV）；FlexRay BM（"－"）线的总线电压为 1.9 V（电压信号下降 600 mV）。电压值以对蓄电池负极测量的方式得到。

4. 唤醒与休眠特性

以宝马 E70 车型为例，连接在 PT–CAN 上的控制单元如图 3–9 所示，该控制单元通过一个附加的唤醒导线起动。该唤醒导线的功能与 PT–CAN 内的唤醒导线相同，信号曲线与 PT–CAN 的信号一样。只要唤醒该总线系统，垂直动态管理（Vertical Dynamic Management，VDM）系统就会使 PT–CAN 切换到一个高电平并将这个信号传输到 FlexRay 的唤醒导线内，从而唤醒卫星式控制单元。

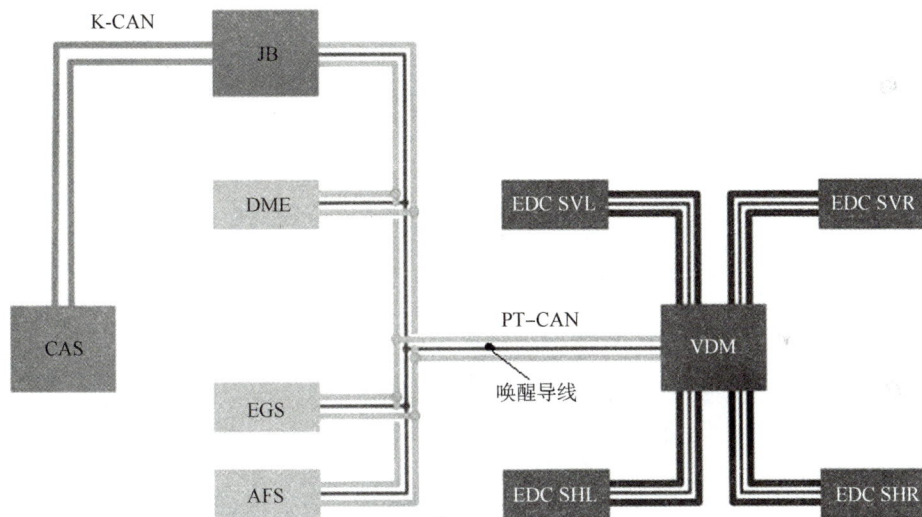

图 3–9　连接在 PT–CAN 上的控制单元

图 3–10 所示的唤醒电压曲线给出了车辆开锁和起动时典型的电压曲线状态，该状态分为 1～4 共 4 个阶段。

1）阶段 1

驾驶员将车辆开锁，CAS 控制单元启用 K–CAN 和 PT–CAN，PT–CAN 内的电压短时切换到高电压，VDM 复制这个信号并将其传输至 FlexRay 上的唤醒导线。

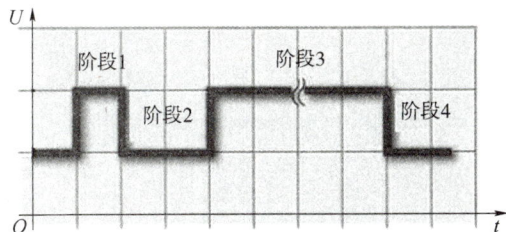

图 3–10　唤醒电压曲线

2）阶段 2

打开车辆，总线端 R 仍处于关闭状态，总线系统内的电压再次下降。

3）阶段3

启动车辆，总线端15接通，电压电平保持在设定值，直至再次关闭总线端15。

4）阶段4

总线端R关闭时整个车辆网络都必须进入休眠模式，以免耗电过多。为确保所有控制单元都"休眠"，网络内的每个控制单元都自动注销。只有所有EDC卫星式控制单元都在VDM系统处注销后，后者才能将这条信息发送给PT-CAN，从而发送给整个网络。如果不是这种情况，就会存储一条故障信息。在进行能量诊断工作时评估这条故障信息。

5. 总线终端电阻

与大多数总线系统一样，为了避免在导线上反射，FlexRay上的数据导线两端也使用了终端电阻（作为总线终端）。这些终端电阻的阻值由数据传输速率和导线长度决定。

1）宝马FlexRay总线终端电阻

（1）宝马FlexRay的终端电阻结构。以F01车型为例，FlexRay的终端电阻结构如图3-11所示。

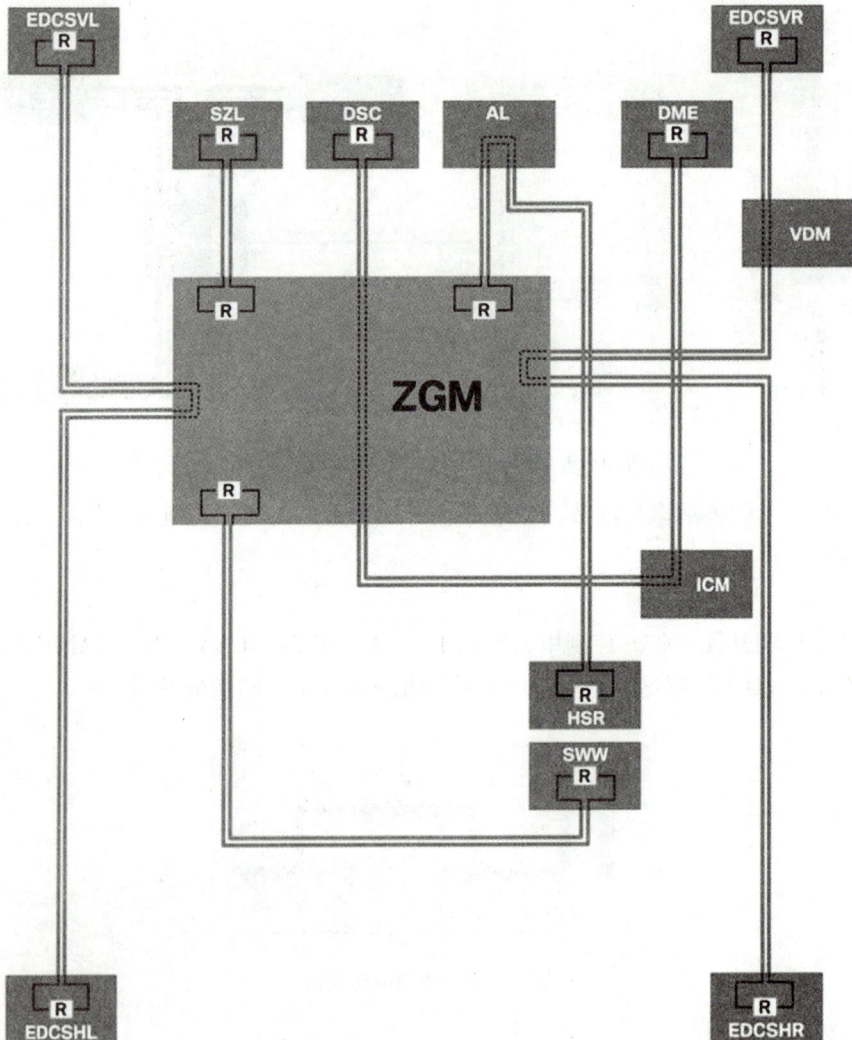

图3-11　宝马F01车型FlexRay的终端电阻结构

（2）宝马车型端电阻结构特点如下。

①如果星形连接器中一个总线驱动器（BD0）上仅连接一个控制单元，如转向柱开关中心（SZL）控制单元与总线驱动器（BD0）相连，则总线驱动器和控制单元的接口各有一个终端电阻。中央网关模块的这种连接方式称为"终止节点终端"，如图3-12所示。

②如果控制单元上的接口不是物理终止节点，如总线驱动器BD2上的DSC、ICM和DME相连，则称其为FlexRay传输和继续传输导线。在这种情况下，每个总线路径端部的两个组件都必须以终端电阻终止。

这种终端电阻既用于中央网关模块，还用于一些控制单元。带有传输和继续传输导线的控制单元还使用了一个"非终止节点终端"来获取数据，如图3-13所示。受终端形式的电阻／电容器电路所限，无法通过测量技术在控制单元插头上对其进行检查。

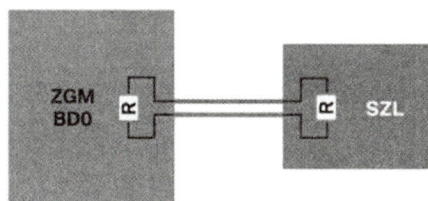

图3-12 终止节点式终端电阻

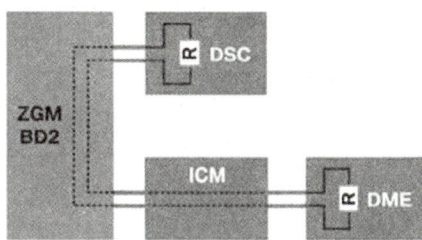

图3-13 形成环路的FlexRay

2）奔驰FlexRay总线终端电阻

以奔驰W222车型为例，FlexRay终端电阻结构如图3-14所示。

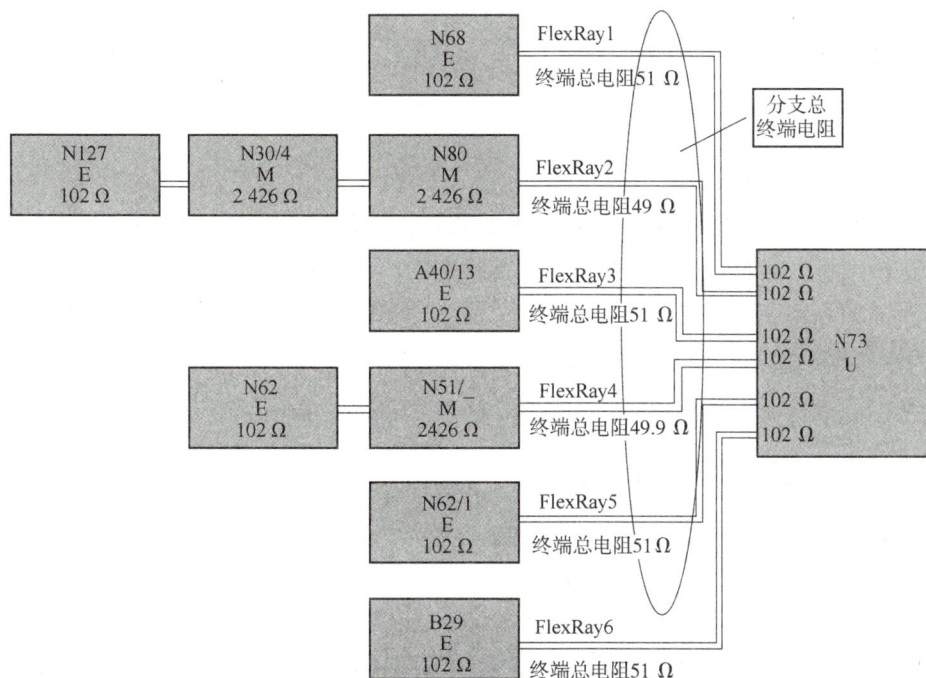

图3-14 奔驰W222车型FlexRay终端电阻结构

奔驰车型采用双线制，星形和总线型混搭的拓扑结构。每个星形的分支，都有一个约为

50 Ω 的终端电阻。每个星形分支末端节点控制模块，图 3 - 14 中："E"表示内置终端电阻为 102 Ω；处于星形分支中间的节点控制模块；"M"表示在 FlexRay 的双线之间架有内置电阻为 2 426 Ω，每个星形分支通用节点控制模块；"U"表示内置终端电阻为 102 Ω。显然，奔驰 FlexRay 总线终端电阻结构与 BMW FlexRay 总线终端电阻结构是不同的。

有些控制模块，根据不同的配置，有可能作为分支的中间控制模块，也有可能作为分支的末端控制模块，因此，这些控制模块配备两个网络间的电阻，一个为 2 596 Ω，另一个为 102 Ω，当此控制模块作为分支的中间控制模块时，使用 2 596 Ω 接口端子；当此控制模块作为末端控制模块时，FlexRay 的线要回接至内部的 102 Ω，从而保证每个分支的总终端电阻约为 50 Ω。N127 控制模块双电阻结构如图 3 - 15 所示。

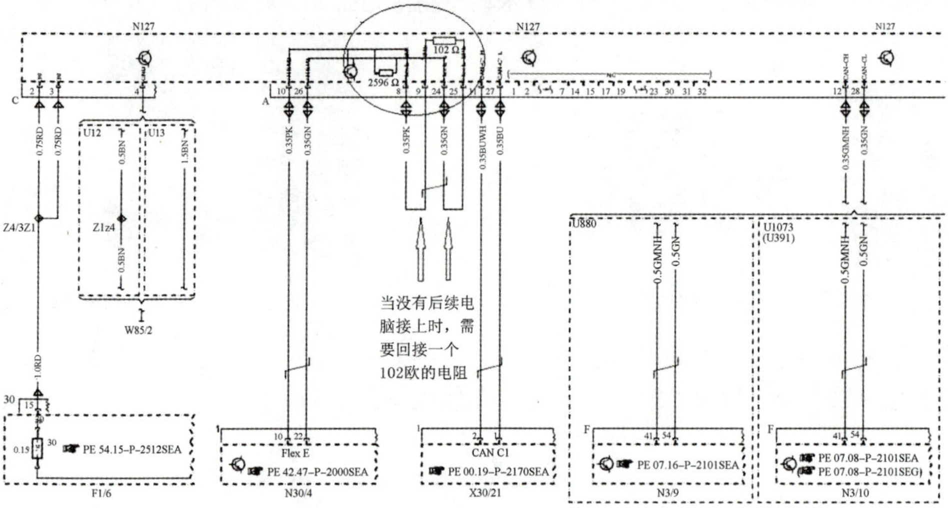

图 3 - 15　N127 控制模块双电阻结构

3）FlexRay 终端电阻测量

不论是对宝马车系 FlexRay 总线终端电阻测量，还是对奔驰车系 FlexRay 总线终端电阻测量，都必须使用车辆电路图。由于终端方案不同，可能错误判断测量结果。例如，按照"终止节点式终端电阻结构"的测量方法对"形成环路的端电阻结构"进行测量；按照"终止节点式终端电阻结构"的测量方法对"星形和总线型混搭的端电阻结构"进行测量等。

四、FlexRay 总线通信网络技术的应用

（一）奔驰汽车 FlexRay 总线的应用

以奔驰 205 车型为例，该车型底盘网络系统使用的是 FlexRay 总线通信网络，如图 3 - 16 所示。

注意：

图中 N73、N30/4 和 N68 为起动节点，是负责 FlexRay 总线系统起动和同步的控制单元。

（二）宝马汽车 FlexRay 总线的应用

以宝马 F01/F02 车型为例，该车型行驶动态管理系统的网络使用的是 FlexRay 总线通信网络，并以跨系统方式实现行驶动态管理系统和发动机管理系统的联网，如图 3 - 17 所示。

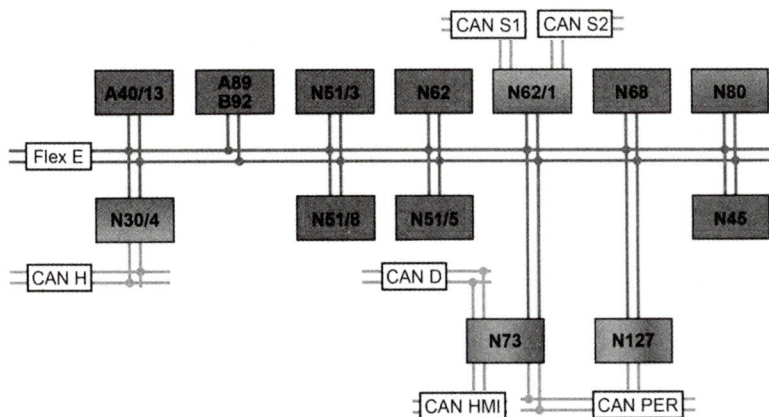

A40/13—立体多功能摄像头；A89—限距控制系统电动控制单元；B92—前部长程雷达感测器；N51/3—空气悬挂系统控制单元；N62—泊车系统控制单元；N62/1—雷达感测器控制单元；N68—电动动力转向机构控制单元；N80—转向柱模块控制单元；N30/4—电控行驶平稳系统控制单元；N51/5—自适应减震系统控制单元；N73—电子点火开关控制单元；N127—传动系统控制单元；N51/8—空气悬挂增强版控制单元（253车型）。

图 3 – 16　奔驰 205 车型 – 底盘 FlexRay 总线拓扑

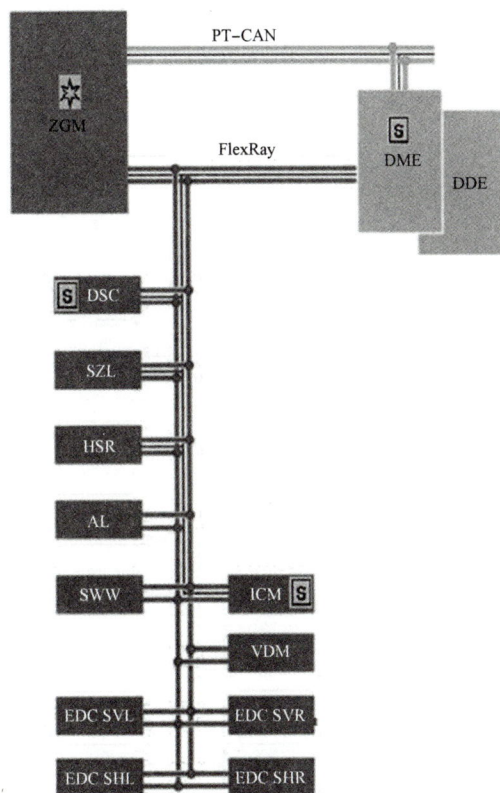

AL—主动转向系统；VDM—垂直动态管理系统；DME—数字式发动机电子伺控系统；DSC—动态稳定控制系统；ICM—集成式底盘管理系统；EDC SHL—左后电子减振器控制系统卫星式控制单元；EDC SHR—右后电子减振器控制系统卫星式控制单元；EDC SVL—左前电子减振器控制系统卫星式控制单元；EDC SVR—右前电子减振器控制系统卫星式控制单元；HSR—后桥侧偏角控制系统；SZL—转向柱开关中心；ZGM—中央网关模块。

图 3 – 17　宝马 F01/F02 车型 – 行驶动态管理系统 FlexRay 总线拓扑

注意：

图中 DME、DSC 和 ICM 等控制系统为起动节点，是负责 FlexRay 总线系统起动和同步的控制单元，ZGM 网关集成了 FlexRay 接口的分配器，即星形连接器。

❄ 任务二　byteflight 总线通信网络技术

一、byteflight 总线通信网络技术概述

byteflight 总线系统是由宝马、摩托罗拉、艾尔默斯和英飞凌公司一起开发的。byteflight 总线技术在数据传输率较高时，对实时请求的要求很高，这对汽车应用领域的发展特别有利。此外，在强度很高的电磁环境中，byteflight 总线系统能确保数据传输准确无误。

宝马汽车利用 byteflight 总线系统将控制单元联网，这些控制单元用于控制安全气囊系统、司乘人员保护系统和安全型蓄电池接线柱。

1. 传输介质

数据传输使用的是塑料光缆，塑料光缆通过光脉冲传输数据。因此，相对于传统铜导线，光缆在复杂的电磁环境中更不易受到外部干扰。光缆中数据传输速率为 10 Mbit/s。也就是说，其数据传输率比高速 CAN 总线高出 20 倍以上。

控制单元联网时仅需要一根光缆，该光缆可朝两个方向双向传输数据。且控制单元以时间和事件控制方式进行通信，既能以同步，也能以异步方式传输数据。

2. 拓扑结构

byteflight 总线系统采用星形拓扑结构，如图 3-18 所示。

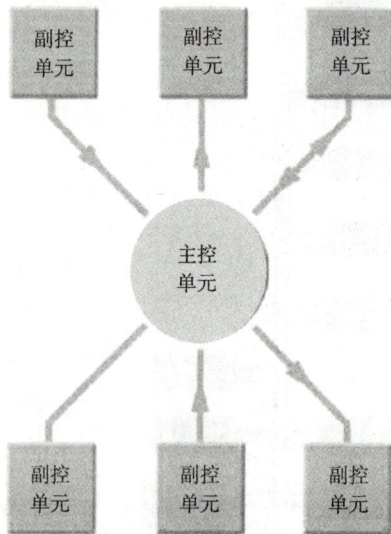

图 3-18　byteflight 总线系统拓扑结构

星形拓扑结构网络中的从属控制单元（副控单元）通过一根单独的导线连接到上级控制单元（主控单元）。

主控单元接收各个副控单元发送的数据，随即又将这些数据重新发送给所有副控单元，设有地址代码的副控单元接收这些数据。

由于主控单元不具有访问控制功能，而仅承担分配功能，因此各控制单元必须通过一个协议进行通信。该协议规定了哪个控制单元何时可以发送数据。

3. 优点

byteflight 总线系统的优点如下：

（1）易于联网；

（2）易于扩展；

（3）具有较高的抗干扰能力；

（4）由于采用了星形拓扑结构，因此即使单个副控单元失灵，byteflight 系统也能正常工作。

4. 缺点

byteflight 总线系统的缺点如下：

（1）布线成本较高；

（2）主控单元有故障或过载时会造成网络失灵。

在 byteflight 总线系统中，每个控制单元内都通过发送和接收模块将电信号转化为光信号。一般地，安全和信息模块构成了星形结构的中心。在宝马的新款车型中安全和网关模块处于这个中心位置。

二、byteflight 总线通信网络的数据结构

1. byteflight 数据帧

同 CAN 总线一样，byteflight 数据也通过数据帧传输，除数据字节的数量外，其数据帧结构完全相同，如图 3 - 19 所示。byteflight 可传输最长 12 Byte 的数据，一个数据帧的长度范围为 4.6 ~ 16 μs。

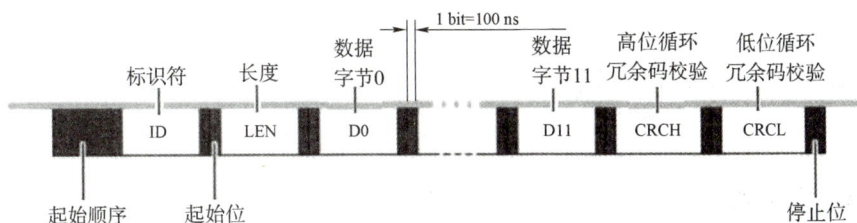

图 3 - 19　byteflight 数据帧的结构

byteflight 数据帧包括如下信息。

（1）数据帧的起始标记。

（2）标识符——决定数据帧的优先级和数据内容。

（3）数据帧的长度——包括数据字节的数量（不超过 12 Byte）。

（4）12 字节以下的信息如下：

①数据字节 0——起始数据字节；

②数据字节 11——最大的结束数据字节。

（5）识别错误的机制如下：

①高位循环冗余码校验——校验和由 ID、LEN 和 15 位数据构成；

②低位循环冗余码校验——校验和由 ID、LEN 和 15 位 DATA 构成。

（6）数据帧的结束标记。

2. 数据帧的同步脉冲与优先级

byteflight 总线系统结合了同步和异步数据传输的优点，因此能够确保重要信息的快速访问时间和次要信息的灵活使用。

E65 车型由中央网关模块或安全信息模块发出同步脉冲，而 E60 车型由安全和网关模块发出一个同步脉冲，其他控制单元必须遵守该脉冲。

数据帧分为优先级较高的数据帧和优先级较低的数据帧。通过标识符进行区别。允许范围位于 1～255 之间，这里 1 表示最高优先级，如图 3－20 所示。其中各部分功能如下：

（1）标识符——决定数据帧优先级；

（2）报警同步脉冲——报警状态下的同步脉冲；

（3）低优先级信息——优先级较低的数据帧；

（4）正常同步脉冲——正常状态下的同步脉冲；

（5）高优先级信息——优先级较高的数据帧；

（6）循环时间——一个同步脉冲的循环时间。

优先级较高的信息有传感器数据等，优先级较低的信息有状态信息和诊断信息等。

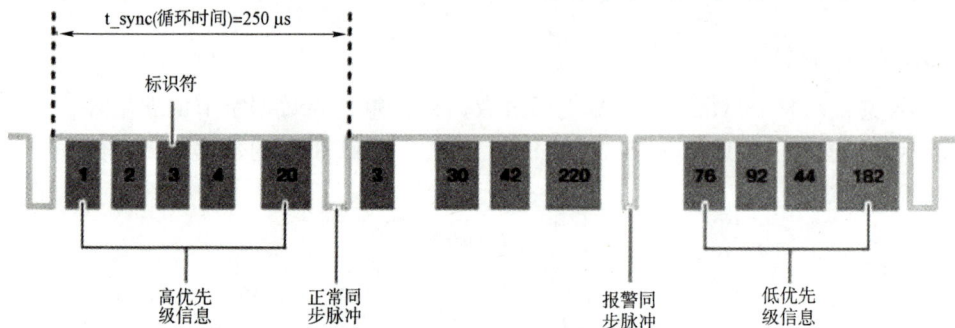

图 3－20　byteflight 数据帧优先级

3. 卫星式传感器

由于 byteflight 总线系统采用的星形拓扑结构，所以称这个结构上的传感器为卫星式传感器。

1）卫星式传感器至主控单元之间的数据流

数据帧按照优先级排列，卫星式传感器将记录的所有数据传输至主控单元，如图 3－21 所示。

2）主控单元至卫星式传感器之间的数据流

byteflight 总线系统中的主控单元不断地查询所有卫星式传感器信息，再将卫星式控制单元提供的数据帧向系统内的所有卫星式控制单元发布，其过程如图 3－22 所示。卫星式控制单元视碰撞的剧烈程度由其控制的气囊是否触发及其触发强度决定。

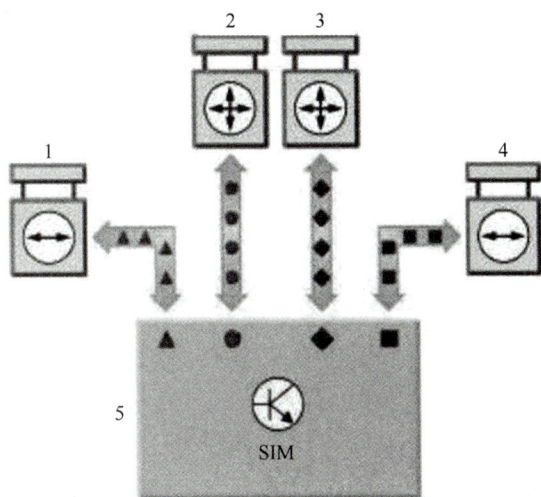

1~4—安装于车内不同位置的传感器；5—SIM 安全和信息模块。

图 3 – 21　传感器至主控单元（SIM）之间的数据流

在图 3 – 22 中，控制侧向安全气囊的卫星式控制单元已经发出触发安全气囊的指令，且该安全气囊一经触发，就会引爆引爆器，打开安全气囊。

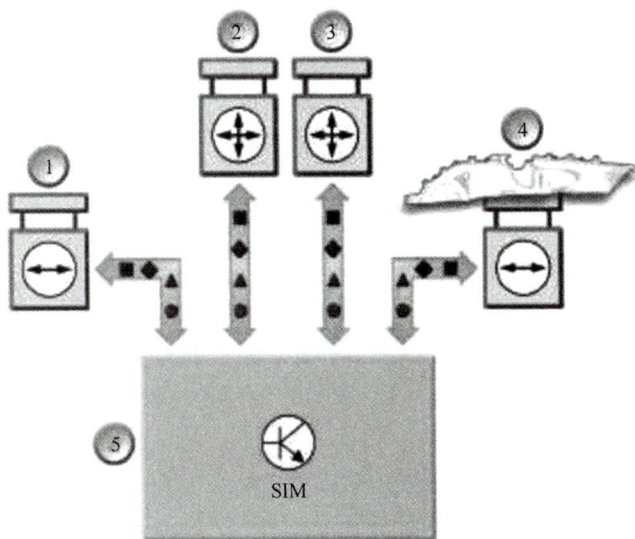

图 3 – 22　发送至卫星式传感器的数据帧

4. 总线访问程序

系统根据规定的时间间隔分配来控制总线访问情况。当执行这个控制程序时，系统只能在规定时间内发送特定信息，且该信息通过其标识符进行识别。

当然，这个程序要求所有总线设备都保持相当准确的时间同步。byteflight 循环发送一个脉冲，即所谓的同步脉冲，使该系统同步化。该同步脉冲在 E65 车型中由中央网关模块、安全信息模块发送，而在 E60 车型中由安全和网关模块发送。

信息可在两个同步脉冲之间的时间间隔内发送。在每个循环周期内都同步发送重要的信息，在其他时间间隔内可异步发送只需偶尔发送的次要信息。

三、byteflight 总线收发器结构

1. 发送和接收模块

发送和接收（S/E）模块能够将电信号转化为光信号并通过光缆发送。每个卫星式传感器都有一个电子或光学 S/E 模块。这些 S/E 模块分别通过 byteflight 的光缆连接在 SIM 内的智能型星形连接器上。SIM 内的每个卫星式传感器都有一个 S/E 模块，如图 3 - 23 所示。

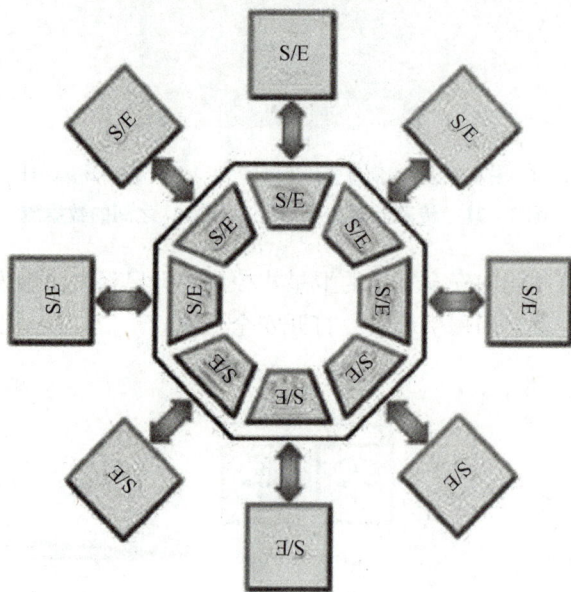

图 3 - 23　星形连接器和带有 S/E 模块的卫星式传感器

byteflight 上传输的所有信息都是以光脉冲形式发送的数据电码。SIM 内的 S/E 模块接收所卫星式传感器发送的光脉冲。在智能型星形连接器内，数据电码发送给所有卫星式传感器，数据交换可朝两个方向进行。

S/E 模块由一个发光二极管（LED）和一个光电二极管构成，利用芯片接芯片的技术将一个二极管安装在另一个二极管之上，从而实现两个部件与光缆的最佳连接。S/E 模块包括用于驱动电路的 LED。此外，该模块还用于将光信号转化为数字信号的接收放大器，还集成了光传输质量的监控功能。

2. 系统关闭条件

如果某根光缆出现下列故障时，就会关闭卫星式传感器：

（1）没有在规定时间内接收到光信号；

（2）发送二极管没有持续发光；

（3）衰减强度过大。

3. byteflight 总线系统的主控单元

byteflight 总线系统的主控单元执行两个任务，具体如下：

（1）产生同步脉冲；

（2）使卫星式传感器进入报警模式。

在 E65 车型内由 SIM 和 SFZ 承担 byteflight 主控单元（总线主控单元）功能。在 E60 车型内由 SGM 承担 byteflight 主控单元功能。

从原则上来说，每个卫星式传感器都可以通过软件设定为总线主控单元。但系统内只能有一个总线主控单元，其他总线设备（总线副控单元）都通过同步脉冲进行内部同步化。每个总线设备都可以在同步脉冲之间将数据帧发送到 byteflight 上。

4. 同步脉冲

byteflight 总线主控单元以 250 μs 为时间间隔发送同步脉冲，同步脉冲时间通常约为 3 μs。

报警模式通过同步脉冲宽度发送。处于报警状态时，一个同步脉冲的持续时间约为 2 μs。

在 byteflight 总线系统中，总线主控单元必须根据所有现有传感器信息决定是否将卫星式传感器设为报警模式。当总线主控单元设置报警模式后，安全系统的所有引爆电路都将处于准备触发状态。当需要触发一个引爆输出级时，必须始终将两个独立的信号传输到 byteflight 总线系统上。卫星式传感器内引爆电路的高压侧开关通过 byteflight 总线系统的报警模式来控制，低压侧开关由卫星式传感器内的微处理器控制。触发算法通过所传输的传感器信号帧识别出是否需要使低压侧开关闭合。使某个引爆电路触发的信号流程如图 3-24 所示。

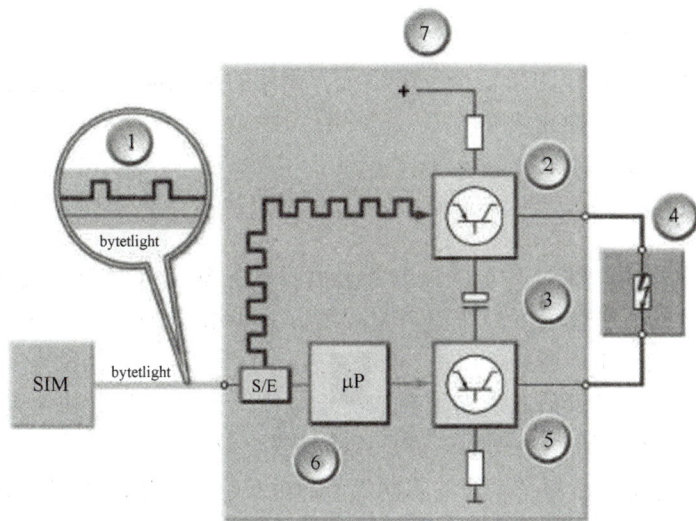

1—报警模式脉冲；2—高压侧开关；3—引爆电容器；
4—引爆器；5—低压侧开关；6—微处理器；7—卫星式传感器。

图 3-24 使某个引爆电路触发的信号流程

四、byteflight 总线通信网络技术的应用

（一）宝马 E60 车型

宝马 E60 车型的高安全电子系统，使用的是 byteflight 总线通信网络。系统中 SGM 为安全和网关模块，其他模块如图 3-25 所示。

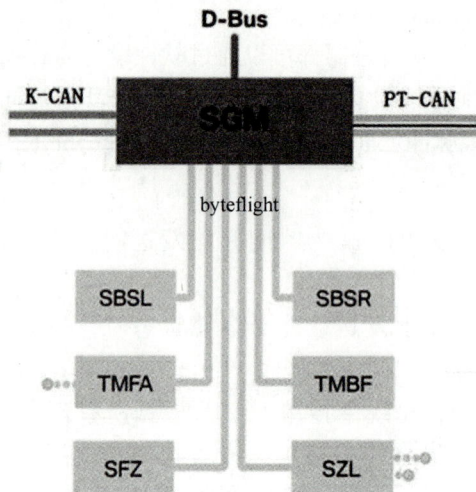

SZL—转向柱开关中心；SFZ—车辆中央卫星式控制单元
TMFA—驾驶员侧车门模块；TMBF—前乘客侧车门模块；
SBSL—左侧 B 柱卫星式控制单元；SBSR—右侧 B 柱卫星式控制单元。

图 3-25　宝马 E60 车型 byteflight 总线拓扑

（二）宝马 E64 车型

宝马 E64 车型（旧款）的高安全电子系统，使用的是 byteflight 总线通信网络。系统中 ZGM 为中央网关模块，其他模块如图 3-26 所示。

（三）宝马高级安全电子系统的工作过程

1. 触发规则

（1）碰撞严重程度。通过大量的碰撞和行驶试验，确定可能的事故类型的触发阈值。触发阈值取决于碰撞的严重程度，碰撞严重程度分为 4 组：CS0，不必触发乘员保护系统；CS1，轻度碰撞；CS2，中度碰撞；CS3，重度碰撞。

（2）触发阈值。触发阈值的确定主要取决于碰撞严重程度及对其他因素的考虑，如撞击方向、碰撞时接触面积和车内司乘人员是否系好安全带等。

由此得出控制各个乘员保护系统的不同阈值。由于触发阈值的不同，前部安全气囊第 2 级的引爆根据碰撞的严重程度而变化。

如果安全带锁扣识别错误，宝马高级安全电子系统会由此推断出司乘人员未系安全带。此时触发阈值降低，尽管是识别错误，但还是会试图激活安全带拉紧装置。

如果座椅占用识别出现错误，宝马高级安全电子系统将确认座椅被占用。此时，乘员保护系统会被激活，即相应的安全气囊会引爆。

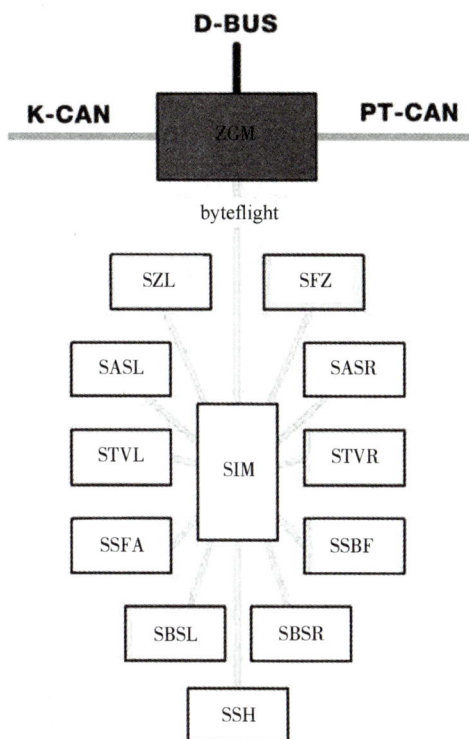

SZL—转向柱开关中心；SFZ—车辆中央卫星式控制单元；SASL—左侧 A 柱卫星式控制单元；
SASR—右侧 A 柱卫星式控制单元；STVL—左前车门卫星式控制单元；STVR—右前车门卫星式控制单元；
SBSL—左侧 B 柱卫星式控制单元；SBSR—右侧 B 柱卫星式控制单元；SSFA—驾驶员座椅卫星式控制单元；
SSBF—前乘客座椅卫星式控制单元；SSH—后部座椅卫星式控制单元。

图 3 - 26　宝马 E64 车型 byteflight 总线拓扑

2. 碰撞时的触发

（1）正面碰撞。当发生正面碰撞时，可将碰撞严重程度分为轻度碰撞、中度碰撞和严重碰撞。安全气囊触发过程如图 3 - 27 所示。

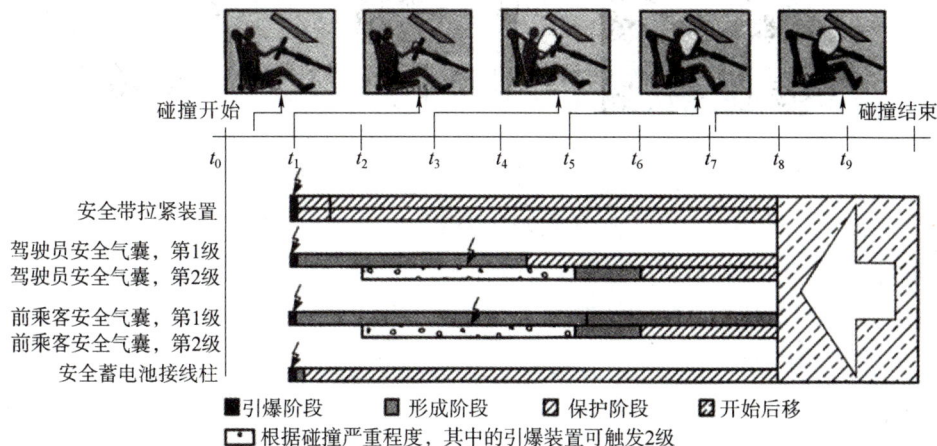

图 3 - 27　发生正面碰撞时安全气囊触发过程

（2）侧面碰撞。当发生侧面碰撞时，碰撞根据碰撞严重程度分为轻度和中度碰撞。

（3）尾部碰撞。从碰撞严重程度 CS1（轻度碰撞）起，触发主动式头枕和安全带拉紧装置。

3. 紧急呼叫

如果装有车载电话，则宝马高级安全电子系统可向客户提供两种紧急呼叫功能，即手动和自动紧急呼叫功能。

如果车内还装有导航系统，宝马高级安全电子系统在发出紧急呼叫的同时还可发出车辆所在位置的数据。

❋ 任务三　蓝牙通信技术

一、蓝牙通信技术概述

1998 年 5 月，爱立信、诺基亚、东芝、IBM 和英特尔等著名厂商，在联合开展短程无线通信技术的标准化活动时提出了蓝牙技术。1999 年下半年，业界巨头微软、摩托罗拉、三康、朗讯与蓝牙特别小组的五家公司共同发起成立了蓝牙技术推广组织，从而在全球范围内掀起了一股"蓝牙"热潮。

蓝牙技术，属于一种短距离、低成本和低能耗的无线连接技术，是一种能够实现语音和数据无线传输的开放性方案。蓝牙技术能够有效地简化掌上电脑、笔记本电脑和手机等移动通信终端设备之间的通信，也能够成功地简化以上设备与因特网的通信，从而使现代通信设备与因特网之间的数据传输变得更加迅速高效，为无线通信拓宽道路。目前，蓝牙技术已在汽车上得到广泛应用。

蓝牙技术使用 IEEE 802.15 协议，大多是 1.2 或 2.0 版本的制式（汽车一般采用 1.2 的制式），采用时分双工传输方案实现全双工传输，通过无线电通信技术来实现语音、数据和视频的传输，其传输速率最高为 2 Mbit/s，通信距离为 10 m 左右。

蓝牙技术的收发器使用的是 2.4 GHz 的 ISM（工业、科学、医学）频带，其带宽为 2.402 ~ 2.480 GHz。

二、蓝牙通信技术在汽车上的应用

如图 3 - 28 ~ 图 3 - 32 所示，目前蓝牙技术在汽车上的应用如下。

（1）免提装置，即通过蓝牙连接实现如下功能：

①建立移动电话与免提装置的通信；

②建立蓝牙耳机与移动电话的通信。

（2）传输电话本数据。

（3）传输短信息。

（4）传输音频流。

（5）互联网连接，用于驾驶管理、数据系统及联网等。

图 3 - 28　免提装置

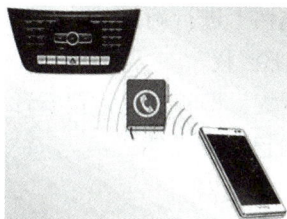

图 3 - 29　传输电话本数据

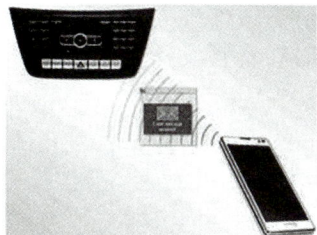

图 3 - 30　传输短信息

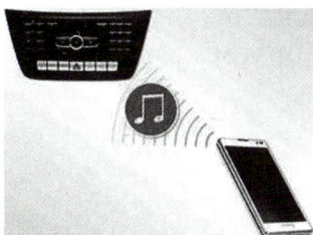

图 3 - 31　传输音频流

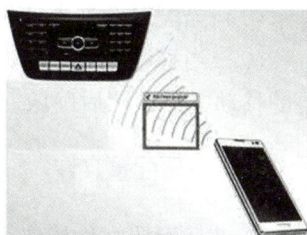

图 3 - 32　互联网连接

三、蓝牙连接建立

1. 配对学习

蓝牙配对学习如图 3 - 33 所示，配对学习条件如下：

（1）配对设备应获得授权；

（2）移动电话中的蓝牙已激活；

（3）功能键切换至"蓝牙对所有人可见"状态。

蓝牙配对学习只需进行一次，之后会自动连接。

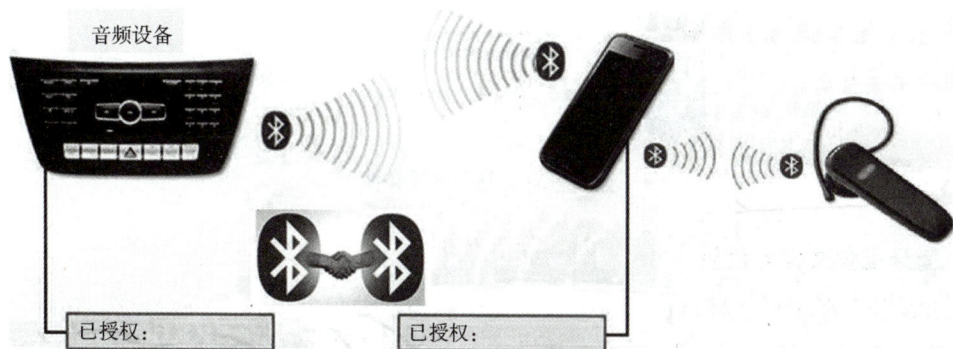

图 3 - 33　蓝牙配对学习

2. 授权类型

1）内部授权

内部授权，即音频设备搜索移动电话，其具体如下：

（1）输入自己选择的密钥后分别在音频设备和移动电话上确认；

（2）（NTG 4.5 及蓝牙 2.1 以上）通过简易配对，在音频设备生成密钥，接着在音频设

项目三　汽车现阶段拓展总线通信网络技术

备和移动电话上进行确认。

2）外部授权

外部授权，即移动电话搜索音频设备，其具体如下：

（1）自己选择密钥；

（2）简易配对。

3）重新建立连接

重新建立连接的具体内容如下：

（1）当配对意外失败时，应重新尝试；

（2）当移动电话重新进入作用距离时，需要重新配对，必要时在音频设备上选择所需要的移动电话，然后确认。

四、蓝牙配置文件

1. 蓝牙配置文件的作用

蓝牙配置文件表达了蓝牙设备的一般行为，蓝牙设备可以通过这些行为与其他设备进行通信。为了使用蓝牙无线技术，蓝牙设备必须能够翻译特定的配置文件，配置文件定义了可能的应用。

就汽车上的所在设备而言，至少要支持一种，但也可以支持多种蓝牙配置文件，如图3-34所示。

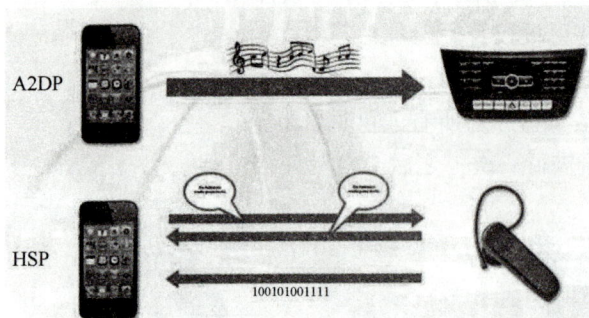

图 3-34 蓝牙配置文件

2. 蓝牙配置文件与角色

终端设备只能承担一种角色，有些设备能够承担两种角色。

配置文件与角色如图3-35所示。手机A与手机B的角色是向音频设备发送A2DP蓝牙配置文件；音频设备的角色是接收和播放A2DP蓝牙配置文件，而此时手机B不能承担发送A2DP的角色，手机A也不能承担接收和播放A2DP的角色。

3. 重要的蓝牙配置文件

1）A2DP高级音频分发配置文件

A2DP是蓝牙音频传输模型协议，该协议规定了使用蓝牙非同步传输信道方式，以及传输高质量音乐文件数据的协议堆栈软件和使用方法，基于该协议就能通过以蓝牙方式传输高品质的音乐。

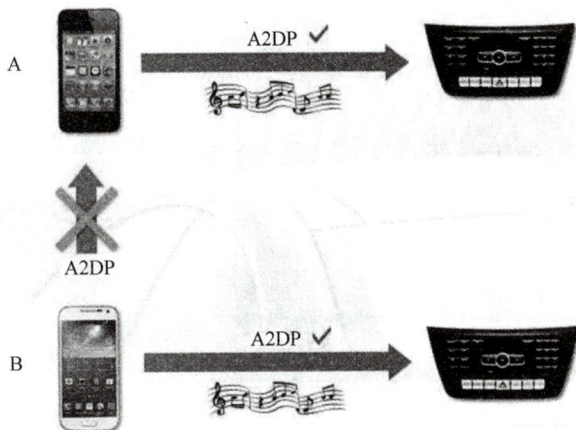

图 3 – 35　配置文件与角色

A2DP 高级音频分发配置文件如图 3 – 36 所示。在传输高级音频数据时，角色分别是手机发出的信号源与音频设备中的接收器。

图 3 – 36　A2DP 高级音频分发配置文件

2）HSP 耳机配置文件

HSP 耳机配置文件如图 3 – 37 所示，HSP 耳机配置文件（耳机模式），能够被大多数耳机和移动电话支持，与免提模式（HFP）相比，具有隐私的功能。

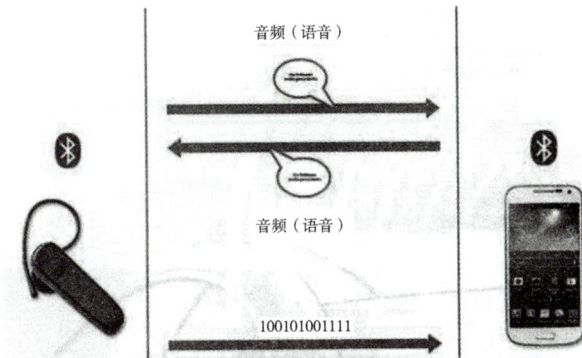

图 3 – 37　HSP 耳机配置文件

在耳机模式下，角色分别是耳机与内置于手机中的蓝牙音频网关。控制数据包括接听和拒绝来电、挂机和调整音量等。

3）HFP 配置文件

HFP 免提模式受绝大多数移动电话支持，如图 3 - 38 所示。在免提模式下，角色分别是音频设备中的免提单元与内置于手机中的蓝牙音频网关。控制数据包括遥控移动电话和传输呼叫号码等。

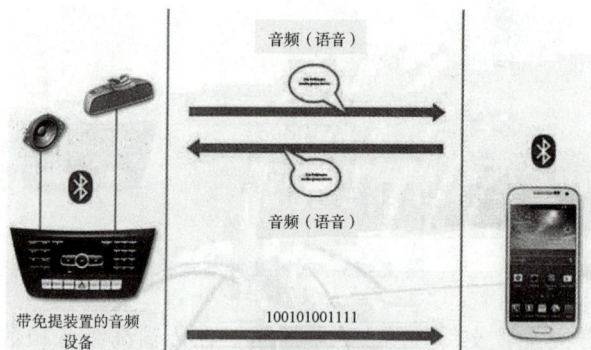

图 3 - 38　HFP 免提模式

4）PBAP 配置文件

PBAP 电话本访问配置文件如图 3 - 39 所示，角色分别是音频设备中的 PBAP 客户端（获取方）与 PBAP 服务器（提供方）。其作用如下：

（1）下载完整的电话本；

（2）在音频设备的显示屏中显示条目；

（3）通过名称选择，显示来电方名称；

（4）大多配合 HFP 使用。

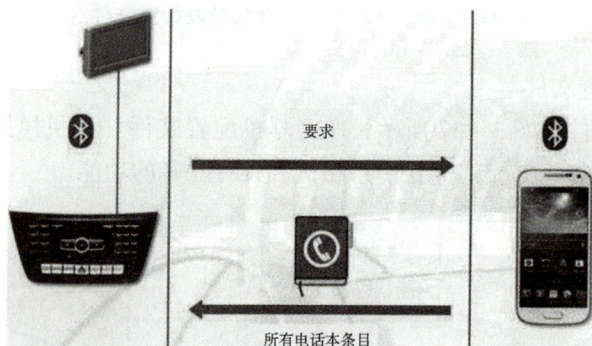

图 3 - 39　PBAP 电话本访问配置文件

5）DUN 拨号网络配置文件

DUN 拨号网络配置文件的作用如下：

（1）通过拨号接入网络；

（2）通过移动通信网络（GSM）的数据服务接入互联网。

DUN 拨号网络配置文件如图 3 - 40 所示，在此过程中的角色分别是驾驶室管理和数据系统以及联网功能中的数据终端（终端设备）与手机中的网关（调制解调器）。

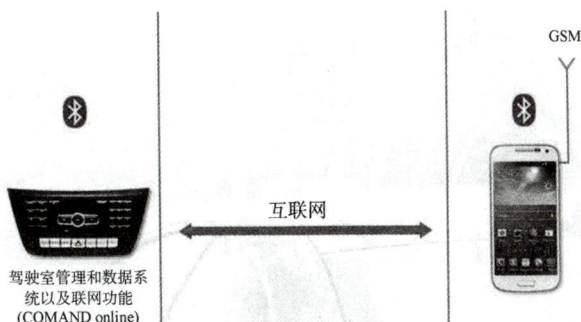

图 3-40　DUN 拨号网络配置文件

五、蓝牙技术在奥迪汽车上的应用

在汽车网络系统中，蓝牙设备主要以节点的形式存在，如图 3-41 所示，并以 CAN 总线网关为蓝牙基站。蓝牙基站与车内蓝牙节点之间建立蓝牙无线网络，实现以下功能：

（1）接收车内智能传感器的数据；

（2）向车内智能执行器发送控制数据；

（3）建立车内语音无线通信，用车内无绳电话和移动电话与外界通话；

（4）建立车内视/音频无线娱乐信号传输，用蓝牙耳机听音乐；

（5）建立车内与车外互联网的通信，可以浏览互联网、收发电子邮件；

（6）建立与汽车维修站和维修工程师的计算机的通信。

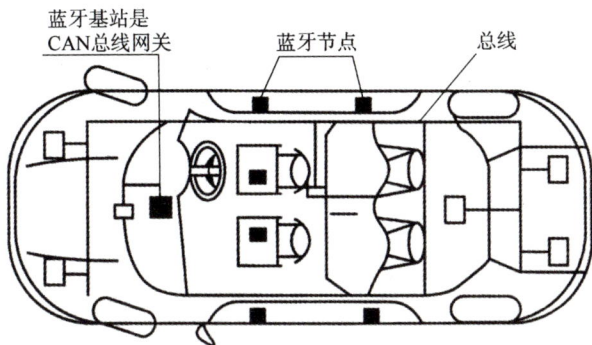

图 3-41　蓝牙设备在汽车上的基本分布

在奥迪车系中，蓝牙技术首先用在奥迪 A803 型汽车上，该车的车载电话的听筒与控制单元之间就是通过蓝牙技术进行无线通信的，如图 3-42 所示。

蓝牙车载电话接在 MOST 总线上，它通过 MOST 总线与其他信息娱乐设备进行通信。人们可以通过多功能方向盘来操纵蓝牙车载电话，并将显示信息发送到组合仪表的中央显示屏（组合仪表内的控制单元 J285）上。

奥迪A803上的无绳电话

移动电话

笔记本电脑

无绳电话存放盒

电话控制单元

图 3 – 42　蓝牙技术在奥迪车系中的应用

项目四

典型的汽车总线通信网络检修

知识目标

（1）了解大众、福特与奔驰车系相关总线通信网络系统的基本应用；

（2）熟悉大众、福特与奔驰车系相关总线通信网络系统的特点；

（3）掌握大众、福特与奔驰车系总线通信网络拓扑在维修手册中的表述与读图方法；

（4）掌握大众、福特与奔驰车系总线通信网络拓扑上电控单元的编码规则及含义。

技能目标

（1）掌握大众、福特与奔驰车系相关总线通信网络系统主要电气参数检测的方法；

（2）掌握大众、福特与奔驰车系相关总线通信网络系统典型故障的诊断与维修方法。

任务一 大众车系总线通信网络技术应用与检修

一、大众车系总线通信网络系统概述

1. 网络类型

大众车系总线通信网络系统使用过的总线通信网络系统中有 5 种不同的协议，分别如下：

（1）高速 CAN——ISO 11898 – 2 标准（500 kbit/s）；

（2）低速 CAN——ISO 11898 – 3 标准（100 kbit/s）；

（3）LIN—— UART 标准（20 kbit/s）；

（4）KWP2000——根据 ISO 14230 协议标准（10.4 kbit/s）；

（5）MOST——行业标准（25 Mbit/s）。

2. 大众车系 CAN 总线的基本类型

大众车系 CAN 总线基本设定为 5 个不同的子系统局域网，分别为驱动（动力）系统、舒适系统、信息系统、仪表系统和诊断系统，如图 4 – 1 所示。其中，驱动系统、诊断系统是传输速率为 500 kbit/s 的高速 CAN 子系统局域网；舒适系统、信息系统、仪表系统是传输速率为 100 kbit/s 的低速 CAN 子系统局域网。

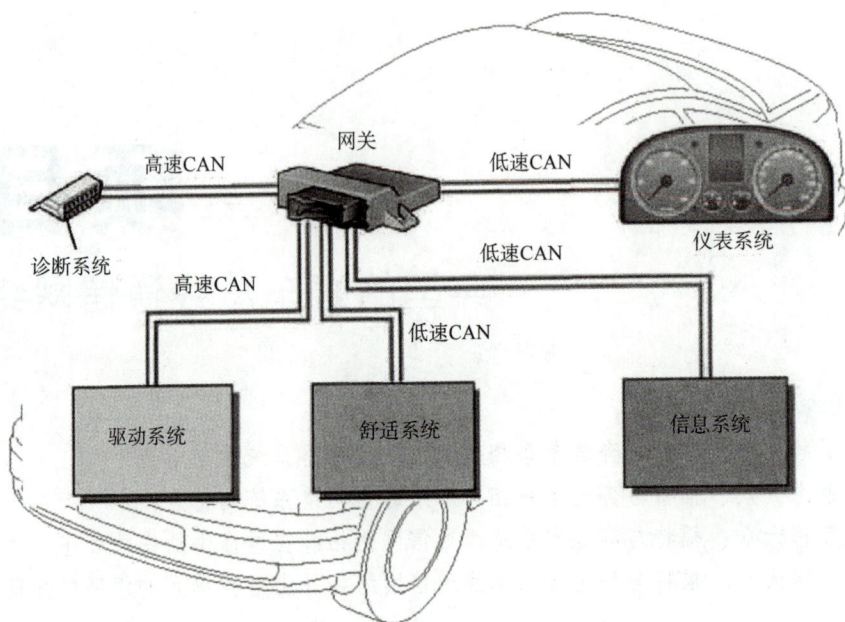

图 4 – 1　大众车系 CAN 总线基本设定

3. 大众车系总线通信网络系统的网络化方案

1）PQ35 平台的网络化方案

PQ35 平台最早面世于 1998 年，使用该平台的有大众蔚领、斯柯达昕锐等车型。PQ35 平台的网络化方案如图 4 –2 所示。

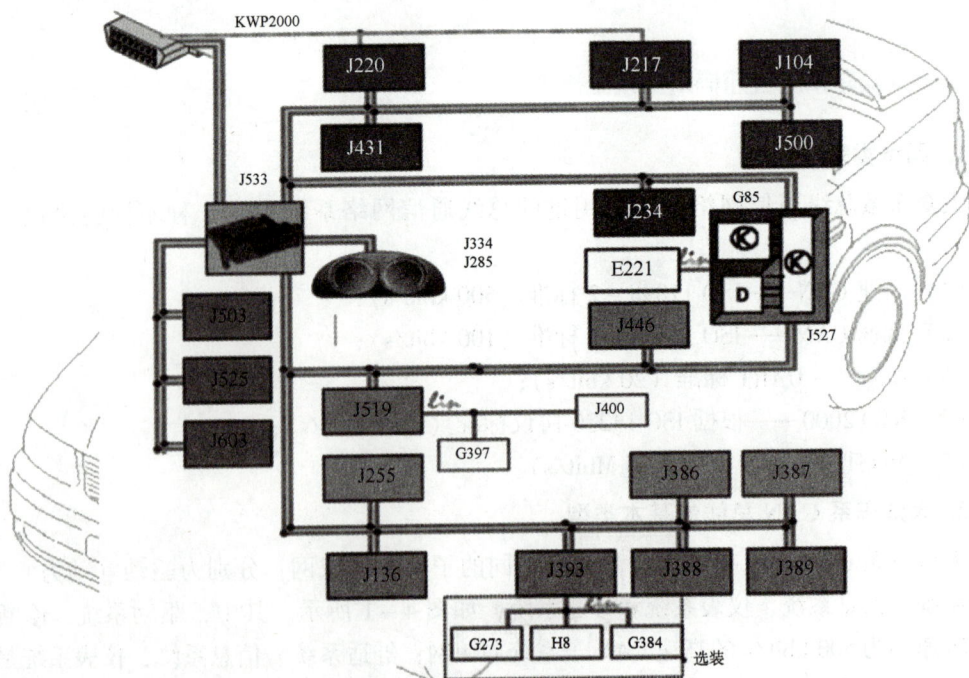

图 4 – 2　PQ35 平台的网络化方案

2）PQ46 平台的网络化方案

PQ46 平台的网络化方案如图 4-3 所示，使用该平台的有迈腾，帕萨特 B6、CC 等车型。

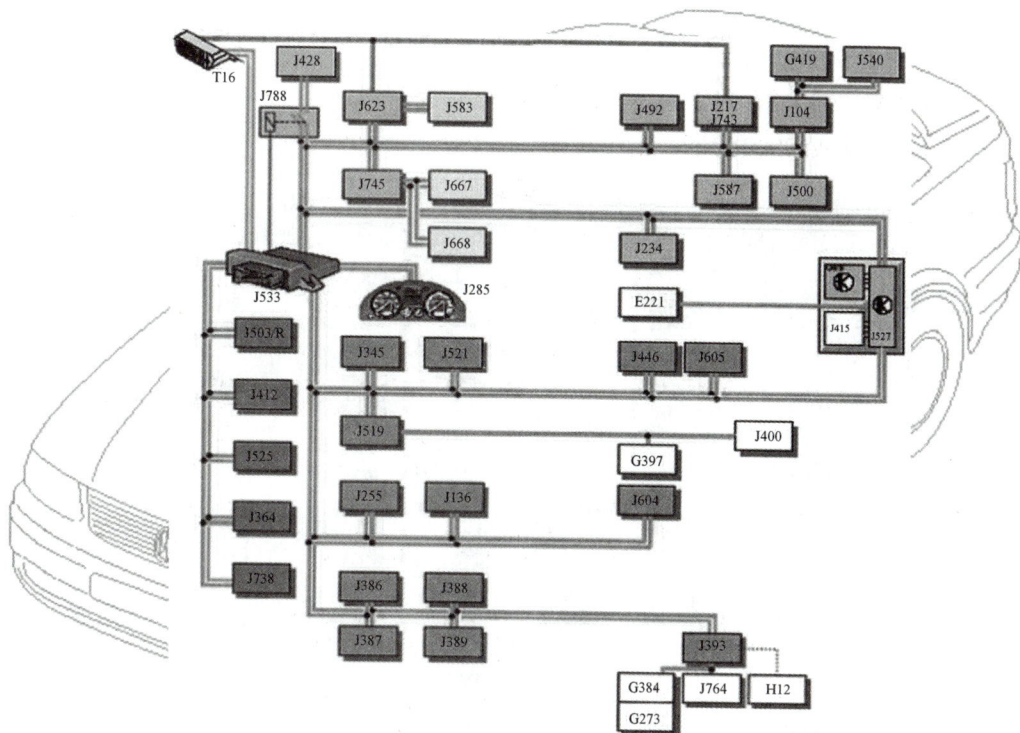

图 4-3　PQ46 平台的网络化方案

3）帕萨特 B7 的网络化方案

帕萨特 B7 的网络化方案如图 4-4 所示，此方案新增了扩展的高速 CAN 子网络，原有的 KWP2000 诊断网络被高速 CAN 网络取代。

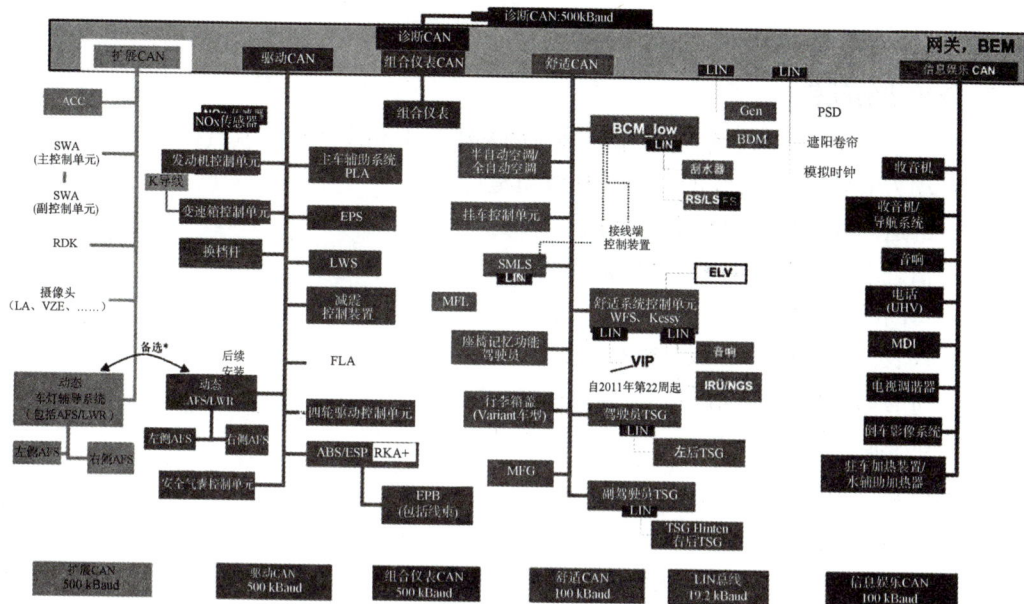

图 4-4　帕萨特 B7 的网络化方案

4) 帕萨特 B8 的网络化方案

帕萨特 B8 的网络化方案如图 4 – 5 所示，此方案的主要特点如下：

（1）新增了扩展的高速 CAN 子网络；

（2）新增了 MOST 子网络；

（3）原有的低速 CAN 网络均被高速 CAN 网络取代；

（4）原有的 KWP2000 诊断网络被高速 CAN 网络取代。

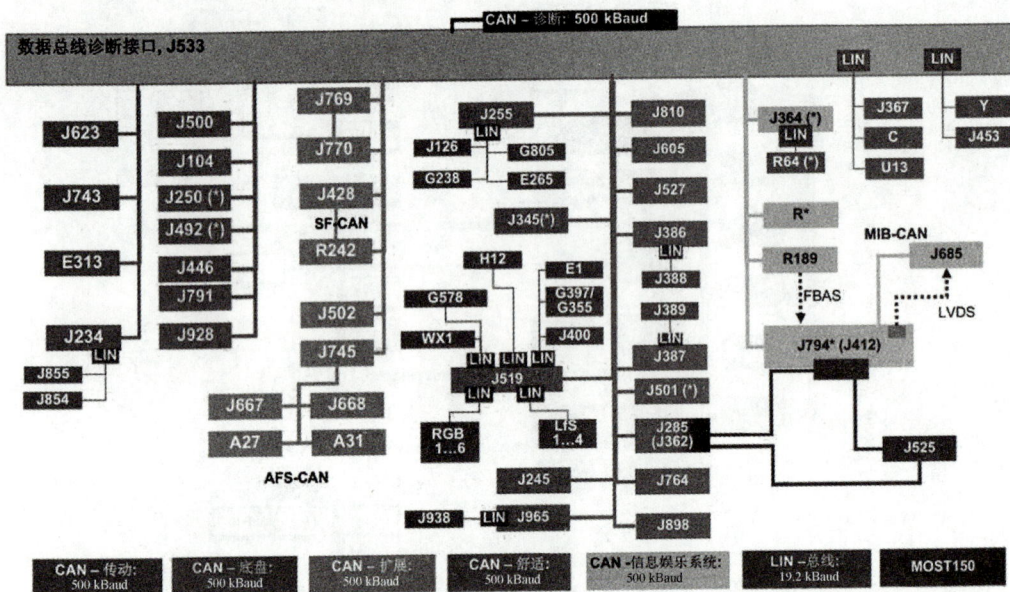

图 4 – 5　帕萨特 B8 的网络化方案

二、大众车系总线通信网络系统特点

（一）大众车系 CAN 总线的链路

1. 双绞线的颜色

CAN 导线的基色为橙色，总线是在基色的基础加上相应颜色，其具体如下：

（1）动力 CAN 数据总线的 CAN – H 线是橙/黑色；

（2）舒适总线 CAN – H 线是橙/绿色；

（3）信息总线 CAN – H 线是橙/紫罗兰色；

（4）诊断总线 CAN – H 线是橙/红色；

（5）仪表总线 CAN – H 线是橙/蓝色；

（6）所有的 CAN – L 线都是橙/棕色；

（7）LIN 总线是紫/蓝色。

2. 双绞线的节点

1）绞线铰接式节点

CAN 总线的连接节点接排如图 4 – 6 所示。在对 CAN 总线进行故障维修时严禁打开总线节点，如图 4 – 7 所示。

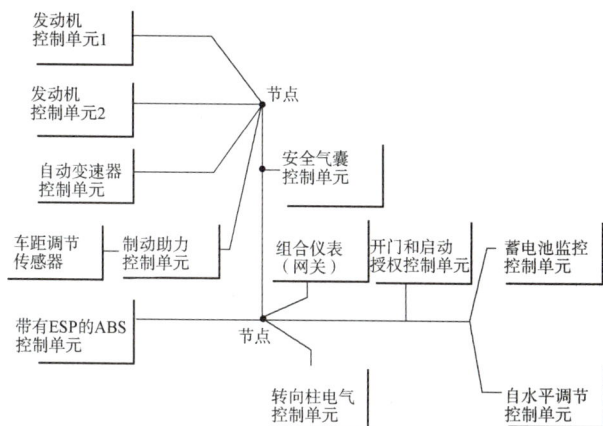

图 4-6 CAN 总线的连接节点接排

图 4-7 节点维修规范

2）双绞线的插座式连接

对于设备配置相对比较高端的车型，舒适 CAN 数据总线和动力 CAN 数据总线连接的电控单元比较多，CAN 双绞线一般采用插座式连接。连接插头分别构成了舒适系统 CAN 总线及驱动系统 CAN 总线的中央节点，各总线系统下的所有控制单元的 CAN 线均被连接到连接插座上，如图 4-8 所示。

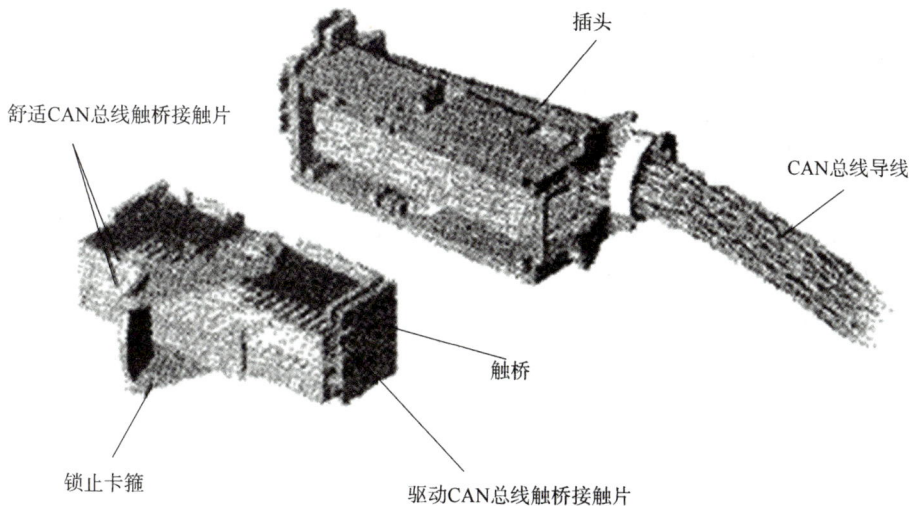

图 4-8 双绞线的插座式连接

连接插头的功能可以集中在检测盒 1598738 上，检测盒 1598738 如图 4-9 所示。连接插头的功能如下：

（1）连接插头集中在检测盒 1598738 上，可以通过 VAS 5051 上的数字存储式示波器来检查驱动 CAN 总线和舒适 CAN 总线上控制单元的各条导线；

（2）在进行总线系统故障查寻时区分出各个控制单元；

（3）通过检测盒来确定 CAN 总线上的短路点；

（4）将各个控制单元连接触桥插到检测盒上，从而对控制单元进行检查。

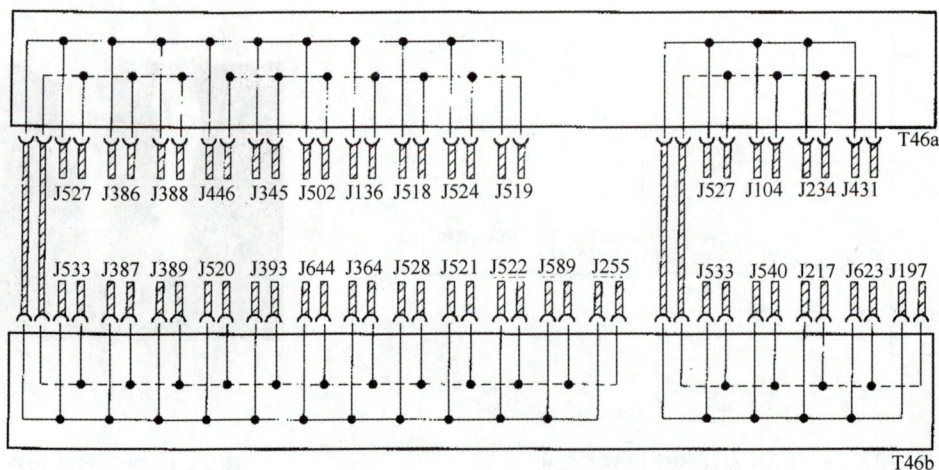

图 4 - 9　检测盒 1598738

（二）大众车系数据总线特征

1. CAN 数据总线

1）CAN 动力数据总线的特征

（1）传输速率：500 kbit/s;

（2）传递 1 bit 所需时间：2 μs（帧周期 222 ~ 260 μs）;

（3）无数据传输时的基础电压值约为 2.5 V;

（4）线色：CAN - H 为橙/黑，CAN - L 为橙/棕;

（5）无单线工作模式。

2）舒适/信息数据总线的特征

（1）传输速率：100 kbit/s;

（2）传递 1 bit 所需时间：10 μs（帧周期 1.1 ~ 1.3 ms）;

（3）无数据传输时的基础电压值：CAN - H 为 0 V，CAN - L 为 5 V（12 V）;

（4）线色：CAN - H 为橙/紫，CAN - L 为橙/棕;

（5）有单线工作模式。

2. LIN 数据总线特征

（1）传输速率：20 kbit/s;

（2）传递 1 bit 所需时间：50 μs（帧周期 6 ms）;

（3）无数据传输时的基础电压值：12 V;

（4）线色：紫/蓝色;

（5）无单线工作模式。

3. KWP2000 数据总线特征

1）传输速率：10.4 kbit/s;

2）传递 1 bit 所需时间：96 μs（帧周期 6 ~ 12 ms）;

3）无数据传输时的基础电压值：12 V;

4）线色：蓝色；

5）无单线工作模式。

4. CAN 数据总线上的终端电阻

1）动力数据总线

大众车系动力数据总线上的终端电阻因车型而定，一般有分配式和标准式两种类型。不论分配式还是标准式，终端电阻都是通过 CAN – H 和 CAN – L 线连接。

（1）分配式。节点内的分配式电阻器分别安装在发动机控制单元内的中央末端电阻 66 Ω 和其他控制单元内的高欧姆电阻 2.6 kΩ，如图 4 – 10 所示。

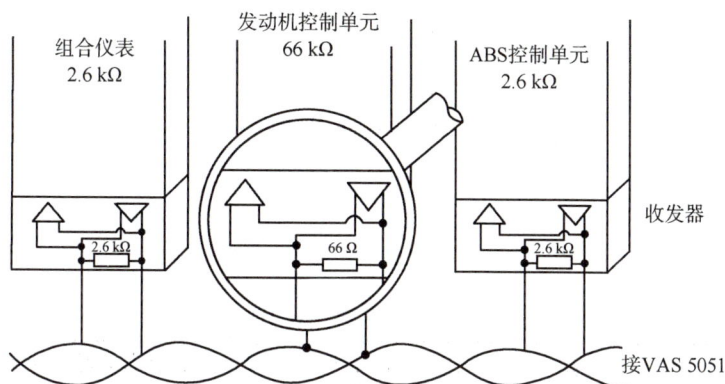

图 4 – 10　节点内的分配式电阻器

（2）标准式。两个 120 Ω 的终端电阻分别内置在发动机控制单元与 ABS 控制单元内，如图 4 – 11 所示。

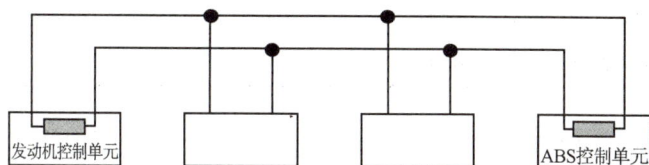

图 4 – 11　节点内的网络终端电阻

注意：

大众车系动力数据总线上的终端电阻主要以分配式为主。

2）舒适/信息系统的数据总线

舒适/信息系统的数据总线的 CAN – H 线和 CAN – L 线不是通过电阻相连的，并且控制单元的负载电阻也不是在 CAN – H 和 CAN – L 线之间，而是在导线与地之间，如图 4 – 12 所示。

当电源电压断开时，舒适系统和信息系统的数据总线的 CAN – H 和 CAN – L 线上的电阻也断开，因此不能测量电阻。

3）各控制单元终端电阻阻值

大众车系各控制单元终端电阻规范见表 4 – 1。

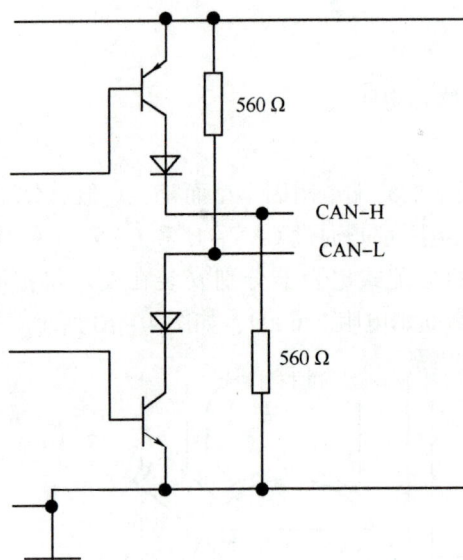

图 4 - 12　具有单线工作模式总线负载电阻结构

表 4 - 1　大众车系各控制单元终端电阻规范

CAN 接口	具有低电阻总线终端控制单元	具有高电阻总线终端控制单元
动力系统	发动机控制单元（66 Ω）	其他所有控制单元（2.2 kΩ）
舒适系统	中央控制单元（560 Ω） 网关控制单元（560 Ω） 左前门控制单元（1 kΩ）	其他所有控制单元（5.6 kΩ）
仪表系统	网关控制单元（66 Ω）	组合仪表（2.2 kΩ）
信息系统	网关控制单元（560 Ω）	—
诊断系统	网关控制单元（66 Ω）	—

4）动力数据总线终端电阻检测

以大众帕萨特 B6 汽车为例，测量动力系统 CAN 总线的总电阻。

动力系统 CAN 总线上带有终端电阻的控制单元是 J623（66 Ω）；其他电控单元的端末电阻为 2.2 kΩ，测量 OBD - Ⅱ16 针诊断插座的 6#、14#端子总的阻值，约为 66 Ω。通过该测量可以得出判断，总线总电阻是正常的。

测量电阻后，故障判断方法如下：

（1）如果动力系统 CAN 总线的总电阻与参数值不符，则通过拔插总线上控制单元来判断故障；

（2）如果所显示的阻值发生变化（小数点后 1 位的变化都应留意），则可判断被拔的控制单元端末电阻正常；

（3）如果所显示的阻值没有发生变化，则可初步判断被拔的控制单元终端电阻故障；

（4）对被拔的控制单元进行端末电阻检测，如果与参数值相符，则可判定是与被拔的控制单元相连的 CAN 支链路断路故障。

5. 网关—通路系统

1）安装位置

大众车系的网关的安装位置一般在仪表板左下方，加速踏板上方，如图 4 – 13 所示。

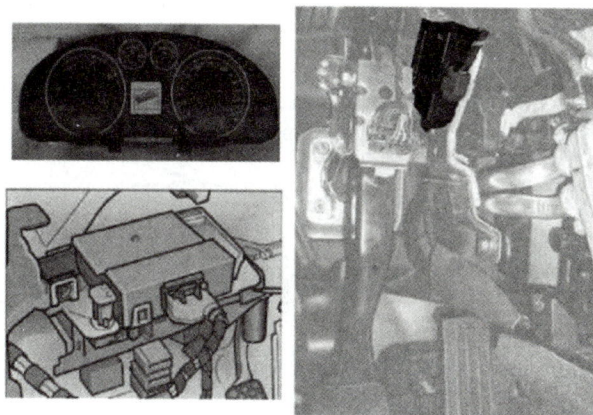

2）网关类型

大众车系的网关有集成在组合仪表或电气控制模块内部与单独的网关两种类型，网关编号为 J533。

3）网关作用

（1）在不改变数据的情况下，将驱动总线、舒适总线、信息娱乐总线以及仪表总线的诊断信息传递到自诊断接口。

（2）使连接在不同的数据总线上的控制单元之间交换数据。

（3）仲裁，确定优先级。

4）主要功能

（1）15#正电再激活功能。

动力总线系统在 15#正电关闭后，有些控制单元仍然需要交换信息，因此，在控制单元内部，如图 4 – 14 所示，用 30#正电激活控制单元内部的 15#正电，保证断电后，信息的正常传递。再激活功能的时间在 10 s ~ 15 min 之间。

（2）睡眠和唤醒模式的监控。

当舒适和信息娱乐总线处于空闲状态时，网关控制单元发送出睡眠命令，当网关监控到所有总线都有睡眠的要求时，进入睡眠模式。此时总线电压如下：

①CAN – L 线：12 V；

②CAN – H 线：0 V。

如果动力总线仍处于信息传递过程中，则舒适和娱乐信息总线是不允许进入睡眠状态的；如果舒适总线处于信息传递的过程中，则娱乐和信息总线也不能进入睡眠模式。

当某一个信息激活相应的总线后，网关控制单元会激活其他的总线系统。

（3）运输模式。

在商品车运输到经销商之前，为了防止蓄电池过多放电，应当使车辆的耗能减少的最小，因此有些功能将被关闭，这就是运输模式。

项目四　典型的汽车总线通信网络检修

137

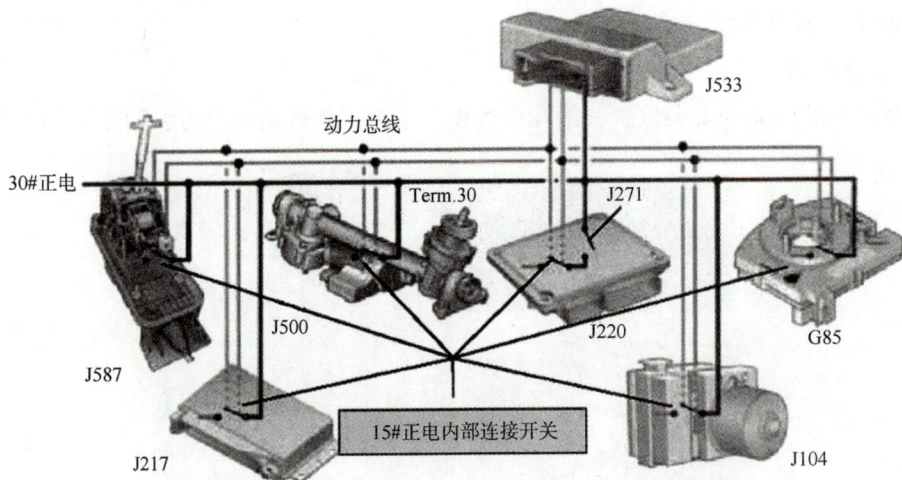

图 4 – 14　15#正电内部连接开关

经销商在将汽车销售给用户前，必须用 VAS 5051 的自诊断功能（收集服务信息）来关闭其运输模式。

运输模式在运输距离低于 150 km 时，可以用网关来进行切换，当运输距离高于此值时，系统自动关闭运输模式。

运输模式下，收音机、遥控钥匙功能、内部监控系统、泊车加热的遥控接收器、倾斜传感器、仅有 30 s 的内部照明灯激活以及二极管防盗指示灯（司机 + 副司机侧）等舒适和娱乐信息系统不工作。

（4）网关管脚说明。

网关管脚含义如图 4 – 15 所示。

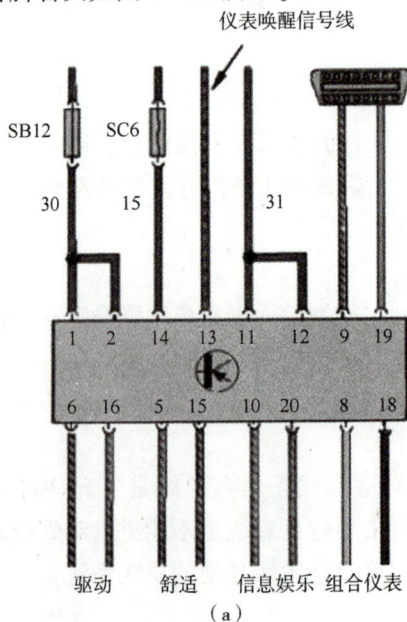

（a）

（b）

图 4 – 15　网关管脚含义

（a）连接模型；（b）实际位置

三、大众车系总线通信网络技术应用

（一）帕萨特 B6 总线通信网络系统概述

帕萨特 B6 总线通信网络系统拓扑如图 4-16 所示。

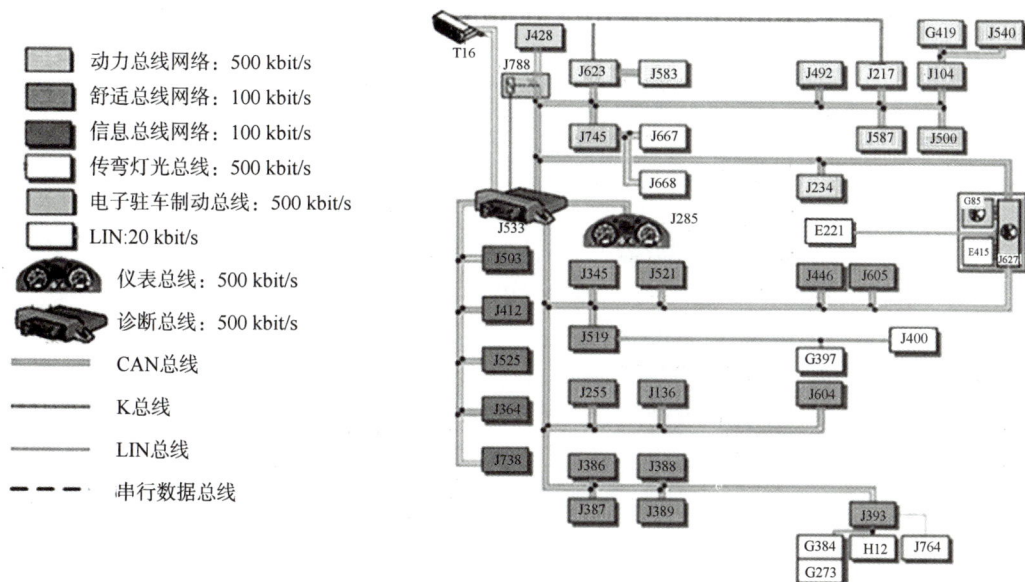

图 4-16 帕萨特 B6 总线通信网络系统拓扑

1. CAN 总线通信网络

1）动力 CAN 总线

帕萨特 B6 动力 CAN 总线通信网络系统拓扑如图 4-17 所示。

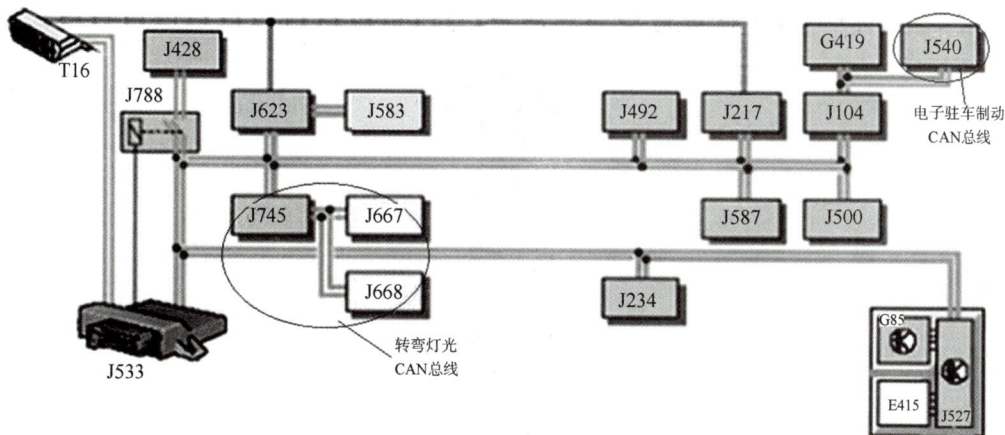

J104—ABS 控制单元；J217—自动变速箱控制单元；J234—安全气囊控制单元；G419— ESP 传感器控制单元；J428—车距控制装置控制单元；J492—四轮驱动控制单元；J500—助力转向系统控制单元；J533—数据总线（网关）诊断接口；J540—电机机械式泊车制动器控制单元；J583—氧传感器控制单元；J587—变速杆传感器控制单元；J623—发动机控制单元；J745—随动转向灯和大灯照明距离节调装置控制单元；J667—左侧大灯功率模块；J668—右侧大灯功率模块；J788—ACC 系统动力总线断路继电器。

图 4-17 帕萨特 B6 动力 CAN 总线通信网络系统拓扑

2）舒适 CAN 总线

帕萨特 B6 舒适 CAN 总线系统网络拓扑如图 4 - 18 所示。

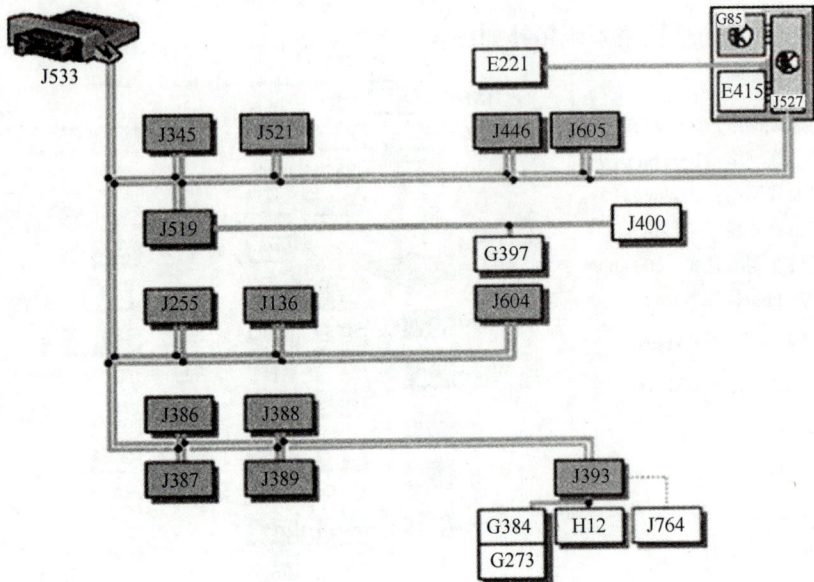

J533—数据总线（网关）诊断接口；J345—挂车识别控制单元；J521—副驾驶座椅记忆控制单元；J446—泊车辅助系统控制单元；J605—行李箱盖控制单元；J527—转向柱控制单元；J519—车载电网控制单元；J255—全制动空调控制单元；J136—驾驶员座椅记忆控制单元；J604—泊车加热控制单元；J386—驾驶员侧车门控制单元；J387—副驾驶员侧车门控制单元；J388—驾驶员侧后车门控制单元；J389—副驾驶员侧后车门控制单元；J393—舒适系统中央控制单元。

图 4 - 18 帕萨特 B6 舒适 CAN 总线系统网络拓扑

3）信息娱乐 CAN 总线系统网络

帕萨特 B6 信息娱乐 CAN 总线系统网络拓扑如图 4 - 19 所示。

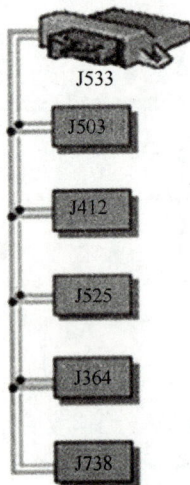

J533—数据总线（网关）诊断接口；J503—带显示单元的收音机和导航系统；J412—移动电话操作电子装置控制单元；J525—数字音响控制单元；J364—辅助加热装置控制单元；J738—电话控制单元。

图 4 - 19 帕萨特 B6 信息娱乐 CAN 总线系统网络拓扑

2. LIN 总线通信网络

帕萨特 B6 汽车配置的 LIN 总线通信网络系统的传输速率为 20 kbit/s，共有 3 组 LIN 总线通信网络，具体如下：

（1）以 J527（转向柱控制单元）为主控制节点，以 E221（方向盘操作单元）为从控制节点的 LIN 总线通信网络；

（2）以 J519（车载电网控制单元）主控制节点，以 G397（晴雨与光线识别传感器）、J400（雨刮器电机控制单元）为从控制节点的 LIN 总线通信网络；

（3）以 J393（舒适系统中央控制单元）为主控制节点，以 H12（报警喇叭）、G384（车辆侧倾传感器）、G273（车内监控传感器）为从控制节点的 LIN 总线通信网络。

（二）上海大众帕萨特 B6 汽车舒适 CAN 总线系统部分应用介绍

1. 车载电源控制单元（J519）

J519 的功能是用电负载（电能）管理，其具体功能如下。

1）灯光控制

外部灯控制包括：大灯、牌照灯、制动灯和尾灯控制，故障将通过相应的指示灯或在组合仪表中以文本的形式显示出来，J519 的灯光控制如图 4 − 20 所示。

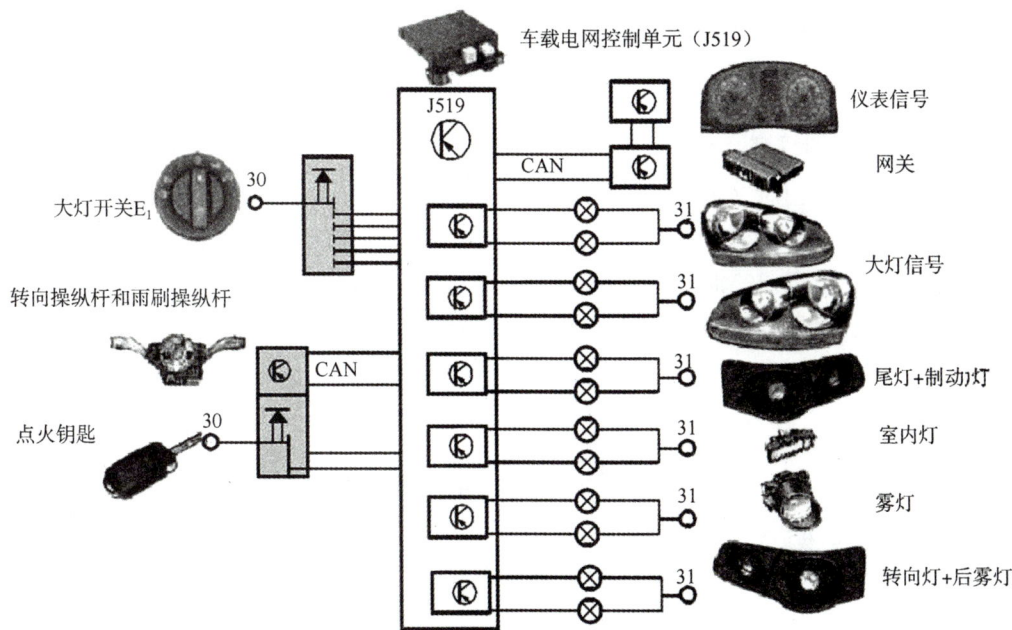

图 4 − 20 　 J519 的灯光控制

此外，灯光控制部分还设置了以下工作模式。

（1）回家（Coming Home）模式。汽车车门关闭以后，通过汽车上的照明装置照亮汽车周围的环境。

（2）离家（Leaving Home）模式。如果用无线遥控器开锁，则在选定时间通过汽车上的照明装置照亮汽车周围环境。

（3）可调节亮度的仪表照明。

2. 雨刮控制

（1）雨刮控制如图 4-21 所示。集成在 J519 的 LIN 主控制器不断地在 LIN 总线上发布查询 G397 从控制器信号的电压信息指令，G397 从控制器则实时通过 LIN 总线向 LIN 主控制器反馈该信息。下雨时，晴雨与光线识别传感器将采集的信息通过 LIN 总线传递到 J519，集成在 J519 的 LIN 主控制器根据雨滴信号和从舒适 CAN 总线送过来的其他信号（如车速）生成雨刷控制信息，此控制信息通过 LIN 总线送给 J400，控制雨刷工作。

（2）在挂入倒车挡时，后窗雨刮器被激活（仅适用于派生车型）。

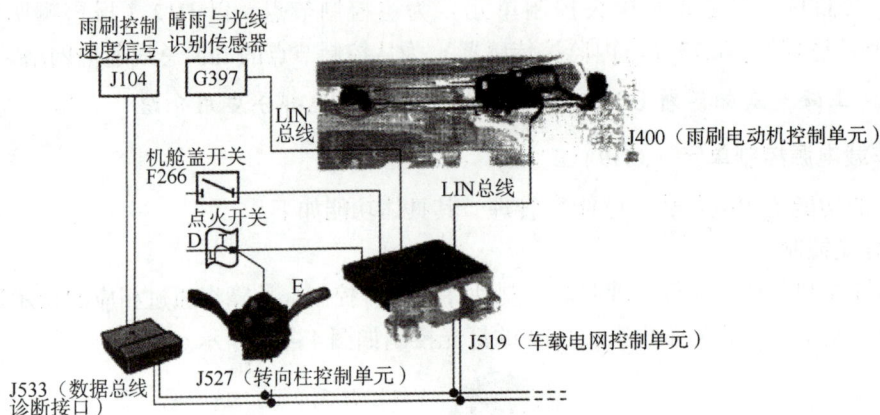

图 4-21 雨刮控制

3. 燃油泵预供油控制

当打开驾驶员车门时（遥控或手动），J519 被唤醒（激活），唤醒后的 J519 通过控制油泵预供油继电器线圈回路搭铁，燃油泵预供油继电器触点闭合，此时电流流向为 30#线→燃油泵预供油继电器触点→燃油泵→搭铁，燃油泵工作。在发动机起动之后，改由发动机控制单元控制燃油泵继电器继续对燃油泵进行供电，如图 4-22 所示。

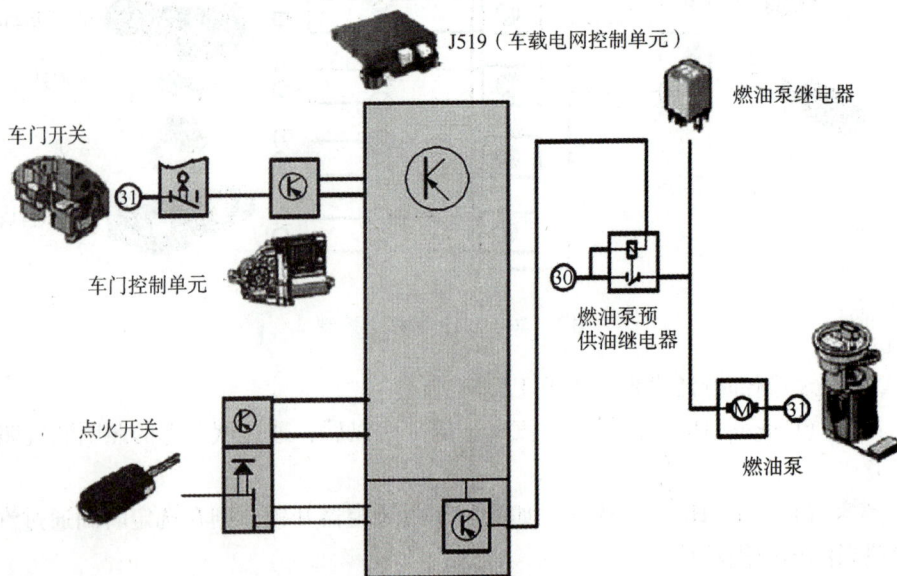

图 4-22 燃油泵预供油控制

4. 负荷管理

为了确保蓄电池有足够的电能使发动机顺利起动和正常运转，控制单元根据以下相关数据进行评估：

（1）电瓶电压；

（2）发动机转速；

（3）发电机的 DFM 信号。

在保证安全行驶的前提下，若电压低于 11.8 V，则适当地关闭舒适功能的用电设备。负荷管理模式见表 4 - 2。

表 4 - 2 负荷管理模式

汽车状态 1	汽车状态 2	汽车状态 3
15#线接通并且发电机处于工作状态	15#线接通并且发电机处于停机状态	15#线断开并且发电机处于停机状态
管理模式 1	**管理模式 2**	**管理模式 3**
如果蓄电池电压低于 12.7 V，则控制单元要求发动机的怠速提升。 如果蓄电池的电压低于 12.2 V，以下的用电器将被关闭： ①座椅加热； ②后风窗加热； ③后视镜加热； ④方向盘加热； ⑤脚坑照明； ⑥门内把手照明； ⑦全自动空调耗能降低或空调关闭； ⑧信息娱乐系统关闭	如果蓄电池的电压低于 12.2 V，以下的用电器将被关闭： ①空调耗能降低或空调关闭； ②脚坑照明； ③门内把手照明； ④上/下车灯； ⑤离家功能； ⑥信息娱乐系统关闭	如果蓄电池的电压低于 11.8 V，以下的用电器将被关闭： ①车内灯； ②脚坑照明； ③门内把手照明； ④上/下车灯； ⑤离家功能； ⑥信息娱乐系统关闭
备注： ①3 种管理模式的不同之处在于，用电器被关闭的次序不同； ②如果关闭的条件取消，用电器将会被重新激活； ③如果用电器因为电能管理的原因被关闭，则 J519 中有故障存储		

5. 车门控制

车门控制单元与舒适 CAN 总线连接，主要由 J386、J387、J388、J389、J393 等控制模块组成，如图 4 - 23 所示。其实现的主要功能有：中央门锁、电动车窗、照明开关、后视镜加热等的控制，以及自诊断。控制单元的各条传输线以星状形式汇聚于 J393。因此，即使一个控制单元发生故障，其他控制单元仍可发送各自的数据。

数据总线传输的优先权顺序为中央控制单元→驾驶员侧车门控制单元→前排乘客侧车门

控制单元→左后车门控制单元→右后车门控制单元。

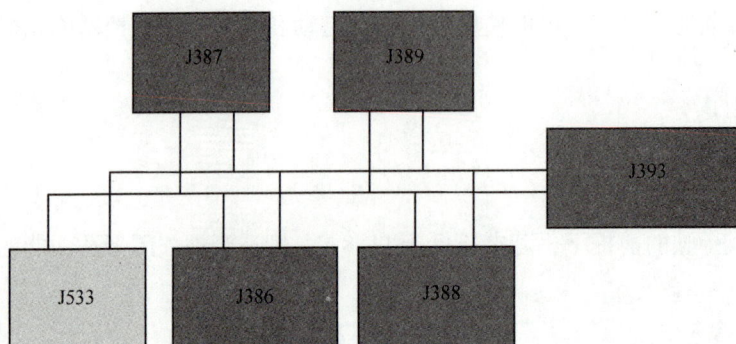

图 4 - 23　车门控制功能单元网络拓扑

（三）上海大众波罗汽车舒适 CAN 总线系统应用介绍

1. 舒适 CAN 总线系统组成

上海大众波罗汽车舒适 CAN 总线系统是由一个中央控制单元和至少两个车门控制单元组成，电路框图如图 4 - 24 所示。

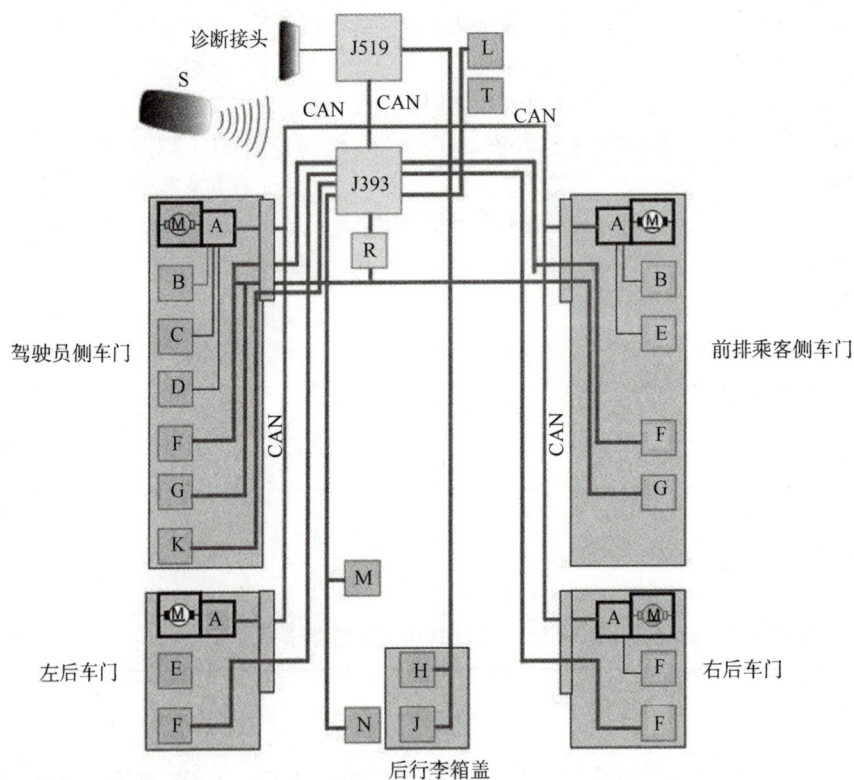

图 4 - 24　上海大众波罗汽车舒适 CAN 总线系统电路框图

中央控制单元的功能包括：行李箱使用中控门锁；舒适关闭功能（车窗升降机、活动天窗）；驾驶员侧车门单独打开；车门使用中控门锁；整辆车通过内部按钮联锁和解锁；只能通过遥控器使防盗报警装置退出工作；可关闭的超声波车内监控、自诊断、中控门锁"安全"指示控制。

车门控制单元的功能包括：控制电动可调外后视镜（折叠功能）；电动车窗升降机的有限制过度用力和降噪平缓升起功能。

图4-24中元件名称与含义索引见表4-3。

表4-3 图4-24中元件名称与含义索引

名称	含义	名称	含义
J393	中央控制单元	H	后行李箱盖旋转锁销开关
J519	车载电网控制单元	J	后行李箱盖把手按钮
A	车门控制单元（J386~J389）	K	集控门锁"安全"指示灯
B	电动可调后视镜	L	车内监控传感器单元
C	后视镜及加热装置调节开关	M	车内监控按钮
D	驾驶员侧车门控制面板	N	警笛
E	车窗升降机开关	R	车门报警灯继电器
F	车门集控门锁	S	无线电遥控器
G	登车报警灯	T	活动天窗调节控制单元

2. 行李箱遥控解除联锁

带无线电遥控器的车辆，遥控器上还有一个按钮用于对后行李箱盖进行遥控解锁，如图4-25所示。

操作遥控器上的解锁按钮可对后行李箱盖解除联锁，如果后行李箱盖在2 min内未被打开，则又会重新自动联锁。

此功能在车载网络系统控制单元内设码。

3. 驾驶员侧车门单独打开

此功能用于加强个人安全性。短时按动遥控器上的开启按钮只能对驾驶员侧车门解除联锁，按钮位置如图4-26所示。

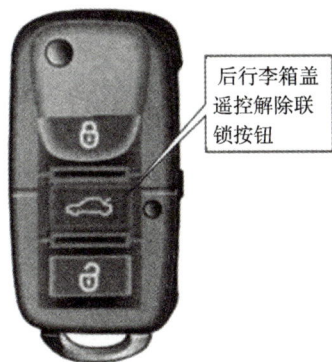

图4-25 行李箱遥控解除联锁按钮位置图

图4-26 驾驶员侧车门解除联锁按钮位置图

驾驶员侧车门单独打开通过所有转向信号灯的短时闪烁表现。如果两次按动开启按钮，则车辆所有锁都解除了联锁。

如果整辆车都解除了联锁，而在 30 s 内未打开车门或后行李箱盖，车辆又会重新联锁。这样就阻止了对车辆无意的持续解除联锁，此选项在车辆供应时根据车辆装备在舒适系统的中央控制单元内编码。

4. 登车报警灯控制

前车门装备了登车报警灯，位置图如图 4 – 27 所示。登车报警灯增强了道路交通中车辆的安全性。

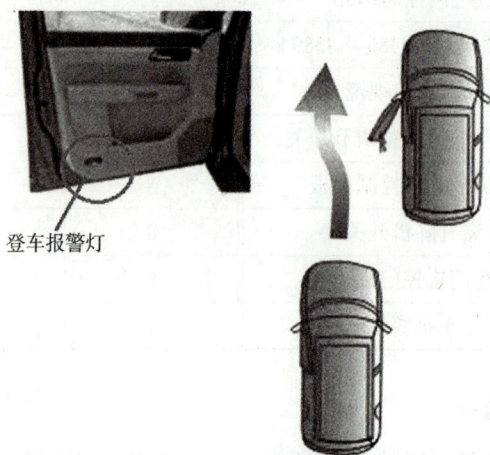

图 4 – 27　登车报警灯位置

登车报警灯控制系统，由 F220（登车报警灯开关）、M27（左侧登车报警灯）、J560（车门报警灯继电器）、J393（中央控制单元）和 J519（车载电网控制单元）等组成，参车报警工作电路如图 4 – 28 所示。

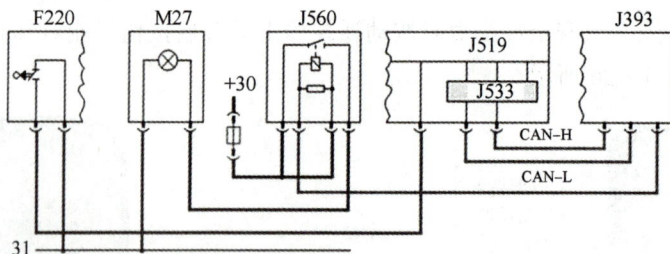

图 4 – 28　登车报警灯工作电路

登车报警灯控制系统的工作过程分析如下。

（1）当车门开启时，车门开关闭合，此时 F220 给 J519 一个低电位信号。

（2）J519 将此信号通过 CAN 总线传给舒适系统的 J393。

（3）J393 根据此信号控制 J560 的线圈电路搭铁（蓄电池负极），此时电流流向为蓄电池正极→J560 线圈→搭铁→蓄电池负极。

（4）当 J560 线圈电路工作正常时，J560 触点闭合，此时 M27 通电点亮，电流流向为蓄电池正极→J560 触点→M27→搭铁→蓄电池负极。

（5）当车门未关闭时，登车报警灯仅亮 10 min，避免电池持续放电。

四、大众车系总线通信网络系统故障自诊断

以波罗汽车为例来介绍大众车系总线通信网络系统故障自诊断。

（一）自诊断功能

波罗车型中带有自诊断功能的控制单元如图 4 - 29 所示。

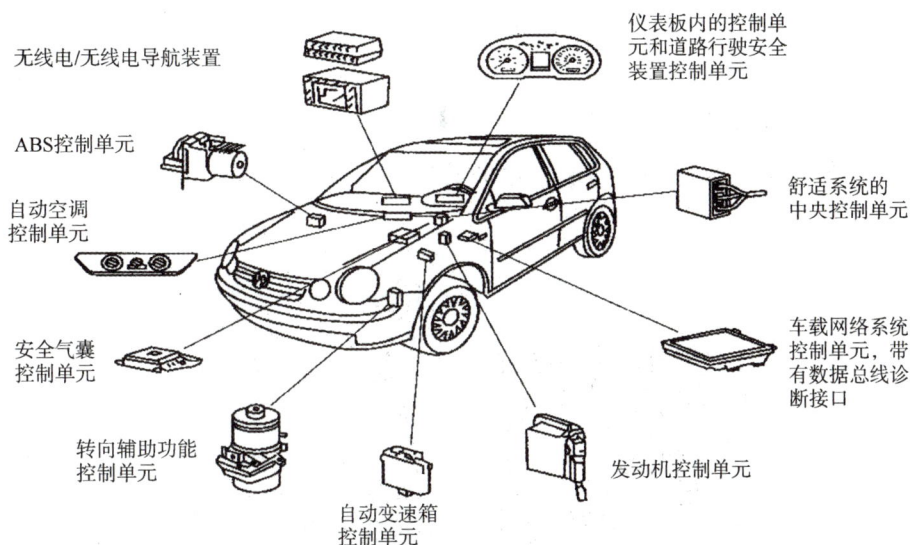

图 4 - 29　波罗汽车具有自诊断功能的控制单元

（二）诊断仪

大众车系的电控系统的原厂诊断仪从 1988 年到现在共生产了 4 种，包括 VAG 1551、VAG 1552、VAS 5051、VAS 5052 等。1988 年，出现第一代大众原厂诊断仪 VAG 1551；1993 年，出现了 VAG 1552，增强了打印功能；1997 年，由于车辆增加了车载网络系统，故使用 VAS 5051；2001 年，在 VAS 5052 中增加了原厂维修信息系统。

在大众车系中，根据诊断线路不同分为 K 线诊断与虚拟 K 线诊断两种形式，K 线诊断是指将诊断数据从控制单元传递到 VAG/VAS 测量仪器。

从 1997 年开始，诊断数据通过 CAN 总线传递，并从网关控制单元开始传给 VAS 测量仪器，这种传递方法被称为虚拟 K 线，即采用了诊断系统 CAN 总线。用于 CAN 总线的主要诊断工具有 VAS 5051/5052/5163。VAS 5052/5163 不具有示波器和万用表功能；VAS 5051 除具有诊断功能外，还配有示波器与万用表的功能；VAG 1551 与 VAG 1552 是不能诊断虚拟 K 线的。能够检测虚拟 K 线的诊断仪为 VAS 5051 和 VAS 5052，如图 4 - 30 所示。

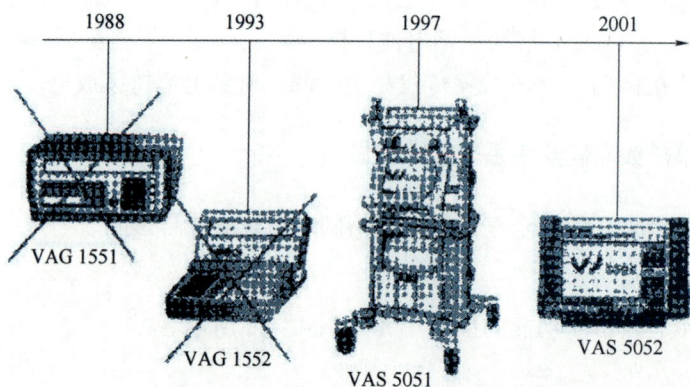

图 4 - 30　能够检测 CAN 总线的诊断仪

（三）诊断仪的使用

诊断时需使用最新的修理厂资料，诊断装置的接口位于驾驶侧仪表的饰板下方，如图 4 - 31 所示。

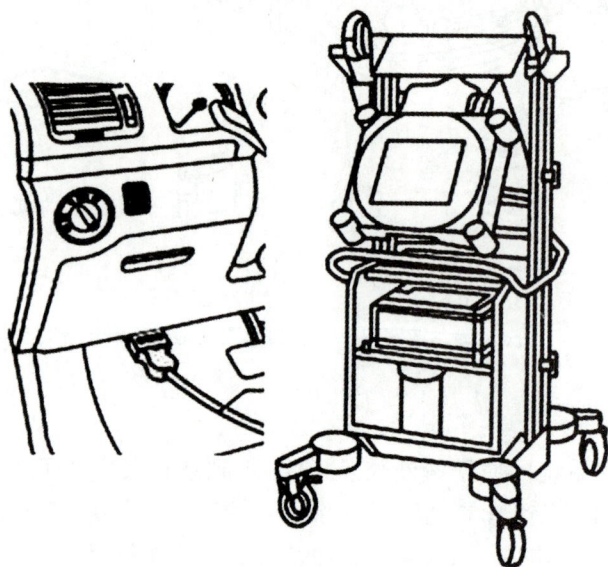

图 4 - 31　VAG 5051 与诊断装置的接口位置

通过车辆诊断接口进行通信后，VAS 可供选择的控制单元的地址号见表 4 - 4。

表 4 - 4　VAS 可供选择的控制单元的地址号

地址号	控制单元	地址号	控制单元
01	发动机控制单元	25	防盗系统
02	变速箱控制单元	42	驾驶员侧门控制单元
03	制动控制单元	44	动力转向

地址号	控制单元	地址号	控制单元
08	空调/取暖控制单元	46	舒适系统中央控制单元
09	车载网络管理控制器	52	副驾驶员侧门控制单元
15	安全气囊	56	收音机
16	转向柱开关模块	62	左后门控制单元
17	仪表盘控制单元	72	右后门控制单元
19	数据总线接口（网关）	77	电话

（四）VAS 诊断仪的检测步骤

（1）选择网关：使用网关检测连接在总线上的数据交换。

（2）选定网关的故障存储器：列出所有的错误信息，包括以前的错误信息和偶尔出现的错误。

（3）选定故障控制单元的测量数据块：给出了当前的状态。

（4）如果有必要，选定故障存储器：旧的信息已被删除，只留下当前信息。

（五）编码操作

车辆的装备范围和国家规格决定了出厂时车载网络系统控制单元的编码。如果在售后服务或维修时更改了装备，如安装可加热式座椅、接有挂车或者更新控制单元，则必须重新编码。新的编码编号必须通过 VAS 5051 输入。

需编码的装备包括燃油泵供给控制系统、带舒适开关的后窗雨刮器、后备厢遥控解锁装置、雨量传感器、大灯清洗装置、可加热式外后视镜、可加热式前挡风玻璃、可加热式座椅、4 车门车型、车内灯控制装置、主动电子负荷管理激活、挂车模式。

（六）测量数据块的读取

使用 DSO 可以直观地检测 CAN 总线，但不能显示总线的信息内容和处于通信状态下的所有控制单元，这时需要使用 VAS 5051 来读取测量数据块。

1. 读取测量数据块中的 CAN 通信状态

进入数据总线诊断接口后，输入组号 125，读取测量数据块中的 CAN 通信状态。如果CAN 通信状态为"1"，则表示正被执行自诊断的控制单元正从指定的控制单元接收数据信息；如果 CAN 通信状态为"0"，则表示正被执行自诊断的控制单元没有从指定的控制单元接收数据信息。

2. 读取测量数据块的工作状态

使用 VAS 5051 读取测量数据块的工作状态，确定 CAN 总线系统处于"单线工作"或者"双线工作"状态。如果显示为"单线工作"，则说明 CAN 的通信仅能通过一条 CAN 总线上的电压传输数据值。在"单线工作"的显示区存在 3 种显示状态，具体如下：

（1）常显示"双线工作"（系统正常）；

（2）常显示"单线工作"；

（3）"单线工作"与"双线工作"交替变换。

当 CAN 总线所有系统置于"单线工作"的状态时，显示始终为"单线工作"；当 CAN 总线局部系统置于"单线工作"的状态时，则显示为"单线工作"和"双线工作"交替变化，如图 4 – 32 所示。

图 4 – 32 中读取测量数据块显示的是电器网络控制单元从另一个控制单元所接收的信息。在分配功能下，控制单元从其他控制单元获取信息，并利用该信息执行一个局域内的控制单元功能。信息是否被正确地接收可以从测量数据块中读取。读取测量数据块可以使所有来自开关的信息输入都被显示出来。

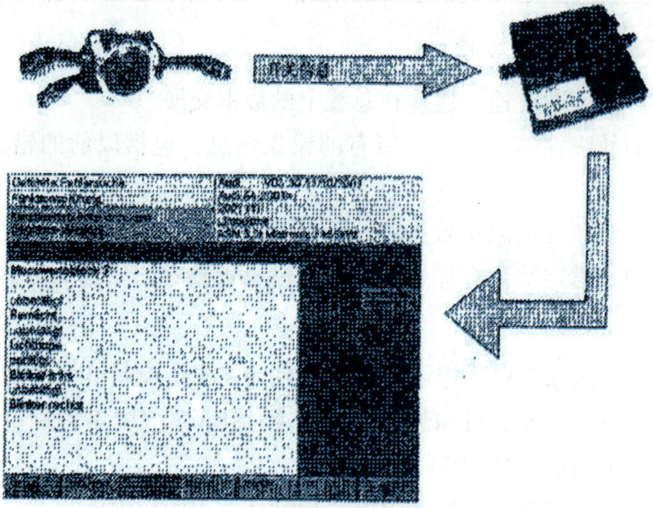

图 4 – 32　数据信息来自 CAN 总线

五、大众车系总线通信网络系统相关故障诊断与案例分析

（一）帕萨特 B6 的 J540 唤醒导线故障

1. 故障现象

仪表上电动泊车制动器和手制动器故障指示灯点亮。用 VAS 5051 读取故障码：53 – J540 故障码为 ECU 电动泊车制动器唤醒导线对正极短路；03 – J104 为 ECU 电子手刹信号不可靠。后一个故障为偶发性故障，清除故障后连续开关点火开关时，故障不再出现。但当关闭点火开关几分钟后，打开点火开关会再次出现同样的故障码。

2. 电路分析

图 4 – 33 为 J540 与 J140、J285 控制单元的电路连接，其中：SC_2、SC_{24}、SC_{34} 为 J540 控制单元的供电端；688 为 J540 控制单元的搭铁端；J540 的 T30/6 端子与 J140 的 T38/6 端子相连，为 J540 控制单元与 J140 控制单元之间的唤醒线；J540 的 T30/17 端子与 J140 的 T38/19 端子相连，为电动泊车制动子网络 CAN – H 线；J540 的 T30/16 端子与 J140 的 T38/17 端子相连，为电动泊车制动子网络 CAN – L 线；B383 连接动力 CAN – H 线，B390 连接动力

CAN‒L 线。J540 的 T30/2 端子与 J285 T33c/25 端子相连，为电动泊车制动器和手制动器故障指示灯点亮/熄灭的信号线。

3. 故障原因

（1）唤醒线故障；

（2）电控单元故障。

唤醒线一旦唤醒必须随时保持工作状态，供电电源不受点火开关电源控制，所以需要 CAN‒L 较长时间保持 6 V 左右的电压。对舒适 CAN 唤醒不需要单独的唤醒线。动力 CAN 的工作受 15#线正电控制，即打开点火开关后所有与动力 CAN 连接的控制单元都工作，无须唤醒。

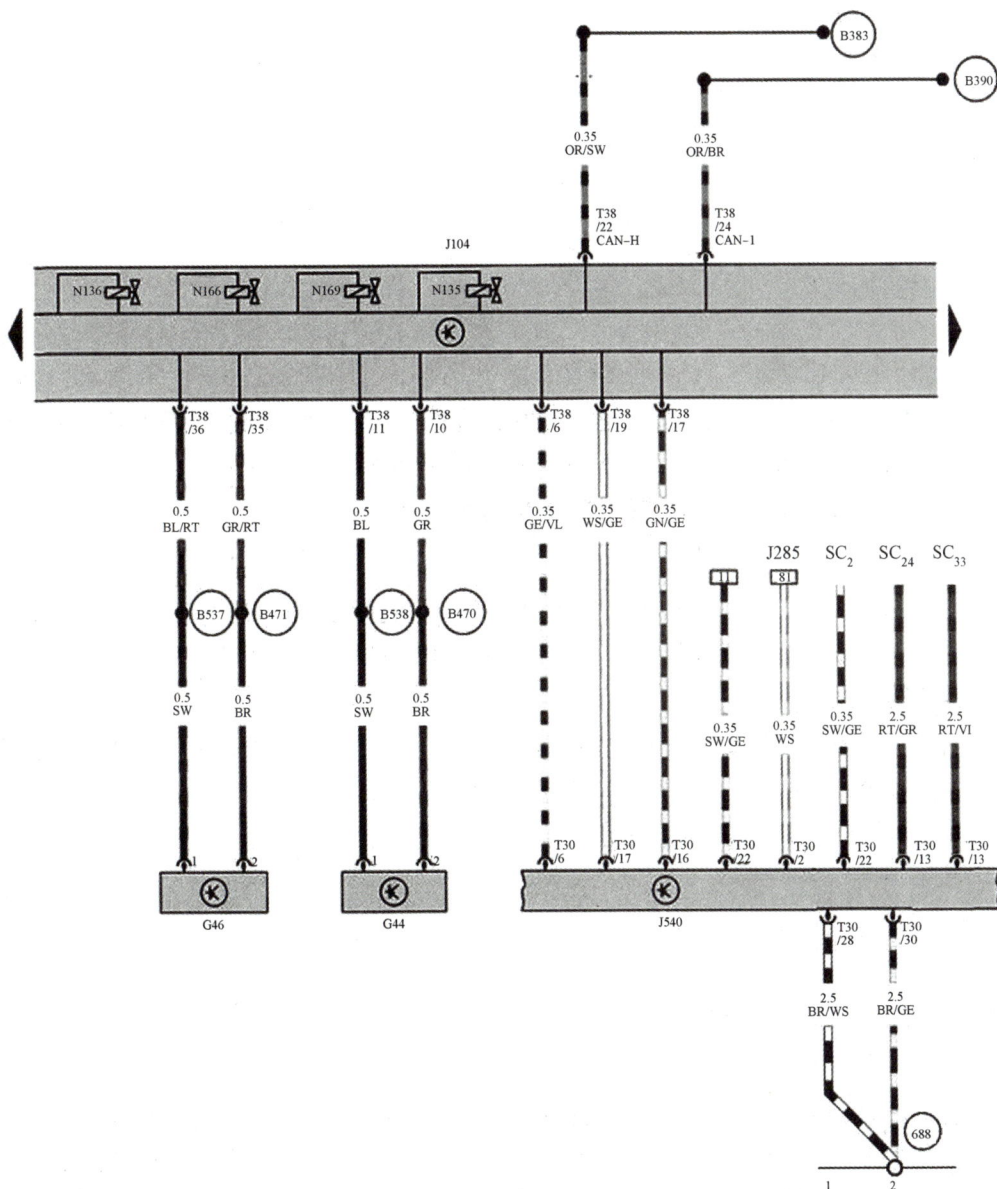

图 4‒33　J540 与 J140、J285 控制单元的电路连接

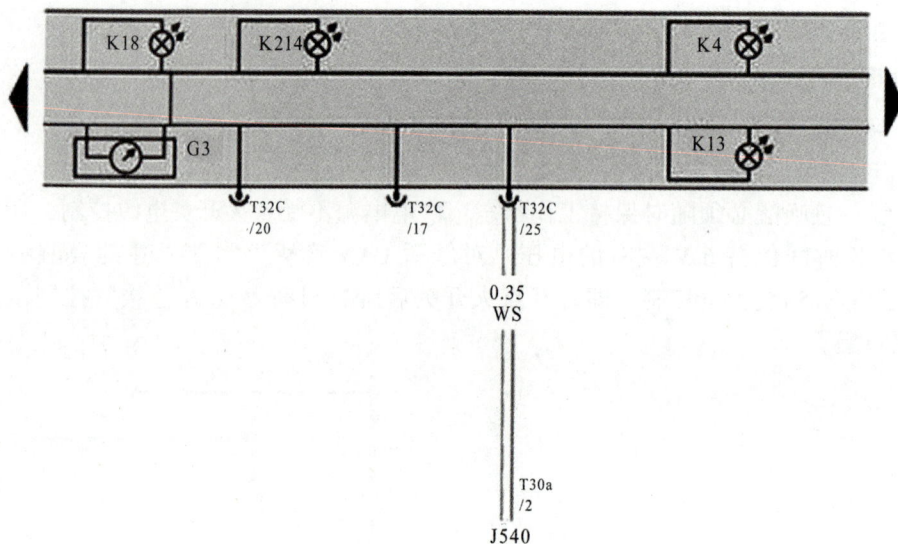

图 4 – 33　J540 与 J140、J285 控制单元的电路连接（续）

4. 故障诊断解析

电动泊车制动系统关闭点火开关后，理论上 J104 应该停止工作，但是此时电动泊车制动系统仍需工作，如果按下泊车制动开关，则 J540 将此信号传递给 J104，即要通过唤醒线进行唤醒，等 J104 工作后才通过泊车 CAN 发送信号。因此，如果唤醒线有故障，则不能唤醒 J104，就可能出现关闭点火开关几分钟后出现故障码的情况。

（二）途安汽车 J500 – 助力转向系统控制单元损坏

1. 故障现象

当发动机起动时，仪表盘上 ABS 指示灯、安全气囊指示灯、动力转向指示灯、ESP 指示灯均不熄灭，且发动机转速表不动作，打方向盘无转向助力故障检测。

2. 电路分析

图 4 – 34 为途安汽车动力总线网络拓扑（大众 PQ35 平台），由故障现象可知，仪表盘上指示灯信息对应的控制单元都是动力 CAN 总线上的节点。仪表盘控制单元通过网关与动力总线交换信息。

3. 故障原因

可能的故障原因如下：

（1）总线故障；

（2）相关电控单元节点故障。

4. 故障检测与分析

连接诊断仪 VAS 5051 对该车进行自诊断。首先进行 J220 系统检测，发现系统可以通信，但是仪表系统、ABS 系统均不能建立通信。于是对全车计算机进行故障扫描，发现 J104、J234、J500、J527 和 J533（网关）均无法建立通信。发动机控制单元内记录了较多故障码，其基本含义是动力数据总线故障及动力总线上各相关控制单元无通信。

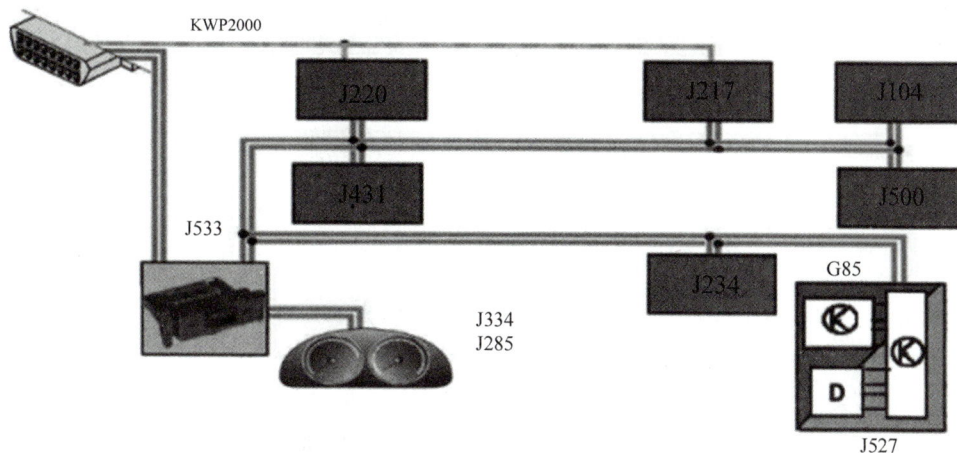

J220—发动机控制单元；J217—自动变速箱控制单元；J104—ABS 控制单元；

J431—前照灯调节控制单元；J234—安全气囊控制单元；J500—助力转向系统控制单元；

J533—数据总线（网关）诊断接口；J285—仪表盘控制单元。

图 4 – 34　途安汽车动力总线网络拓扑

思考：

为什么 J220 发动机控制单元可以通信？

5. 故障检测与排除

（1）关闭点火开关，在仪表台左侧的下方找到 OBD – Ⅱ16 针诊断插座，用万用表分别检测 6#线、14#线对蓄电池正极和蓄电池负极是否存在短路，经检测均符合标准参数值；

（2）断开蓄电池负极电缆，分离 J220 线束连接器，用万用表测量集成 J220 控制单元内的端点电阻，测量为 66 Ω。由此可见，CAN – H 与 CAN – L 既无断路又无相互短路。

（3）将各控制单元的插头逐一断开，同时用 VAS 5051 检测，判断影响驱动总线通信的控制单元。

6. 排除故障

根据由易到难的原则，同时考虑控制单元所安装位置的环境（若环境恶劣，则容易产生故障），J104 和 J500 的控制单元处于驾驶室外，环境相对恶劣，且拔/插接头相对容易，所以应先对其进行检查，再检查其他控制单元。拔下 J104 接头，连接 VAS 5051，还是无通信，说明不是 J104 的问题；拔下 J500 接头，连接 VAS 5051，通信成功，看来问题出在 J500上。查阅维修手册，得知 J500 与方向机一体，J500 不能单独更换。因此，需要更换方向机总成，重新进行基本设定后试车，故障排除。

（三）关闭点火开关，发动机延时 3 ~ 5 s 熄火

1. 故障现象

一辆帕萨特 B6（2.0）车主报修发动机故障灯点亮；泊车制动器故障灯点亮；灯光故障灯点亮；关闭点火开关，发动机延时 3 ~ 5 s 熄火。

2. 故障诊断

1）读取故障代码

根据故障现象，用诊断仪 VAS 5051 读取各控制单元故障代码。

（1）进入地址码01发动机控制单元，读取到2个故障代码，分别为"53285"与"12425"故障代码。查阅维修手册，确认"53285"故障代码含义为"请读取空调控制单元（J301）故障代码，偶发性"；确认"12425"故障代码含义为"燃油泵电子设备信号线存在电气故障"。

（2）进入地址码53停车制动控制单元，读取到"00576"故障代码，查阅维修手册确认故障代码含义为"15#线端子不可靠，偶发性"。

（3）进入地址码17仪表控制单元，读取到"01771"故障代码，查阅维修手册确认故障代码含义为"大灯范围控制单元J431无通信，偶发性"。

由此可见，这些故障均属于动力总线系统，而且多为偶发性故障。如果按故障代码引导对故障逐个处理，没有太大意义。

2）查看网关列表

查看网关列表，发现除了以上3个控制单元存在故障码外，动力转向系统（地址码44）、安全气囊系统（地址码15）也存在故障代码，且均为偶发性。将所有系统的故障代码清除，并重新起动循环后，所有故障码又会出现。

3）读取总线数据流

打开点火开关，查看网关中关于动力总线状态数据流，显示为各个系统工作正常。

关闭点火开关，读取网关测量值，此时VAS 5051界面显示"发现安全气囊控制单元仍处于工作状态"。

更换安全气囊控制单元后故障排除。

3. 故障诊断解析

通过故障现象，可初步判断15#线没有正常切断，有延时现象；通过故障码分析，可判断是动力CAN总线有关控制单元出现故障；通过读取总线数据流，发现安全气囊控制单元在关闭点火开关后，仍然长时间处于工作状态。由于安全气囊控制单元内部故障，导致在点火开关关闭后，"15#"电源线被激活。

网关控制单元有15#正电再激活功能，即动力总线系统在15#正电关闭后，有些控制单元仍然需要交换信息。因此，在控制单元内部，用30#正电激活控制单元内部的15#正电，保证断电后，信息的正常传递。再激活功能的时间在10 s～15 min之间。显然，在不需要激活时仍处于激活状态，就是故障。

❋ 任务二　长安福特车系总线通信网络技术应用与检修

一、长安福特车系总线通信网络系统概述

在长安福特车系中，一般将"总线通信网络系统"统称为"多路传输通信网络系统"。

1. 网络类型

长安福特车系曾经使用过的多路传输网络系统有6种不同的协议，具体如下：

（1）J1850—福特标准企业协议（SCP）；

（2）9141—国际标准化组织诊断协议（ISO–OBDⅡ）；

（3）音响控制协议（ACP）—福特音响系统协议；

（4）ISO 安全协议——气囊、ABS、照明、防撞系统；

（5）UBP——福特通用异步接收/发射器协议；

（6）CAN——福特、英特尔、波许公司开发的高速汽车快速协议；

（7）LIN——本地内联网络总线是一种标准总线。

2. 数据总线

数据总线是单根导线或多根导线，它将网络中各个模块相互连接，并通过 DLC（数据链接插口）将诊断仪连接到网络上，电子信息通过数据总线在网络中的模块之间传输。

数据总线的导线数量各有不同，这取决于网络类型，如图 4-35 所示。

（1）ISO 9141 网络仅使用一根导线连接 DLC 和模块。

（2）J1850（SCP）网络使用双绞线来连接 DLC 和模块，而模块之间也用双绞线连接。

（3）ACP 网络使用双绞线，加上一根"唤醒"线连接各个模块。

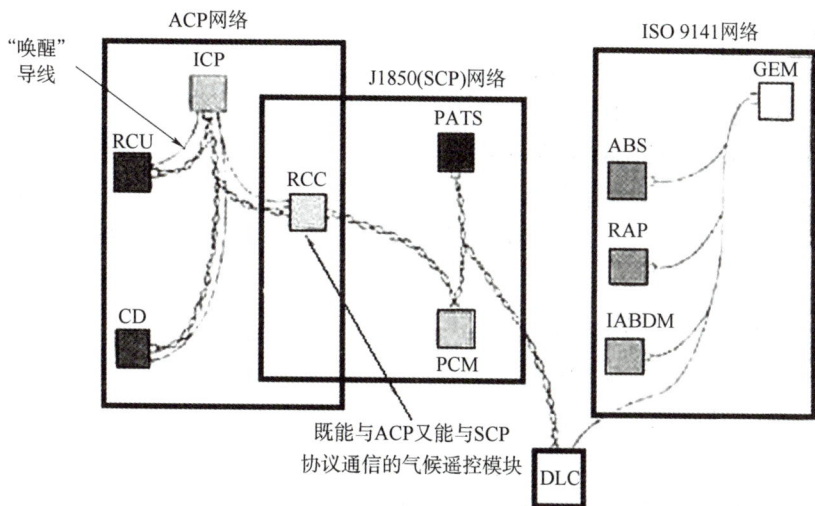

图 4-35　长安福特车系网络类型线缆数量

3. 诊断仪

在 CAN 和 ISO 9141 网络上，像 IDS 测试仪这样的诊断仪能从控制模块获取诊断信息，只需将诊断仪连接到车上的 DLC 即可。

IDS 诊断仪还可通过 CAN 总线来从控制模块获取信息。

4. 中央网关模块

诊断系统和车辆之间的联系及不同网络之间的信息联系只能通过中央网关模块实现。例如，福克斯车辆中的 MS-CAN 网络如果需要使用 HS-CAN 网络上传递的信息，就需要使用网关模块把信息进行重新解码与编码，最后把信号转化为低速网络可以使用的信息。福特绝大部分车型中都使用了仪表模块作为网关，如经典福克斯、新福克斯、嘉年华、翼博及翼虎等。

二、长安福特车系总线通信网络系统特点

1. 网络特点

长安福特曾经使用过 6 种不同协议的网络，各自特点见表 4-5。

表 4 – 5　网络特点

主要性能	福特 SCP	福特 9141	福特 ACP	福特 CAN	福特 LIN
容错	是	否	否	部分	否
节点数	32	16	10	16	12
信号电压/V	5.0	12.0	5.0	5.0	12.0
传输速率/(kbit·s⁻¹)	41.6	10.4	9.6	500/125	20
福特标准	是	是	否	是	是
线缆数	2	1	3	2	1
微处理器接口	SPI	UART	UART	SPI	UART

2. 福特车载网络系统组成

1）CAN

福特现阶段采用了 5 种 CAN 总线通信网络系统，在 CAN 总线通信网络系统中总共安装了高达 14 个终端电阻、4 个 HS – CAN 和 2 个专用 HS – CAN（高速控制器局域网络）数据总线，具有 500 kbit/s 的最大数据传输速率，并被设计用于实时传输和控制动力总成和驾驶员功能信息以及音频和多媒体等数据，1 个 MS – CAN（中速控制器局域网）数据总线的最大数据传输速率为 125 kbit/s。总线电阻与总线电信号参数符合 ISO 11898 标准。

2）LIN

福特现阶段采用 LIN 总线通信网络系统的传输速率为 9.6 kbit/s，LIN 主要完成对 PCM、HCM、SCCM、DDM、Radio 和 rAPIM 模块进行控制。

3. 福特 CAN 的容错性

CAN 的特性之一是：在导线出现特定故障（断路、短路）的情况下，能够保持有限的操作。各种错误将由节点识别，相应的故障代码将被存储下来。例如，福克斯诊断插头的第 3# 引脚对电源短路，则所有挂在中速网络上的模块做网络测试时均无法通过测试。

（1）如果 CAN – H 线和 CAN – L 线电路相互短路，则信号将一直保持在基础电压（2.5 V），所有通信功能将中断。

（2）如果 CAN – H 线对地短路，则 CAN – H 线和 CAN – L 线电压将拉低（0 V），所有通信功能将中断。

（3）在通信过程中，如果 CAN – L 线对地短路，则 CAN – L 线电压将拉低（0 V），CAN – H 线达到接近正常的峰值电压（3.0 V），但是下降会到 0 V，而非正常基础电压（2.5 V）。通信可能会继续，但是会以降级的水平进行通信。

（4）在通信过程中，如果 CAN – H 线对电池电压短路，则 CAN – H 线电压将拉高（12 V），CAN – L 线下降到异常高压（超过 5 V），但是会达到峰值电池电压（12 V）。通信可能会继续，但是会以降级的水平进通信。

（5）如果 CAN – L 线对电池电压短路，则 CAN – H 线和 CAN – L 线电压将拉高（12 V），所有通信功能将有节奏的振动、感应峰值或随机干扰会导致网络通信中断。崩溃信号源可能是外部电子干扰，如马达、电磁阀或网络上的模块产生的内部干扰。

（6）在某些情况下，CAN – H 线或 CAN – L 线到网络模块之间出现开路会导致模块对没有连接的电路发出干扰。

特定故障条件下福特 CAN 的功能见表 4－6。

表 4－6　特定故障条件下福特 CAN 的功能

网络上任一模块的电源损失	如果受到影响的模块支总线正常，则 CAN 使网络通信继续进行
网络上任一模块连接的地线断路	如果受到影响的模块支总线正常，则 CAN 使网络通信继续进行
与非端接模块连接的 CAN－H/或 CAN－L 断路	如果受到影响模块的支总线故障，则 CAN 使通信继续进行
失去与端接模块连接的 CAN－H/或 CAN－L 断路	如果受到影响的支总线故障，且系统其他部分以信噪比降低后的值继续工作，则 CAN 使通信继续进行
主链路 CAN－H/或 CAN－L 断路	断路对侧的模块之间无法进行通信。断路同侧的模块之间可以进行通信，但是由于端接单电阻器的合成作用，降低了抗扰度
CAN－H/或 CAN－L 导线对电瓶正极短路	无法实现网络通信
CAN－H 导线对电瓶负极短路	无法实现网络通信
CAN－L 导线对电瓶负极短路	可以实现网络通信，因为总线电压在共模电压范围内。通信继续进行，同时抗扰度降低，电磁辐射增加
CAN－H 对 CAN－L 导线电短路	无法实现网络通信

在福特车系中，对于 CAN 网络的容错特性而言，要根据其具体车型具体分析，不能一概而论，因为不同车型的容错能力是不一样的。

三、长安福特车系总线通信网络技术应用

（一）福克斯 C519 总线通信网络系统概述

福克斯总线通信网络系统，布置了 4 条 HS－CAN 高速网络，数据总线具有 500 kbit/s 的最大数据传输速率，并被设计用于实时传输和控制动力总成和驾驶员功能信息以及音频和多媒体等数据；1 条 MS－CAN 中速网络，数据总线的最大数据传输速率为 125 kbit/s，专为普通数据传输设计，在这 5 条 CAN 网络中总共安装了高达 14 个终端电阻。同时，在福克斯总线通信网络系统中还布置了 6 组 LIN 总线通信网络用于相关智能传感器/智能执行器的通信与控制。

1. 福克斯总线通信网络系统的网络拓扑

福克斯总线通信网络系统的拓扑如图 4－36 所示。

2. CAN 总线通信网络

1）高速 CAN

（1）HS－CAN1。HS－CAN1 高速总线通信网络的两个终端电阻分别集成在 PCM（动力总成控制模块）和 GWMA（网关模块）中，总电阻可以在引脚 6、14 之间的 DLC（数据链路连接器）处测量，理论值为 60 Ω。

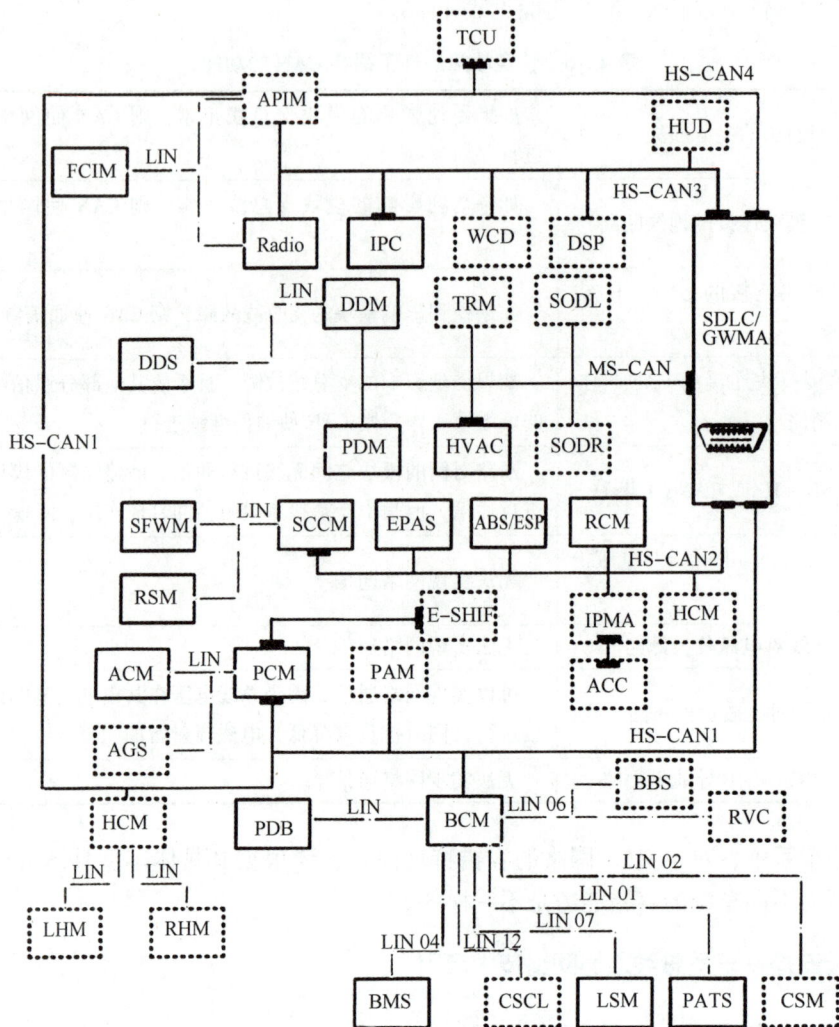

ACC—巡航控制模块；AGS—进气格栅；ACM—交流发电机；APIM—SYNC 娱乐系统模块；
BBS—集成电源的防盗喇叭；BMS—蓄电池监测传感器；CSM—内部扫描传感器；DDM—驾驶侧车门模块；
DDS—玻璃升降开关；DSP—音频数字信号处理模块；EPAS—电子助力模块；ESCL—电子转向柱锁；FCIM—音响控
制面板；GWMA—网关模块；HCM—头灯控制模块；HVAC—空调控制模块；IPMA—前摄像头；LHM—左前大灯模块；
LSM—灯光控制开关；PATS—收发线圈；PDM—乘客侧车门模块；Remote CD—后排模块；
Radio—车载导航模块；RHM—右前大灯模块；RSM—雨量传感器；RVC—后摄像头；SCCM—转向柱模块；
SFWM—雨刷模块；SODL—左盲点监测模块；SODR—右盲点监测模块；TRM—拖车模块。

图 4 – 36　福克斯总线通信网络系统的拓扑

连接到 HS – CAN1 高速总线通信网络上的模块如下：

①PCM（通过专用连接到 E – SHIF）；

②BCM（车身控制模块）；

③PAM（停车辅助控制模块，可选）；

④APIM。

（2）HS–CAN2。HS–CAN2 高速总线通信网络的两个终端电阻分别集成在 SCCM（转向柱模块）和 GWMA 中，总电阻可以在引脚 3、11 之间的 DLC 处测量，理论值为 60 Ω。

连接到 HS–CAN2 高速总线通信网络上的模块如下：

①SCCM（转向柱模块）；

②EPAS（电子助力模块）；

③ABS（防抱死制动系统)/稳定性辅助模块；

④RCM（限制控制模块）；

⑤IPMA（图像处理模块 A，可选）；

⑥IPMA 通过专用连接到 ACC（自适应巡航控制）模块 HS–CAN 数据总线；

⑦HCM（头灯控制模块，可选）；

⑧E–SHIF（换挡旋钮，可选）。

（3）HS–CAN3。HS–CAN3 高速总线通信网络的两个终端电阻分别集成在 SCCM（转向柱模块）和 GWMA 中。DLC 不能直接测量总电阻，必须执行以下步骤来测量 HS–CAN3 高速总线通信网络的总电阻：断开电池→请勿断开 GWM 背面的插头→测量 GWM 背面连接器的引脚 15、16 之间的电阻，理论值为 60 Ω。

连接到 HS–CAN3 高速总线通信网络上的模块如下：

①IPC；

②收音机；

③DSP（音频数字信号处理模块，可选）；

④APIM（可选）；

⑤HUD（抬头显示模块，可选）；

⑥WCD（无线充电模块，可选）。

（4）HS–CAN4。HS–CAN4 高速总线通信网络的两个终端电阻分别集成在 TCU 和 GWMA 中。DLC 不能直接测量总阻，必须执行以下步骤来测量 HS–CAN4 高速总线通信网络的总电阻：断开电池→请勿断开 GWM 背面的插头→测量 GWM 背面连接器的引脚 6、7 之间的电阻，理论值为 60 Ω。

连接到 HS–CAN4 高速总线通信网络上的模块如下：

①APIM（可选）；

②TCU（可选）。

2）中速 CAN

MS–CAN 中速总线通信网络的两个终端电阻集成在 HVAC（加热，通风和空调）模块和 GWMA 中。总电阻无法在 DLC 直接测量，必须执行以下步骤来测量 MS–CAN 数据总线的总电阻：断开电池→请勿断开 GWM 背面的插头→测量 GWM 背面连接器的引脚 22、23 之间的电阻，理论值为 60 Ω。

连接到 MS–CAN 总线通信网络上的模块如下：

①HVAC 模块；

②DDM（驾驶侧车门模块）；

③PDM（乘客侧车门模块）；

④SODL（左盲点监测模块 LH，可选）；

⑤SODR（右盲点监测模块 RH，可选）；

⑥TRM（拖车模块，可选）。

3）LIN 总线通信网络

福克斯 C519 总线通信网络系统配置的 LIN 总线通信网络系统的传输速率为 9.6 kbit/s，共有 6 组 LIN 总线通信网络，具体如下：

（1）以 Radio（车载导航模块）为主控制节点，FCIM（音响控制面板）为从控制节点的 LIN 总线通信网络，其中 Radio 与 HS - CAN3 网络相连。

注意：

APIM - SYNC（娱乐系统模块）作为选配模块，此模块与 HS - CAN4 网络相连。

（2）以 DDM（驾驶侧车门模块）为主控制节点，DDS（玻璃升降开关）为从控制节点的 LIN 总线通信网络，其中 DDM 与 MS - CAN 网络相连。

（3）以 SCCM（转向柱模块）为主控制节点，SFWM（雨刷模块）、RSM（雨量传感器）为从控制节点的 LIN 总线通信网络，其中 SCCM 与 HS - CAN2 网络相连。

（4）以 PCM（动力总成控制模块）为主控制节点，ACM（交流发电机）、AGS（进气格栅）为从控制节点的 LIN 总线通信网络，其中 PCM 与 HS - CAN1 网络相连。

（5）以 HCM（头灯控制模块）为主控制节点，LHM（左前大灯模块）、RHM（右前大灯模块）为从控制节点的 LIN 总线通信网络，其中 HCM 与 HS - CAN1 网络相连。

（6）以 BCM（车身模块）为主控制节点，CSM（内部扫描传感器）、BMS（蓄电池监测传感器）、ESCL（电子转向柱锁）、LSM（灯光控制开关）及 PATS（收发线圈）等为从控制节点的 LIN 总线通信网络，其中 BCM 与 HS - CAN1 网络相连。

（二）福克斯总线通信网络系统部分应用介绍

1. PATS

福克斯 C519 配备了有钥匙起动系统和免钥匙起动系统。

1）有钥匙起动系统

（1）有钥匙起动系统车辆部件组成。

图 4 - 37 为福克斯有钥匙起动系统车辆部件组成。

（2）有钥匙起动系统工作原理。

PATS 功能集成在 BCM（车身控制模块）中，钥匙编码由点火钥匙插入钥匙孔转动时 BCM 读入。钥匙读入后，PCM（动力总成控制模块）发送识别查询信息通过 CAN 数据总线连接到 BCM 和 ABS（防抱死系统）模块，PCM 在识别完成时控制启动继电器、燃油和点火。如果钥匙无法识别，IPC（仪表板集群）的显示屏上会显示一条消息。

2）免钥匙起动系统

（1）免钥匙起动系统车辆部件组成。

图 4 - 38 为福克斯免钥匙起动系统车辆部件组成。

（2）免钥匙起动系统工作原理。

①总线通信网络上的信息流。

a. BCM 网络输入信息。

• RTM（钥匙接收器模块，集成在电子转向柱锁模块内）通过 LIN 数据总线传输信息，具体如下：

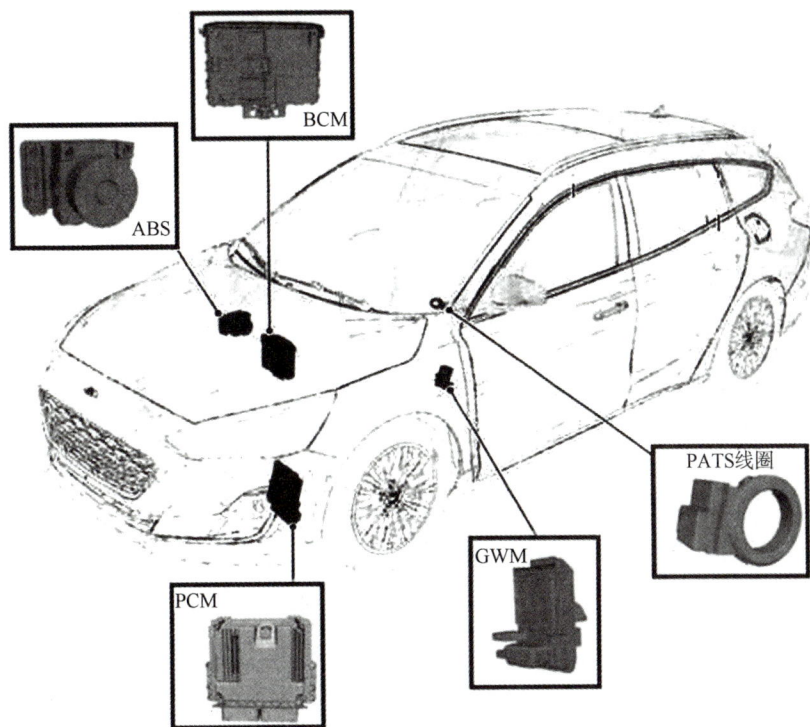

图 4 – 37　有钥匙起动系统车辆部件组成

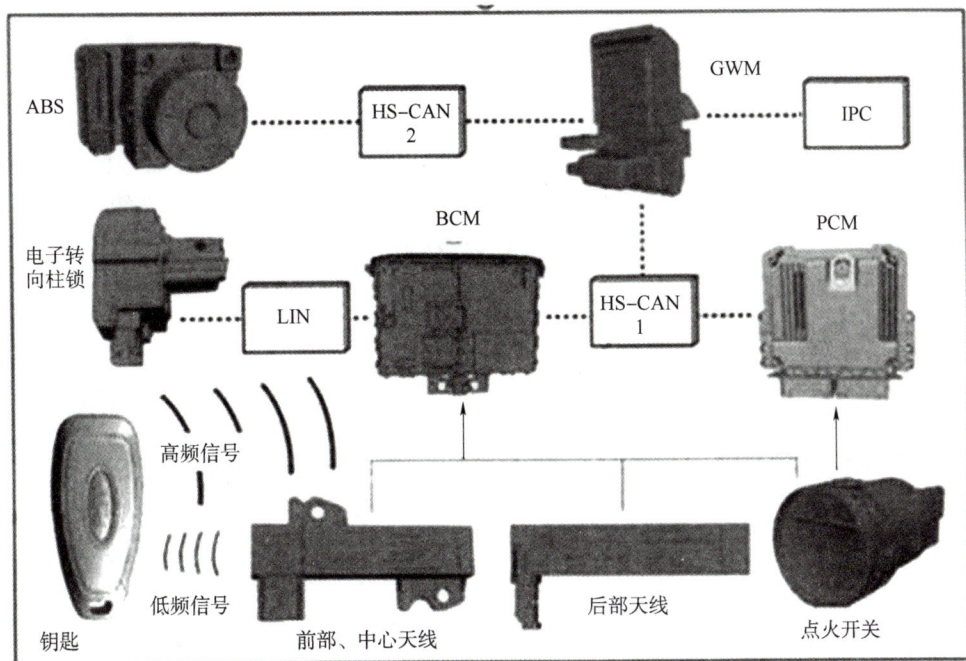

图 4 – 38　免钥匙起动系统车辆部件组成

广播消息，被动钥匙数据；

消息目的，该 RTM 发送 BCM 已编程被动钥匙信息。

● PCM 通过 HS – CAN1 数据总线传输信息，具体如下：

广播消息，PATS 起动请求目标命令；

消息目的，PCM 向 BCM 发送有效 ID 的询问请求。

b. IPC 网络输入信息。

● BCM 通过 HS – CAN1 数据总线再经 GMW 传输信息，具体如下：

广播消息，被动钥匙检测显示；

消息目的，当按下起动开关时，如果在车内没有探测到已编程钥匙，IPC 就会利用其显示"没有探测到钥匙"。

● BCM 通过 HS – CAN1 数据总线再经 GMW 传输信息，具体如下：

广播消息，点火状态；

消息目的，当按下起动开关时，如果在车内探测到已编程钥匙，或当接到关闭点火开关的请求时，IPC 就会利用其加电或断电。

c. PCM 网络输入信息。

BCM 通过 HS – CAN1 数据总线传输信息，具体如下：

广播消息，PATS 控制指令；

消息目的，BCM 请求 PCM 验证 PATS 信息，如果 PCM 验证 PATS 不正确，则 PATS 防止车辆起动。

②PATS 功能。

PATS 功能由 BCM、PCM 和 ABS 控制。

当按下点火开关时，会有一个电压信号发送给 BCM。当 BCM 监测到点火开关被按下时，就会激活 PATS 中心天线、无钥匙进入尾部天线及两个车外门把手无钥匙进入天线，通过激活天线来搜索钥匙。每个天线均会发射一个大约为 1 m 的低频信号。如果被动钥匙处于天线的有效范围之内，就会被激活。BCM 能够根据来自天线的输入信号确定被动钥匙的位置（车内或车外）。

被动钥匙激活后，会通过一个高频信号，将 PATS 识别码发送给 RTM。RTM 会解读来自被动钥匙的专频信号，并将结果发送给 BCM，信号是通过 LIN 电路传输的。如果在车内监测到已编程的被动钥匙，则 BCM 会将点火装置接通。

当接通点火装置后，模块初始化，PCM 会发送一个起动要求到 BCM。这时 BCM 会做出应答，如果收到正确的识别码，PATS 就会被解除，并允许汽车起动。如果 PATS 阻止汽车起动，则某个模块中就会生成 DTC。

PATS 和 RKE 遥控钥匙系统协同操作，包括被动钥匙、BCM 和 RTM 在内的若干部件，如果这些部件中任何一个出现问题，则 PATS 和遥控系统也会受到影响。

如果在被动钥匙内的电池电量已用光的情况下按下起动开关，则车辆不起动，可将已编程的被动钥匙放于紧急起动槽，则 PATS 中心天线会激活被动钥匙，使车辆起动。

BCM 控制点火模式，并与 PCM 结合使用来控制 PATS。

③紧急起动装置。

如果 BCM 没有在车厢中监测到有效的已编程被动钥匙，则将一把已编程被动钥匙放于紧急起动槽内，以使汽车得以起动。按下点火开关时，PATS 中心天线就会激活被动钥匙，将识别码发送到 BCM。被动钥匙必须在紧急起动槽内调整到正确方向。

在以下情况，免钥匙车辆 PATS 不会通过：

①钥匙不正确；

②钥匙电量不足；

③BCM模块故障；

④电子转向柱锁故障；

⑤离合器开关或刹车开关故障；

⑥线路故障；

⑦天线故障。

注意：

车厢内有某些监测不到被动钥匙的死角，会导致信息中心显示"没有监测到钥匙"。如果被动钥匙位于车内最远边缘处（如车门地图袋内或遮阳板上方），就可能无法被监测到。此时，需要将被动钥匙移到另一个地方，再尝试接通点火开关。

2. 泊车辅助系统

福克斯（C519）泊车辅助系统包含前后泊车辅助功能、倒车影像功能及主动泊车功能。其中主动泊车支持进入平行停车位、驶出平行停车位及垂直停车等功能。

1）泊车辅助系统组成与位置

泊车辅助系统组成与位置如图4-39所示。系统有后部4探头系统，前后8探头系统及前后侧面12探头系统等3种不同的配置。

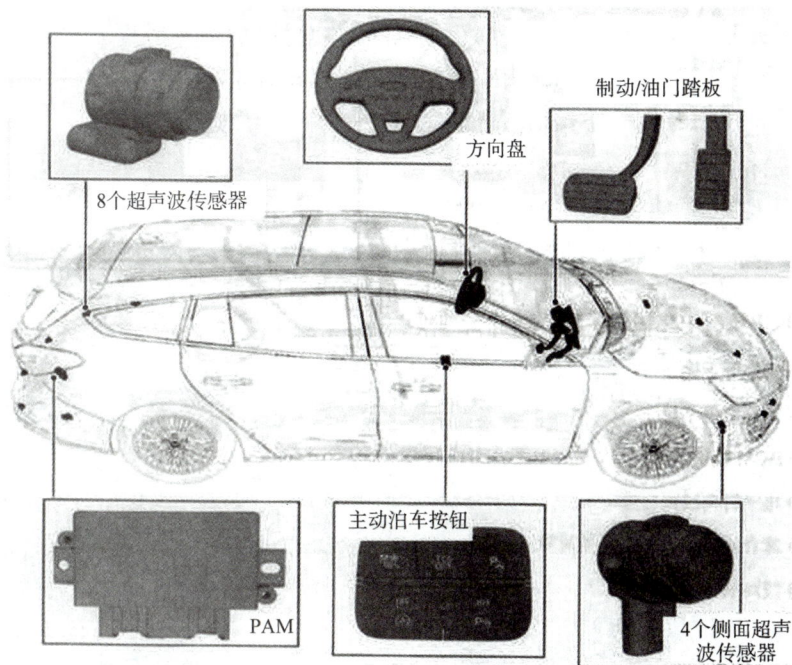

8个超声波传感器

方向盘

制动/油门踏板

主动泊车按钮

PAM

4个侧面超声波传感器

图4-39　泊车辅助系统组成与位置

C519配备有主动泊车辅助系统、增强型主动泊车辅助系统2种版本，主动泊车支持进入平行停车位、驶出平行停车位和垂直停车等功能。

这些功能通过使用12个超声波传感器来实现，前保险杠和后保险杠各有4个，车辆前后侧面保险杠前后各有2个。

在主动泊车辅助系统中，PAM能够在选定的停车操作过程中自动控制转向，同时驾驶员操作加速踏板、制动踏板和选择挡位。

在增强型主动泊车辅助系统中，PAM可在选定的停车操作期间控制所有停车功能，即自动执行转向、加速、制动和前进/后退等。

2）主动泊车系统的控制过程

BCM与多个模块通信以控制主动泊车系统的各种功能。主动泊车系统将利用转向角输入、车轮滚动计数和方向、主动泊车传感器输入、车速和变速器挡位来计算相对于车位的车辆位置和距离。BCM使用这些输入向转向系统发出命令，并通过方向盘控制来辅助车辆停入车位。

当按下主动泊车开关后，FDIM会显示一条表明正在左侧或右侧寻找车位的消息。多功能开关转向信号输入决定了驾驶员正在搜索车辆哪一侧的车位。如果转向信号未激活，主动泊车系统默认搜索右侧车位。

当操作进行时，该系统将测量可用的车位及其环境，从而确定车辆是否能停入。BCM使用来自主动泊车传感器的输入、车轮速度和旋转数据等信息来寻找合适的车位。找到车位后，将通过音频系统提醒驾驶员，同时FDIM显示一则消息，通知驾驶员已确定某个位于左侧或右侧的车位，并请求驾驶员停车。当驾驶员将车辆驶入至BCM所确定的起始位置后，系统便会请求驾驶员停止移动，将变速器转为倒挡，并将双手移开方向盘。当变速器处在倒车挡并且未在方向盘上监测出驾驶员输入转矩时（驾驶员双手离开了方向盘），主动泊车系统会控制方向盘并慢慢使车辆停入车位。主动泊车系统随即响起提示音并通过FDIM发出命令，从而提示驾驶员按需后退和前进，同时由系统控制转向以便在监测到的车位内对车辆进行定位。在主动泊车系统运行时，操作者仍然可以完全控制换挡、加速器和制动。

具体过程如下：

（1）激活功能/搜索停车位过程。

图4-40（a）为驾驶员正在以低于25 km/h的速度行驶，按"主动泊车"按钮两次激活系统，完成主动泊车功能的激活。图4-40（b）为驾驶员在搜索停车位，车辆经过停车位。

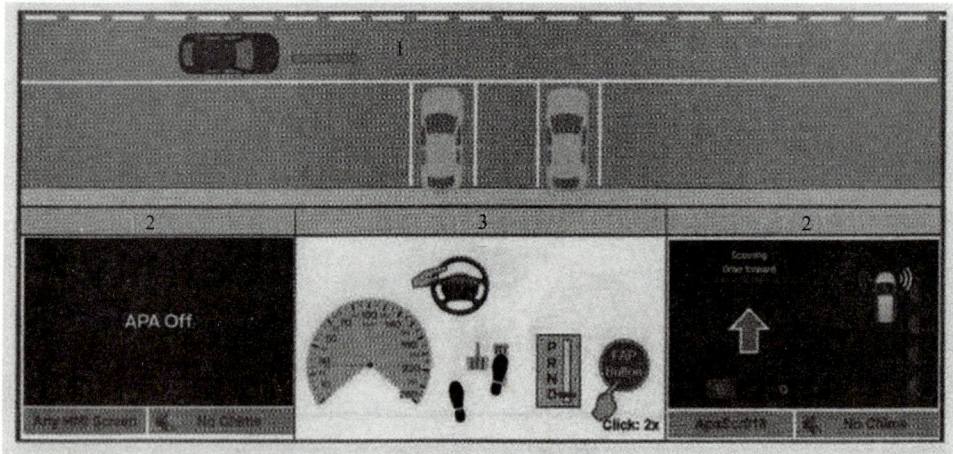

（a）

图4-40　激活功能/搜索停车过程

（a）激活主动泊车功能

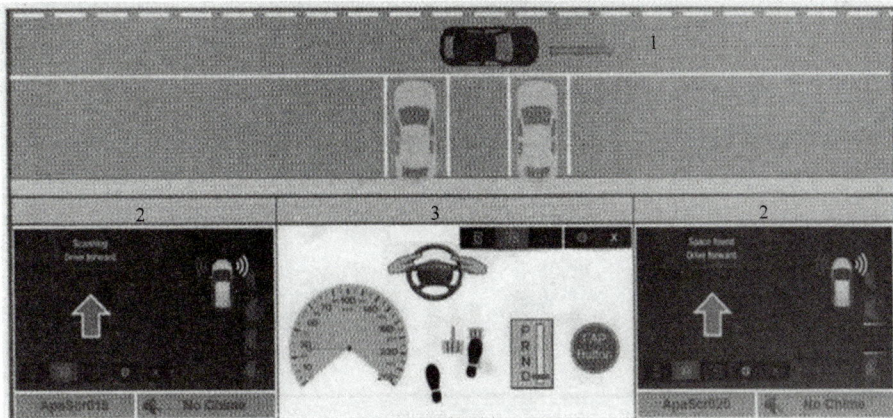

（b）

1—车速低于 25 km/h；2—屏显；3—驾驶员操作。

图 4-40　激活功能/搜索停车过程 （续）

（b）搜索停车位

（2）找到停车位过程。

图 4-41 （a）为驾驶员通过一个合适的停车位，降低速度，并由系统提示停车。图 4-41 （b）为驾驶员在放慢车速到停车，在此过程中驾驶员被提示将他的手从方向盘上移开并挂入空挡。

（3）主动泊车过程/车辆修正。

图 4-42 （a）为车辆自动倒入并以 2.5 km/h 的速度停车，驾驶员继续被提示监视周围环境。图 4-42 （b）为车辆自动减速停止过程。

（4）泊车完成/驾驶员控制车辆过程。

图 4-43 （a）为车辆自动以 2.5 km/h 的速度向后移动并减速停车的过程，停车后屏幕显示泊车结束。图 4-43 （b）为显示器上显示停车操作已完成，系统发出声音信号确认，此时驾驶员释放 "主动泊车" 按钮并控制车辆，系统在停车成功结束后自动切换到 "P" 挡。

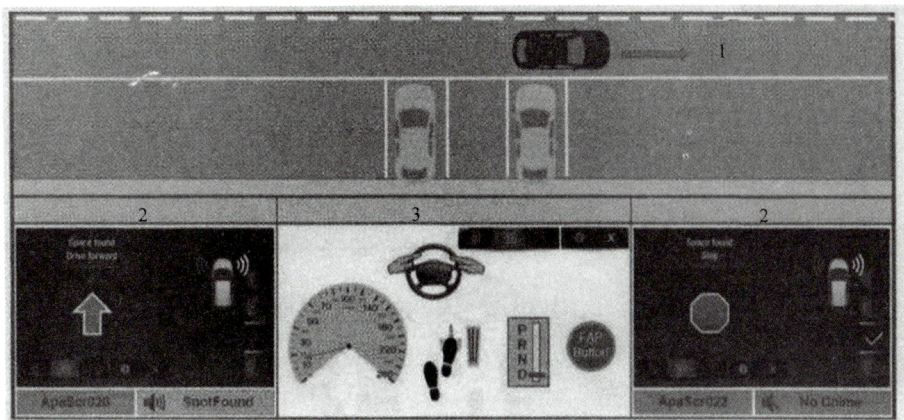

（a）

图 4-41　找到停车位过程

（a）车辆确定目标停车位

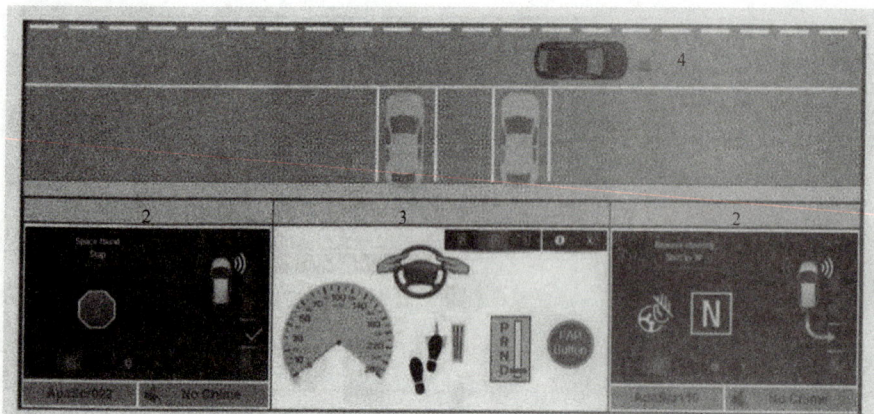

（b）

1—车速低于 25 km/h；2—屏显；3—驾驶员操作；4—车速 0 km/h。

图 4 - 41　找到停车位过程（续）

（b）驾驶员按提示完成相关操作

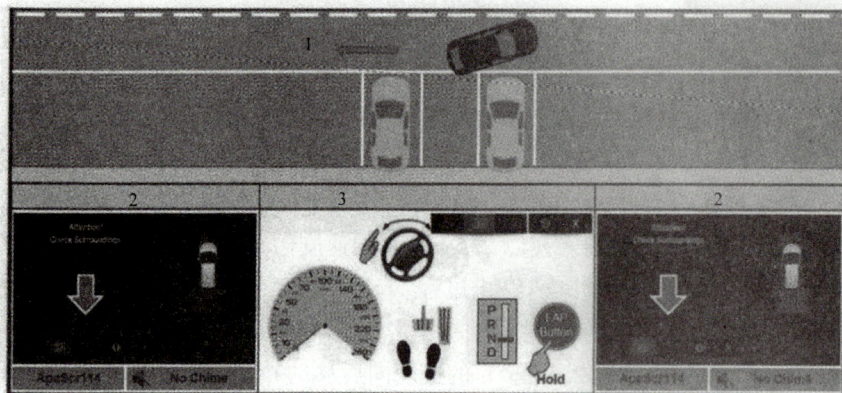

（a）

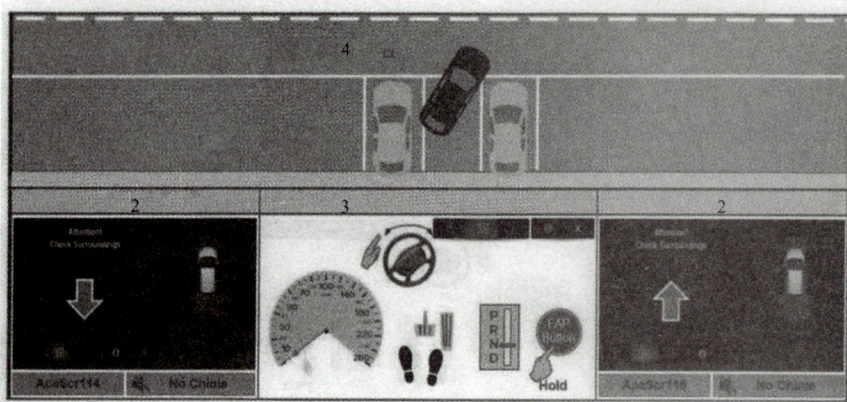

（b）

1—车速 2.5 km/h（车速取决于车辆位置和与障碍物距离）；2—屏显；3—驾驶员操作；4—车速 0 km/h。

图 4 - 42　主动泊车过程/车辆修正

（a）驾驶员按提示完成相关操作；（b）车辆自动减速停止

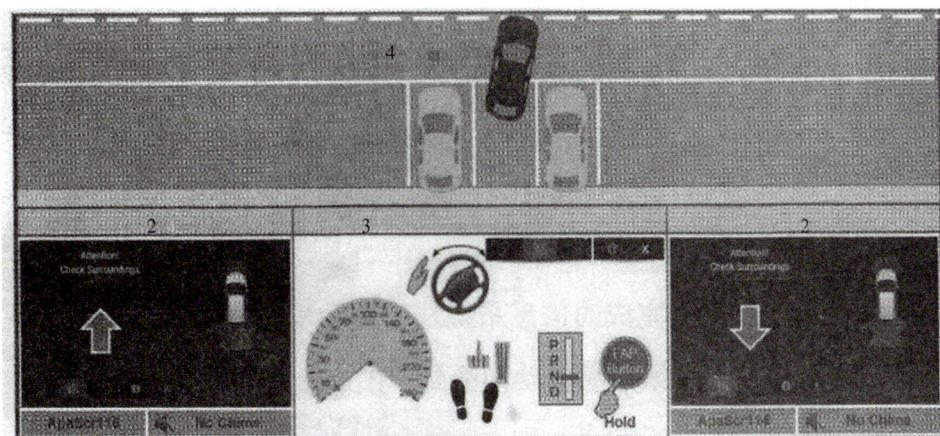

(a)

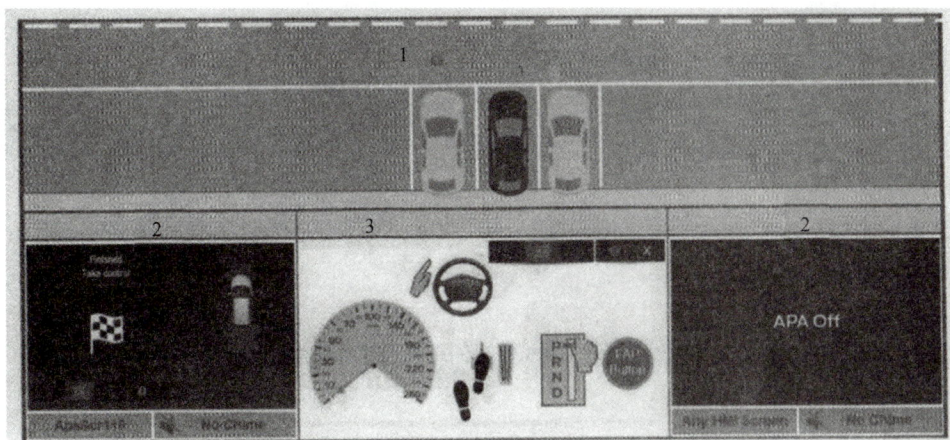

(b)

1—车速 0 km/h；2—屏显；3—驾驶员操作；4—车速 2.5 km/h（车速取决于车辆位置和与障碍物距离）。

图 4 – 43　泊车完成驾驶员控制车辆过程

（a）泊车完成；（b）驾驶员控制车辆

3）主动泊车系统工作原理

C519 主动泊车系统工作原理如图 4 – 44 所示。

4）总线通信网络上的信息流

（1）PAM（泊车辅助控制模块）网络输入信息。

①ABS 模块通过 HS – CAN2 网络数据总线传输来信息，具体如下：

广播消息 1，车轮速度和旋转速度；

消息目的 1，用于确认车辆动作，计算在主动泊车辅助动作中位移距离；

广播消息 2，ABS 动作；

消息目的 2，用于判断 ABS 是否激活，如果 ABS 激活，则禁用主动泊车辅助系统；

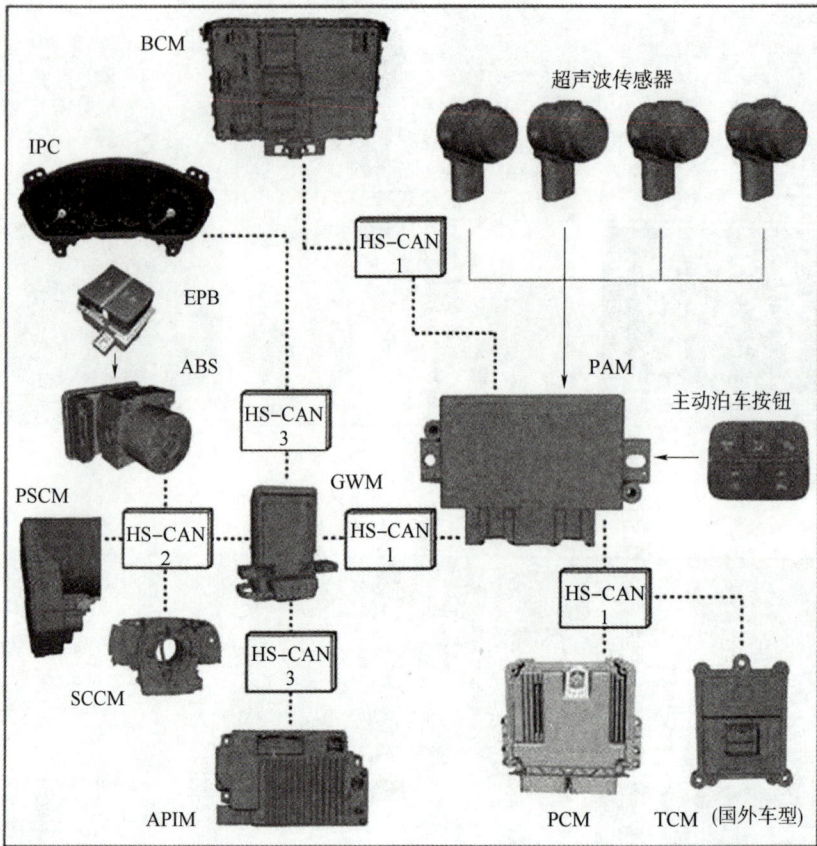

图 4 – 44　C519 主动泊车系统工作原理

广播消息 3，稳定牵引控制指示灯请求；

消息目的 3，如果稳定或牵引控制系统激活，则禁用主动泊车辅助系统；

广播消息 4，方向盘角度；

消息目的 4，用于确定当前的转向角；

轮速传感器设计为双向轮速传感器，可识别车辆是前进还是后退。

②PSCM（转向助力模块）通过 HS – CAN2 网络数据总线传输信息，其具体如下：

广播消息 1，主动泊车转向角控制状态；

消息目的 1，向 PAM 提供转向角状态确认，外部方向盘扭矩低于 2 nm。根据广播消息 1，控制泊车辅助的系统开启和关闭；

广播消息 2，EPAS 故障；

消息目的 2，发生 EPAS 故障时，禁用主动泊车辅助系统；

广播消息 3，转向柱扭矩；

消息目的 3，驾驶员在主动泊车辅助动作中给方向盘施加旋转扭矩进行干预时，用于检测驾驶员转矩输入并且禁用主动泊车辅助系统。

③SCCM（转向柱模块）通过 HS – CAN2 网络数据总线传输信息，具体如下：

广播消息，转向开关状态；

消息目的，确定预计停车区域位于车辆哪一侧。

④BCM 通过 HS – CAN1 网络数据总线传输信息，其具体如下：

广播消息，倒车摄像头传输信息；

消息目的，控制泊车辅助系统正常泊车。

⑤PCM 通过 HS – CAN1 网络数据总线传输信息，其具体如下：

广播消息 1，App 传感器、刹车开关、换挡杆位置；

消息目的 1，计算车辆位置和距离；

广播消息 2，车速；

消息目的 2，当系统启用时，如果车速超过预设值，则禁用主动泊车辅助系统。

⑥APIM 通过 HS – CAN3 网络数据总线传输信息，其具体如下：

广播消息，泊车辅助设置；

消息目的，允许驾驶员通过中央面板信息娱乐显示器更改泊车辅助设置。

（2）PSCM 网络输入消息。

①PAM 通过 HS – CAN1 网络数据总线传输信息，其具体如下：

广播消息 1，主动泊车辅助转向角请求；

消息目的 1，用于在主动泊车辅助系统中控制转向角度；

广播消息 2，主动泊车辅助转向激活请求

消息目的 2，请求 PSCM 允许 PAM 控制转向角。

②PCM 通过 HS – CAN1 网络数据总线传输信息，其具体如下：

广播消息，车速；

消息目的，操作期间车速过高时，禁用主动泊车辅助系统。

③ABS 通过 HS – CAN2 网络数据总线传输信息，其具体如下：

广播消息 1，方向盘角度；

消息目的 1，用于确定当前的转向角。

（3）IPC 网络输入消息。

PAM 通过 HS – CAN1 网络数据总线传输信息，其具体如下：

广播消息 1，泊车辅助鸣响请求；

消息目的 1，用于在主动泊车辅助机动操作期间发出音频提示；

广播消息 2，泊车辅助故障状态；

消息目的 2，供 IPC 用于向驾驶员显示主动泊车辅助的故障消息。

（4）APIM 网络输入消息。

PAM 通过 HS – CAN1 网络数据总线传输信息，其具体如下：

广播消息 1，主动泊车辅助；

消息目的 1，用于在主动泊车辅助机动操作期间通过中央面板信息娱乐显示器显示；

广播消息 2，泊车辅助故障状态；

消息目的 2，供中央面板信息娱乐显示器向驾驶员显示主动泊车辅助故障消息。

思考：

在上述中，哪些广播消息是 PAM 输出的信息？

5）主动泊车系统的注意事项

（1）踩下油门踏板过程中的注意事项如下：

①在泊车过程中踩下油门踏板无效；

②驾驶员可以踩下制动踏板来调整车速（变慢）；

③如果驾驶员要求的制动扭矩高于增强主动泊车辅助系统所要求的扭矩，则驾驶员将获得车辆控制权。

（2）暂停过程中的注意事项如下：

①暂停条件：释放"主动泊车"按钮，乘客侧车门打开或转向介入；

②系统动作：立即停车并保持停车状态；

③驾驶员再次按下按钮后，所有其他暂停条件都不再存在，继续进行操作。

（3）终止过程中的注意事项如下：

①终止条件：驾驶员车门打开、握紧方向盘、换挡旋钮不在"N"挡位置、车位出现物体及车轮打滑或陡坡；

②系统动作：立即停车并保持停车状态；

③提示驾驶员脱离空挡或拉起手刹，如果没有驾驶员反应，变速箱会在一段时间后自动切换到"P"挡，以使车辆进入安全状态。

注意：

驾驶员在整个泊车期间必须一直按下泊车按钮，这样可防止系统意外起动和主动泊车等特殊情况。

（三）金车座D568总线通信网络系统

1. D568总线通信网络系统概述

1）D568总线通信网络系统的分类、组成及拓扑结构

D568总线通信网络系统主要采用了：HS – CAN1、HS – CAN2、HS – CAN3（即多媒体CAN）、独立CAN、MS – CAN及LIN等6种网络进行通信。其中，HS – CAN1、HS – CAN2、HS – CAN3、独立CAN等为高速CAN总线通信网络，传输速率为500 kbit/s。MS – CAN为中速CAN总线通信网络，传输速率为125 kbit/s。以上5种CAN总线通信网络符合ISO 11898 – 2标准。

4个CAN网络与2个诊断接口连接。第一诊断接口在仪表下膝部气囊旁，为OBDⅡ诊断接口，连接HS – CAN1和HS – CAN2；第二诊断接口在BCM附近，为非OBDⅡ诊断接口，连接HS – CAN3和MS – CAN，可以从此处进行网络的电阻电压测量。

LIN总线通信网络的主控制模块分别是PDM、DDM、HCM与RTM。

D568总线通信网络拓扑结构如图4 –45所示，拓扑结构中相关模块信息见表4 –7。

2）网关模块（GWM）

GWM与OBDⅡ诊断接头集成在一起，位于驾驶员膝部气囊左侧，是4个CAN网络的中心网关。GWM翻译来自HS – CAN3和MS – CAN网络上的信号并通过HS – CAN2发送给诊断工具。

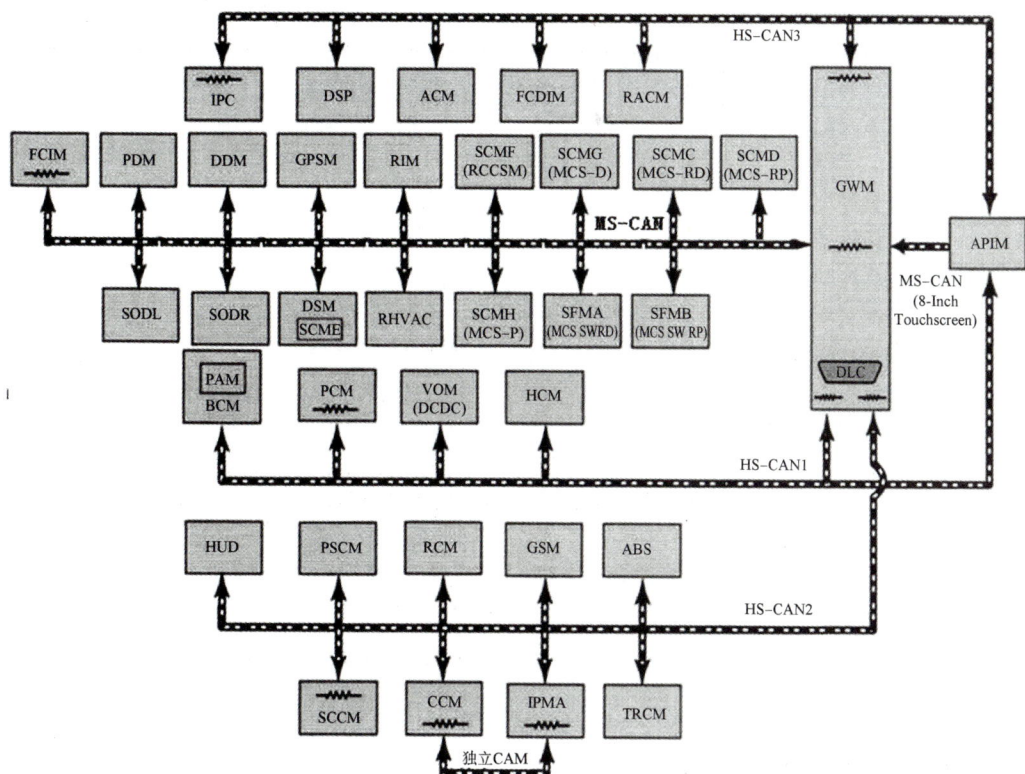

图 4 – 45　D568 总线通信网络拓扑结构

表 4 – 7　D568 总线通信网络拓扑结构相关模块信息

模块	中文名称	安装位置
ABS	防抱死控制模块	蓄电池后方
ACM	交流发电机	空调控制面板后方
APIM	SYNC 娱乐系统模块	SYNC 2 代：显示屏后方
BCM	车身控制模块	左侧 A 柱内侧，灯光开关后方
CCM	自适应巡航控制模块	前保险杠左下方
DDM	驾驶侧车门模块	左前门饰板内
DSM	驾驶员座椅模块（代前排座椅加热制冷）	主驾驶座椅下方
DSP	音频数字信号处理模块（功放模块）	后备箱内右侧
FCDIM	4.2 英寸显示屏	前仪表台中央
FCIM	音响控制面板	中央显示屏下方
GPSM	GPS 模块（全球定位模块）	仪表后方
GSM	电子换挡旋钮	中央扶手箱上方
GWM	网关模块	DLC 诊断接口上

模块	中文名称	安装位置
HCM	头灯控制模块	灯光开关后方，转向柱左侧
HUD	抬头显示器	左侧仪表台，风挡玻璃下
IPC	组合仪表	驾驶侧仪表台上方
IPM – A	前摄像头模块	车内后视镜里
PCM	动力控制模块	发动机舱右侧防火墙处
PDM	乘客侧车门模块	右前门饰板内
PSCM	动力转向控制模块	转向机右侧
RACM	后音频控制模块（后排音响控制面板）	后排中央扶手前端
RCM	安全气囊模块	中央扶手箱下方
RHVAC	后空调控制面板	后排中央扶手上
RTM	钥匙接收器模块	后风挡玻璃下方，置物板下面
SCCM	转向柱控刹模块	方向盘下方
SCM – C	座椅控制模块 C（后排左侧按摩）	后排坐垫左侧下方
SCM – D	座椅控制模块 D（后排右侧按摩）	后排坐垫右侧下方
SCM – E	前排座椅空调模块	集成在 DSM 内部
SCM – F	座椅控制模块 F（后排座椅加热制冷）	后排左侧靠背后
SCM – G	座椅控制模块 G（驾驶员座椅按摩）	驾驶员座椅靠背内
SCM – H	座椅控制模块 H（乘客侧座椅按摩）	乘客侧座椅靠背内
SCM – A	后座椅开关组左侧	后排中央扶手上
SCM – B	后座椅开关组右侧	后排中央扶手上
SODL	左侧盲区监测模块	后保险杠左侧
SODR	右侧盲区监测模块	后保险杠右侧
TRCM	变速箱挡位控制模块	右前轮胎内衬内，减震器后方
VQM	电源稳压模块（仅 1.5 T）	手套箱下方

3）端电阻

D568 总线通信网络系统中的终端电阻共有 10 个，安装位置如下：

（1）HS – CAN1 的端电阻集成在 PCM 和 GWM 内部；

（2）HS – CAN2 的端电阻集成在 SCCM 和 GWM 内部；

（3）H3 – CAN3（I – CAN）的端电阻集成在 IPC 和 GWM 内部；

（4）MS – CAN 的端电阻集成在 FCIM 和 GWM 内部；

（5）独立 CAN 的端电阻集成在 CCM 和 IPMA 内部。

2. D568 总线通信网络系统部分应用介绍

1）车身控制模块 BCM

（1）BCM 位置。D568 车型的 BCM 位于仪表台背面，左 A 柱下方，如图 4-46 所示。

BCM位置

图 4-46　D568 车型的 BCM 模块位置

（2）BCM 功能。BCM 功能有：发动机空转自动熄火、电瓶省电、排挡杆锁止、附件延时、背光亮度调节、行李箱解锁、外部灯光控制、喇叭、点火开关状态信号、免钥匙起动、内部灯光控制、钥匙验证、免钥匙进入、PATS 收发线圈、防盗报警、碰撞后报警、电动门锁、遥控、遥控起动、泊车辅助、主动泊车倒车影像及 TPMS（胎压监测）等。

（3）工作模式。BCM 有 4 种工作模式，具体如下。

①工厂模式。

在车辆生产过程中时启用工厂模式，BCM 会关闭一些继电器从而使电源消耗达到最小。当车辆离开工厂时，工厂模式被解除，BCM 进入运输模式，并且不能够再返回。

②运输模式。

当车辆离开工厂运往经销商途中时启用运输模式，车辆可以在不影响其安全的情况下行驶。解除运输模式的方法：打开点火开关，在 10 s 内踩刹车踏板 5 次，按双闪灯开关两次。

③正常模式。

在正常模式下，车辆所有的功能都可以实现。

④碰撞模式。

当 RCM 监测到一定程度的碰撞时，BCM 会进入碰撞模式，即中控解锁（如果之前是上锁的）、双闪灯点亮、警告声响起（警告声响 3 次，关闭 4 s 后重复循环，直到电池电量耗尽）、燃油泵停转、关闭雨刮（如果碰撞前是打开的）等。

2）外部灯光系统简介

D568 外部灯光系统配备了 LED 日间行车灯、大灯自动水平调节、自动大灯、自动远光灯、随动转向大灯等功能。

（1）工作原理。

D568 外部灯光系统工作原理如图 4-47 所示。

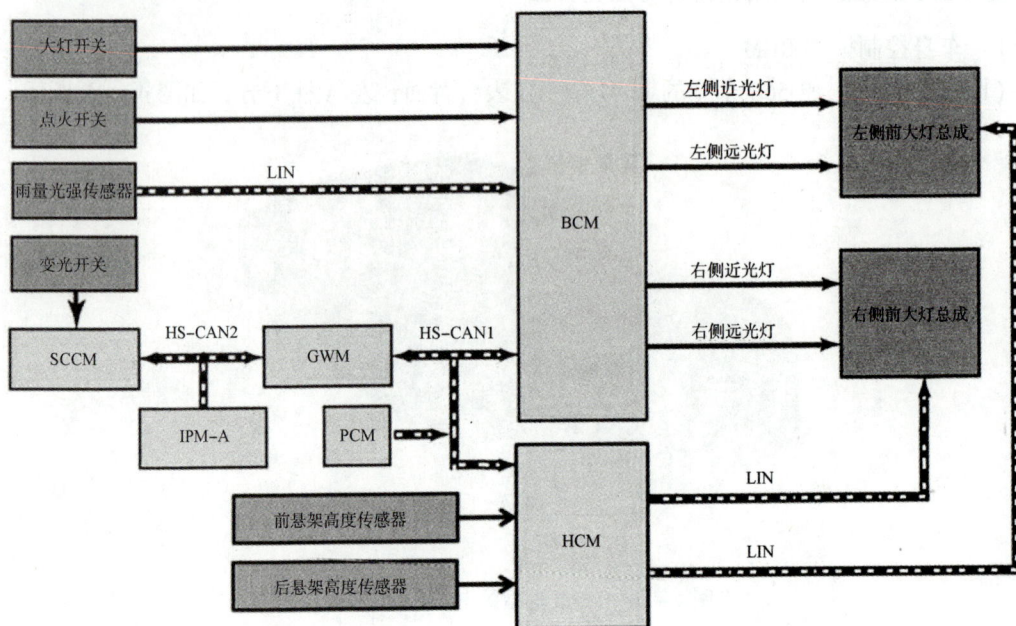

图 4-47　D568 外部灯光系统工作原理

当 BCM 网络信号输入时，总线通信网络上的信息流如下。

①SCCM 通过 HS-CAN2 网络数据总线传输信息，其具体如下：

广播消息，远近光请求；

消息目的，用于远近光的变光请求。

②IPMA 通过 HS-CAN2 网络数据总线传输信息，其具体如下：

广播消息，自动远光灯请求；

消息目的，基于 IPMA 摄像头输入，进行自动远光灯请求。

③PCM 通过 HS-CAN1 网络数据总线传输信息，其具体如下：

广播消息，车速；

消息目的，车速高于设定值（40 km/h），可进入自动远光灯功能。

（2）近光灯。

BCM 在并联电路中向前照灯开关发送前照灯开关的位置。由于每个前照灯开关位置都有一个电路，因此在任意给定的时间，信号电路之一转换为接地，并指示前照灯开关位置。

点火装置为"RUN"状态且当该 BCM 监测到前照灯开关或线路故障时，该 BCM 打开停车灯和前照灯。BCM 可通过前照灯开关的输入信号来监测开关是否存在故障。

BCM 还提供近光灯输出电路过载保护。当监测到过电流消耗时，该 BCM 将关闭受影响的近光灯电路驱动。

（3）远光灯。

SCCM 监控其左侧多功能开关的远光灯请求。当该左侧多功能开关在远光灯位置时，该 SCCM 向 HS-CAN1 网络中的 BCM 发送信息。

当近光灯打开，且该 BCM 接收远光灯的请求时，前照灯电源保持开启状态，且远光灯激活。

（4）自动远光灯。

自动远光灯系统使用 IPMA 来监控周围交通情况和远光灯的使用情况。当前照灯开关在自动挡位置时，会激活自动远光灯特征。在 IPC 信息中心可以启用/禁用自动远光灯。

在夜间行驶期间，且当车速大于 40 km/h 时，如果足够黑暗且无其他交通工具，则该 IPMA 向其 BCM 送信息，打开远光灯。当该系统监测到来车前照灯或前车尾灯时，系统自动关闭远光灯。监测不到来车前照灯或前车尾灯时，远光灯又自动打开。

（5）伴我回家功能。

当点火装置关闭时，变光开关动作，示宽灯和近光灯将被点亮。它们将持续照亮，直到出现以下情况才关闭：

①车门开启 3 min 后；

②所有车门关闭 30 s 后；

③变光开关再次动作；

④点火开关打开。

30 s 延迟内，所有车门关闭，一旦打开任何车门将导致 3 min 计时器重启。

（6）日间行驶灯（DRL）。

BCM 监控点火装置状态、前照灯开关和自动大灯状态。基于输入信号，该 BCM 激活其 DRL。点火装置为"RUN"，且当自动大灯系统或前照灯开关未打开近光灯时，激活该 DRL。

注意：

该 DRL 为本车辆的不可编程参数。

（7）自动大灯及大灯延时。

BCM 使用电压信号向位于雨量传感器内的光敏元件发送接地和参考电压，该参考电压随环境光线条件变化。BCM 监控前照灯开关电路，指示前照灯开关位置。

当 BCM 接收指示自动灯请求的前照灯开关状态时，BCM 监控光敏元件的环境光线条件，如果确定环境光线水平为黑暗，则 BCM 向外车灯提供电压。

当自动大灯被点亮时，关闭点火开关且车辆上锁后，大灯仍可以提供一段时间的照明，即大灯延时功能，具体时间可以在仪表信息中心设置（车辆设置—照明—前照灯延时—10 s、20 s、120 s）。

（8）雨刮开启功能激活前照灯开启。

前照灯开关在自动灯状态为"ON"时，前雨刮在低速或高速时外车灯打开。单刮时不激活外车灯，但是在清洗条件下或雨刮在自动模式时，雨刮自动会激活前照灯开启。

（9）场效应晶体管（FET）保护。

场效应晶体管与模块软件一起使用时，可以监控和控制模块输出上的电流。场效应晶体管保护协议可以有效防止电流过大对模块造成的损害。

BCM 使用场效应晶体管来保护电路的许多输出（如前照灯输出），监控输出负载（电流平）是否过大（通常是短路），并在监测到故障时，将其关闭（切断由模块提供的电压和接地）。短路 DTC 存储在故障事件中，累积计数器计数。

当不存在输出需求时，模块重置场效应晶体管保护，允许电流到达功能区。当驾驶员再次请求激活之前因短路造成中断的电路（场效应晶体管保护）时，如果电路仍处在短路状态，则场效应晶体管保护会再次关闭电路，计数器继续计数。

如果电路负载过度经常发生，模块会关闭输出，直到修复完成。每个场效应晶体管保护的电路有 3 个预设的短路耐受等级，短路耐受等级基于每次短路故障对场效应晶体管的有害效应和场效应晶体管对短路故障的承受能力。根据场效应晶体管的耐久性确定模块的寿命等级。如果总耐受等级确定为 600 次故障事件，那么 3 个预设耐受等级分别为 200、400、600 次故障事件。

达到每个耐受等级后，将同时对 DTC U1000:00 和发生第一次故障后存储的短路 DTC 进行设置。在车辆进行修理之前，不能清除这些故障诊断代码（DTC）。车辆在维修后，需要将这些故障诊断代码清除。

模块从不会将故障事件计数器归零，短路故障事件发生时故障事件计数器会不断计数。如果短路故障事件的次数达到第三级，DTC U3000：49 会与相关短路电路 DTC 一起设置。DTC U3000：49 不能被清理，故障修理后需要更换模块。

（10）光照传感器。

光照传感器即雨量光强传感器。BCM 向光敏元件发送电压信号，光照传感器在电压信号和接地之间提供电阻。电阻随光照传感器监测到的环境光量的变化而变化，环境光线越亮，电阻越低。BCM 可以通过改变电阻确定环境光量。

3）空调系统

（1）概述。

D568 配备了三区空调，后排乘客可通过后排中央扶手箱后面的空调控制开关单独开启和关闭后排空调。

（2）部件位置。

三区空调的部件位置与相关部件名称如图 4-48~图 4-54 所示。

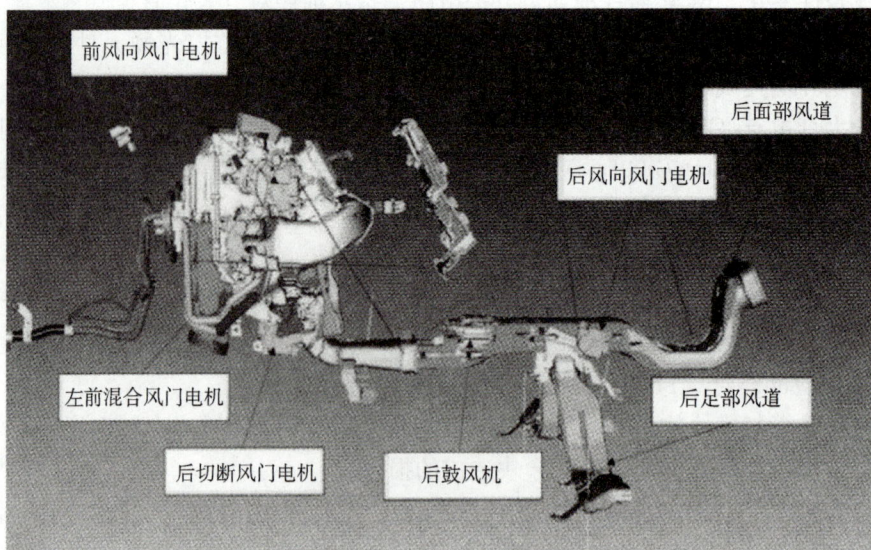

图 4-48　三区空调左视图

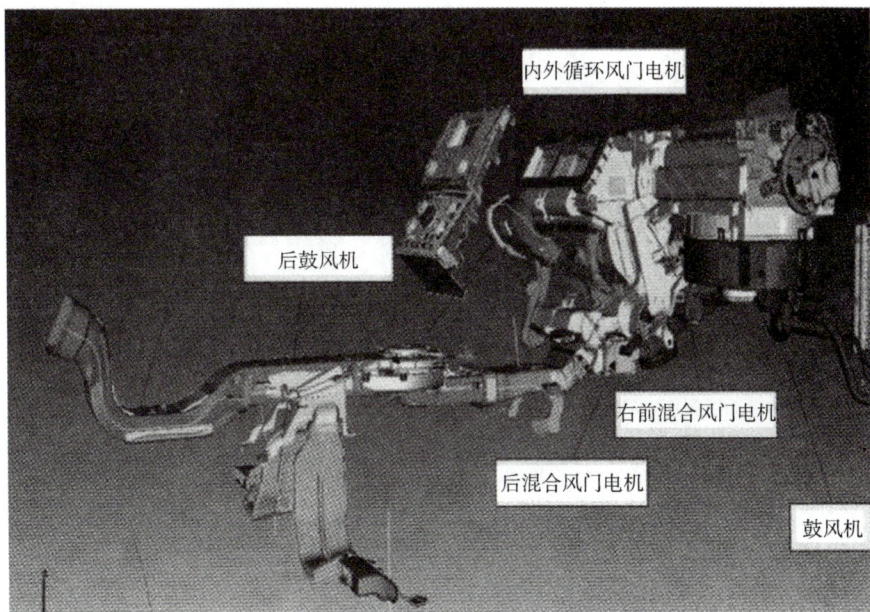

图 4 – 49　三区空调右视图

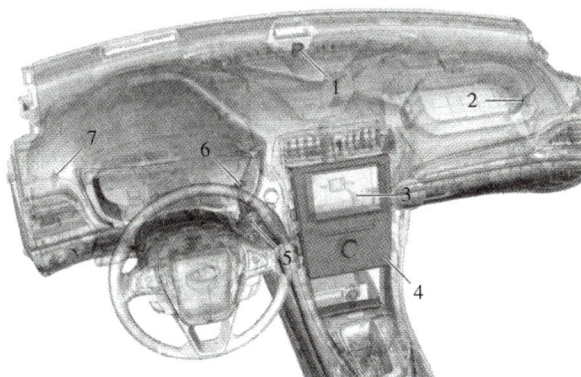

1—阳光负载传感器；2—乘客侧面部出风口温度传感器；
3—乘客侧足部出风口温度传感器；4—FCIM；5—车内温度和湿度传感器；
6—驾驶侧足部出风口温度传感器；7—驾驶侧面部出风口温度传感器。

图 4 – 50　阳光负载等传感器部件

（3）自动空调系统的工作原理。

自动空调系统的网络拓扑如图 4 – 55 所示。

①总线通信网络上的信息流。

a. FCIM 的网络信号输入。

●PCM 通过 HS – CAN1→GWM→MS – CAN 总线传输信息，其具体如下：

广播消息 1，环境温度；

消息目的 1，此信息包括当前环境温度；

广播消息 2，AC 离合器状态；

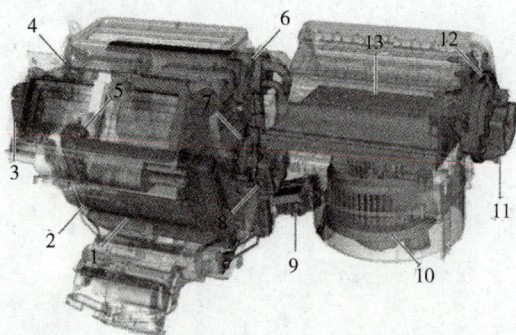

1—暖风水箱；2—蒸发箱温度传感器；3—风向风门执行器；4—风向风门执行器；5—驾驶侧混合风门执行器；6—蒸发箱；7—乘客侧混合风门执行器；8—乘客侧混合风门执行器；9—鼓风机；10—鼓风机；11—内外循环风门执行器；12—内外循环风门执行器；13—空调滤芯。

图 4 – 51　暖风水箱等部件

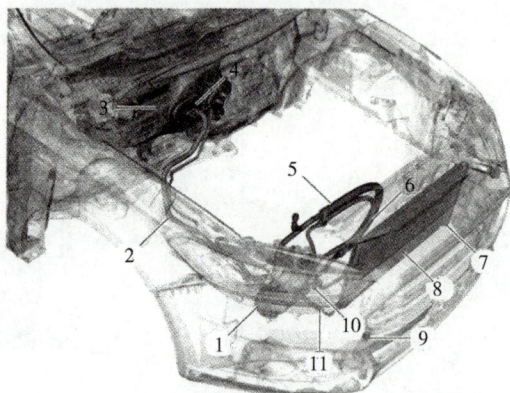

1—空调压缩机；2—蒸发箱输入、输出管；3—空调壳体；4—膨胀阀；5—空调压缩机输入管；6—空调压缩机输出管；7—干燥瓶；8—冷凝器；9—环境温度传感器；10—空调压力传感器；11—冷凝器输出管。

图 4 – 52　空调压缩机等部件

1—暖风水箱电子泵输入管；2—暖风水箱电子泵输出管；3—暖风水箱电子泵。

图 4 – 53　暖风水箱电子泵等部件

图 4-54 环境温度传感器

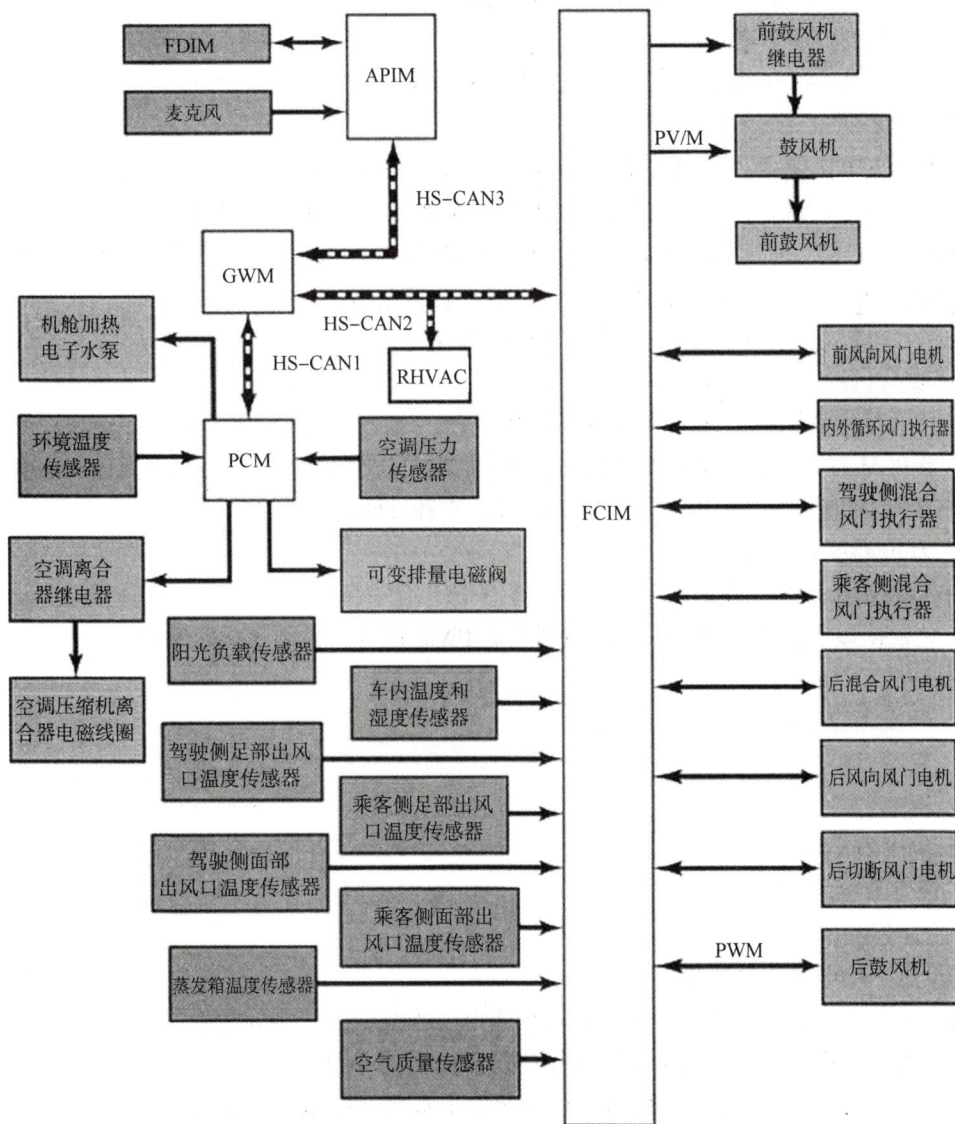

图 4-55 自动空调系统的网络拓扑

消息目的 2，此信息包括当前 AC 离合器状态。

· APIM 通过 HS－CAN3→GWM→MS－CAN 总线传输信息，其具体如下：

广播消息，空调控制请求；

消息目的，此信息包括语音命令控制和 8″显示屏触摸控制。

b. APIM 的网络信号输入。

FCIM 通过 MS－CAN→GWM→HS－CAN3 总线传输信息，其具体如下：

广播消息，空调控制开关状态；

消息目的，此信息包含空调控制开关状态。

c. PCM 的网络信号输入。

FCIM 通过 MS－CAN→GWM→HS－CAN1 总线传输信息，其具体如下：

广播消息 1，AC 请求；

消息目的 1，此信息包含 AC 离合器结合请求；

广播消息 2，蒸发箱温度；

消息目的 2，PCM 用此信息调节空调压缩机的输出。

②空调控制。

当利用 FDIM 或者声控命令开启空调时，APIM 通过 HS－CAN3 将命令发送给 GWM，GWM 通过 HS－CAN 把请求信号发送给 PCM，PCM 控制空调离合器继电器。当驾驶员直接从 FCIM 输入空调请求信息，FCIM 通过 MS－CAN 发送请求信号给 GWM，GWM 通过 HS－CAN1 把请求信号发送给 PCM，PCM 控制空调离合继电器。

空调系统控制出风口的数量取决于车辆的选择。

③压缩机控制。

PCM 通过空调压力传感器监测高压管路压力，当压力过高或者过低时，PCM 会断开压缩机。当 PCM 收到开启空调的请求信号，并满足以下条件时，PCM 会接合压缩机离合器：

a. PCM 未监测到空调压力传感器的值过高或者过低；

b. 环境温度高于设定值；

c. 蒸发箱温度高于设定值。

PCM 根据以下信号来向压缩机电磁阀发送 PWM 信号，控制压缩机的排量：

a. 环境温度；

b. 蒸发箱温度；

c. 发动机转速；

d. 车速；

e. 空调高压侧压力；

f. 温度和模式设定；

g. 进气温度。

④机舱加热电子水泵控制。

只有配备了自动启停的车辆才有机舱加热电子水泵。当车辆处于启停工况且空调处于加热模式，机舱加热电子水泵会给暖风水箱提供发动机冷却液。

PCM 通过 PWM 占空比信号控制机舱加热电子水泵，依据的主要信号如下：

a. 自动启停起作用；

b. 空调处于制热模式；

c. 冷却液温度；

d. 发动机转速；

e. 车速。

4）雨刮系统

（1）功能及概述。

D568配备了自动感应雨刮系统，并可以通过组合开关调节雨量感应灵敏度。

（2）工作原理。

自动感应雨刮系统的网络拓扑如图4-56所示。

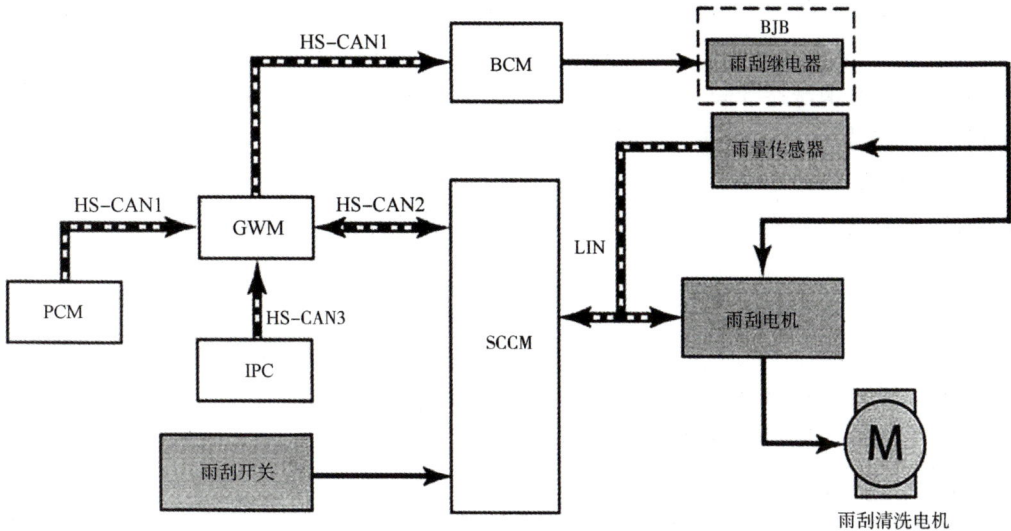

图4-56 自动感应雨刮系统的网络拓扑

①总线通信网络上的信息流。

a. SCCM的网络信号输入。

• PCM通过HS-CAN1→GWM→HS-CAN2总线传输信息，其具体如下：

广播消息，车速；

消息目的，SCCM参考车速信息控制雨刮速度。

• IPC通过HS-CAN3→GWM→HS-CAN2总线传输信息，其具体如下：

广播消息，信息中心功能配置；

消息目的，SCCM根据信息中心功能配置开启或关闭雨刮以及自动雨刮功能。

b. BCM的网络信息输入。

SCCM通过HS-CAN2→GWM→HS-CAN1总线传输信息，其具体如下：

广播消息，前雨刮状态；

消息目的，BCM根据雨刮状态信息激活大灯。

②雨刮。

当点火开关打开，集成到BJB中的雨刮器/继电器将通电，为雨刮电机和雨量传感器

（如有）提供电压。

SCCM 监测雨刮器/清洗器开关输入，并通过 LIN 向雨刮电机发送雨刮器/清洗器开关数据。

③单刮。

当单刮功能激活时，SCCM 通过 LIN 向雨刮电机发送请求，进行单一挡风玻璃刮水。只要激活单刮功能，雨刮就可以运行。

④挡风玻璃清洗器。

当雨刮/清洗器开关激活时，SCCM 通过 LIN 向雨刮电机发送清洗器请求。挡风玻璃清洗位于雨刮电机内部的继电器。雨刮电机激活挡风玻璃清洗继电器时，向清洗器泵提供电压，使清洗液喷向挡风玻璃。当松开开关时，雨刮电机继续激活 3 次额外的刮水动作，然后关闭。

⑤礼仪刮水。

如果雨刮器/清洗器开关关闭，挡风玻璃清洗循环结束后，几秒内挡风玻璃会再进行一次刮水，以清除留在挡风玻璃上的残留液体。

⑥间歇雨刮。

雨刮器/清洗器开关处于间歇设置时，雨刮电机将按规定间隔激活。设置越低，刮水间隔时间越长。

⑦速度感应雨刮器。

当雨刮器/清洗器开关处于最低设置以外的任意一种间歇设置时，速度感应功能将随着车速的提高而增加刮水频率，以补偿积聚在挡风玻璃上的多余水分。

SCCM 从 PCM 接收车速信息，并通过 LIN 发送给雨刮电机。

⑧雨量感应雨刮（自动雨刮）。

如果配备雨量感应雨刮功能，则雨量感应雨刮功能将代替间歇雨刮器的功能。雨刮器/清洗器开关处于 6 挡自动/间歇感应设置中的任意一挡时，雨量感应功能将被激活。由接近"OFF"挡至最高挡，对水分的感应逐级灵敏。

雨量传感器通过 LIN 线向雨刮电机发送数据。当系统监测到挡风玻璃上的水分时，将根据来自雨量传感器的数据和雨刮器/清洗器开关上的自动/间歇设置自动激活并调节雨刮速度和频率。

⑨雨刮器激活大灯。

当大灯开关处于自动挡时，雨刮器/清洗器开关激活 10 s 内，BCM 将开启车外灯。BCM 在雨刮器关闭后大约 30 s 关闭车外灯。

如果配备有雨量感应雨刮功能，则当大灯开关处于自动状态，且雨量感应雨刮器被挡风玻璃上的水分激活时，BCM 开启车外灯。雨量感应雨刮器停止后不久（无法再从挡风玻璃上监测出水分时），BCM 关闭车外灯。

四、长安福特车系总线通信网络系统故障诊断与案例分析

（一）网络诊断策略

当对网络进行诊断时，按照标准程序来查找问题起因的线索，并根据这些线索，确定必须进行修理或者更换的部件，以解决用户提出的问题。解决故障最有效的方法就是采取

"症状—系统—部件—原因"的诊断策略。首先确定故障的症状,如驾驶员车门打开时室内灯不亮;然后确定是哪一个系统可能导致该症状出现,如查阅了维修手册症状表之后,怀疑该故障可能来自门控灯照明系统。

一旦确定了具体的系统(子系统),就可以通过诊断来确定该系统中造成故障的部件。

例如,在上面的举例中,测试驾驶员车门开关,发现它已经出故障了。确定了有故障的部件,就应该确定导致部件出故障的根本原因。例如,继续以车门开关出故障为例,应该发现是由车门密封的破损造成漏水而引起的。在本例中,车门密封损坏应该是故障的主要原因,必须更换车门密封,否则开关还会再出现故障。

(二)网络诊断顺序

无论何时,只要用户提出问题将汽车送来维修,都应该按以下几个步骤进行工作。

1. 确认用户提出的问题

检查 OASIS 和汽车维修记录,确认问题之后,查阅维修手册,确定是否为网络问题。

2. 执行初步检测

开始诊断之前,查阅维修手册上的"检查与确认"程序中列出的步骤,进行直观检查。绝对不能省略或遗漏任何初步诊断步骤。因为漏过任何一项初步诊断步骤都可能浪费数小时的工作,并可能导致误诊。

3. 执行网络测试

完成初步测试后,必须检查网络的通信能力。CAN、ISO 9141 和 J1850(SCP)的测试使用 IDS 测试仪。ACP 网络诊断测试可以通过模块显示进行。

当诊断一个装备网络的汽车时,最重要的一点是检查所有的模块是否能够相互通信。这样做是要保证那些需要得到网络传输信息的系统能够接收到信息,还可以确认测试仪能够与网络中的模块通信。如果测试仪不能与网络中的模块进行通信,那么将无法获得诊断数据。

4. 读取故障诊断码,执行定点测试

从与症状有关的模块的连续内存中读取故障诊断码和随车自检故障诊断码。选择相关的模块以后,下一步就是读取/清除连续的 DTC。要读取/清除连续 DTC,首先应选择 LCM,再选择诊断测试模式,最后选择读取/清除连续的 DTC。

任何连续 DTC 都会被先保存起来,在汽车当前状态下不可能重现。在读取连续故障码时,并不知道这些代码是何时生成的。清除掉所有相关模块的连续故障码和随车故障码后,IDS 会自动重新测试以获得连续故障码。

对于不能读的故障码,可以驱动汽车使代码重新生成。在驱动汽车后,重新测试以获得与故障有关的 DTC,得到更直接的故障原因。

将汽车传感器的输入连接到输入模块上。输入模块在网络中传输数据,输出模块将其获得的信息生成为输出信号,并传输给电磁阀或执行器等。网络的优点之一是在一点上可以从多个模块收集诊断信息。

利用诊断信息可以监视系统的工作情况。用参数识别数据监视从输入到输入模块的信号,可以检验参数的输入端。如果在输入端没有找出故障原因,可用参数识别数据和主动命令检验从输出模块到输出的信号。

（三）故障诊断码（DTC）

福特汽车在网络中通信的控制模块能够存储 DTC。通过网络可以访问这些 DTC，从而获得故障原因的有关信息。故障码的第一个字母（前缀）表示产生故障诊断码的汽车系统类型。

注意：

故障诊断码的定义可以在维修手册中相应章节的"故障诊断码索引"中找到。前缀"U"表示网络上的信息丢失或信息错误。例如，故障诊断码 U1135 表示"点火开关/起动机数据无效或者丢失"。

福克斯网络故障码索引（部分）见表 4-8。

表 4-8 福克斯网络故障码索引（部分）

编号	故障码	含　义
1	U1900	模块通信故障——接收错误
2	U2012	CAN 网络通信故障
3	U0073	CAN 网络通信故障
4	U0500	丢失车速信号
5	U2516	CAN 网络接收故障
6	U2510	CAN 网络通信故障
7	U1039	没有收到车速信号或收到的车速信号不正确
8	U2199	无效的发动机水温数据
9	U1147	接收到无效的或丢失车辆安全数据
10	U2197	无效的车速信号
11	U2200	无效的转速信息
12	U1135	点火开关/起动机数据无效或者丢失

故障诊断的过程如下。

（1）如果网络通过测试，还要按照诊断程序工作，其具体如下：

①读取连续的故障诊断码和记录；

②清除故障诊断码，并执行随车自检来确定当前故障，综合分析故障诊断码结果；

③确定故障诊断码是否与用户提出的问题有关。

（2）查阅"故障诊断码索引"，确定应遵循的诊断程序。

故障诊断码索引会指导使用者按照维修手册其他章节或者其他维护出版物进行定点测试，定点测试用来确定故障码的原因。需要做模块诊断时在维修手册相应章节中能够查到故障诊断码索引。

（3）如果没有故障诊断码，参考维修手册中的"症状表"进行诊断。

"症状表"利用汽车症状来指导使用者使用正确的诊断或者修理程序。症状表在维修手册各子系统的章节中能够找到。

（四）锐界（CD539）汽车多种电子功能失效故障诊断与案例分析

1. 故障现象

锐界（CD539）汽车进店报修无空调，四门玻璃无法升降，遥控器中控无法解锁，放在应急口内可以起动车辆。

2. 维修过程

1）验证故障

通过验证, 顾客报修故障确实存在, 同时还检查到车辆尾门也失效。

2）读取故障代码

用 IDS 读取故障代码, 相关故障代码信息如图 4 –57 ~ 图 4 –60 所示。

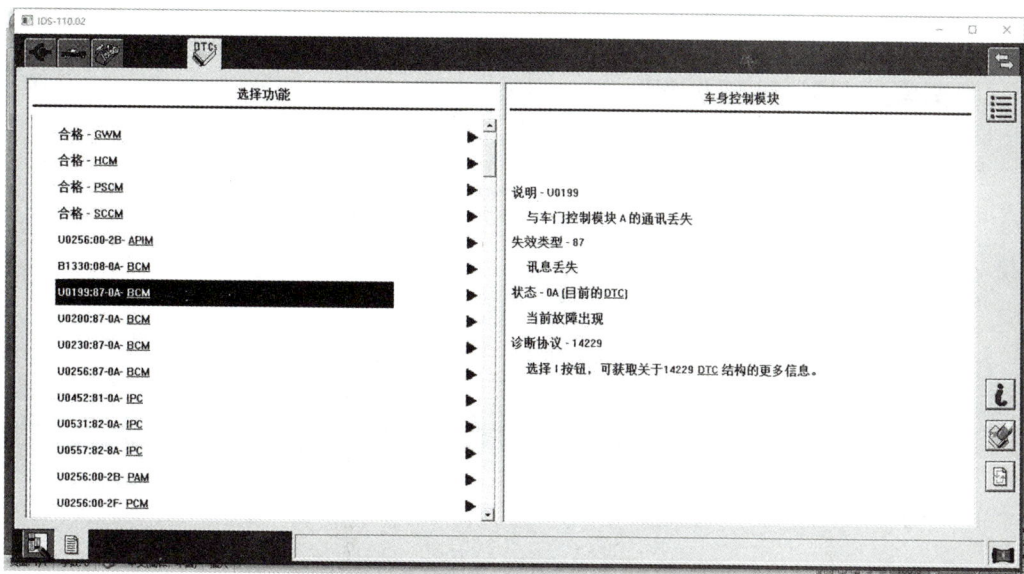

图 4 –57　相关故障代码信息 –1

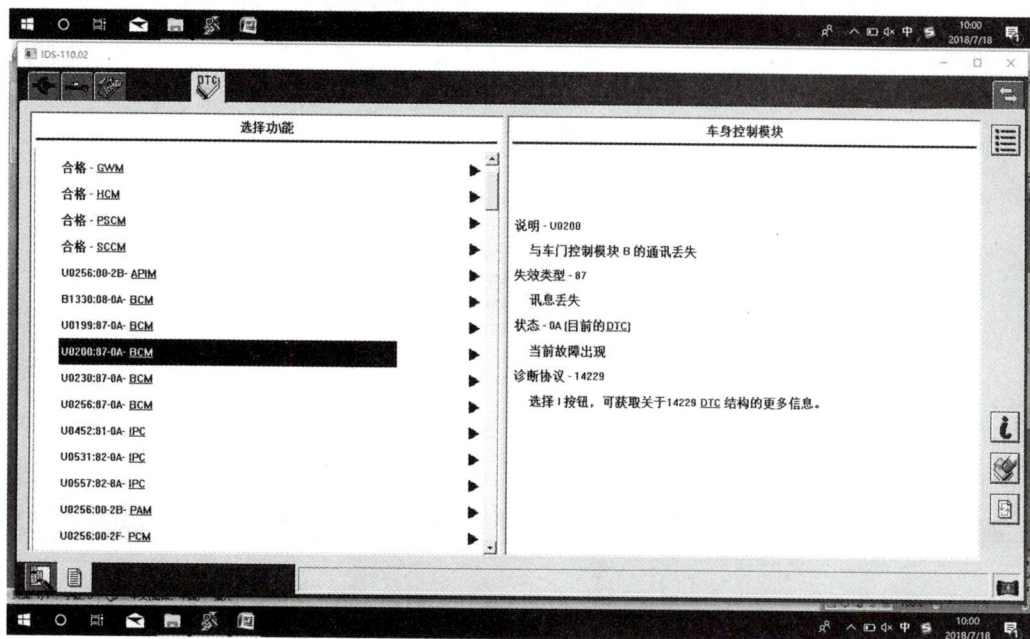

图 4 –58　相关故障代码信息 –2

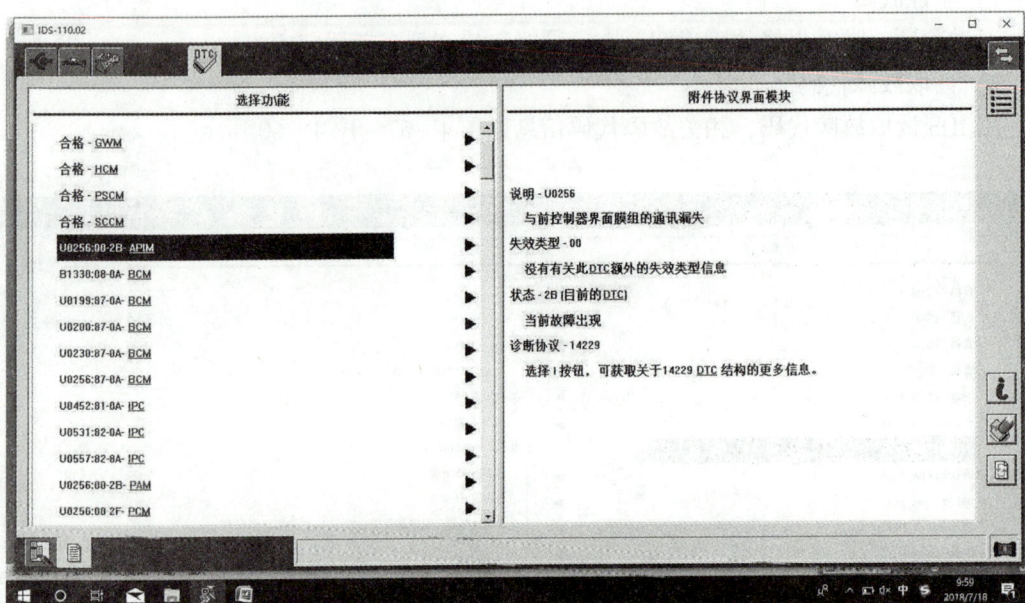

图 4 – 59　相关故障代码信息 – 3

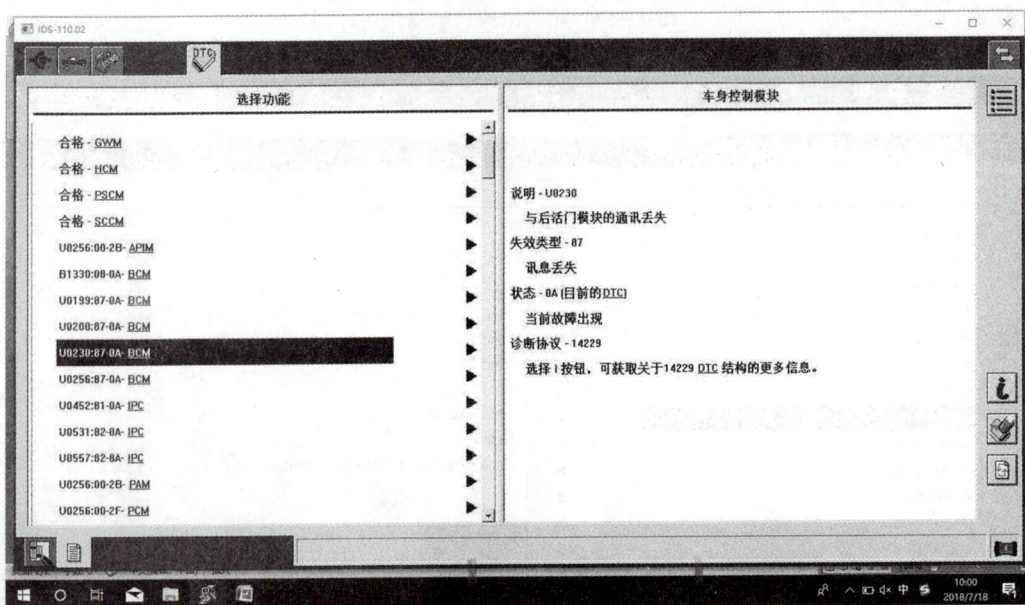

图 4 – 60　相关故障代码信息 – 4

3）电路分析

读取故障代码，可以发现所有的故障码均为网络故障。查询维修手册，画出网络拓扑图，如图4-61～图4-63所示。结合网络拓扑图发现，有问题的模块均为中速网，根据当前所得到的信息分析故障原因有主要有如下两点：

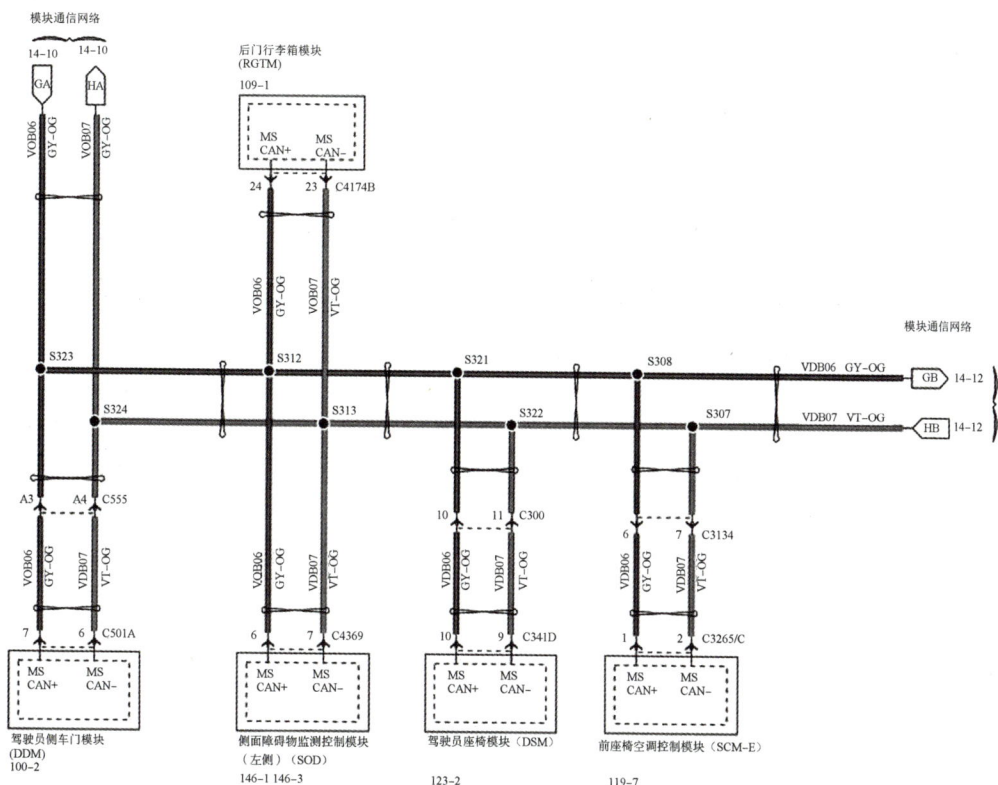

图4-61　CD539汽车MS-CAN网络拓扑-1

（1）MS-CAN线路故障；

（2）MS-CAN上的某个模块故障。

4）检测MS-CAN总线通信网络的总电阻

检测过程如下：

（1）断开电池负极线缆；

（2）不拔下GWM背面的线束插头；

（3）测量GWM背面连接器的引脚22和23之间的电阻，理论值应为60Ω，但实测值为0Ω。

5）检测MS-CAN总线通信网络的总线电压

用万用表测量MS-CAN的CAN-H、CAN-L电压大约为2.5 V。

3. 检测结果分析

通过对MS-CAN总线总电阻与MS-CAN总线电压的检测结果分析可知，MS-CAN总线通信网络中某处存在CAN-H与CAN-L相互短路故障。

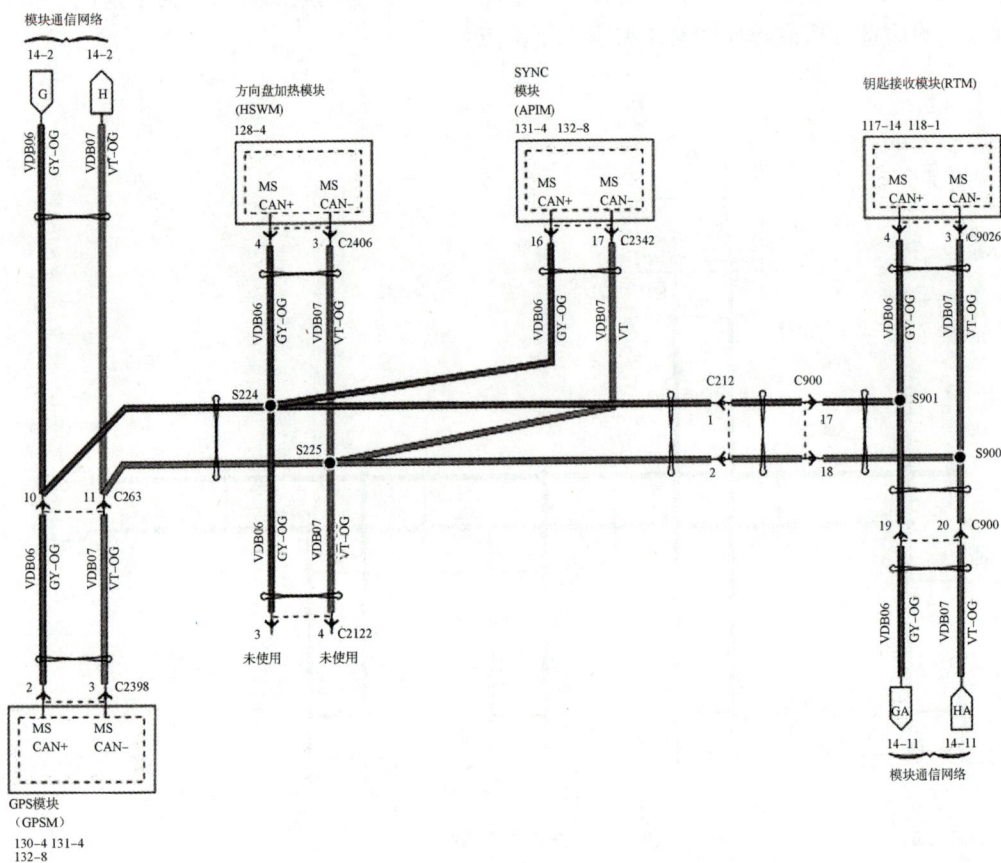

图 4-62　CD539 汽车 MS-CAN 网络拓扑-2

4. 故障排除

依照 MS-CAN 总线网络拓扑图，依次断开 C900 插头（位于左 A 柱内饰板内）、C212 插头（位于排挡杆左下方地毯内）、C555 插头和 C655 插头（位于两前门合页处插头），测量 MS-CAN 总线总电阻、总线电压，检测结果未变。然后将 C4174B 插头断开，测量数值依旧，因此可把故障点锁定在车辆左侧及右前的地毯线束，拨开线束检查，最终在左后门内侧地毯线束下发现问题，两个网络线被压在一起，造成了 MS-CAN 线路短路。修复线路后，故障排除。

5. 故障诊断解析

由于福特车系 MS-CAN 没有单线工作的降级容错能力，故当 CAN-H 与 CAN-L 相互短路故障时，就会造成 MS-CAN 网络整体瘫痪，造成上述故障的产生。

音响控制面板（FCIM）

后空调控制面板（RHVAC）

模块通信网络

乘客侧车门模块
（POM）
100-4

侧面障碍物监测控制模块（右侧）（SCOR）
146-2 146-4

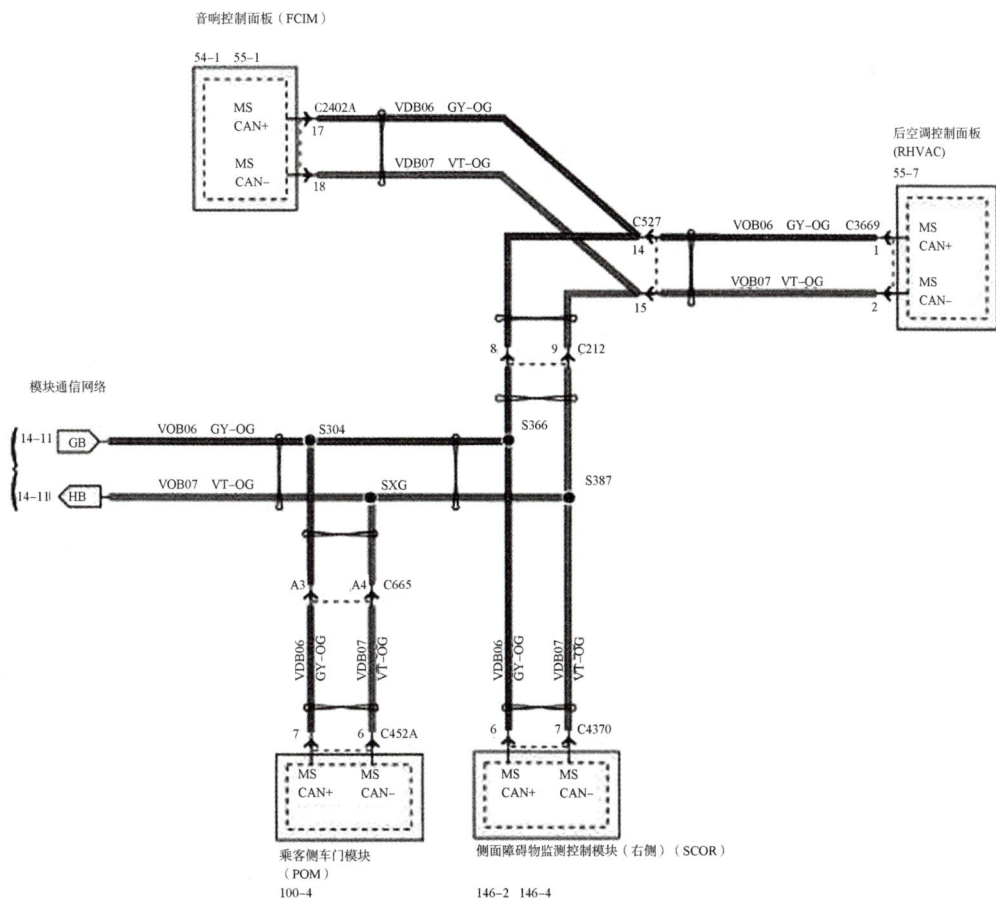

图 4-63　CD539 汽车 MS-CAN 网络拓扑-3

任务三　奔驰车系总线通信网络技术应用与检修

一、奔驰车系总线通信网络系统概述

奔驰车系中一般将总线通信网络系统统称为控制器局域网络（Controller Area Network，CAN），即对奔驰车系总线通信网络系统的命名。奔驰车系中所有车辆均采用了多种总线系统，各个总线系统通过带有网关功能的控制单元形成公共网络。因此，数据是所有投入系统共享的。

（一）奔驰总线系统分类

奔驰总线系统分类见表4-9。

表 4 – 9　奔驰总线系统分类

总线系统		区域网络	传输速率	汽车型号
控制器区域网络	高速 CAN	CAN C 发动机控制器	800 kbit/s	所有汽车
		CAN C1 传动系控制器	500 kbit/s	
		CAN I 传动系传感器		
		CAN L 混合动力控制器		205. 012/047/147/ 212/247、253. 354/954
		CAN S1 前部雷达控制器		所有汽车
		CAN S2 后部雷达控制器		
		CAN HMI 用户界面控制器		
		CAN D 诊断控制器		
		AMG 控制器		205、253
		CAN PER 外围设备控制器		所有汽车
		动态行驶控制器		
		远程信息处理控制器		
	中速 CAN	CAN A 车载智能信息系统	250 kbit/s	
		CAN B 车内控制器		
		方向盘控制器		
Flex E		底盘 FlexRay	10 kbit/s	①驾驶员辅助系统（车型系列 212）；②底盘 CAN 替换总线（车型系列 222）
MOST		多媒体传输系统	22 kbit/s	所有汽车
			150 kbit/s	222
Ethernet		以太网	100 kbit/s	205/253
LIN		局域互联网	20 kbit/s	所有小汽车

（二）网关控制单元

由于奔驰车系所有车辆中均采用了多种总线系统，所以需要网关控制单元作为连接不同网络通信的桥梁，即网关控制单元是与其他总线系统相连的各控制单元之间的数据交换接口。

同时，与多种总线系统相连的控制单元称为总网关。在奔驰车系中，随着车型的不同，承担总网关的控制单元也不尽相同，下面以 221 型汽车和 205 型汽车为例来介绍。

1. 奔驰 221 型汽车的总网关控制单元

如图 4 – 64 所示，N93（中央网关）构成了与其他总线系统相连的各控制单元之间的数据交换接口，承担着总网关的功能。

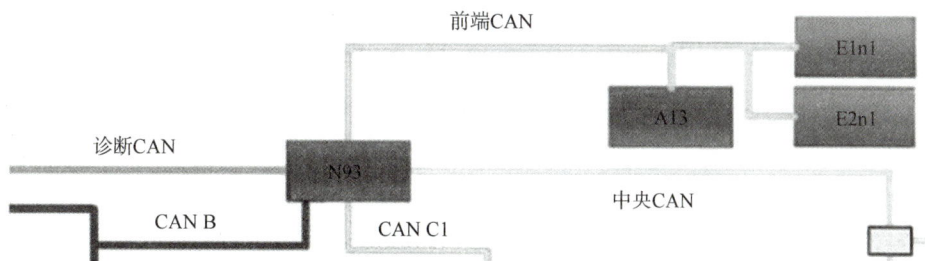

图 4 - 64　奔驰 221 型汽车总网关控制单元

2. 奔驰 205 型汽车的总网关控制单元

如图 4 - 65 所示，A26/17（主机）构成了与其他总线系统相连的各控制单元之间的数据交换接口，承担着总网关的功能。

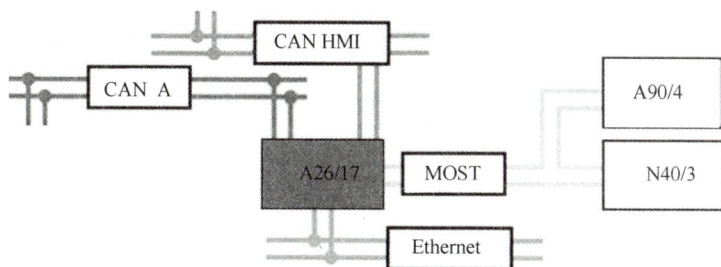

图 4 - 65　奔驰 205 型汽车总网关控制单元

还有另外一些控制单元，虽然没有网关功能，但它们也连接在了两个或两个以上的网络上。可以简单地理解为这些控制单元懂得两种以上不同的语言，因而可以连接不同的系统。它们与网关的唯一区别在于，网关收到来自一个网络的信息，它会翻译后传至另一个网络；而这些控制单元仅获取不同网络发来的信息，为自己所用，不会翻译给其他控制单元或网络。如图 4 - 66 所示，在奔驰 205 型汽车中，N127 为传动系统控制单元，N73 为电子点火开关控制单元。

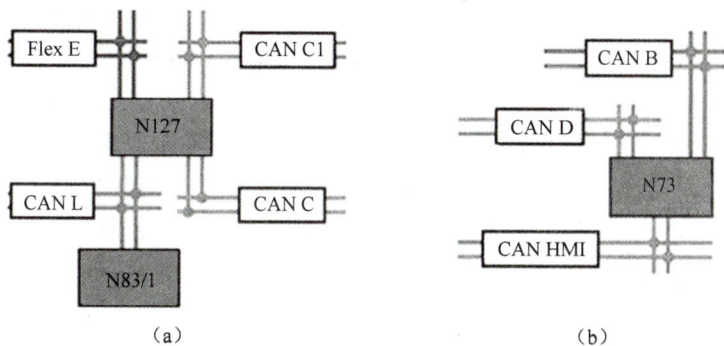

（a）　　　　　　　　　　　　　　　　　（b）

图 4 - 66　奔驰 205 型汽车 N127、N73 控制单元
（a）N127 控制单元；（b）N73 控制单元

（三） CAN 总线通信网络协议

奔驰车系中 CAN 总线通信网络协议遵循国际标准 ISO 的规定，因此 CAN – BUS 的物理结构以及 CAN 的信号组成部分的格式都是固定的。早期奔驰车系中实际应用的有两种 CAN 系统：低速 CAN 和高速 CAN。低速 CAN 的传输速率为 83.3 ~ 125 kbit/s；高速 CAN 的传输速率为 250 ~ 800 kbit/s。目前，低速 CAN 已被淘汰，当代车型上全部为高速 CAN。图 4 – 67 为高速 CAN 的信号特征。

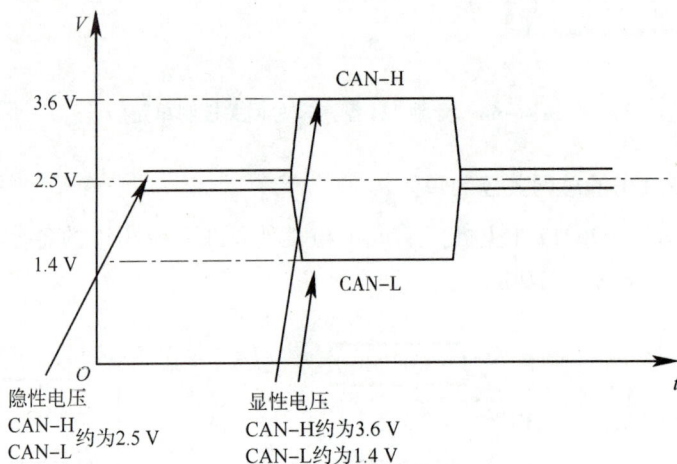

图 4 – 67　高速 CAN 的信号特征

二、奔驰车系总线通信网络系统特点

1. CAN 总线终端电阻

为了衰减和消除网络上的噪声，让通信更清晰，在奔驰车系中的高速 CAN 的末端，通常有两个并联的 120 Ω 或一个 60 Ω 的电阻作为终端的电阻结构。而一个 60 Ω 的电阻作为终端的电阻结构，是奔驰车系高速 CAN 网络的常见终端电阻结构。奔驰 205 车型高速 CAN 的终端电阻结构，如图 4 – 68 所示。

2. CAN 总线电压分配器

在奔驰车系中，同一个子网络（CAN 总线子控制器局域网络）上的控制单元，均通过一个电压分配器连接在一起。电器代号以 X30/xx 命名，如图 4 – 68 中的 X30/20、X30/21、X30/27、…、X30/44 等。电压分配器的主要作用如下：

（1）为各子控制器局域网络提供终端电阻的安装位置，阻值大多为 60 Ω；

（2）便于快速查找节点故障，提高维修效率，在每个电压分配器插头上，至少会留有一个空引脚，必要时需使用到如图 4 – 69 所示的诊断线盒，用于 CAN 系统的诊断；

（3）有利于子控制器局域网络功能拓展。

3. 高速 CAN 的容错性

在奔驰车系中，高速 CAN 的容错性符合 ISO 11898 – 2 标准。

对应发动机的工作状态，发动机 CAN C 的容错性见表 4 – 10。

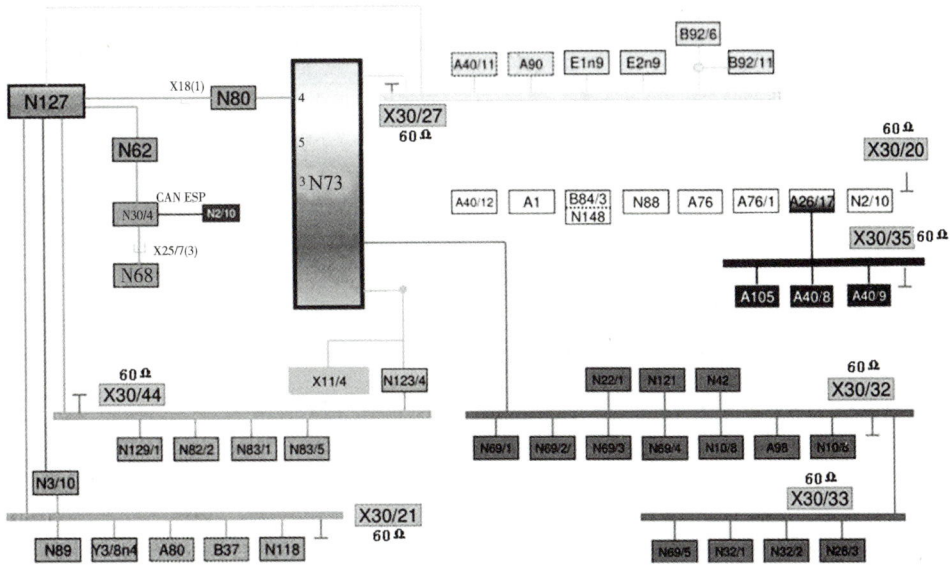

图 4 – 68　奔驰 205 车型高速 CAN 的终端电阻结构

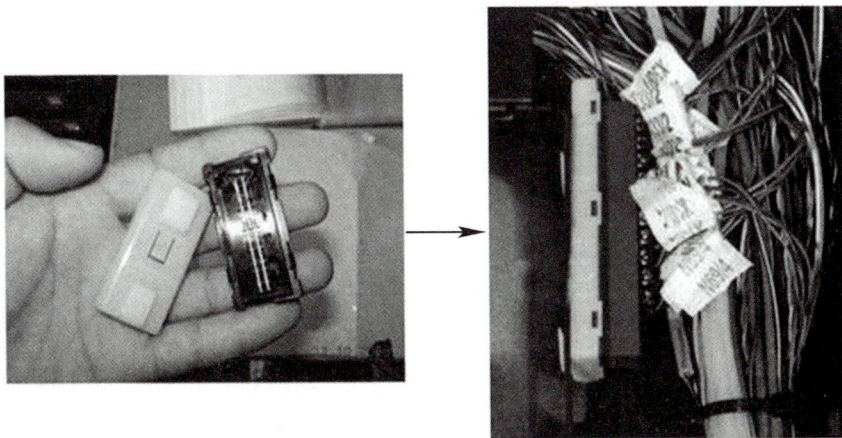

图 4 – 69　电压分配器诊断线盒

表 4 – 10　发动机 CAN C 的容错性

故障类型	总线/发动机状态
ESP 控制单元中无数据（取下 CAN 连接器）	①若干数据信息电码缺失； ②载波电压和信号振幅无变化
CAN 总电阻约为 30 Ω	①信息：将电阻器设定至 60 Ω； ②信号无规则、峰值上下波动； ③发动机起动
CAN 总电阻约为 10 Ω	①信息：将电阻器设定至 11 Ω； ②无可用的数据信息电码； ③发动机无法起动

故障类型	总线/发动机状态
CAN – L 对地短路	①CAN – L、无载波电压、无信号； ②CAN – H 载波电压约为 0.2 V、信号振幅约为 3 V； ③车辆起步、发动机转入应急运行模式（非单线模式）
CAN – H 对地短路	①CAN – H 和 CAN – L、无载波电压、无信号； ②CAN 不起作用； ③发动机无法起动
CAN – L 和 CAN – H 相互短路	①CAN – H 和 CAN – L、载波电压为 2.5 V、无信号； ②发动机无法起动
CAN – H 或 CAN – L 对蓄电池正极短路	①CAN – H/CAN – L、载波电压等于车载电压； ②发动机无法起动

4. FlexRay 总线

在奔驰车系中，212 车型系列中的"驾驶员辅助系统"及 222 车型系列中的"底盘 CAN 总线"等，均先后改用了 FlexRay 总线通信网络技术。

1）相关知识回顾

FlexRay 是一个快速的，具有确定性和容错性的总线系统。信号不是基于事件而传输，而是在固定的确定时间窗口期间传输，因此可降低总线负载。时间窗口分为静态和动态部分。

FlexRay 总线的结构包括：为提高抗干扰力而传输差动信号的绞合双芯数据线；为了避免在导线上反射，在数据导线两端使用的终端电阻，终端电阻位于各控制单元内，终端电阻的阻值由数据传输速率和导线长度决定。

连接在 FlexRay 总线上的各控制单元都能够发送或接收电压脉冲形式的数据，FlexRay 的数据传输速率为 10 Mbit/s。

2）连接底盘 FlexRay 总线的控制单元

以 205 车型为例，该车型底盘网络系统使用的是 FlexRay 总线通信网络，如图 4 – 70 所示。

注意：

在图 4 – 70 中，N73、N30/4 和 N68 为起动节点，是负责 FlexRay 总线系统起动和同步的控制单元。

3）FlexRay 的总线电阻

以奔驰 W222 车型为例，该车型采用双线制、星形和总线型混搭的拓扑结构。每个星形的分支，都有一个约为 50 Ω 的分支总终端电阻。在每个星形分支末端的节点控制模块（图 4 – 71 上标为"E"）的内置终端电阻为 102 Ω；而处于星形分支中间的节点控制模块（图 4 – 71 上标为"M"），在 FlexRay 的双线之间架有的内置电阻为 2 426 Ω；在每个星形分支通用节点控制模块（图 4 – 71 上标为"U"）的内置终端电阻为 102 Ω。

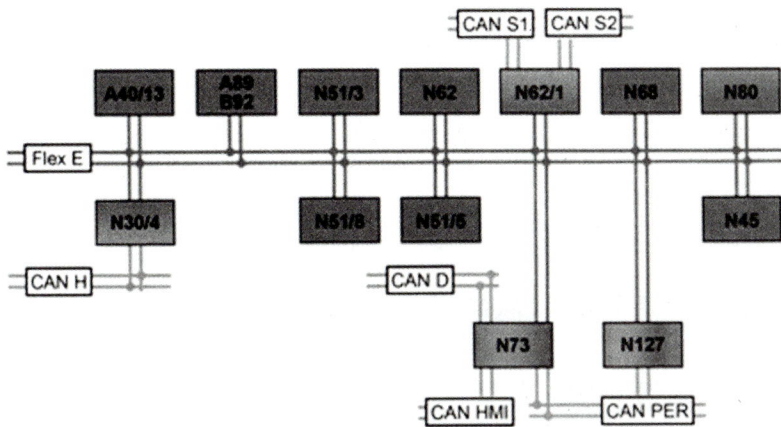

A40/13—立体多功能摄像头；A89—限距控制系统电动控制单元；B92—前部长程雷达感测器；
N51/3—空气悬挂系统控制单元；N62—泊车系统控制单元；N62/1—雷达感测器控制单元；
N68—电动动力转向机构控制单元；N80—转向柱模块控制单元；N30/4—电控车辆稳定行驶系统控制单元；
N51/5—自适应减震系统控制单元；N73—电子点火开关控制单元；N127—传动系统控制单元；
N51/8—空气悬挂增强版控制单元（253 车型）。

图 4 - 70　奔驰 205 车型的底盘 FlexRay 总线网络结构

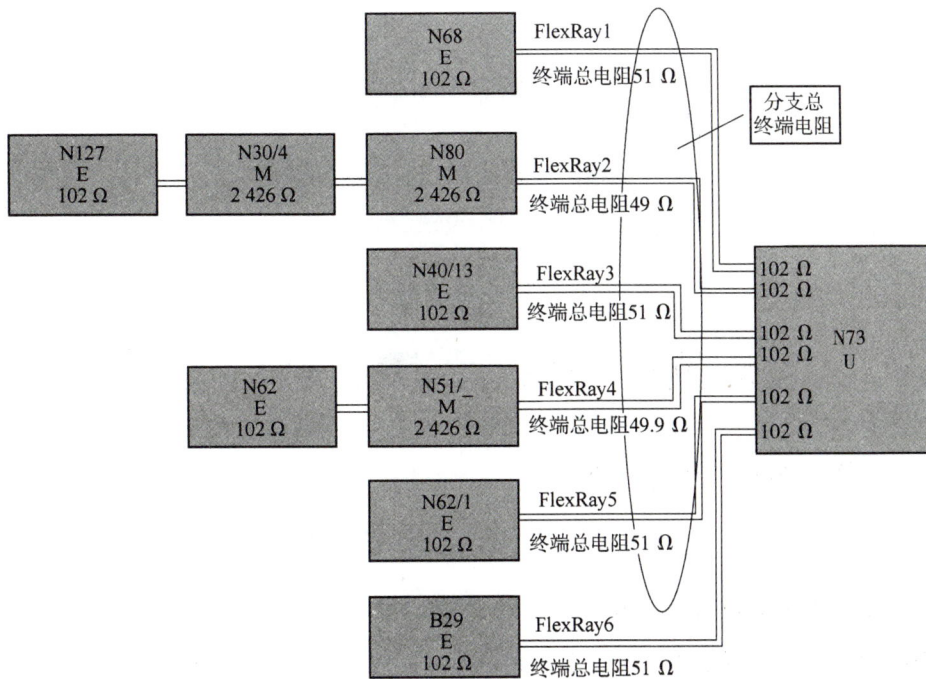

图 4 - 71　奔驰 W222 星形分支终端总电阻结构

三、奔驰车系总线通信网络技术应用

下面以2019年生产的奔驰205型汽车为例，介绍总线通信网络技术。

（一）205型汽车的总线通信网络架构

为了满足车辆在安全性、舒适性、通信、诊断等方面的要求，205型汽车总线网络拓扑如图4-72～图4-74所示。

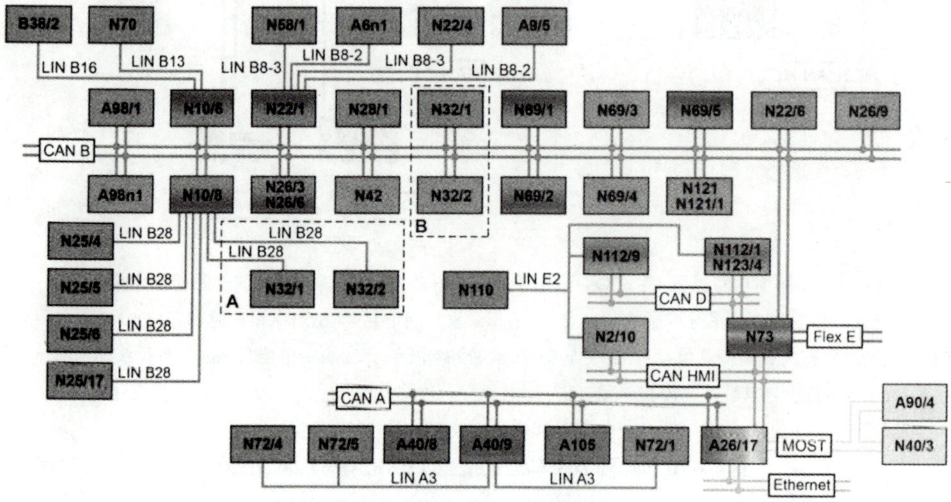

图4-72　205型汽车总线网络拓扑-1

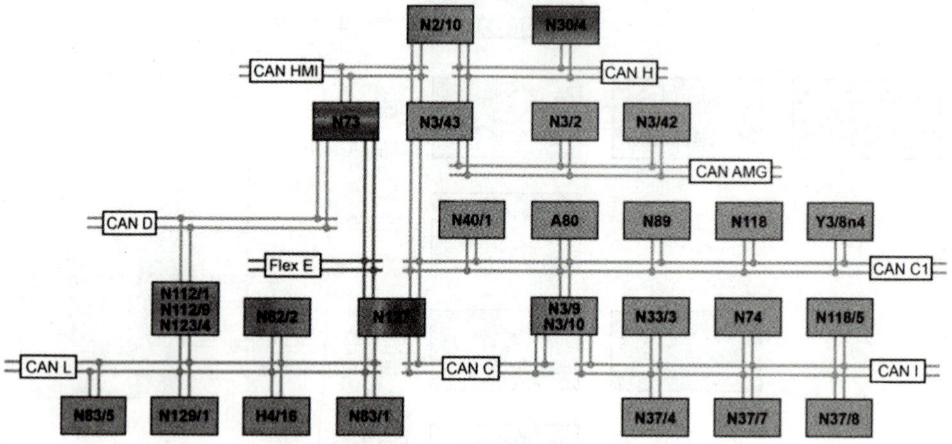

图4-73　205型汽车总线网络拓扑-2

（二）控制器区域网络（CAN）

在205型汽车整车网络中包括以下控制器区域网络（CAN）。

1. 车载智能信息系统（CAN A）

车载智能信息系统控制器区域网络用于在连接的音频设备之间进行数据交换，传输速率为250 kbit/s，网络拓扑如图4-75所示。

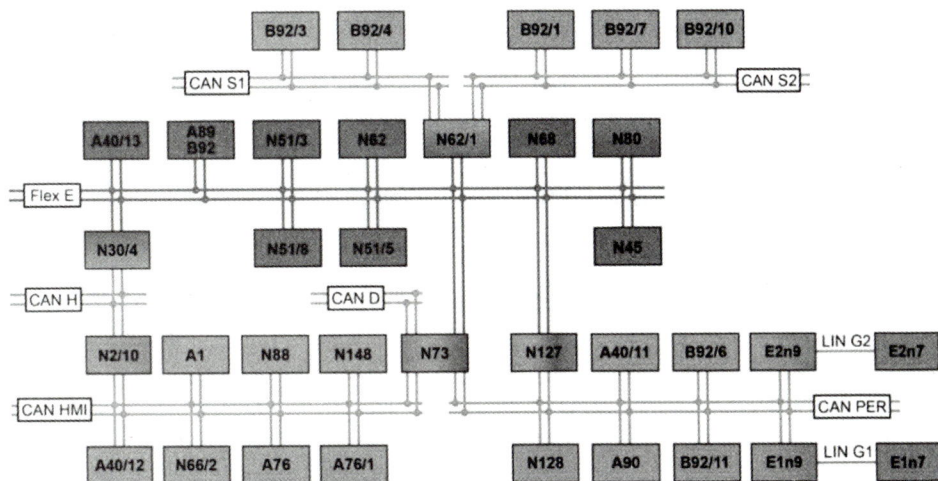

图 4 –74　205 型汽车总线网络拓扑 –3

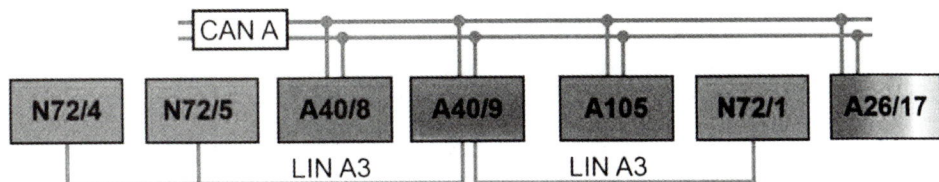

A26/17—主机；A40/8—音频/驾驶室管理及数据系统（COMAND）显示屏；A40/9—音频/驾驶室管理及数据系统（COMAND）控制面板；A105—触摸板；N72/1—上部控制面板控制单元；N72/4—左侧低位控制面板；N72/5—右侧低位控制面板。

图 4 –75　车载智能信息系统控制器区域网络拓扑

1）网关控制单元

A26/17（主机）构成与其他总线系统相连的各控制单元之间的数据交换接口。

2）LIN

在车载智能信息系统控制器区域网络中，有 1 组以 A40/9 为主控制器，N72/1、N72/4 和 N72/5 等为从控制器的 LIN E2 局域互联网络。

2. 车内控制器区域网络（CAN B）

车内控制器区域网络用于在连接的控制单元之间进行数据交换，传输速率为 250 kbit/s，网络拓扑如图 4 –76 所示。

1）网关控制单元

车内控制器区域网络通过 N73 网关控制单元构成与其他总线系统相连的各控制单元之间的数据交换接口。

2）LIN

在车内控制器区域网络中，共有 3 组 LIN 局域互联网，具体如下：

（1）以 N10/8 为主控制器，N25/4、N25/5、N25/6、N25/17、N32/1 及 N32/2 等为从控制器的 LIN B28 局域互联网；

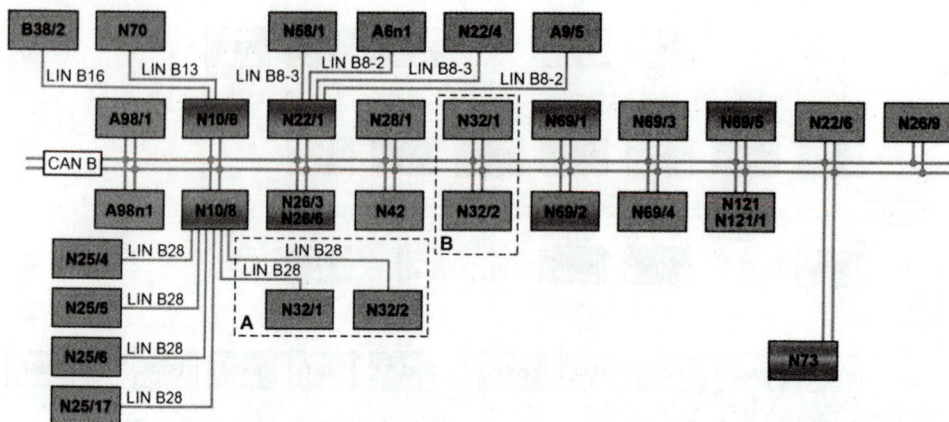

N73—电子点火开关控制单元；A98n1—全景式滑动天窗控制单元；A98/1—滑动天窗控制模块；
N10/6 前信号采集及促动控制模组（SAM）控制单元；N10/8—后信号采集及促动控制模组（SAM）控制单元；
N22/1—智能气候控制控制单元；N26/3—防盗警报系统（ATA）/防拖车保护系统；N26/6—防盗警报系统（ATA）/
防拖车保护系统；N28/1—挂车识别控制单元；N32/1—驾驶员座椅控制单元；N32/2—前排乘客座椅控制单元；
N69/1—左前车门控制单元；N69/2 右前车门控制单元；N69/3—左后车门控制单元；N69/5—无钥匙启动（KEYLESS-GO）
控制单元；N121—行李箱盖控制（KDS）控制单元；N121/1—掀开式尾门控制单元；N22/6—后排控制单元；
N26/9—专用车辆多功能控制单元；B38/2—带附加功能的雨量/光线感测器；N70—上方控制面板控制单元；
N58/1—智能气候控制系统操作单元；A6n1—泊车加热器控制单元；N22/4—后排空调系统操作单元；
A9/5—电动制冷剂压缩机；N25/4—前排乘客座椅加热器控制单元；N25/6—后排乘客座椅加热器控制单元；
N25/17—前排座椅加热器控制单元；N32/1—驾驶员座椅控制单元；N32/2—前排乘客座椅控制单元。

图4-76　车内控制器区域网络拓扑

（2）以 N10/6 为主控制器，B38/2 和 N70 等为从控制器的 LIN B13、LIN B16 局域互联网；

（3）以 N22/1 为主控制器，N58/1、A6n1、N22/4 及 A9/5 等为从控制器的 LIN B8-2、LIN B8-3 局域互联网络。

3. 发动机控制器区域网络（CAN C）

发动机控制器区域网络用于在连接的控制单元之间进行数据交换，传输速率为 500 kbit/s，网络拓扑如图4-77所示。发动机控制器区域网络通过 N127、N3/9、N3/10 等网关控制单元构成与其他总线系统相连的各控制单元之间的数据交换接口。

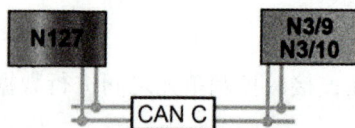

N127—传动系统控制单元；N3/9—柴油共轨直接喷射系统（CDI）控制单元；
N3/10—电控多端顺序燃料喷注/点火系统（ME-SFI[ME]）控制单元。

图4-77　发动机控制器区域网络拓扑

4. 传动系控制器区域网络（CAN C1）

传动系控制器区域网络用于在连接的控制单元之间进行数据交换，传输速率为 500 kbit/s，网络拓扑如图4-78所示。传动系控制器区域网络通过 N127、N3/9 或 N3/10 及

N3/43 等网关控制单元构成与其他总线系统相连的各控制单元之间的数据交换接口。

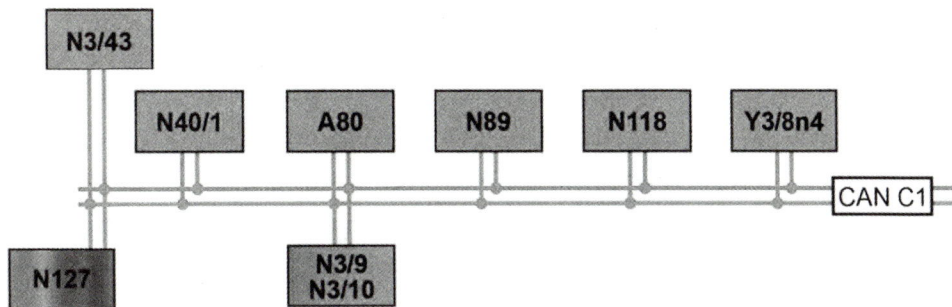

N127—传动系统控制单元；N3/9—柴油共轨直接喷射系统（CDI）控制单元（柴油发动机）；
N3/10—电控多端顺序燃料喷注/点火系统控制单元（汽油发动机）；N3/43—AMG 悬挂控制单元；
N40/1—发动机声音控制单元；A80—直接选挡智能伺服模块（变速箱 722）；
N89—自动变速箱油辅助机油泵控制单元；N118—燃油泵控制单元；Y3/8n4—全集成化变速箱控制单元；

图 4 - 78　传动系控制器区域网络拓扑

5. 诊断控制器区域网络（CAN D）

诊断控制器区域网络用于在连接的控制单元之间进行数据交换，传输速率为 500 kbit/s，
网络拓扑如图 4 - 79 所示。

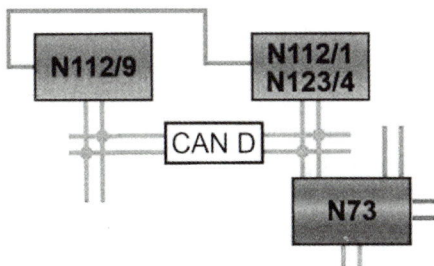

N73—电子点火开关控制单元；N112/1—车载智能信息服务通信模块；
N112/9—重量传感系统（WSS）控制单元；N123/4—紧急呼叫系统控制单元。

图 4 - 79　诊断控制器区域网络拓扑

1）网关控制单元

诊断控制器区域网络通过 N73 网关控制单元构成与其他总线系统相连的各控制单元之
间的数据交换接口。

2）LIN

在诊断控制器区域网络中，有 1 组以 N112/9 为主控制器，N123/4 为从控制器的 LIN
E2 局域互联网络。

6. 动态行驶控制器区域网络（CAN H）

动态行驶控制器区域网络用于在连接的控制单元之间进行数据交换，传输速率为
500 kbit/s，网络拓扑如图 4 - 80 所示。动态行驶控制器区域网络通过 N3/43 与 N30/4 网关
控制单元构成与其他总线系统相连的各控制单元之间的数据交换接口。

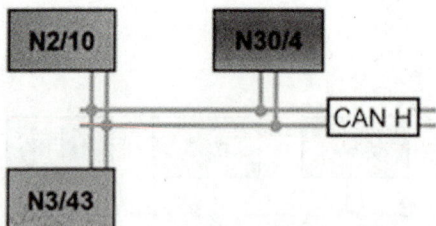

N2/10—辅助防护系统控制单元；N3/43—AMG 悬挂控制单元；N30/4—电控车辆稳定行驶系统控制单元。

图 4 – 80　动态行驶控制器区域网络拓扑

7. 用户界面控制器区域网络（CAN HMI）

用户界面控制器区域网络用于在连接的控制单元之间进行数据交换，传输速率为 500 kbit/s，网络拓扑如图 4 – 81 所示。用户界面控制器区域网络通过 A26/17、N73 及 N3/43 网关控制单元构成与其他总线系统相连的各控制单元之间的数据交换接口。

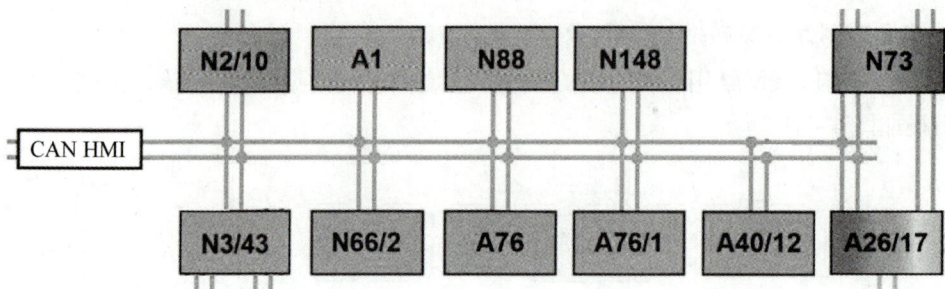

A26/17—主机；N73—电子点火开关控制单元；N2/10—辅助防护系统控制单元；N3/43—AMG 悬挂控制单元；
A40/12—平视显示屏；A1—仪表盘；N66/2—后视摄像头控制单元；N88—轮胎压力监测器控制单元；
A76—左前双向安全带紧急拉紧器；N148—360°摄像头控制单元；A76/1—右前双向安全带紧急拉紧器。

图 4 – 81　用户界面控制器区域网络拓扑

8. 传动系感测器控制器区域网络（CAN I）

传动系感测器控制器区域网络用于在连接的控制单元之间进行数据交换，传输速率为 500 kbit/s，网络拓扑如图 4 – 82 所示。传动系感测器控制器区域网络通过 N3/9 或 N3/10 网关控制单元构成与其他总线系统相连的各控制单元之间的数据交换接口。

9. 混合动力控制器区域网络（CAN L）

混合动力控制器区域网络用于在连接的控制单元之间进行数据交换，传输速率为 500 kbit/s，网络拓扑如图 4 – 83 所示。混合动力控制器区域网络通过 N127 网关控制单元构成与其他总线系统相连的各控制单元之间的数据交换接口。

10. 外围设备控制器区域网络（CAN PER）

外围设备控制器区域网络用于在连接的控制单元之间进行数据交换，传输速率为 500 kbit/s，网络拓扑如图 4 – 84 所示。

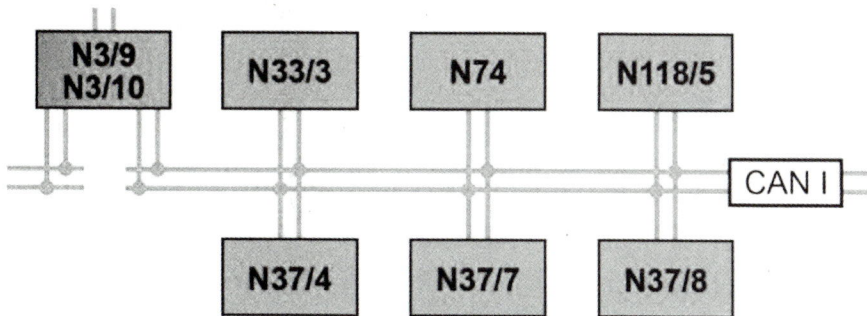

N3/9—柴油共轨直接喷射系统（CDI）控制单元；N3/10—电控多端顺序燃料喷注/点火系统（ME-SFI［ME］）控制单元；

N33/3—三元催化器加热器控制单元；N74—烟灰颗粒物感测器控制单元；N118/5—AdBlue ® 控制单元；

N37/4—氮氧化物感测器控制单元；N37/7—柴油微粒滤清器下游的氮氧化物感测器控制单元；

N37/8—选择性催化还原（SCR）催化转化器下游的氮氧化物感测器控制单元。

图 4 - 82　传动系感测器控制器区域网络拓扑

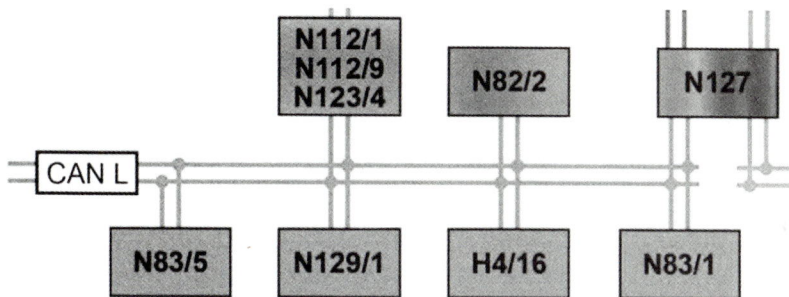

N127—传动系统控制单元；N112/1—车载智能信息服务通信模块；N112/9 HERMES—控制单元；

N123/4—紧急呼叫系统控制单元；N82/2—蓄电池管理系统控制单元；N83/5—充电器；

N129/1—功率电子装置控制单元；H4/16—发声器；N83/1—直流/直流转换器控制单元。

图 4 - 83　混合动力控制器区域网络拓扑

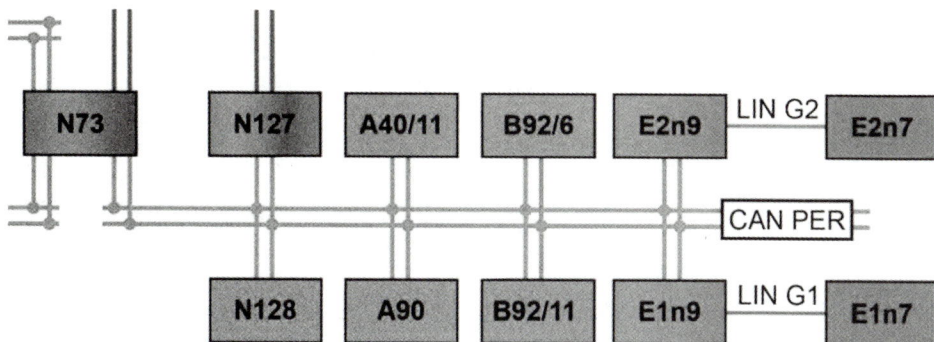

N73—电子点火开关控制单元；N127—传动系统控制单元；A40/11—平面探测多功能摄像头；

B92/6—后保险杠右侧外部集成式雷达感测器；E1n9—左侧大灯控制单元；E2n9—右侧大灯控制单元；

N128—电动泊车制动器控制单元；B92/11—后保险杠左侧外部集成式雷达感测器；

A90—碰撞预防辅助系统；E1n7—左前 LED 外车灯促动模块；E2n7—右前 LED 车外照明促动模块。

图 4 - 84　外围设备控制器区域网络拓扑

1）网关控制单元

外围设备控制器区域网络通过 N73、N127 网关控制单元构成与其他总线系统相连的各控制单元之间的数据交换接口。

2）LIN

外围设备控制器区域网络中，共有 2 组 LIN 局域互联网，具体如下：

（1）以 E1n9 为主控制器，E1n7 为从控制器的 LIN G2 局域互联网络；

（2）以 E2n9 为主控制器，E2n7 为从控制器的 LIN G1 局域互联网络。

11. 雷达控制器区域网络（CAN S1、CAN S2）

雷达控制器区域网络用于在连接的控制单元之间进行数据交换，传输速率为 500 kbit/s，网络拓扑如图 4 - 85 所示。雷达控制器区域网络通过 N62/1 网关控制单元构成与其他总线系统相连的各控制单元之间的数据交换接口。

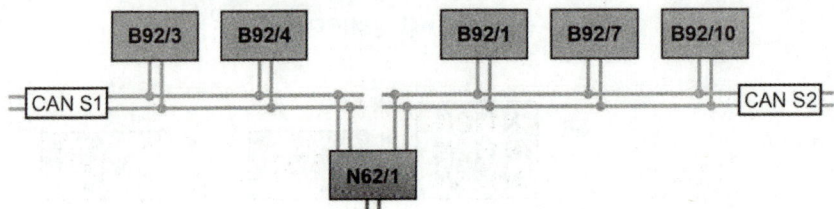

N62/1—雷达感测器控制单元；B92/3—前保险杠左侧雷达感测器；B92/4—前保险杠右侧雷达感测器；

B92/1—后部保险杠中央雷达感测器；B92/7—后保险杠右侧外部雷达感测器；

B92/10—后保险杠左侧外部雷达感测器。

图 4 - 85　雷达控制器区域网络拓扑

（三）拓展总线通信网络

1. 底盘 FlexRay

底盘 FlexRay 用于在彼此连接的控制单元之间进行数据交换，传输速率为 10 Mbit/s，该部分内容参考项目三。

2. 多媒体传输系统（MOST）

多媒体传输系统为光纤数据总线系统，通过光纤电缆将数据发送到所连接的信息系统、导航系统和通信系统。多媒体传输系统（MOST）的数据传输速率为 22 Mbit/s，网络拓扑如图 4 - 86 所示。多媒体传输系统通过 A26/17 网关控制单元构成与其他总线系统相连的各控制单元之间的数据交换接口。

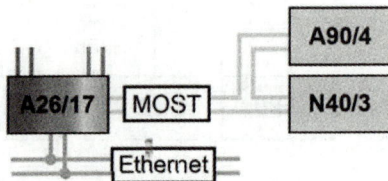

A26/17—主机；A90/4—调谐器装置；N40/3—音响系统放大器控制单元。

图 4 - 86　多媒体传输系统网络拓扑

3. 以太网

车辆以太网入口用于将数据传输至主机，传输速率为 100 Mbit/s，具有 100 Mbit/s 的带宽，能够不用单独的 DVD 就可以对数字用户手册、主机和多媒体传输系统（MOST）部件进行设定。

（四）奔驰 C200 型汽车车道保持辅助系统功能介绍

1. 车道保持辅助系统概述

车道保持辅助系统用于检测是否在无意中驶过车道标记，并在特定条件下通过在方向盘上触发振动向驾驶员发出触觉警告，平面探测多功能摄像头会以光学方式记录和处理跨越车道标记的行为。

2. 车道保持辅助系统工作原理

1）驾驶员操作项

驾驶员可在仪表盘菜单中配置车道保持辅助系统的灵敏度，可选择以下操作模式：

（1）标准模式，系统的灵敏度增加，能够较早地发出警告，且较频繁；

（2）适中模式，系统的灵敏度降低，能够较迟地发出警告，且不是很频繁。

2）信息流

（1）仪表盘将所选操作模式信息通过 CAN HMI、N73 和 CAN PER 传输至 A40/11。

（2）当车辆从虚线或实线附近或从其上驶过时，会立即通过振动方向盘向驾驶员发出警告，此后车辆由驾驶员转向返回车道，如图 4-87 所示。

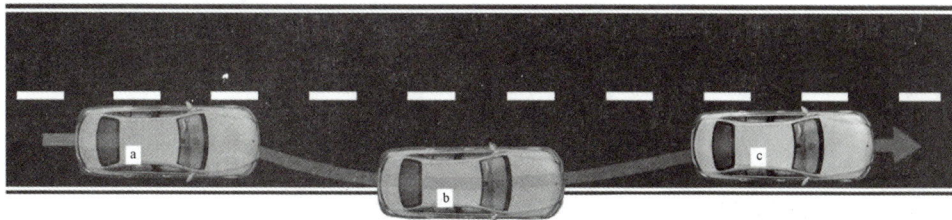

a—车辆位于车道中；b—车辆越过外侧车道标记时，会通过振动方向盘向驾驶员发出警告；
c—车辆由驾驶员转向返回车道。

图 4-87 车道保持辅助系统工作原理

车道保持辅助系统根据车速工作，车速根据车轮转速信号计算得出。

如图 4-88 所示，ESP 的控制单元 N30/4 通过底盘 FlexRay、N73 和 CAN PER，将该信息传输至 A40/11；N30/4 控制单元还会将车轮转速信息通过底盘 FlexRay、N73 和 CAN HMI，传输至 A1。仪表盘计算要显示的车速，并将其通过 CAN HMI、N73 和 CAN PER 传输至 A40/11。

3. 车道保持辅助系统功能

车道保持辅助系统具有车道识别、驾驶员操作识别、控制干预识别及发出警告等功能。

1）车道识别

（1）功能要求。

①发动机运转或传动系统运行时，车道保持辅助系统综合考虑驾驶员的操作，并决定何时发出警告。

②车道保持辅助系统功能启用的"辅助"。

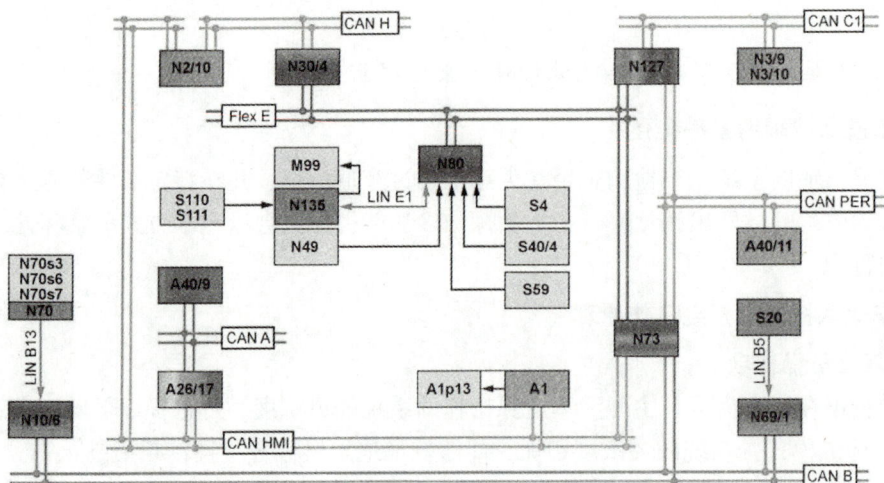

图 4 - 88　车道保持辅助系统信息流

（2）信息流。

N3/10 将"发动机运转"或"传动系统运行"信号通过 CAN C1 和 CAN PER 传输至 A40/11。

（3）车道识别的附加功能要求。

①两侧均存在可识别的车道标记（无建筑工地标记、模糊不清的标记，无积雪，未被遮挡等）。

②存在两条分道线。

③车道识别的功能顺序。

平面探测多功能摄像头安装在挡风玻璃顶部中央，以固定的扫描率记录车道画面，并使这些画面可以被集成式控制单元使用，如图 4 - 89 所示。

图 4 - 89　多功能摄像头进行车道识别

平面探测多功能摄像头根据两种不同的运算法则计算，并使用该数据生成安全车道。同时，计算车辆在车道中的相对位置，主动式车道保持辅助系统的所有测量都从该位置开始，当没有车道标记或标记不可见时（如由于脏污或积雪），或路面和车道标记间的对比度过低或存在高亮度的眩光时，不会发出车道信息。

如果交通车道上有多个标志，则始终以内部标志作为参考点。如果两种车道运算法则的结果匹配，且存在数个标记（如在施工现场），则车道保持辅助系统可能不会发出警告。如果路面上的柏油接缝处被识别为道路标记，则警告会受到抑制。

2）驾驶员操作识别

在以下情形中提示驾驶员操作，会抑制待定的警告。

（1）明显地主动转向（转向干预）、制动或加速。

①转向信号信息流。

转向运动由方向盘转角传感器记录。N80直接读取来自方向盘转角传感器的信号，然后将方向盘转角的相关信息通过底盘FlexRay、N73和CAN PER传输至A40/11。

②制动信息流。

ESP控制单元N30/4通过底盘FlexRay，将制动信息传输至A40/11。

③加速信息流。

N3/10将有关油门踏板位置的信息通过CAN C1、N127和CAN PER传输至A40/11；N80直接读取组合开关的开关位置，并将其通过底盘FlexRay、N73和CAN PER传输至A40/11。

（2）抄近角。

①加速度/横摆率信息流。

加速度/横摆率由集成在N2/10中的加速度传感器进行检测，N2/10将相应数值通过CAN H发送至ESP的控制单元N30/4。N30/4对数据进行评估，然后通过底盘FlexRay、N73和CAN PER将其传输至A40/11。

②抑制待定的警告域值。

如果平面探测多功能摄像头检测到车辆主动抄近角，以大于3°的角度或者大于4 m/s²的横向加速度驶过车道标记，就会发出抑制待定的警告。

3）控制干预识别

位于驾驶员附近以及在操作时会影响驾驶员注意力的控制器会受到监测，检测到控制干预时，车道保持辅助系统会认为驾驶员精力分散。

（1）控制干预由平面探测多功能摄像头评估。

警告阈值根据控制的促动频率进行调节，即车道保持辅助系统会提前并可能更加频繁地发出警告。当车辆位于车道标记附近或跨越车道标记时，会立即输出主动警告。

（2）监测及控制。

①音频系统控制；

②舒适型功能控制；

③定速巡航控制杆；

④转向柱调节开关（装配记忆组件/代码275）；

⑤多功能方向盘左侧按钮组或多功能方向盘右侧按钮组；

⑥驾驶员侧电动车窗和外部后视镜调节开关组（仅监测外部后视镜调节）；

⑦车内照明控制；

⑧车内照明灯自动功能按钮；

⑨左前阅读灯按钮；

⑩右前阅读灯按钮。

4）对音频系统的控制干预

可通过 COMAND 控制面板操作音频系统，对 COMAND 控制面板的控制干预由 A26/17 通过 CAN A 接收，A26/17 将有关对音频系统的控制干预信息通过 CAN HMI、N73 和 CAN PER 传输至 A40/11。

5）对舒适型功能的控制干预

N80 通过底盘 FlexRay、N73 和 CAN PER，将有关定速巡航控制杆、转向柱调节开关和多功能方向盘按钮组的控制干预信息发送至 A40/11。N135 直接读取多功能方向盘按钮组的控制信号，并将其通过转向 LIN 传输至 N80。N69/1 通过 LIN 读取驾驶员侧电动车窗和外部后视镜调节开关组的控制信号，并将其通过 CAN B、N73 和 CAN PER 发送至 A40/11。

6）车内照明控制干预

N70 直接读取车内照明灯自动功能按钮和前部阅读灯按钮的状态，然后将其通过车顶的 LIN 传输至 SAM 的控制单元 N10/6，N10/6 通过 CAN B、N73 和 CAN PER，将其发送至 A40/11。

7）发出警告的附加功能要求

（1）平面探测多功能摄像头的车道识别；

（2）识别到驾驶安全系统干预，如电控车辆稳定行驶系统（ESP Ⓡ）进行的干预，具体如下：

①车速为 60～200 km/h；

②弯道半径大于 150 m；

③识别到车道偏离；

（3）发出警告的功能顺序。

集成在多功能方向盘中的方向盘振动马达发出触觉警告，A40/11 将促动方向盘振动马达的请求通过 CAN PER、N73 和底盘 FlexRay 传输至 N80，N80 将该请求通过转向机构 LIN 传输至方向盘电子装置，后者随后促动方向盘振动马达，方向盘振动马达被持续促动时间为 1.5 s。触觉警告的强度与车速匹配，以避免高速行驶时来自悬挂的可察觉影响。如果不再满足触发条件或检测到驾驶员操作（制动、加速、转向或发出转向信号），则警告受到抑制。在标准操作模式下，当满足以下必要条件时，触觉警告受到抑制：

①检测到转向信号（警告在一段时间内受到抑制）；

②识别到驾驶安全系统干预，如电控车辆稳定行驶系统（ESP Ⓡ）进行的干预；

③剧烈加速期间（如强制降挡）；

④在强制动期间；

⑤在快速转向运动期间（如在规避操作或快速变道期间）；

⑥检测到抄近角。

抑制之后（驾驶员操作，不满足触发条件），在标准模式下约 3 s 后，在"自适应"（Adaptive）模式下约 5 s 后，发出转向信号 10 s 后，才能更新警告显示。

通过车道识别和当前车辆位置，平面探测多功能摄像头识别到弯道并推断出"抄近角"。在达到确定的横向加速度之前，系统不发出有关抄近角的警告，平面探测多功能摄像头通过 CAN PER 接收相应的警告抑制信息。如果检测到"抄近角"，警告会延迟直至达到规定的阈值（取决于车速的横向加速度），随后发出警告。

四、奔驰车系总线通信网络系统主要电气参数检测

（一）制器区域网络 CAN

1. 检测 CAN 的总线电压

在用万用表检测制器区域网络 CAN 的总线电压时，应将专用的适配器（在接线盒中有）连接在电压分配器上，该分配器引出两个线端，一个为 CAN – H，另一个为 CAN – L，我们可以通过这两根引出线端，检测 CAN 的总线电压。

测量 CAN – H 使用万用表的电压挡，红色表笔测量 CAN – H 端，黑色表笔连接在一个车身搭铁点，参数值为 2.7 V 左右。

测量 CAN – L 使用万用表的电压挡，红色表笔测量 CAN – L 端，黑色表笔连接在一个车身搭铁点，参数值为 2.4 V 左右。

如果发现电压为 0 V 或 12 V，则需要考虑并测量相应 CAN 线对地或对正极是否有短路（断电或车辆休眠后用电阻挡测量）。

2. 检测 CAN 的终端电阻

标准终端电阻的测量值为 60 Ω，且终端电阻一般集成在 CAN 电压分配器上。

测量方法：让车辆进入休眠状态，或是切断电瓶负极线缆 5 min。将专用的适配器接在电压分配器上，直接用万用表的电阻挡来测量由分配器引出的 CAN – H 和 CAN – L 线。

3. 检测 CAN 的波形

车辆的 CAN 系统，有 CAN – H 和 CAN – L 两个信号。对于 CAN 故障，如果只使用万用表进行测量，则会有较大的局限性，即电压信号瞬间变化，无法看出趋势；如果只有一个万用表，则每一次只能监控 CAN – H/CAN – L 中一个信号源，无法对比发现问题。因此，使用示波器对 CAN 系统进行诊断既直观又方便。

以 500 kbit/s 的高速 CAN 为例，首先找到 CAN 分配器，按要求使用适配线连接分配器和 HMS 主机信号采集线缆。为了便于分析波形，一般同时采样 CAN – H 和 CAN – L 的信号。因此，使用采样线缆 A1 ~ A6 中任意 2 个，分别接入 CAN – H 和 CAN – L 信号，然后将 A7 与合适的车身搭移点连接。

按正确的步骤进入示波器界面，选择通道 A 和通道 B；Y 轴电压选择 2 V/div；X 轴时基选择 2 μs（1 个 bit 波形采集）、基选择 100 μs（2 个以上数据帧波形采集）。

使用 HMS 可以快捷地找出 CAN 故障的原因，其方法是：通过拔除 CAN 分配器上的分插头，并观察示波器的波形变化，一旦出现拔了某个分插头后，波形恢复了正常，则该线插便是怀疑对象。那么，插回其他线插，并用 DAS 再快速测试一遍，哪一个控制单元未找到，则可能就是故障线插。

（二）FlexRay 总线通信网络故障检修

由于目前现有的汽车专用示波器采样率问题，通过汽车专用示波器去查看 FlexRay 波形并不能对故障诊断进行很好的支持，所以基本采用的是通过测量供电、线路及节点电阻对 FlexRay 进行故障诊断的方法。

但有的故障，通过上述的测量，并不能确定。例如，如何判断中间节点控制模块、末端节点控制模块、通用节点控制模块等的故障。下面以 V205 车型为例，进行分析与介绍。

1. 相关理论知识回顾

（1）FlexRay 每条支路都由通用节点控制模块（U）、若干个中间节点控制模块（W）及末端节点控制模块（E）组成。其中，通用节点控制模块每个支路的电阻为 102 Ω，中间节点控制模块电阻为 2 596 Ω，末端节点控制模块电阻也为 102 Ω，每条支路的总电阻约等于 60 Ω。

（2）每个节点控制模块都可唤醒系统，在唤醒后，只有冷起动节点控制模块授权进行唤醒模式的数据同步。系统工作条件是：至少要有两个冷起动节点控制模块、终端电阻、线路连接、节点控制模块供电正常，如图 4 – 90 所示。

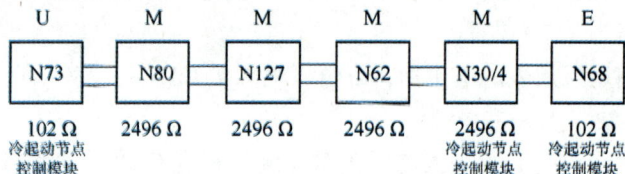

图 4 – 90　节点电阻与系统工作条件

2. 支路断路的故障判断方法

例如，关闭点火开关，断开中间节点控制模块 N80 与 N127 之间的线束连接器 X18，并检测 X18 相关端子的支路电阻，具体判断如图 4 – 91 所示。

（1）如图 4 – 91（a）所示，当支路工作正常时，所测得的总电阻值为 82 ~ 99 Ω。

（2）图 4 – 91（b）所示处断路时，所测得的总电阻值为 ∞。

（3）图 4 – 91（c）所示处断路时，所测得的总电阻值为 2 277 ~ 2 539 Ω。

（4）图 4 – 91（d）所示处断路时，所测得的总电阻值为 1 138 ~ 1 270 Ω

（5）图 4 – 91（e）所示处断路时，所测得的总电阻值为 759 ~ 847 Ω。

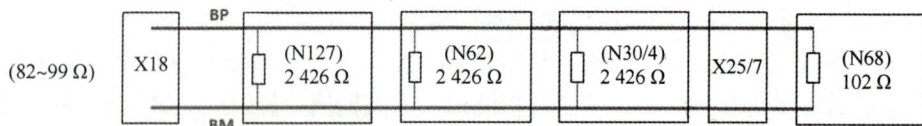

（a）

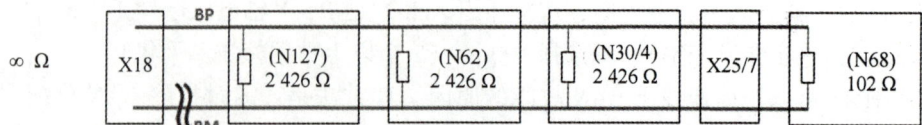

（b）

图 4 – 91　检测 X18 相关端子的支路电阻

（a）支路正常工作；（b）断路 – 1

(2 277 Ω~2 539 Ω) | X18

BP

(N127) 2 426 Ω | (N62) 2 426 Ω | (N30/4) 2 426 Ω | X25/7 | (N68) 102 Ω | (N68) 102 Ω

BM

（c）

(1 138 Ω~1 270 Ω) | X18

BP

(N127) 2 426 Ω | (N62) 2 426 Ω | (N30/4) 2 426 Ω | X25/7 | (N68) 102 Ω

BM

（d）

(759 Ω ~847 Ω) | X18

BP

(N127) 2 426 Ω | (N62) 2 426 Ω | (N30/4) 2 426 Ω | X25/7 | (N68) 102 Ω

BM

（e）

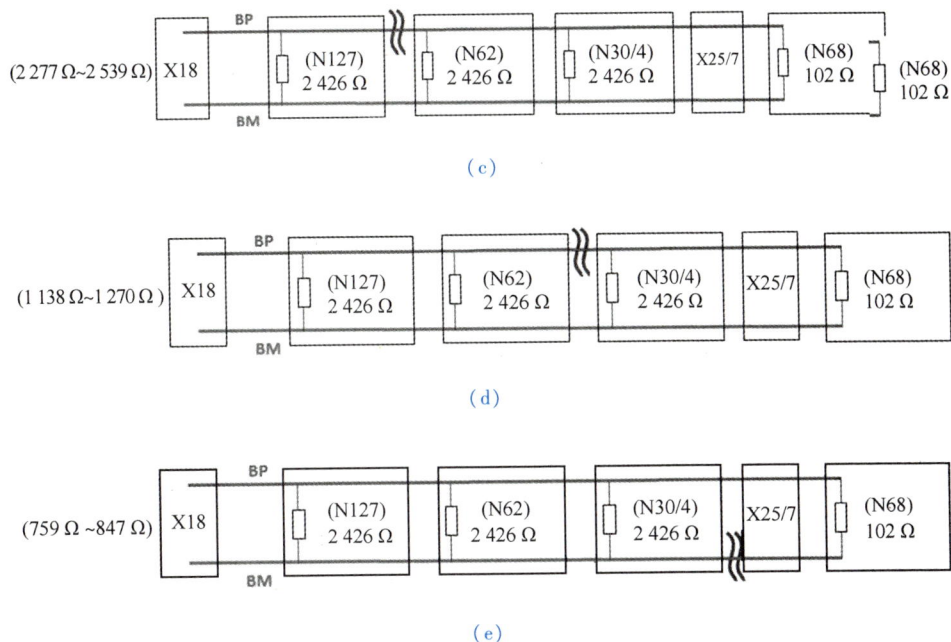

图 4 – 91　检测 X18 相关端子的支路电阻（续）

（c）断路 –2；（d）断路 –3；（e）断路 –4

3. 系统节点故障的判别方法

1）当中间节点控制模块有故障时

假设中间节点控制模块（M）有故障，可断开有可能故障的模块 N127 插头，直接跨接过该模块，看系统是否正常工作，以此来判断中间节点控制模块（M）是否故障，如图 4 –92 所示。

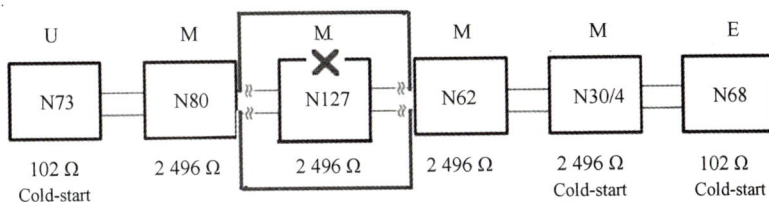

U | M | M | M | M | E
N73 | N80 | N127 | N62 | N30/4 | N68
102 Ω | 2 496 Ω | 2 496 Ω | 2 496 Ω | 2 496 Ω | 102 Ω
Cold-start | | | | Cold-start | Cold-start

图 4 –92　判别中间节点控制模块故障

2）当末端节点控制模块有故障时

假设末端节点控制模块（E）有故障，可断开末端节点模块 N68 插头，用电阻器在末端 FlexRay 线上接 102 Ω 电阻，看系统是否工作，以此来判断末端节点控制模块（E）是否是故障源，如图 4 –93 所示。

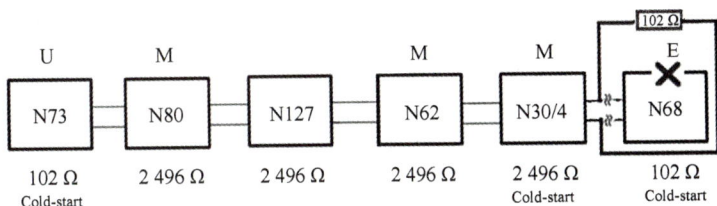

U | M | M | M | M | E
N73 | N80 | N127 | N62 | N30/4 | N68
102 Ω | 2 496 Ω | 2 496 Ω | 2 496 Ω | 2 496 Ω | 102 Ω
Cold-start | | | | Cold-start | Cold-start

102 Ω

图 4 –93　判别末端节点控制模块故障

3）当通用节点控制模块有故障时

假设通用节点控制电脑 N73（U）有故障，可确认整个 FlexRay 的线路通断是否正常，以及每个节点电脑的电阻是否正常，其具体如下。

（1）确认通用节点 N68 是否供电正常，断开 N30/4 插头，找到 N30/4 到 N68 的 FlexRay 针脚，找一台同款车，直接将故障车的 N68 两根 FlexRay 线跨接到测试车，如图 4-94 所示。如果测试车专用故障诊断仪（Star-D）可读到 N68，则说明 N68 正常。

（2）将正常的 N68 跨过所有 M 节点电脑，如果 Star-D 还不能和 N68 通信，则说明 N73 故障。

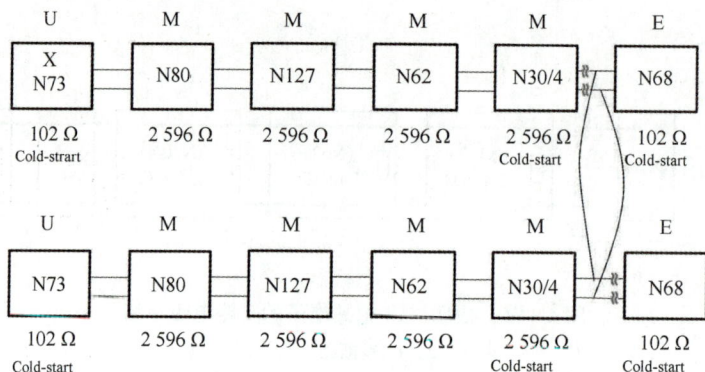

图 4-94　判别通用节点控制模块故障

五、奔驰车系总线通信网络系统相关故障诊断与案例分析

（一）奔驰 E260 空调工作不正常

1. 故障现象

奔驰 E260，底盘号为 LE4212147，装配 271 发动机，自动空调系统。

用户反映，空调系统在制冷工作时，工作台上两边的出风口突然排出热风，并且中间 2 个出风口有时不出风，出风时也是忽冷忽热的。

2. 故障诊断与排除

1）验证故障

验证顾客报修的故障确实存在，同时还检查到当出现上述故障时，空调面板上的按键都能正常操作，但出风模式不受控制，几分钟后又正常，且故障出现频繁，一两个小时就出现一次。

2）维修过程

（1）读取故障代码。连接诊断电脑进行快速测试，读取到空调控制单元中的故障码如图 4-95 所示。

故障码中显示 LIN 总线及所有风门电机的故障码，E260 这款车的风门电机都是靠 LIN 线控制的，根据功能原理及维修经验，需要重点检查 LIN 总线系统。首先利用诊断电脑对第一个故障码进行引导检测，基本检查步骤为：依次断开局域互联网 LIN 总线的参与部件，然后检查故障状态，若故障状态无变化，再对其他故障码进行引导检测。

N22/7 – 空调（KLA）			– f –
梅赛德斯 – 奔驰硬件号	212 830 47 00	梅赛德斯 – 奔驰软件号	212 902 74 06
诊断标识	00011C	硬件版本	11/40 00
软件状态	12/40 01	引导程序软件版本	12/03 128
硬件供应商	Hella	软件供应商	Hella
控制单元型号	ECE_Kanada_2_Zonen_B_Muster_28		

故障	文本	状态
D00800	局域互联网络（LIN）总线 1 存在故障	S
912B49	冲压空气风门/空气外循环风门电机存在故障。存在一个内部电气故障	S
90A949	右侧混合空气风门电机存在故障。存在一个内部电气故障	S
917849	空气分配风门电机存在故障。存在一个内部电气故障	
90F749	除霜风门电机存在故障。存在一个内部电气故障	
90A249	左侧混合空气风门电机存在故障。存在一个内部电气故障	
90A987	右侧混合空气风门电机存在故障。信息缺失	
90F787	除霜风门电机存在故障。信息缺失	
917887	空气分配风门电机存在故障。信息缺失	
90A287	左侧混合空气风门电机存在故障。信息缺失	

注：S 表示已存储。

图 4 – 95　空调控制单元内的故障码

（2）读取数据流。当故障引导没有得到可靠有用的信息及方向时，只有根据空调及 LIN 总线的系统原理进行检查。实际检查过程如下：

①进入空调系统实际值，发现制冷剂压力正常，压缩机耗电量正常，但蒸发箱温度传感器的实际值很高，如图 4 – 96 所示；

气候控制系统　实际值				实际值	标准值
☐	416	ⓘ	制冷剂压力	15.60bar	[0.00 .. 35.00]
☐	882		B10/6 （蒸发器温度传感器）	20.60°C	[-40.00 .. 90.00]
☐	285	ⓘ	部件'A9（制冷剂压缩机）'的耗电量	0.84A	[0.00 .. 1.00]
☐	447	ⓘ	B14（外部温度传感器）	46.50°C	[-40.00 .. 80.00]
☐	439	ⓘ	车外温度	35.50°C	
☐	188	ⓘ	B10/4 （车内温度传感器）	30.10°C	[-40.00 .. 90.00]
☐	395	ⓘ	N70b1 （带集成式风扇的车内温度传感器）	29.50°C	[-40.00 .. 90.00]
☐	043	ⓘ	冷却液温度	99.00°C	[-40.00 .. 125.00]
信息					

图 4 – 96　空调控制单元的实际值

②尝试利用诊断电脑做制冷剂回路检测，诊断电脑提示"测量蒸发箱温度传感器的阻值"；

③实际测量蒸发箱温度传感器的阻值为 2 690 Ω，接着进行故障引导，提示"将制冷剂抽

出并按标准量重新加注",但是按照要求抽出制冷剂,并按照标准量重新加注后,故障依旧。

打开发动机舱盖,用手触摸空调低压管路,很凉,说明压缩机正常工作,只是车内没有吹出凉风,说明故障点在于车内空调风门的控制方面。

(3)电路分析。

LIN线信号从空调控制单元 N22/7 发出后,一分为二,一路去了辅助加热器(这款车没有此配置),另一路依次通过 M2/16(除霜风门电机)、M16/22(空气分配风门电机)、M2/6(左侧混合空气风门电机)和 M2/7(右侧混合空气风门电机),最后结束于 M2/5(内外循环风门电机)。空调风门电机电路图如图 4-97 所示。

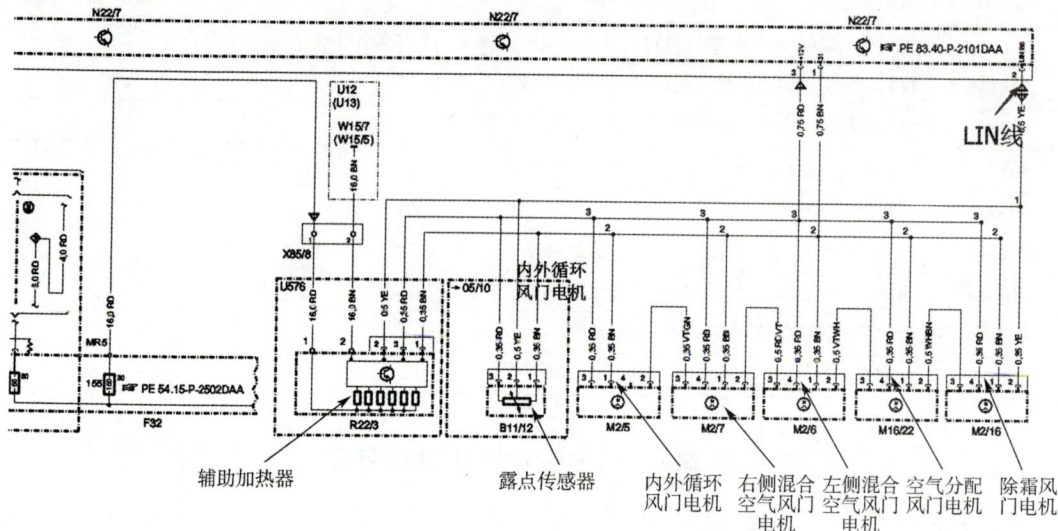

图 4-97 空调风门电机电路图

(4)再次读取数据流。

当故障出现时,查看系统实际值,发现挡风玻璃的温度及露点温度都为 -40 ℃,如图 4-98 所示。该温度值显然不正常,其实际值也是靠 LIN 线传输的,可能是该传感器有故障,造成系统紊乱。但将传感器上的插头拔掉后,发现空调故障依旧存在。

(5)检测 LIN 线电压。

图 4-98 不正常的实际值

当故障出现时,实际测量 LIN 线电压为 2.6 V 左右,很不正常。可能是 LIN 线有短路或者接触不良的地方。在正常情况下,如果某个风门电机出现故障,那么此风门电机以后的部件都不能正常工作,而前面的风门电机都可以工作,把故障码的顺序与风门电机电路图进行比较,并没有规律性,只能逐个检查风门电机。空气分配风门电机(控制中间 2 个出风口)比较好拆卸,于是就先把空气分配风门电机拆掉,测量 LIN 线阻值为 0.6 Ω,正常。接下来相对比较容易检查的是 2 个混合空气风门电机,当把 2 个电机插头拔掉后,发现了问题所在,2 个风门电机插头上都有进水痕迹,如图 4-99 所示。这是因为蒸发箱壳体温度较低,冷凝水长时间形成水滴,进入了插头里面,造成短路故障。于是把插头吹干,并把插头进行防水处理后,清除故障码,系统恢复正常。

图 4-99 进水的插头位置

3. 故障诊断解析

LIN 总线是单线总线系统，与其他总线系统相比，传输速率较慢，多用在多功能方向盘与转向柱模块之间以及空调系统内。由于 LIN 总线为串联连接，当某处 LIN 主链路断路、主或支链路短路时就会影响到整个 LIN 总线的正常工作。LIN 总线的工作特性为单线双向，当正常工作时工作电压为 7 ~ 11 V，而当断路时 LIN 总线上的电压就接近电源电压；对蓄电池短路或虚接会造成低于 7 V 或更低的电压。

(二) 车辆的雷达经常误报警，雨刮器有时自动起动

1. 故障现象

奔驰 GL450 为运动型多功能车，它搭载了排量为 4.7 L 的 V8 发动机和 7 挡手自一体变速器，行驶里程 155 000 km。用户反映该车的雷达经常误报警，雨刮器有时会自动起动。

2. 故障诊断与排除

1）验证故障

在验证故障行驶过程中，偶尔会出现前后雷达长鸣，警告器亮红灯，过一会就自动恢复正常，且该车无相关维修历史。

2）维修过程

（1）读取故障代码。使用奔驰 XENTRY 诊断仪检测，发现有多个与 CAN 系统相关的故障码存储如图 4-100 所示。

代号：		
通过车内空间 CAN 总线的通信完好		- √ -
CAN 通信（单线模式）		- F -
CAN 通信（信号失灵或者控制单元的供电导线损坏）		- 1 -
控制单元按照车内空间 CAN 总线的标准配置安装在车辆中	- √ -	
控制单元未按照车内空间 CAN 总线的标准配置安装在车辆中	- 1 -	
提示： 通过操纵"F9"按钮来刷新显示内容； 通过"F8"按钮起动车内 CAN 总线的标准控制； 如果没有显示实际值，那么检测控制单元系统诊断的调试是否完整和可靠； 如果控制单元系统诊断运行完好，那么复位控制单元可能会排除该问题		

图 4-100 检测到的 CAN 系统故障

依照故障码存储信息，继续使用 XENTRY 诊断仪检查车内空间总线 CAN（B），CAN（B）为单线运行模式，工作异常，如图 4 - 101 所示。

系统诊断（仅车内空间CAN故障）		
MB 号码 1645403662	HW 版本 40.2016	SW 版本 48.2005
编码	文本	
9312	车内空间CAN总线：CAN总线高速对着电池电压短路	

PTS(驻车定位系统)-Parktronic驻车定位系统		
MB 号码 1645453316	HW 版本 04.05	SW 版本 06.26
事件	文本	
9054	与控制单元EZS(电子点火开关)的CAN通信有故障	
9056	与控制单元组合仪表的CAN通信有故障	
9058	与控制单元驾驶员信号探测和控制单元的CAN通信有故障。	
9059	与控制单元上部操作区的CAN通信有故障。	
905A	与控制单元中央网关的CAN通信有故障。	

图 4 - 101 CAN（B）工作异常

（2）检测 CAN（B）线电压。根据图 4 - 101 中的故障引导，使用万用表检测 CAN（B）分配器上的电压，CAN（B）的 CAN - H 的实际电压检测值为 8.81 V，而标准值约为 4.00 V，由此判断 CAN（B）- H 电压异常，如图 4 - 102 所示。

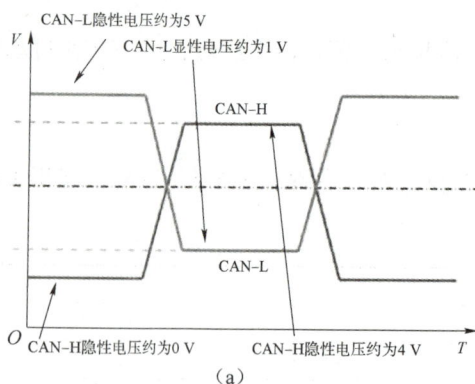

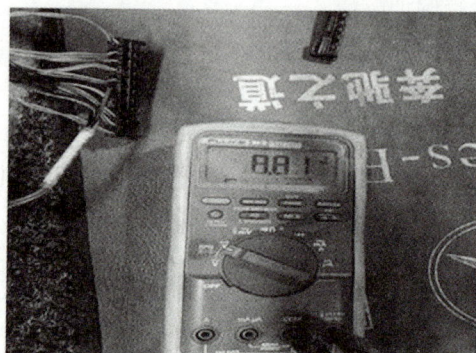

图 4 - 102 检测到的 CAN（B）- H 电压异常
(a) 检测电压；(b) 检测电压实物图

（3）排除故障。如图 4 - 103 所示，根据 CAN（B）上的分配器位置，逐一拔下分配器上的插接器，观察万用表的变化。当拔下 X30/7 上的一个插接器后，电压变为 1.05 V，如图 4 - 104所示，此时测量其他 3 个分配器上的 CAN（B）- H 的电压均为1.00 V 左右。

（4）确认故障点。通过查询相关电路图可知，在 X30/7 上拔下的那个插接器在 CAN（B）上连接的控制单元为 N69/1（左前车门控制单元），如图 4 - 105 所示。

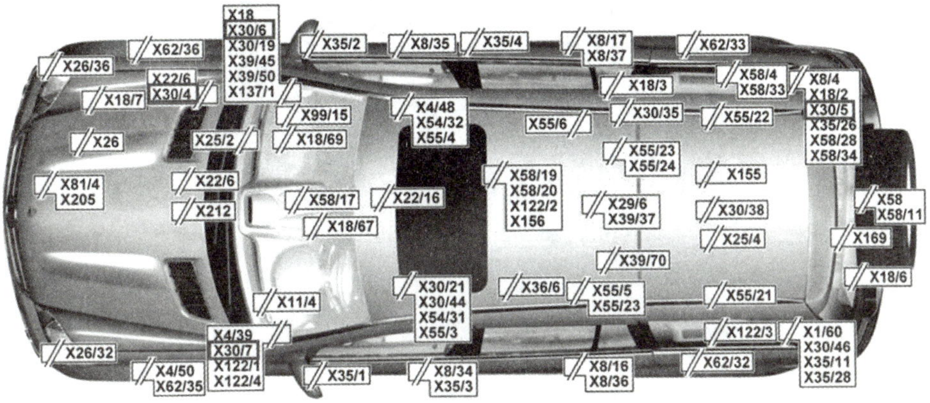

图 4 – 103　CAN（B）上的分配器位置

图 4 – 104　CANB H 电压恢复正常

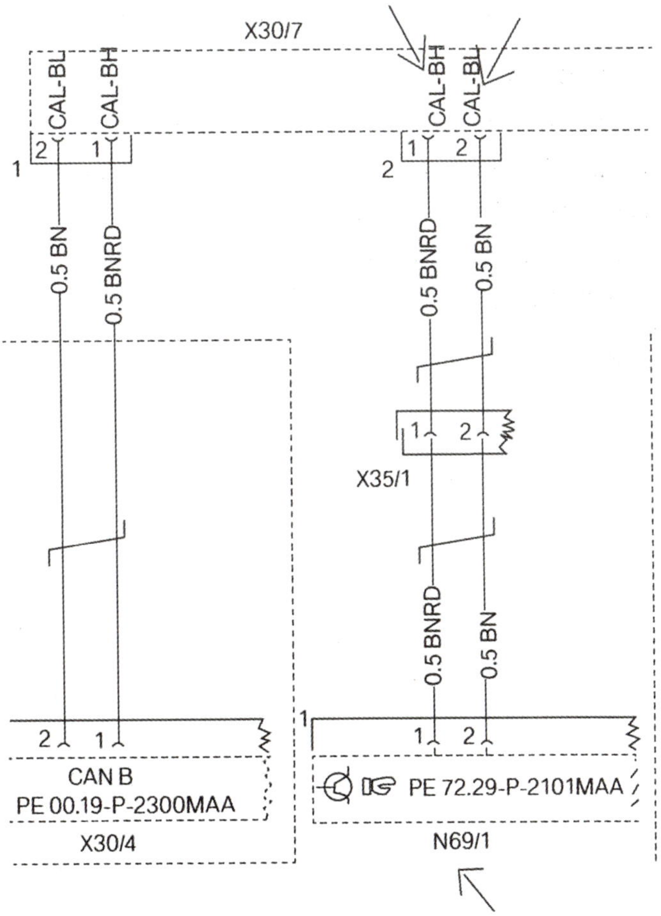

图 4 – 105　左前车门控制单元相关电路图

　　使用 XENTRY 诊断仪进行快速控制单元检测，发现 N69/1 无法检测。当拔下 N69/1 上的插接器后，测量 X30/7 上 CAN(B) – H 的电压恢复正常（由 8.81 V 变为 1.00 V），如图 4 – 106 所示。由此可判断，N69/1 内部电器故障损坏导致 CAN（B）– H 对正极短路。

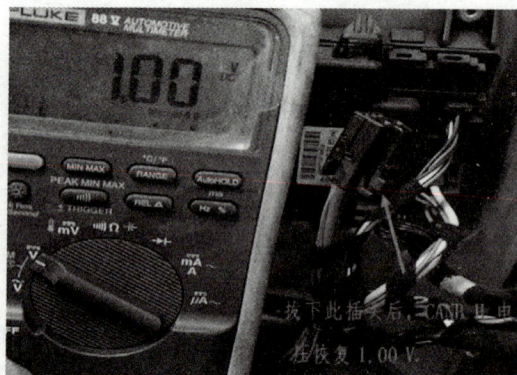

图 4 – 106　拔下的插接器位置

更换 N69/1 后，测量 X30/7 上 CAN(B) – H 电压为1.00 V，且其他 3 个分配器 X30/4、X30/5 和 X30/6 上 CAN(B) – H 电压均为1.00 V，即恢复正常。测试中也未见雷达异常报警，1 个月后回访用户得知故障未再出现。

3. 故障诊断解析

本例故障属于偶发性故障，奔驰 GL450 运动型多功能车配置的车内 CAN(B)总线为低速 CAN，传输速率为 83.3 kbit/s，具有单线降级容错运行功能。当出现本例中 CAN(B) – H 对正极短路故障时，CAN(B)总线转为单线工作模式，虽然 OBD – Ⅱ记录故障代码，但车内 CAN(B)总线上的电控单元仍然能在信噪比下降的情况下维持工作。由于信噪比下降，CAN(B)总线上的电控单元抗干扰能力减弱，故当干扰源较大时，就会诱发类似本案例的故障产生。

项目五
新能源汽车总线通信网络系统检修

知识目标

（1）掌握高压电的基本概念和危害；

（2）掌握维修高压系统时的操作程序；

（3）了解比亚迪 e6、秦轿车总线通信网络系统的特点；

（4）了解比亚迪 e6、秦轿车总线通信网络系统的基本应用；

（5）掌握比亚迪车系总线通信网络拓扑在维修手册中的表述与读图方法。

技能目标

（1）掌握检查个人防护装备的方法；

（2）掌握比亚迪 e6、秦汽车相关总线通信网络系统主要电气参数检测的方法；

（3）掌握比亚迪 e6、秦汽车总线通信网络系统典型故障的诊断与维修的方法。

✳ 任务一　高压系统的危害

一、高压电和低压电的基本概念

根据《电工术语　发电、输电及配电　通用术语》（GB/T 2900.50—2008）和《国家电网公司电力安全工作规程（变电部分）》（2013年版）规定，在配电的交流电力系统中，低于1 000 V的电压为低压电；高于1 000 V的电压为高压电；对电厂发电和供电来讲，6 000 V以上的为高压电，6 000 V以下的为低压电；在工业中，电压为380 V或以上的为高压电；在人们日常生活中，220/380 V是低压电，高于这个电压的都是高压电。

二、强电与弱电的基本概念

强电与弱电是相对的概念，从概念上讲，二者的主要区别是用途的不同，区分原则一般有以下两种：

1. 按人体安全电压的域值区分

人体安全电压的域值：直流电为60 V，交流电为30 V。也就是说，当直流电大于60 V、交流电大于30 V时称为强电；当直流电小于60 V、交流电小于30 V时称为弱电。

217

2. 按应用范围区分

（1）强电的处理对象是能源（电力），其特点是电压高、电流大、功率大、频率低，主要考虑的问题是减少损耗、提高效率。

（2）弱电的处理对象主要是信息，即信息的传输和控制，其特点是电压低、电流小、功率小、频率高，主要考虑的是信息传输的保真度、速度、广度和可靠性。

注意：

在新能源汽车的应用与维修过程中，主要以人体的安全电压为切入点，来认识高压系统危害的。

3. 高、低压电在汽车新能源技术中的应用

高、低压电在汽车新能源技术中的基本应用见表 5 – 1，其主要特点如下：

（1）低压：14 V 的低压用于传统电气系统；

（2）高压：300 ~ 600 V 的高压用于电动动力总成；

（3）不共用地线，漏电监测。

表 5 – 1　高低压电在汽车新能源技术中的基本应用

分级	车辆中的辅助电气系统：无颜色标记	车辆中的高压电气系统：橙色电缆
电压范围	直流电压：小于 60 V	直流电压：大于 60 V
	交流电压：小于 30 V	交流电压：大于 30 V
应用范围	辅助电气系统	驱动车辆的电气系统
	灯光	电池
	控制单元	电机
	音频设备	电压转换器

三、高压系统的危害

（一）人体安全电压与电流

1. 安全电压

安全电压是指不使人直接致死或致残的电压。我国规定安全电压为 42 V、36 V、24 V、12 V、6 V。在一般环境条件下，允许持续接触的"安全特低电压"是 36 V。

经验表明，当流过人体的电流超过 50 mA 时便会危及生命安全，并且触电人不容易摆脱电源。

人体本身就是一个电阻，人体等效电阻分布如图 5 – 1 所示。

2. 计算人体电阻

人体电阻的计算如下：

$$R(人体) = (500 + 100 + 300/2)\ \Omega = 750\ \Omega$$

根据欧姆定律，人体电阻按 750 Ω 计算，通过 50 mA 的电流，就要在人体上加 38 V 的电压。

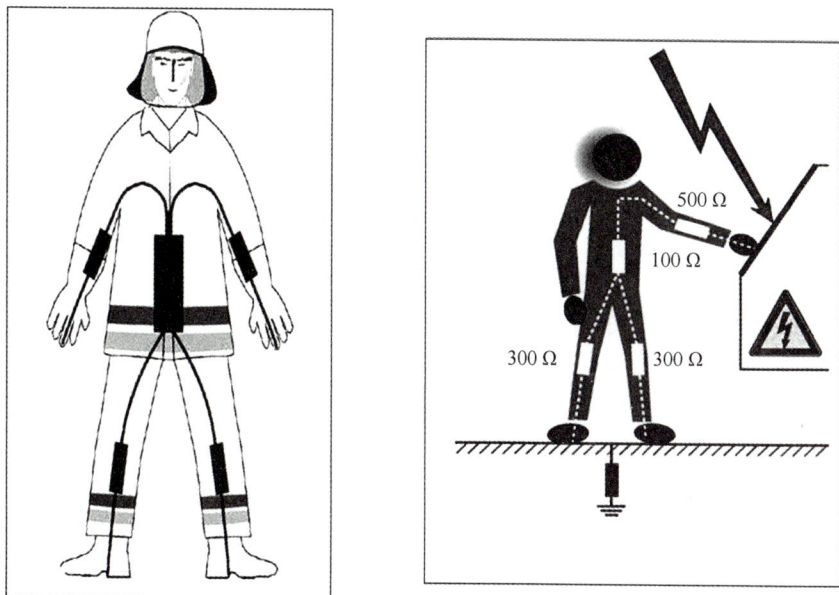

图 5-1　人体等效电阻分布

注意：

人体的电阻在某些情况下会急剧下降，如工作场所非常潮湿或有腐蚀性气体；人流汗或被导电溶液溅湿；有导电灰尘等。这时 36 V 也不再是安全电压，规定加在人体的电压不超过 12 V，所以 12 V 电压称为绝对安全电压。

3. 影响电流通过人体大小的因素

（1）人体内的所有液体（都是电解质）；

（2）汗液、唾液、血液和细胞液；

（3）人的体形（胖瘦高矮、关节强弱）；

（4）皮肤状况（厚、薄、干燥、湿润、受损或完整）。

4. 电流通过人体的影响

（1）当流过人体的电流超过 5 mA 时，就被称为"触电"，这时人会感到有些发麻，但仍然能够摆脱电源。

（2）当流过人体的电流超过 10 mA 时，它会触发身体挛缩，这时人是无法摆脱电源的，同时电流的作用时长也会显著延长，故该值也被称为"摆脱阈值"。

（3）当 30～50 mA 交流电较长时间对人体作用时，就会引发呼吸停顿和心室纤维颤动。

（4）当流过人体的电流超过 80 mA 时，会使人呼吸和心脏停止，故该值也被称为"死亡阈值"。

5. 直、流电的人体反应

电流通过人体后，会使肌肉收缩产生运动，造成机械性损伤，电流产生的热效应和化学效应可引起一系列急剧的病理变化，使肌体遭受更严重的损害，特别是电流流经心脏，会对心脏造成极为严重的损害。极小的电流即可引起心室纤维性颤动，导致死亡。

按照人体呈现的状态，可以将通过人体的电流分为 4 个区域：无感知电流、感知电流、摆脱电流和室颤电流等区域。交流电和直流电的人体反应区域分布及人体反应对比，如图 5 - 2 所示。

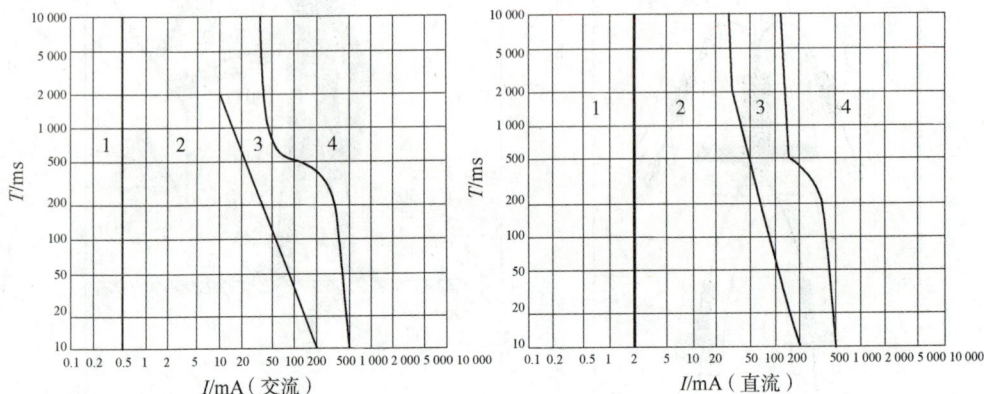

图 5 - 2　交流电和直流电的人体反应区域分布及人体反应对比

1）交流电流强度区域

（1）在交流电流强度区域 1 中，通常观察不到影响（10 mA 以下）。

（2）在交流电流强度区域 2 中，会出现心血管系统问题。

（3）在交流电流强度区域 3 中，可能会出现呼吸困难，无法再松开所抓握的物体，出现心脏心室纤维性颤动和临时心脏骤停。

（4）在交流电流强度区域 4 中，发生心脏心室纤维性颤动，当电流强度为 350 mA 或更高时，可能引起窒息（呼吸暂停）和重度烧伤等危害。

2）直流电流强度区域

（1）在直流电流强度区域 1 中，通常观察不到影响；

（2）在直流电流强度区域 2 中，通常不会出现有害的生理影响；

（3）在直流电流强度区域 3 中，可能会出现心脏骤停等危害；

（4）在直流电流强度区域 4 中，可能会造成重度烧伤，而且发生心脏心室纤维性颤动的可能性非常大。

3）电流对人体危害

电流对人体危害如图 5 - 3 所示，具体如下：

（1）当电流通过人体（人体成为导体），处于图 5 - 2 所示的电流强度区域 3 和电流强度区域 4 时，就会对人体造成危害；

（2）短路后产生大电流，会形成发光的金属颗粒、UV（紫外线）辐射、红外线辐射（热辐射）及电弧等，这些物理效应都会对人体相关部位造成伤害；

（3）二次效应。当触电后，人们本能的会产生防御反应或吃惊反应，这种反应通常会导致以下伤害：

①摔倒、坠落、绊倒；

②割伤、刺伤、压伤等。

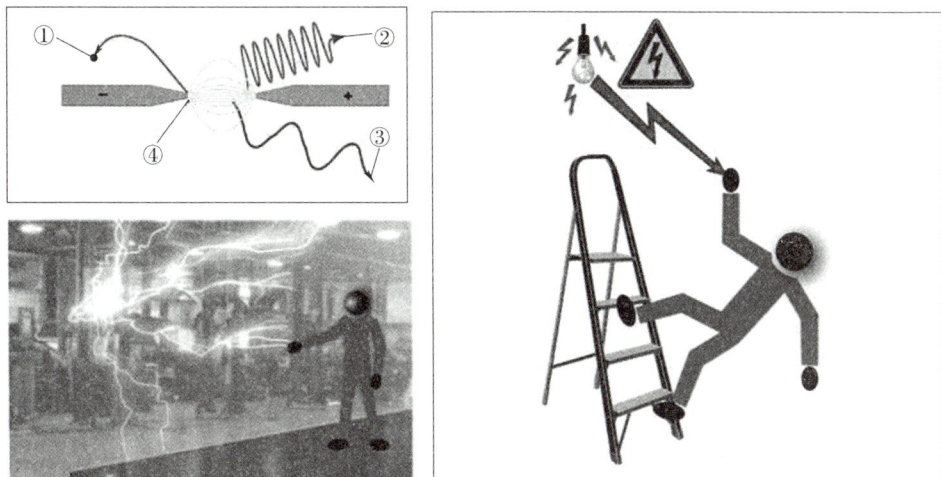

图 5 - 3　电流对人体的危害

四、高压安全措施和保护措施

（一）高压防护安全措施

高压防护安全措施如图 5 - 4 所示。

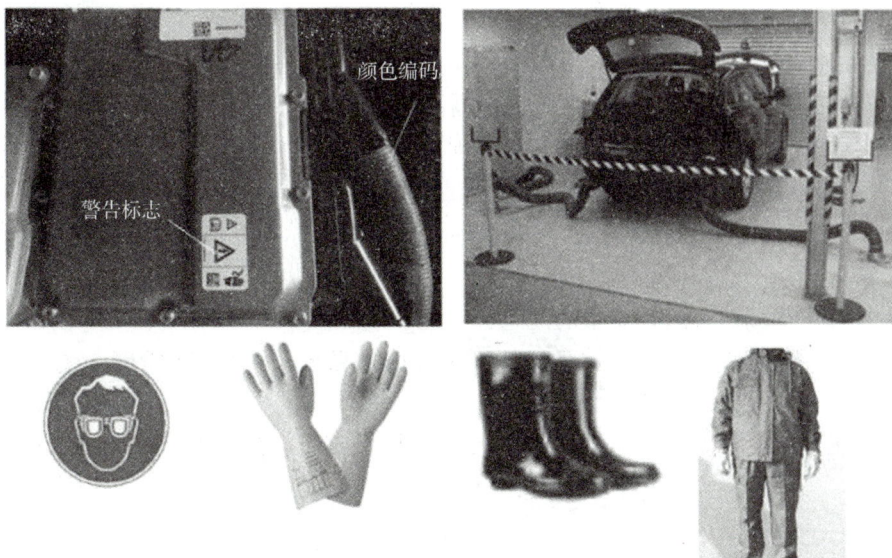

图 5 - 4　高压防护安全措施

1. 车载

在电动汽车设计与生产过程中，为了避免高压车载电气系统给售后的使用与维修带来危险，现采取的高压安全和保护措施如下。

（1）颜色编码和警告标志/警示语。所有橙色线束均表示高压线束，与之相连的为高压部件。连接到高于 60 V 直流电源或 30 V 交流电源的所有部件都按照法律要求，明确标有高压警告标识。

（2）防止意外接触带电部件。

（3）监控绝缘电阻。

（4）维护/维修插头，其具体如下：

①插头和连接均有接触保护；

②插头和连接均有机械编码和颜色编码；

③高压蓄电池上的保养插头；

④高压元件上有安全线；

⑤高压元件有绝缘监控。

（5）高压互锁。

（6）电源极性反接保护。

（7）碰撞断高压电保护。

（8）漏电断高压电保护。

（9）主动泄放保护，即 5 s 内把预充电容电压降低到 60 V 以下，迅速释放危险电能。

（10）被动泄放保护，即 2 min 内把预充电容电压降低到 60 V 以下，被动泄放是主动泄放失效的二重保护。

（11）开盖检测。

2. 维修技术人员

1）岗前培训

维护和维修电动车辆和混合动力车辆的技术人员需要经过专门培训，因为在维护和维修过程中，需要处理高压系统，高压系统会传输高达 600 V 的高压电。同时，技术人员必须遵守包含功能和电气安全要求说明并涵盖这些车辆的电控单元（电磁兼容性）和低电压的规定和指示。单独的这些规定或指示并不能满足维修技术人员处理这些车辆所需要满足的要求。此外，技术人员还必须遵守以下各领域的当地和国家标准、条例及法律规章制度：

（1）事故预防立法；

（2）管理工作场所健康和安全的规定；

（3）不遵守这些规定的法律后果，如由于未能协助处于危险之中的人，在工作执行过程中存在疏忽/严重疏忽的行为；

（4）处理车辆高压系统所需的任何资质（由具有资质的技术人员确保汽车高压系统真正安全）。

2）自身保护

维修技术人员在对电动汽车进行维修作业时，应具备自身保护意识，具体如下。

（1）环境要求：场地通风、干燥、地面整洁无水迹、油迹，并且操作远离高压设备。

（2）人员要求：设置一名专职监护人，监护人及维修技师应具备中级以上电工证，做好与在场的其他维修人员针对安全作业和安全防护的协调工作。

（3）安全防护用品准备：绝缘手套、防护眼镜和绝缘胶鞋等，其电压等级必须大于需要测量的最高电压。

3. 警告标志/警示语

为了作业安全，应在电动汽车维修作业场地的醒目位置布置警告标志和警示语。以长安福特售后服务为例，目前使用的警告标志和警示语具体如下。

（1）高压电气系统已断路警告标志如图5-5所示，其警示含义如下：

①仅由受过培训的人员在车辆上进行操作；

②未经指定人员验证，不得重新接通电源！

（2）高压电气系统已接通，高压触点未暴露在外警告标志如图5-6所示，其警示含义如下：

①仅由受过培训的人员在车辆上进行操作；

②如果点火开关已打开，电动机可能意外起动！

（3）高压电气系统已接通，高压触点暴露在外警告标志如图5-7所示，其警示含义如下：

只能由车辆技术电气专业人员操作！

图5-5　高压电气系统
已断路警告标志

图5-6　高压电气系统已接通，
高压触点未暴露在外警告标志

图5-7　高压电气系统已接通，
高压触点暴露在外警告标志

（二）维修高压系统时的操作程序

在维修高压系统之前需要断开车辆电源，操作时应遵循以下程序：

（1）断开系统电源；

（2）关闭点火开关；

（3）断开电瓶负极；

（4）断开高压维修开关，等待5 min确保系统安全，以防系统意外重新起动，并确认系统中不存在电压；

（5）维修期间应有隔离和警示标识；

（6）禁止合闸。

（三）解除触电、人工呼吸、心肺复苏术

当在维修作业现场不慎发生触电事故时，要按以下步骤处理，如图5-8所示。

图5-8　触电事故的现场处置

1. 解除触电

（1）切勿用手直接接触电线；

（2）使用干燥的木棒使操作人员远离高压电；

（3）切勿用潮湿的工具或金属物去接触电线。

2. 人工呼吸

（1）确认伤员状况，如有心跳无呼吸时，要按正确的方法帮助伤员恢复呼吸；

（2）及时拨打 120 急救。

3. 心肺复苏术

确认伤员状况，如无心跳无呼吸时，要按正确的方法及时对伤员进行心肺复苏。

❋ 任务二　比亚迪车系总线通信网络技术应用与检修

一、比亚迪汽车总线通信网络系统概述

比亚迪汽车公司从 2008 年开始，陆续推出了 F3DM、e6、K9、秦、唐、宋、元以及腾势（与戴姆勒合资）等新能源汽车。新能源汽车大量使用电子模块，对驱动电机控制、动力电池管理、防盗到音响和制动系统等各个部分进行控制。大多数电子模块需要相同的输入信息进行有效操作，如驱动电机控制和防抱死制动控制模块似乎是互不相关的系统，但它们都需要车速、刹车深度等信息，如果这两个系统能从同一输入端得到车速、刹车深度等信息，就可以减少新能源汽车上传感器的数量和接线数目。

1. 网络类型

在比亚迪新能源汽车的总线通信网络系统中，目前使用的总线通信网络系统协议是符合 ISO 11898 - 2 标准的 CAN，传输速率分别有 125 kbit/s、250 kbit/s 和 500 kbit/s。

2. 终端电阻

在比亚迪新能源汽车的总线通信网络系统中，终端电阻的布置形式符合 ISO 11898 - 2 标准，分别集成在网关模块和 CAN 子局域网络的终端电控单元中，阻值为 120 Ω。

3. 故障形式

CAN 总线故障形式主要有 CAN - H 和 CAN - L 短路、CAN - H 对正极短路、CAN - H 对地短路、CAN - H 断路、CAN - L 对正极短路、CAN - L 对地短路和 CAN - L 断路 7 种，不支持单线工作模式。

注意：

容错特性符合 ISO 11898 - 2 标准，具体内容参见"项目二　汽车常用总线通信网络检修"。

4. 故障代码

比亚迪新能源汽车 CAN 总线通信网络系统使用 3 种类型的 DTC。

1）内部错误 DTC

各 ECU 执行内部检查，如果其中一个 ECU 发现内部出现问题，则它会提出一个内部错

误 DTC，指示该 ECU 需要更换。

2）失去通信 DTC

失去通信 DTC（和总线关闭 DTC）是在 ECU 之间的通信出现问题时提出的，问题可能出在连接、导线或 ECU 本身上。

3）信号错误 DTC

各 ECU 对某些输入回路执行诊断测试，以确定此回路功能是否正常（有无断路或短路）。如果一个回路未通过诊断测试，则会相应设置一个 DTC。

注意：

并非对所有输入回路都检测是否有错误。

5. CAN 网络故障代码表

CAN 网络故障代码与故障描述见表 5 – 2。

表 5 – 2　CAN 网络故障代码与故障描述

故障诊断码（DTC）	故障描述
U0110	电机控制模块通信故障
U0110 – 00	与 M2 电机控制模块失去通信
U0111	动力电池管理模块通信故障
U0128	模块通信故障
U0128 – 00	与 P 挡电机控制器模块失去通信
U0134 – 00	与 EPS 模块失去通信
U0146 – 00	与网关失去通信
U0155 – 00	通信故障
U0164 – 00	与空调控制器模块失去通信
U0292	电机控制模块通信故障
U0292 – 00	与 M3 电机控制模块失去通信
U0291	模块通信故障
U029E – 00	与 ECU 失去通信
U0296	动力电池管理模块与充电柜通信故障
U0296 – 00	与动力电池管理模块失去通信
U0298	DC – DC 模块通信故障
U0298 – 00	与 DC/DC（12 V）模块失去通信
U0299 – 00	与 DC/DC（42 V）模块失去通信
U1101	与组合开关控制模块失去通信
U1101 – 00	通信故障
U1102	通信故障
U1102 – 00	与继电器控制模块失去通信
U1109 – 00	与起动电池充电模块失去通信

二、比亚迪汽车总线通信网络技术应用

（一）比亚迪 e6 总线通信网络技术应用

1. 比亚迪 e6 总线通信网络系统概述

1）CAN 总线通信网络

在比亚迪 e6 总线通信网络系统中，布置了 1 条高速 CAN，数据总线具有 500 kbit/s 的最大数据传输速率，并被设计用于电子稳定控制系统；还布置了 4 条中速 CAN，其中动力网络的数据总线的最大数据传输速率为 250 kbit/s，舒适、车载终端和起动等网络的数据总线的最大数据传输速率为 125 kbit/s。在比亚迪 e6 总线通信网络系统中，还设计了 1 条传输速率为 250 kbit/s 的专用充电子网络。这 6 条 CAN 中共安装了高达 12 个阻值为 120 Ω 的终端电阻。

2）网关

比亚迪 e6 汽车使用的网关控制器如图 5 – 9 所示，其主要功能如下：

（1）系统带 5 路 CAN 总线及 BYD 网络管理功能；

（2）报文路由：网关具有转发报文的功能，并能对总线报文状态进行诊断；

（3）信号路由：实现信号在不同报文间的映射；

（4）网络管理：网络状态监测与统计，错误处理、休眠唤醒等。

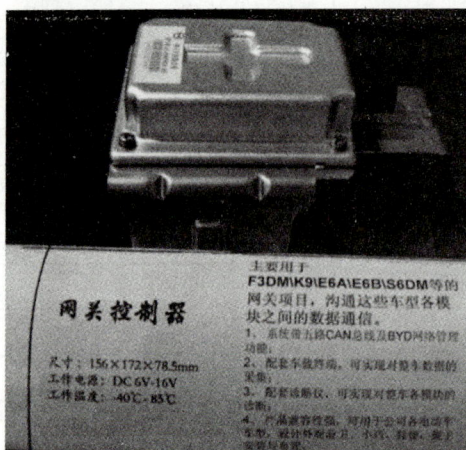

图 5 – 9 比亚迪 e6 汽车使用的网关控制器

3）CAN 短接器

为了便于对 CAN 总线通信网络系统进行故障诊断，比亚迪 e6、秦等汽车在接地板线束上设置了接地板 CAN 短接器 KG08（A）和 KG08（B），其安装位置如图 5 – 10 所示。

2. 比亚迪 e6 总线通信网络系统的网络拓扑

比亚迪 e6 汽车，主要由 6 条 CAN 总线通信网络系统组成，其网络拓扑如图 5 – 11 所示。

1）电子稳定控制系统总线通信网络

电子稳定控制系统总线通信网络的传输速率为 500 kbit/s，两个终端电阻分别集成在网关和 ABS 或 ESC 中。总电阻可以在 DLC3 的引脚之间测量，理论值为 60 Ω。

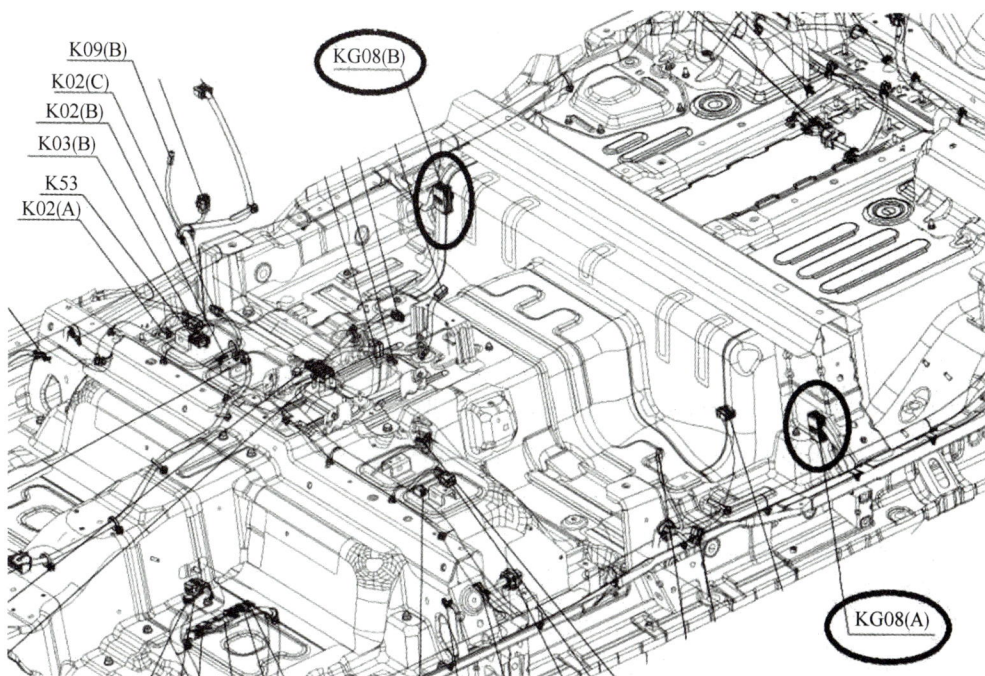

图 5 – 10　接地板 CAN 短接器 KG08（A）和 KG08（B）的安装位置

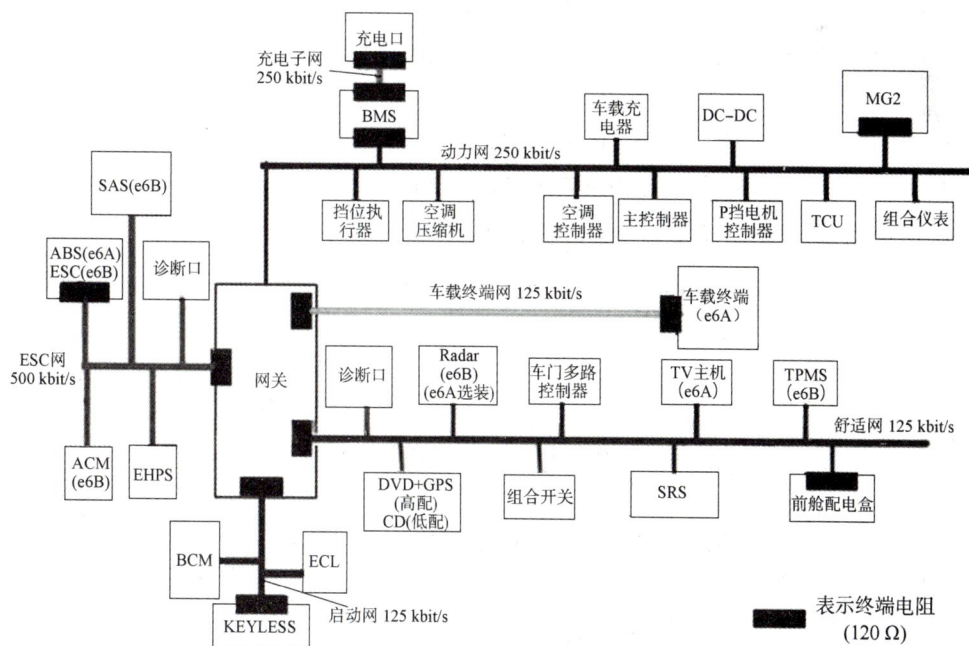

SAS—汽车安全辅助控制模块；ABS—防抱死制动控制模块（e6A）；ESC—电子稳定性控制模块（e6B）；ACM—音频控制模块；EHPS—电子液压助力转向控制模块；MG2—MG2 电机；TCU—变速器控制模块；BCM—车身控制模块；ECL—转向轴锁控制模块；KEYLESS—智能钥匙；DVD + GPS—光盘播放器 + 卫星导航控制模块；SRS—被动式安全控制模块；DC – DC—高、低压直流转换器；Radar—雷达；TPMS—胎压监测模块。

图 5 –11　比亚迪 e6 汽车总线网络拓扑

连接到电子稳定控制系统总线通信网络上的模块有：SAS、ABS、ACM、EHPS 和 OBD – Ⅱ。

2）动力控制系统总线通信网络

动力控制系统总线通信网络的传输速率为 250 kbit/s，两个终端电阻分别集成在 BMS 和 MG2 电机控制模块中，总电阻可以在网关或本子网相关 CAN 短接器（KG08A/ KG08B）中测量，理论值为 60 Ω。

连接到动力控制系统总线通信网络上的模块有：BMS、挡位执行器、空调压缩机、空调控制器、车载充电器、主控制器、DC – DC、TCU、MG2 和组合仪表。

3）舒适系统总线通信网络

舒适系统总线通信网络的传输速率为 125 kbit/s，两个终端电阻分别集成在网关和前舱配电盒中，总电阻可以在 DLC3 的引脚之间测量，理论值为 60 Ω。

连接到舒适系统总线通信网络上的模块有：OBD – Ⅱ、Radar、DVD + GPS、车门多路控制器、组合开关、TV 主机（e6A）、SRS、TPMS、前舱配电盒。

4）起动控制系统总线通信网络

起动控制系统总线通信网络的传输速率为 125 kbit/s，两个终端电阻分别集成在网关和智能钥匙控制模块中，总电阻可以在网关或本子网络相关 CAN 短接器（KG08A/KG08B）中测量，理论值为 60 Ω。

连接到起动控制系统总线通信网络上的模块有：BCM、ECL 和 KEYLESS。

5）车载终端总线通信网络

车载终端总线通信网络的传输速率为 125 kbit/s，该网络配置在 e6A 型汽车上，两个终端电阻分别集成在网关和车载终端模块中，总电阻可以在网关相关端子测量，理论值为 60 Ω。

6）充电子网络

充电子网络的传输速率为 250 kbit/s，两个终端电阻分别集成在 BMS 和充电口模块中，总电阻可以在本子网络相关端子测量，理论值为 60 Ω。

3. 比亚迪 e6 汽车总线通信网络系统部分应用介绍

CAN 总线灯光控制系统如图 5 – 12 所示，通过 CAN 总线通信网络控制的主要有转向灯、雾灯、小灯和远近光灯等。

1）转向灯控制

根据转向信号开关的位置向组合开关 CPU 提供信号，再将不同信号转化为 CAN 信息发送至 CAN，此信息由多路集成控制模块接收，控制闪光继电器使左闪光灯或右闪光灯闪亮。

2）雾灯控制

根据雾灯信号开关的位置向组合开关 CPU 提供信号，再将不同信号转化为 CAN 信息发送至 CAN，其具体如下：

（1）后雾灯，多路集成控制模块直接控制后雾灯电源工作；

（2）前雾灯，继电器控制模块直接控制前雾灯电源工作。

3）小灯控制

根据小灯信号开关的位置向组合开关 CPU 提供信号，再将不同信号转化为 CAN 信息发送至 CAN，由继电器控制模块提供小灯继电器搭铁，使与小灯继电器相连的相关位置或指示灯工作。

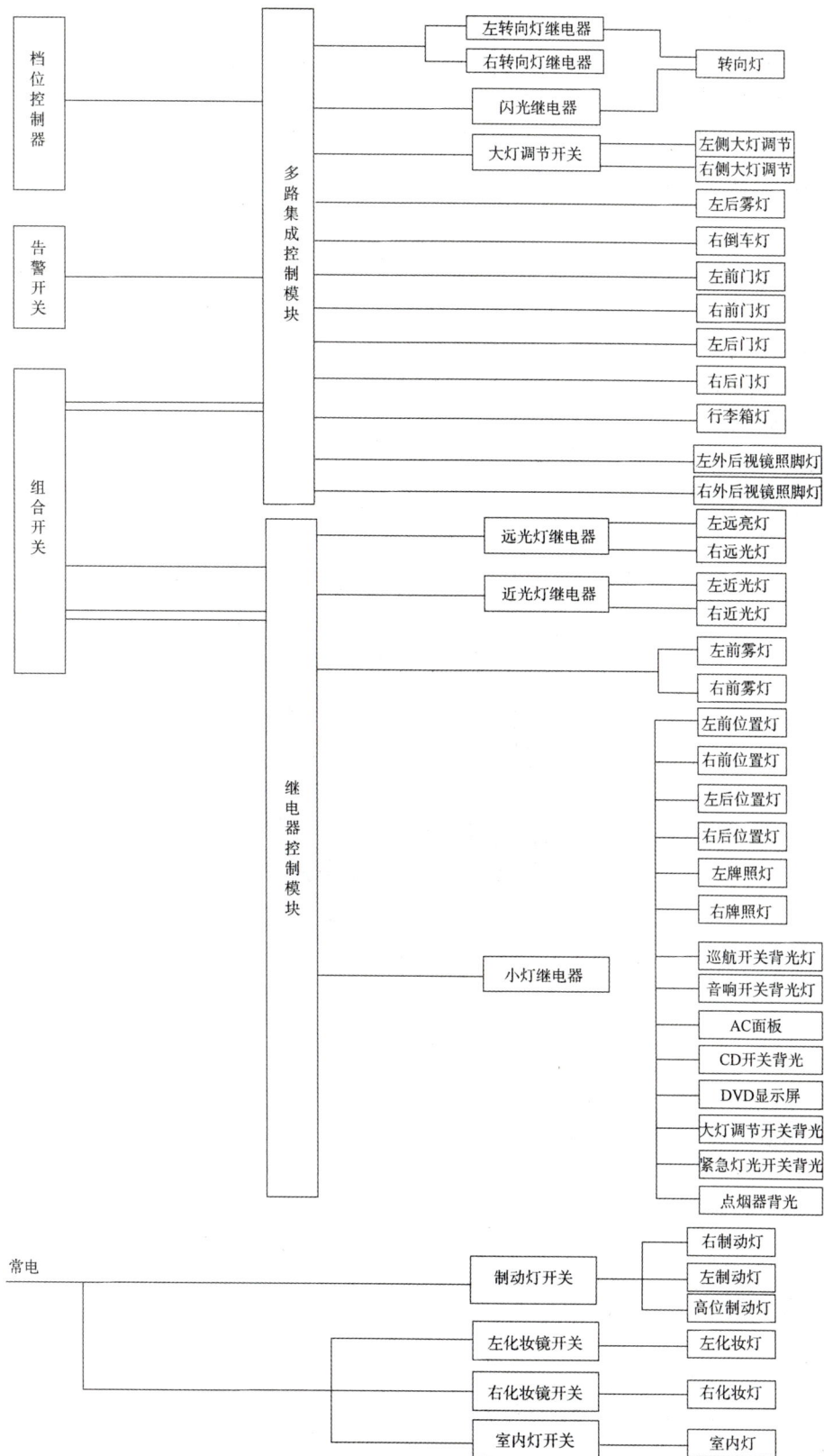

图 5 - 12　CAN 总线灯光控制系统

4）远、近光控制

根据车灯开关和变光信号开关的位置向组合开关 CPU 提供信号，再将不同信号转化为 CAN 信息发送至 CAN，由继电器控制模块提供远、近光继电器搭铁，使近光、远光灯工作。

（二）比亚迪秦汽车总线通信网络系统

1. 比亚迪秦汽车总线通信网络系统概述

1）CAN 总线通信网络

比亚迪秦汽车总线通信网络系统，布置了 2 条高速 CAN，数据总线具有 500 kbit/s 的最大数据传输速率，并被设计用于电子稳定控制系统和发动机控制系统；还布置了 3 条中速 CAN，其中动力网络的数据总线的最大数据传输速率为 250 kbit/s，舒适和起动等网络的数据总线的最大数据传输速率为 125 kbit/s。在比亚迪秦汽车总线通信网络系统中，还设计了 2 条传输速率为 250 kbit/s 的专用充电子网络和空调子网络。这 7 条 CAN 网络总共安装了 14 个阻值为 120 Ω 的终端电阻。

2）网关

比亚迪秦汽车使用的网关控制器如图 5 – 13 所示，网关控制器电路图如图 5 – 14 所示。

图 5 – 13　比亚迪秦汽车使用的网关控制器

网关控制器有以下主要功能：

（1）系统带 5 路 CAN 总线及 BYD 网络管理功能；

（2）报文路由：网关具有转发报文的功能，并能够对总线报文状态进行诊断；

（3）信号路由：实现信号在不同报文间的映射；

（4）网络管理：网络状态监测与统计，错误处理、休眠唤醒等。

3）CAN 转接头

为了便于对 CAN 总线通信网络系统进行故障诊断，比亚迪秦汽车设置了 3 处 CAN 转接头，具体如下。

（1）1#CAN 转接头（G06）。

1#CAN 转接头（G06）安装在仪表板线束护板左侧（组合仪表后面），其端子分布如图 5 – 15 所示，主要连接舒适系统总线通信网络中的相关控制模块如下：

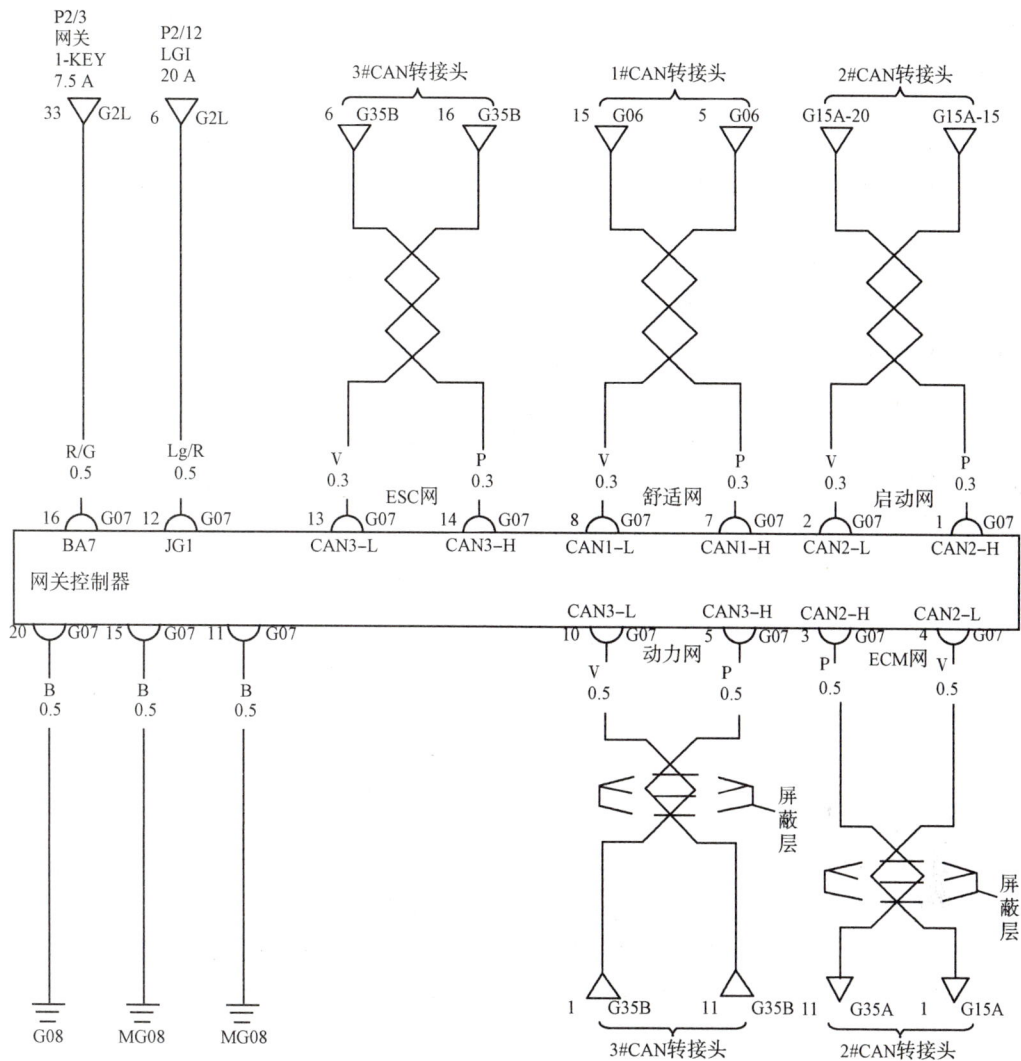

图 5 – 14　比亚迪秦汽车网关控制器电路图

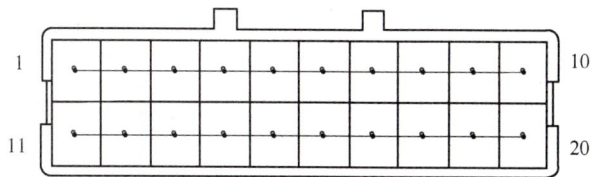

图 5 – 15　1#CAN 转接头（G06）端子分布

①（G06）1#连接 MICU 与左前门窗控开关的 CAN – H，（G06）11#连接 MICU 与左前门窗控开关的 CAN – L；

②（G06）2#连接右前门窗控制开关的 CAN – H，（G06）12#连接右前门窗控制开关的 CAN – L；

③（G06）3#连接 AC – ECU 与 PM2.5 测试仪的 CAN – H，（G06）13#连接 AC – ECU 与 PM2.5 测试仪的 CAN – L；

④（G06）4#连接 DVD – M4 与前排液晶显示屏的 CAN – H，（G06）14#连接 DVD – M4 与前排液晶显示屏的 CAN – L；

⑤（G06）5#连接网关的 CAN – H，（G06）15#连接网关的 CAN – L；

⑥（G06）6#连接组合开关的 CAN – H，（G06）16#连接组合开关 CAN – L；

⑦（G06）7#连接螺旋线圈与全景 ECU 的 CAN – H，（G06）17#连接螺旋线圈与全景 ECU 的 CAN – L；

⑧（G06）8#连接 DLC 的 CAN – H，（G06）18#连接 DLC 的 CAN – L；

⑨（G06）9#连接雷达与胎压的 CAN – H，（G06）19#连接雷达与胎压的 CAN – L；

⑩（G06）10#连接 ACC 开关的 CAN – H，（G06）20#连接 ACC 开关的 CAN – L。

（2）2#CAN 转接头（G15A）。

2#CAN 转接头（G15A）安装在管梁右托架上，其端子分布如图 5 – 16 所示。2#CAN 转接头（G15A）用于连接 ECM 发动机控制系统总线通信网络和起动控制系统总线通信网络，它主要的控制模块如下。

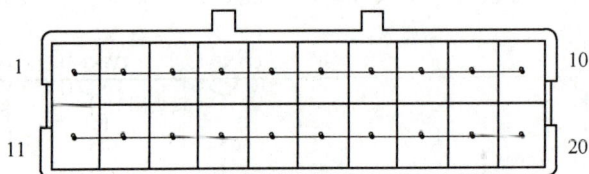

图 5 – 16　2#CAN 转接头（G15A）端子分布

①ECM 总线通信网络，其连接如下：

a.（G15A）14#连接 TCU、ECM、DLC 与 DC – DC/驱动电机控制器的 CAN – H，（G15A）4#连接 TCU、ECM、DLC 与 DC – DC/驱动电机控制器的 CAN – L；

b.（G15A）13#连接挡位控制器的 CAN – H，（G15A）3#连接挡位控制器的 CAN – L；

c.（G15A）12#连接行李舱 DLC 的 CAN – H，（G15A）2#连接行李舱 DLC 的 CAN – L；

d.（G15A）11#连接网关的 CAN – H，（G15A）1#连接网关的 CAN – L。

②起动控制系统总线通信网络，其连接如下：

a.（G15A）17#连接 MICU 的 CAN – H，（G15A）18#连接 MICU 的 CAN – L；

b.（G15A）16#连接转向轴锁控制模块的 CAN – H，（G15A）19#连接转向轴锁控制模块的 CAN – L；

c.（G15A）15#连接 KEYLESS 与网关的 CAN – H，（G15A）20#连接 KEYLESS 与网关的 CAN – L。

（3）3#CAN 转接头（G35B）。

3#CAN 转接头（G35B）安装在仪表线束护板右侧（组合仪表后面），其端子分布如图 5 –17所示。3#CAN 转接头（G35B）主要连接有电子稳定控制系统总线通信网络和动力控制系统总线通信网络，它主要的控制模块如下。

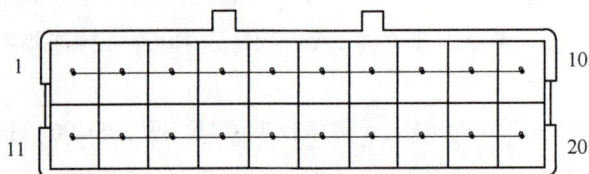

图 5 – 17　3#CAN 转接头 G35B）端子分布

①动力控制系统总线通信网络，其连接如下：

a. （G35B）11#连接 DLC 与网关的 CAN – H，（G35B）1#连接 DLC 与网关的 CAN – L；

b. （G35B）12#连接模式开关的 CAN – H，（G35B）2#连接模式开关的 CAN – L；

c. （G35B）13#连接 DVD – M4 的 CAN – H，（G35B）3#连接 DVD – M4 的 CAN – L；

d. （G35B）14#连接组合仪表与螺旋线圈的 CAN – H，（G35B）4#连接组合仪表与螺旋线圈的 CAN – L；

e. （G35B）15#连接车载充电器、电池管理器与低压 BMS 的 CAN – H，（G35B）5#连接车载充电器、电池管理器与低压 BMS 的 CAN – L。

②电子稳定控制系统总线通信网络，其连接如下：

a. （G35B）16#连接网关的 CAN – H，（G35B）6#连接网关的 CAN – L；

b. （G35B）17#连接转角传感器的 CAN – H，（G35B）7#连接转角传感器的 CAN – L；

c. （G35B）18#连接 DLC 的 CAN – H，（G35B）8#连接 DLC 的 CAN – L；

d. （G35B）19#连接 EPB 的 CAN – H，（G35B）9#连接 EPB 的 CAN – L；

e. （G35B）20#连接 ESC 与 R – EPS 的 CAN – H；（G35B）10#连接 ESC 与 R – EPS 的 CAN – L。

2. 比亚迪秦汽车总线通信网络系统的网络拓扑

比亚迪秦汽车，主要由 7 条 CAN 总线通信网络系统组成，其网络拓扑如图 5 – 18 所示。

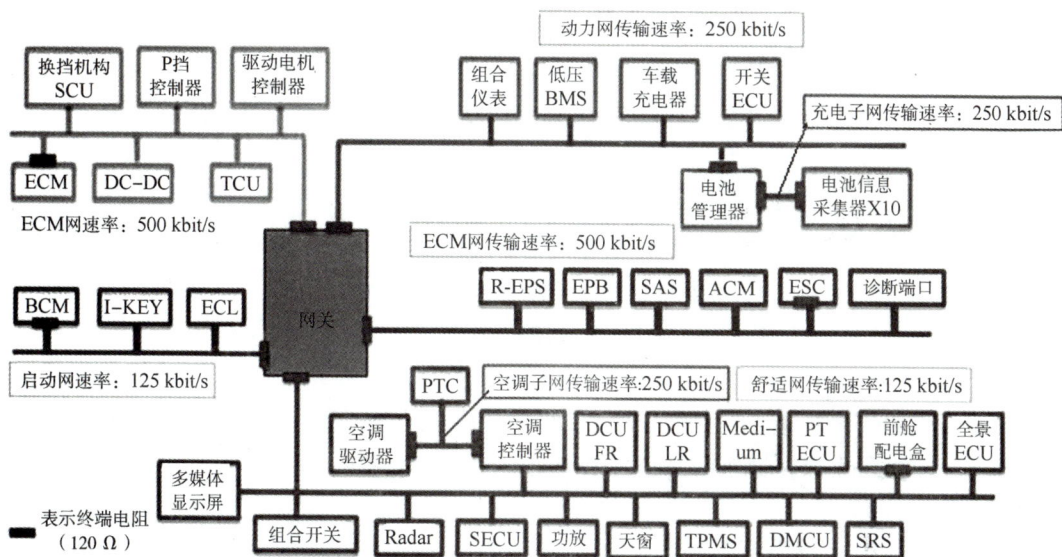

ECM—发动机控制模块；DC – DC—高、低压直流转换器；TCU—变速器控制控制模块；
BCM—车身控制模块；I – KEY—智能钥匙控制器；ECL—转向轴锁控制模块；R—EPS 齿条式电子助力转向；
BMS—电池管理控制模块；EPB—电子泊车制动控制模块；SAS—汽车安全辅助控制模块；
ACM—音频控制模块；ESC—电子稳定性控制模块；PTC—加热器模块；DCU FR—左前门控制模块；
DCU LR—右前门控制模块；Medium—多媒体主机；PT ECU—座椅 ECU；SECU—转向管柱调节 ECU；
TPMS—胎压监测模块；DMCU—无线收发模块；SRS— 辅助约束保护控制模块；Radar—雷达。

图 5 – 18　比亚迪秦汽车总线网络拓扑

1）ESC 电子稳定控制系统总线通信网络

电子稳定控制系统总线通信网络的传输速率为 500 kbit/s，两个 120 Ω 终端电阻分别集成在网关和 ESC – 电子稳定性控制模块中。总电阻可以在 OBD – Ⅱ 的相关引脚之间测量，理论值为 60 Ω。

连接到电子稳定控制系统总线通信网络上的模块有：ESC、R – EPS、EPB、SAS、ACM 和 OBD – Ⅱ。

2）ECM 发动机控制系统总线通信网络

ECM 发动机控制系统总线通信网络的传输速率为 500 kbit/s，两个 120 Ω 终端电阻分别集成在网关和 ECM 控制模块中。总电阻可以在网关或本子网络相关 CAN 短接器测量，其理论值为 60 Ω。

连接到电子稳定控制系统总线通信网络上的模块有：ECM、DC – DC 和 TCU。

3）动力控制系统总线通信网络

动力控制系统总线通信网络的传输速率为 250 kbit/s，两个 120 Ω 终端电阻分别集成在网关和电池管理器中，总电阻可以在网关或本子网络相关 CAN 短接器测量，理论值为 60 Ω。

连接到动力控制系统总线通信网络上的模块有：组合仪表、低压电池管理控制（BMS）模块、车载充电器、开关 ECU、电池管理器和电池信息采集器。

4）舒适系统总线通信网络

舒适系统总线通信网络的传输速率为 125 kbit/s，两个终端电阻分别集成在网关和前舱配电盒中，总电阻可以在网关或本子网络相关 CAN 短接测量，其理论值为 60 Ω。

连接到舒适系统总线通信网络上的模块有：多媒体显示屏、组合开关、Radar、DMCU、SRS、空调驱动器、PTC、空调控制器、DCU FR、DCU LR、Medium、PTECU、SECU、前舱配电盒和全景 ECU。

5）起动控制系统总线通信网络

起动控制系统总线通信网络的传输速率为 125 kbit/s，两个终端电阻分别集成在网关和 BCM 控制模块中，总电阻可以在网关或本子网络相关 CAN 短接测量，其理论值为 60 Ω。

连接到起动控制系统总线通信网络上的模块有：BCM、ECL 和 I – KEY。

6）充电子网络

充电子网络的传输速率为 250 kbit/s，两个终端电阻分别集成在电池管理器和电池信息采集器中，总电阻可以在本子网络相关端子间测量，其理论值为 60 Ω。

7）空调子网络

空调子网络的传输速率为 250 kbit/s，两个终端电阻分别集成在空调驱动器和空调控制器中，总电阻可以在本子网络相关端子间测量，其理论值为 60 Ω。

3. 比亚迪秦汽车总线通信网络系统部分应用介绍

1）CAN 总线通信网络在智能钥匙控制系统的应用

（1）比亚迪秦汽车智能钥匙控制系统框图如图 5 – 19 所示。

（2）比亚迪秦汽车智能钥匙控制系统工作原理如图 5 – 20 所示。

（3）智能钥匙控制系统工作流程。

①智能钥匙开/闭锁工作流程如图 5 – 21 所示，其具体如下：

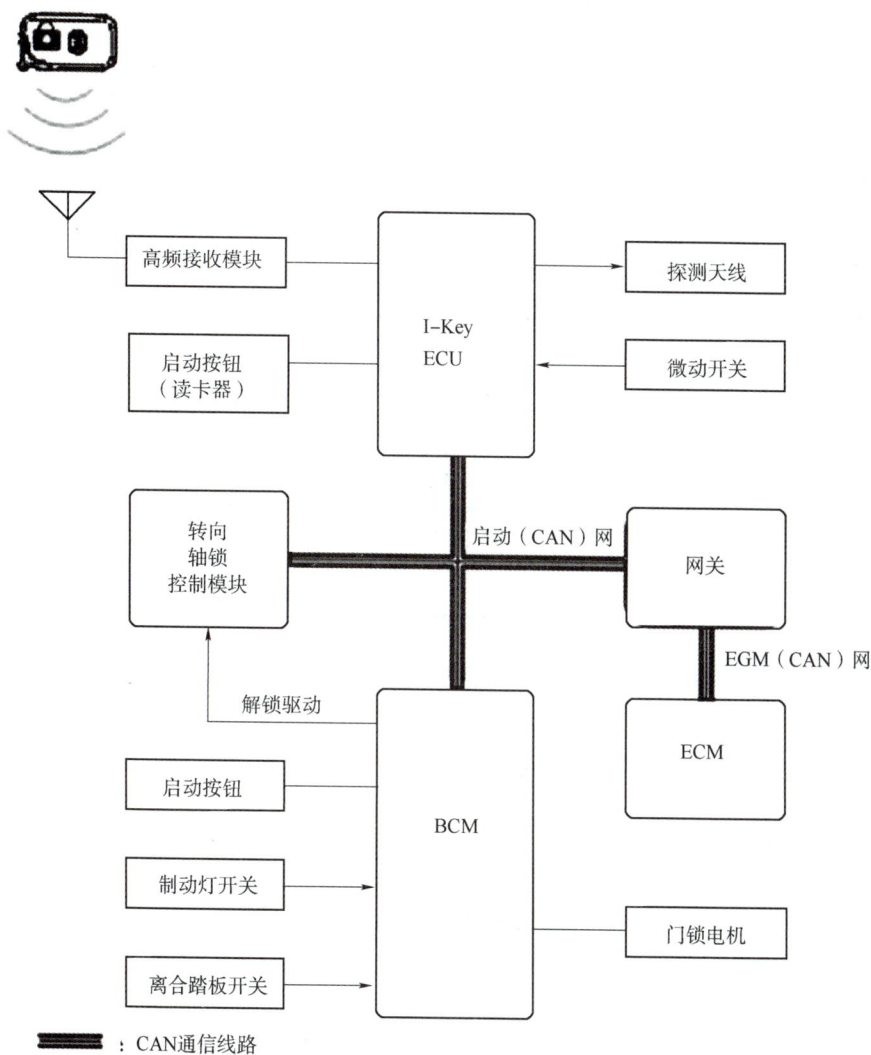

图 5-19 比亚迪秦汽车智能钥匙控制系统框图

a. 当钥匙靠近车辆时，按下智能钥匙开/闭锁开关，智能钥匙起动车门外探测天线，车外探测天线会发出 125 kHz 的低频探测信号，信号中含有加密报文；

b. 智能钥匙收到低频探测信号后，发出 315 MHz 的高频信号，信号中含有密码认证信息；

c. 高频接收模块接收到智能钥匙发出的信号后进行解调并传递给智能钥匙控制器；

d. 智能钥匙控制器进行信息认证成功后，会通过 CAN 与车身控制模块进行通信，BCM 控制门锁电机执行开/闭锁。

②无钥匙开/闭锁工作流程如图 5-22 所示，其具体如下：

a. 按下微动开关，智能钥匙系统控制器驱动车门把手内的车外探测天线发出 125 kHz 的低频探测信号，信号中含有加密报文；

b. 当钥匙靠近车辆时，智能钥匙收到低频探测信号后，发出 315 MHz 的高频信号，信号中含有密码认证信息；

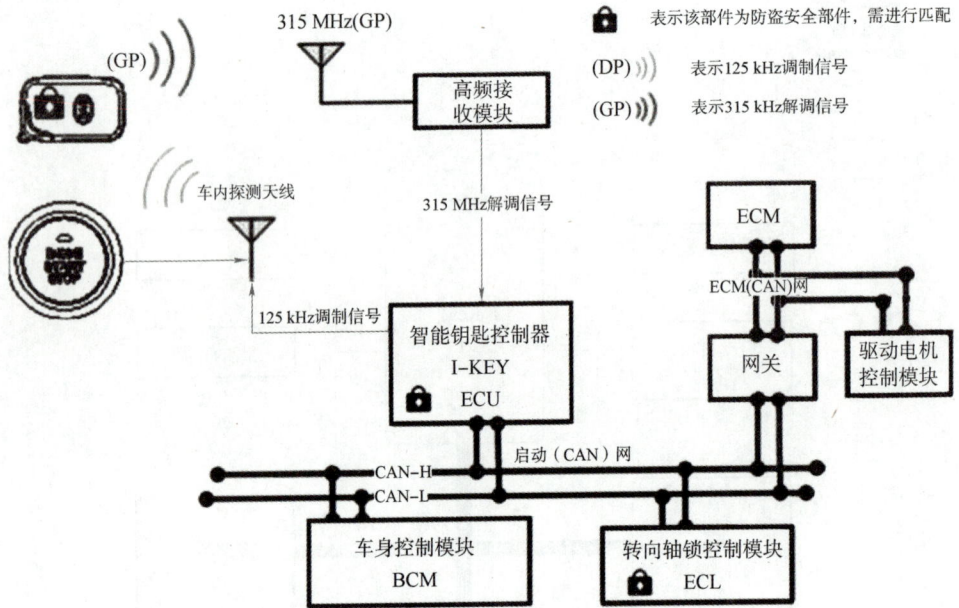

图 5 – 20　比亚迪秦汽车智能钥匙控制系统工作原理

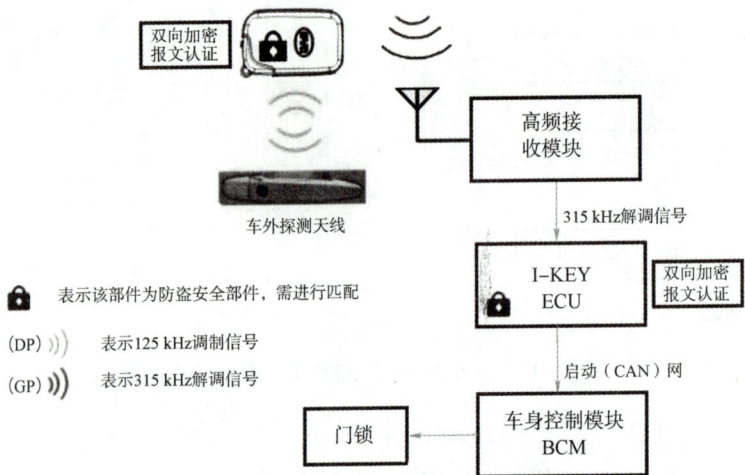

图 5 – 21　智能钥匙开/闭锁工作流程

c. 高频接收模块接收到智能钥匙发出的信号后进行解调并传递给智能钥匙控制器；

d. 智能钥匙控制器进行信息认证成功后，会通过 CAN 与车身控制模块进行通信，BCM 控制门锁电机执行开/闭锁。

③无钥匙起动工作流程，如图 5 – 23 所示，其具体如下：

a. 按下起动按钮，智能钥匙系统控制器起动车内的 2 根探测天线发出 125 kHz 的低频探测信号，信号中含有加密报文；

b. 在车内的智能钥匙接收到低频探测信号后，发出 315 MHz 的高频信号，信号中含有密码认证信息；

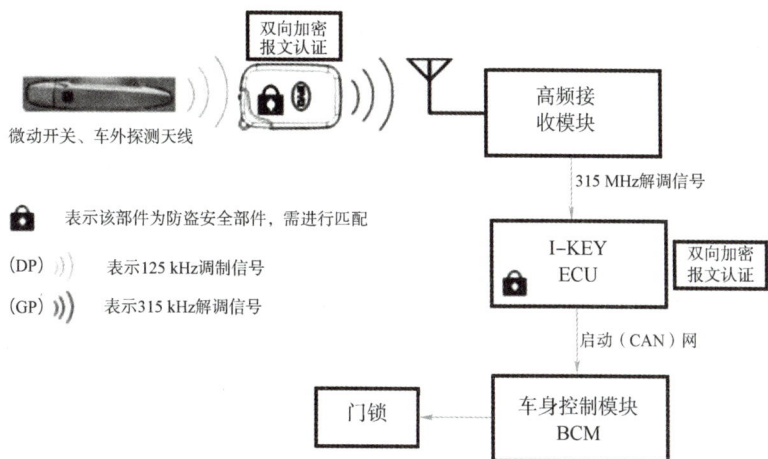

图5－22　无钥匙开/闭锁工作流程

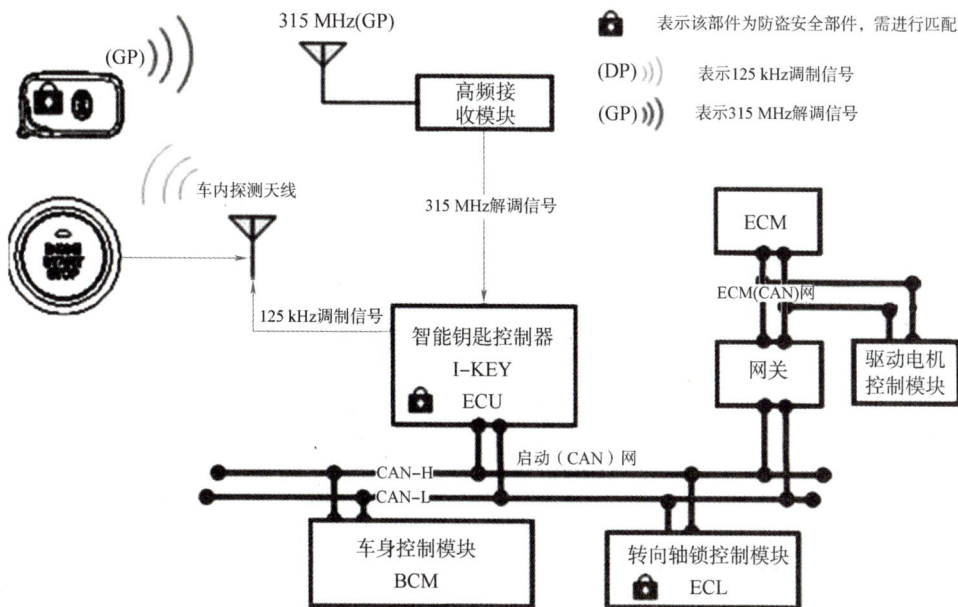

图5－23　无钥匙起动工作流程

c. 高频接收模块接收到智能钥匙发出的信号后进行解调并传递给智能钥匙控制器;

d. 智能钥匙控制器进行信息认证成功后,会通过 CAN 总线与转向轴锁控制模块(ECL) 进行通信,进行密码信息认证;

e. 智能钥匙控制器与轴锁信息认证成功后,会将认证成功的信息通过 CAN 总线传递给BCM,BCM 控制车辆进行上电;

f. 认证成功的信息通过网关传至 ECM 网络的 ECM 模块和驱动电机控制模块,根据BCM 发出的起动开始指令,电机控制器开始与 I－KEY 和 ECM 进行防盗密码信息认证,认证成功后防盗解除。电机控制器通过网关发出起动允许指令给 BMS，开始进行预充，预充成功后 OK 灯点亮；若预充失败，则电机控制器起动发动机，OK 灯也将点亮。

④无电模式起动工作流程如图 5 – 24 所示，其具体如下：

a. 当车辆提示检测不到钥匙时，起动按钮会发出 125 kHz 的低频探测信号，信号中含有加密报文；

b. 将智能钥匙贴近起动按钮，钥匙收到低频信号后，反馈给读卡器一个 125 kHz 的低频信号，信号中含有密码认证信息；

c. 起动按钮将信息传递给智能钥匙系统控制器；

d. 智能钥匙控制器进行信息认证成功后，会通过 CAN 总线与转向轴锁（ECL）通信，进行密码信息认证；

e. 智能钥匙控制器与轴锁信息认证成功后，会将认证成功的信息通过 CAN 总线传递给 BCM，BCM 控制车辆进行上电；

f. 认证成功的信息通过网关传至 ECM 网络的 ECM 模块和驱动电机控制模块，根据 BCM 发出的起动开始指令，电机控制器开始与 I – KEY 和 ECM 进行防盗密码信息认证，认证成功后防盗解除。电机控制器通过网关发出起动允许指令给 BMS，开始进行预充，预充成功后 OK 灯点亮；若预充失败，则电机控制器起动发动机，OK 灯也将点亮。

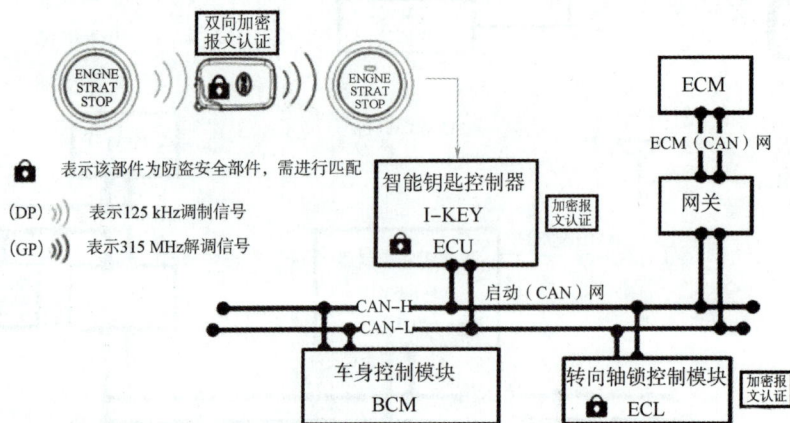

图 5 – 24　无电模式起动工作流程

三、比亚迪新能源车系总线系统故障诊断

下面以比亚迪 e6 网关控制器为例，介绍比亚迪新能源车系总线系统故障诊断。

（一）安全预防措施

1. 维修混动或纯电动车前要做好的安全预防措施

混动或纯电动车辆配置高压蓄电池，如果高电压系统或车辆处理不当，则可能会导致漏电甚至触电的严重伤害。因此，在维修混动或纯电动车前必须认真、严格做好以下安全预防措施。

（1）在检查或维修高电压系统前，拆卸安全插头，保证切断高压系统。

（2）确保完全拆卸安全插头，以防误操作连接安全插头。

（3）当操作高电压系统时，不要佩戴任何金属物件（手表、指环等），否则会导致触电等严重伤害。

（4）在开始操作高电压系统前，操作人员应佩戴个人防护设备，以免发生安全事故。

（5）禁止未佩戴个人防护装备的人员执行高电压系统作业。

（6）应使用绝缘片覆盖高电压部件，防止发生意外事故。

（7）操作高电压系统时应使用绝缘工具。

（8）将拆卸下来的高电压部件放置在绝缘垫上。

特别提示：

比亚迪 e6 汽车上的高压部件有：高压配电箱总成、电源管理器、动力总成、动力电池包（VTOG）、DC–DC 及空调控制器、电动压缩机总成、维修开关总成及高压电缆等。

2. 维修车辆时的准备

1）场地准备

在被维修的车辆四周布置警示带，被维修的车辆车顶上应放置"注意高电压"警告标志，以防技术人员受到伤害，如图 5–25 所示。

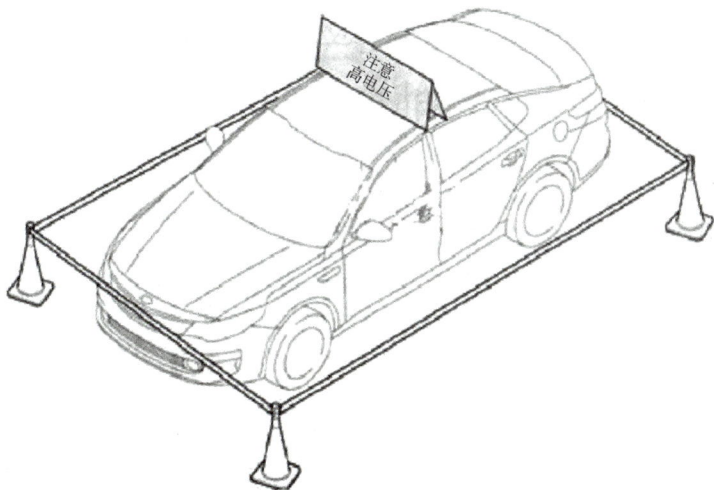

图 5–25　场地准备

2）个人防护装备检查

（1）确定个人防护装备没有损坏。

（2）确定绝缘手套没有破裂或损坏。

（3）绝缘手套要除湿后再使用。

检查绝缘手套是否破裂或损坏的方法如图 5–26 所示，具体步骤如下：

①折叠绝缘手套；

②再次折叠 3~4 次使其密封；

③挤压膨胀的手套，查看是否破裂或损坏。

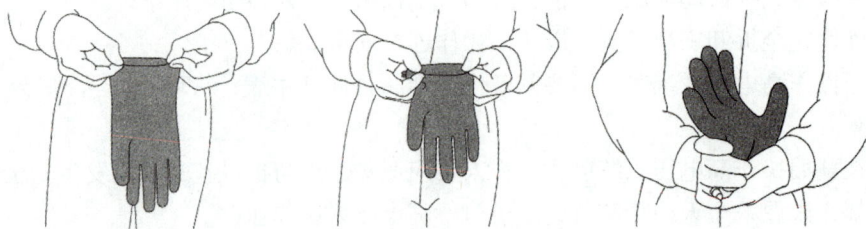

图 5 - 26　检查绝缘手套是否破裂或损坏的方法

（二）比亚迪 e6 汽车网关控制器在车检测与故障诊断

1. 一般诊断流程

（1）把车开进维修间。完成用户所述故障分析：向用户询问车辆状况和故障产生时的环境。

（2）检查蓄电池电压。标准电压值为 11 ~ 14 V，如果电压值低于 11 V，则在进行下一步检查前要充电或换蓄电池。

（3）故障症状确认。技术人员确认故障车的故障症状，认真做好记录。

（4）做好安全预防措施。

（5）进入全面诊断流程，对故障进行维修。

（6）结束。

2. 比亚迪 e6 汽车网关控制器在车检测与故障诊断

1）比亚迪 e6 汽车网关控制器在车安装位置

比亚迪 e6 汽车网关控制器在车安装位置如图 5 - 27 所示。

2）比亚迪 e6 汽车网关控制器线束连接器（G69）端子分布与工作电路

比亚迪 e6 汽车网关控制器线束连接器（G69）端子分布与工作电路分别如图 5 - 28 和图 5 - 29 所示。

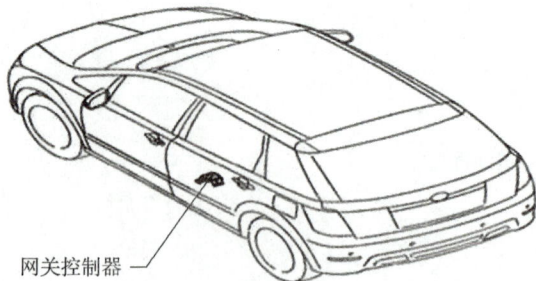

图 5 - 27　比亚迪 e6 汽车网关在车安装位置

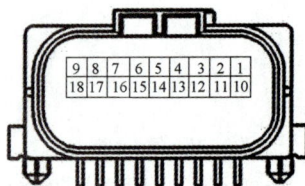

图 5 - 28　比亚迪 e6 汽车网关控制器线束连接器（G69）端子分布

3. 终端诊断

（1）断开 G69。

（2）测量线束端连接器各端子间电压或电阻，G69 及各端子间的电压或电阻见表 5 - 3。

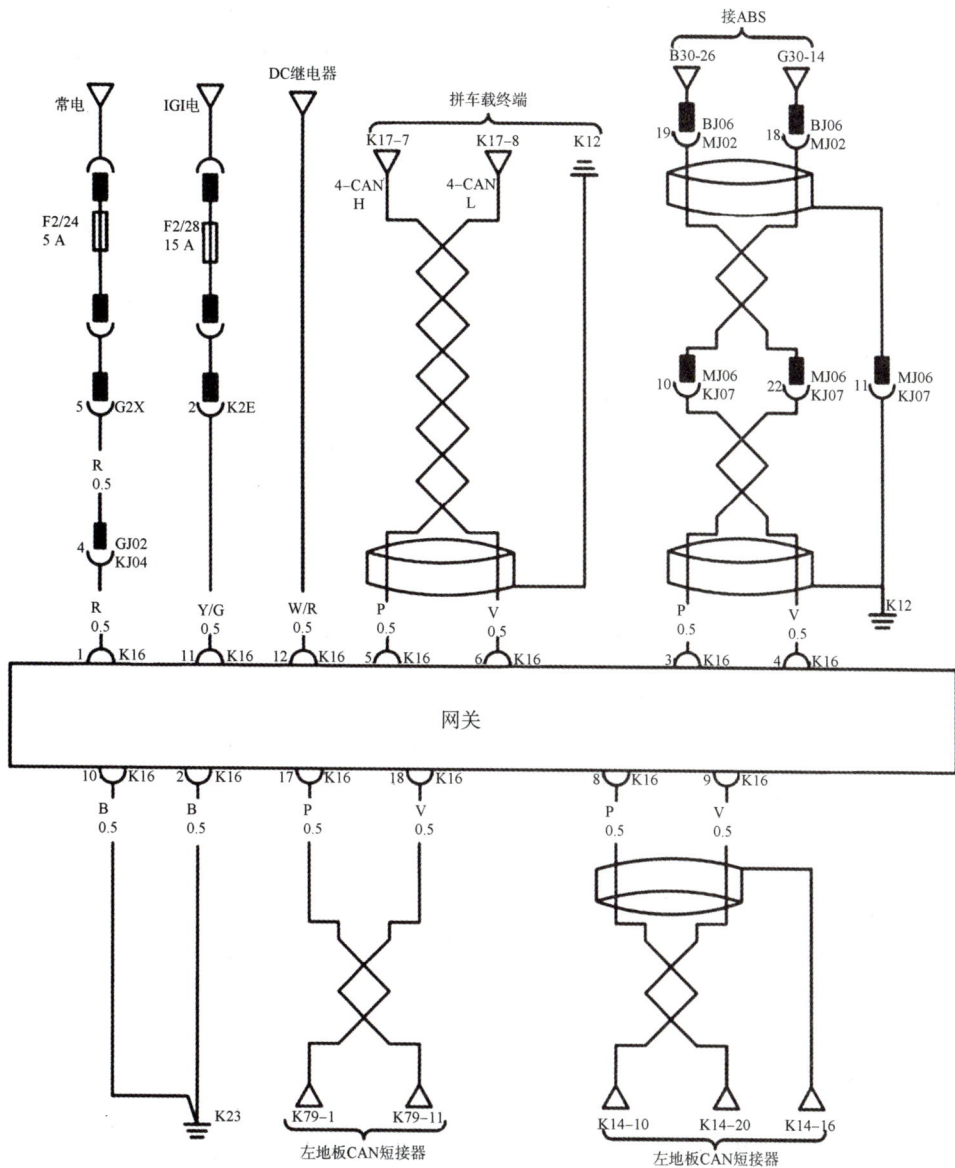

图5-29 比亚迪 e6 汽车网关控制器工作电路

表5-3 G69 及各端子间电压或电阻

端子号	线色	端子描述	条件	正常值/V
K16-1-车身地	R	常电	始终	11~14
K16-2-车身地	B	接地	始终	小于1
K16-3-车身地	P	3 CAN-H	始终	2.5~3.5
K16-4-车身地	V	3 CAN-L	始终	1.5~2.5
K16-5-车身地	P	4 CAN-H	始终	2.5~3.5
K16-6-车身地	V	4 CAN-L	始终	1.5~2.5
K16-8-车身地	P	1 CAN-H	始终	2.5~3.5

端子号	线色	端子描述	条件	正常值/V
K16－9－车身地	V	1 CAN－L	始终	1.5～2.5
K16－10－车身地	B	接地	始终	小于1
K16－11－车身地	Y/G	IG电	IG电	11～14
K16－12－车身地	W/R	IG电	IG电	11～14
K16－17－车身地	P	2 CAN－H	始终	2.5～3.5
K16－18－车身地	V	2 CAN－L	始终	1.5～2.5

注意：

（1）CAN－H——起动网；

（2）CAN－H——舒适网；

（3）CAN－H——ESC网；

（4）CAN－H——车载终端网。

4. 全面诊断流程

参照比亚迪e6汽车网关控制器电路图及相关检测工艺，完成比亚迪e6汽车网关控制器的全面诊断。

1）检查保险

（1）从仪表板配电盒取出F2/24，F2/28。

（2）用万用表检查保险两端。保险两端的电阻正常值应小于1 Ω，如果不符，则更换保险。

2）检查电源线束

（1）断开网关连接器K16，网关连接器K16端子分布如图5－30所示。

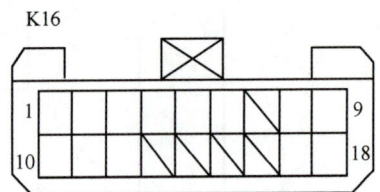

（2）检查网关连接器K16插座相关端子间的电压，其具体如下：

图5－30 网关连接器K16端子分布

①万用表红表笔接K16－1，黑表笔接蓄电池负极（搭铁），正常值为11～14 V；

②点火开关位于"ON"位，万用表红表笔接K16－11，黑表笔接蓄电池负极（搭铁），正常值为11～14 V；

③点火开关位于"ON"位，万用表红表笔接K16－12，黑表笔接蓄电池负极（搭铁），正常值为11～14 V；

④点火开关位于"ON"位，万用表红表笔接K16－2，黑表笔接蓄电池负极（搭铁），正常值小于1 V；

⑤点火开关位于"ON"位，万用表红表笔接K16－10，黑表笔接蓄电池负极（搭铁），正常值小于1 V。如果不符，则更换电源线束。

3）检查CAN线束

（1）关闭点火开关，断开蓄电池负极电缆，等待大约5 min。

（2）断开网关连接器K16。

（3）检查网关连接器 K16 插座相关端子间阻值，其具体如下：

①用万用表检测 K16 – 3 与 K16 – 4 之间的电阻，正常值约为 60 Ω；

②用万用表检测 K16 – 5 与 K16 – 6 之间的电阻，正常值约为 120 Ω；

③用万用表检测 K16 – 8 与 K16 – 9 之间的电阻，正常值约为 120 Ω；

④用万用表检测 K16 – 17 与 K16 – 18 之间的电阻，正常值约为 120 Ω；

如果不符，则更换 CAN 线束。

4）检查诊断口

用诊断仪读取动力网上 ECM、CVT 的故障码，如果可以建立连接，则诊断口正常；如果不能建立连接，则更换诊断口。

5）检查网关

用诊断仪读取车身网上的 Keyless、BCM、仪表、转向轴锁、安全气囊、倒车雷达的故障码，如果可以建立连接，则网关正常；如果不能建立连接，则更换网关。

5. 网关控制器的拆卸与安装

1）网关控制器的拆卸

（1）拆卸主驾驶座椅总成。

（2）掀起地毯。

（3）如图 5 – 31 所示，拆卸网关控制器，具体步骤如下：

①断开 1 个接插件；

②拆卸 4 个螺栓；

③取下网关控制器总成。

2）网关控制器的安装

（1）如图 5 – 32 所示，安装网关控制器具体步骤如下：

①将网关控制器对准安装孔；

②安装 4 个螺栓；

③接上 1 个接插件；

（2）盖上地毯。

（3）安装主驾驶座椅总成。

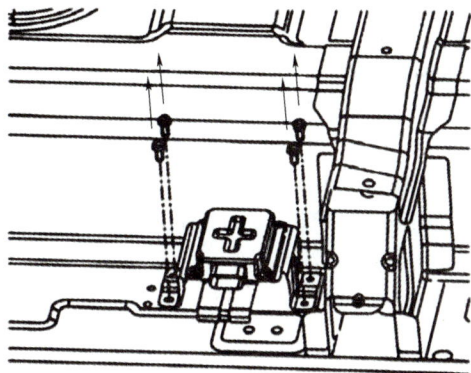

图 5 – 31　拆卸网关控制器

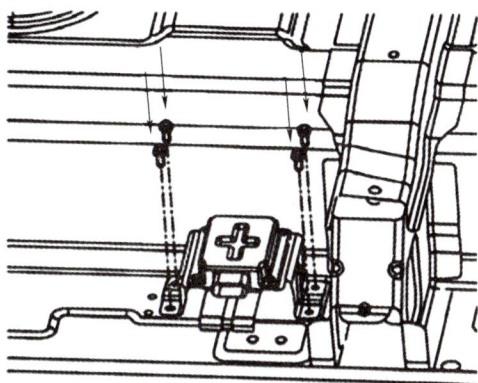

图 5 – 32　安装网关控制器

项目五　新能源汽车总线通信网络系统检修

243

四、比亚迪汽车总线系统故障诊断案例分析

下面以比亚迪 e6 汽车挂挡无法行驶的故障为例来进行案例分析。

1. 故障现象

用户反映车辆挂挡无法行驶。

2. 验证故障

通过验证，顾客报修故障确实存在，同时发现仪表显示"请检查 ESP 系统、动力系统和 OK 灯不亮"等信息。

3. 维修过程

1）读取故障代码

用诊断仪读取 VTOG（电机控制器）故障信息，显示"系统无应答"，其他控制模块通信正常。

2）故障分析

根据车辆仪表显示的引导，与诊断仪初步诊断，造成此故障的可能原因如下：

（1）CAN 总线故障；

（2）VTOG 线路接触不良；

（3）VTOG 节点故障。

3）故障诊断与排除

（1）CAN 总线检查。由车辆仪表显示引导可知，该故障与动力 CAN 有关，其网络拓扑如图 5 - 33 所示。

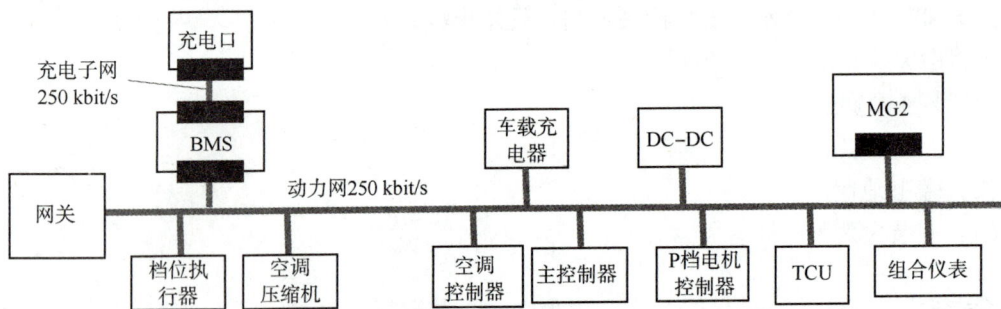

图 5 - 33　比亚迪 e6 网络拓扑

①动力 CAN 主链路检查。

a. 关闭点火开关，断开蓄电池负极电缆，等待大约 5 min；

b. 断开网关连接器 K16，网关连接器 K16 端子分布如前图 5 - 30 所示。

c. 用万用表检测 K16 - 3 与 K16 - 4 之间的电阻，检测值约为 60 Ω，正常。

②动力 CANVTOG 节点支链路检查。

a. 关闭点火开关，断开蓄电池负极电缆，等待大约 5 min；

b. 断开 VTOG 节点连接器 B33，B33 连接器端子分布，如图 5 - 34 所示。

c. 用万用表检测 B33 – 9 与 B33 – 21 之间的电阻，检测值约为 60 Ω，正常。

③检查 VTOG 的供电与搭铁电路，如图 5 – 35 所示。

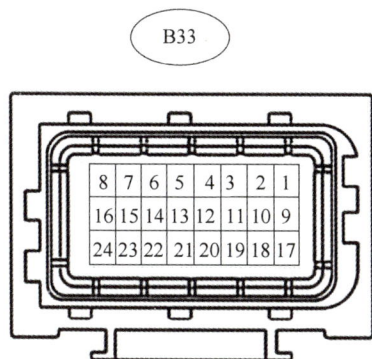

图 5 – 34　B33 连接器端子分布

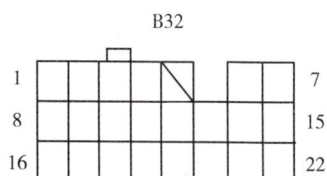

图 5 – 35　VTOG 供电与搭铁电路

a. 检查 F₂/11 保险。关闭点火开关，拔下 F2/11 保险，用万用表蜂鸣挡检查电机系统 F2/11 保险电阻，检测结果导通，正常。

b. 检查线束，其具体如下：

●关闭点火开关，拔下 B32 连接器，B32 连接器如图 5 – 36 所示；

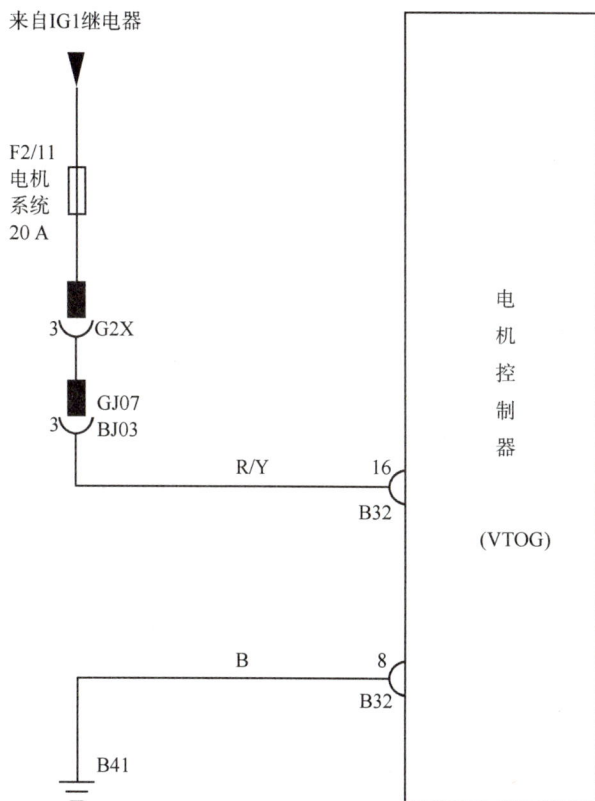

图 5 – 36　B32 连接器

●打开点火开关，用万用表检测 K16 – 16 与搭铁之间的电压，检测结果大于 11.5 V，正常；用万用表检测 K16 – 8 与搭铁之间的电压，检测结果小于 1 V，正常。

4）故障点确认

通过上述的故障诊断与排除，可确定，本案例故障是由 VTOG 节点内部故障造成的。

4. 维修小结

通信故障一定要确认清楚 CAN 总线及低压常电是否存在故障，不要盲目更换配件。

参 考 文 献

［1］饶运涛. 现场总线 CAN 原理与应用技术［M］. 北京：北京航空航天大学出版社，2003.

［2］侯树梅. 汽车单片机及局域网技术［M］. 北京：高等教育出版社，2005.

［3］一汽 – 大众汽车有限公司. 大众汽车总线及网关技术培训资料. 2018.

［4］长安福特汽车有限公司. 长安福特汽车多路传输技术培训资料. 2011.

［5］北京奔驰汽车有限公司. 梅赛德斯 – 奔驰汽车网络系统技术培训资料. 2020.

［6］巴伐利亚机械制造厂股份公司. BMW 汽车总线系统技术培训资料. 2020.

［7］比亚迪股份有限公司. 比亚迪新能源汽车网络技术培训资料. 2019.

汽车总线通信网络技术

（任务工单）

任务工单（一） 总线控制技术与硬线控制技术在车应用的观察

任务名称	总线控制技术与硬线控制技术在车应用的观察		班　　级	
学生姓名		实训时间	实训地点	
车型			VIN 号	
每个工位实训学生数量		3 人/次	每次实训时间	20 min
实训目标	1. 能够正确复述通信的定义与现代通信技术的主要特征 2. 能够理解汽车需要通信网络的原因 3. 初步了解车载总线通信网络不同类型的协议特性及技术参数 4. 能够通过观察、讨论归纳总线控制技术与硬线控制技术在硬件部分的异同 5. 在实训过程中应注意职场健康与安全			
预备知识	1. 通信的定义与现代通信技术的主要特征 2. 汽车使用总线通信网络的必要性 3. 辨识总线控制技术与硬线控制技术在硬件部分异同的方法			
预期效果	能够按照要求，组员相互协作完成在车辨识，小组讨论并归纳总结总线控制技术与硬线控制技术在硬件部分的异同			
注意事项	1. 不得损坏实训设备，保证其完整性 2. 拆装工具和诊断工具等必须完好，并在课程结束后返还给指导教师 3. 服从管理，注意安全			
实训设备及数量	1. 配置总线通信网络车门控制单元的实训用汽车　　　　　2 台 2. 配置常规线路车门控制单元的实训用汽车　　　　　　　2 台 3. 万用表　　　　　　　　　　　　　　　　　　　　　　4 只 4. 专用工具　　　　　　　　　　　　　　　　　　　　　4 套 5. 维修手册　　　　　　　　　　　　　　　　　　　　各 2 本			

◆填空

1. 通信是有关_____从一点传递到另一点的过程，而通信技术则是_____有关信息从一点传递到另一点的方式和方法。

2. 现代通信技术的主要特征是：通信的_____量大、表现形式_____、通信距离长和通信时间短。

3. 通过导线连接源设备和_____设备，并以此交换信息，即_____，一对一通信是其基本形态。

4. 无线通信是利用_____信号可以在空间中自由传播的特性，通过信道连接源设备和目标设备，进行信息交换的一种通信方式。

5. 根据废气排放、燃油经济及安全等法规修订后的高指标和客户对改善驾驶舒适性的期望，要求车辆使用大量的_____装置。

6. 在汽车上采用总线通信网络技术后，布线得以简化，_____了汽车的重量、_____成本，同时还减少了布置线束所占用的空间。

7. 在汽车上采用总线通信网络技术后，实现了电子模块之间的通信，使得电子模块之间交流更加简单和_____。

8. 在汽车上采用总线通信网络技术后，丰富了汽车的控制功能，通过电子模块之间的_____共享，减少了_____的数量。

9. 在汽车上采用总线通信网络技术后，由于布线简化，以及传感器的数量减少，使得汽车总体运行可靠性得以_____。

10. 目前，绝大多数车用总线都被美国汽车工程师协会（SAE）下属的汽车网络委员会按照协议_____分为 A、B、C、D 共 4 类。

11. A 类传输速率小于_____，传输介质为单铜芯线缆。

12. B 类传输速率为 62.5 ~ 250 kbit/s，传输介质为_____线缆。

13. C 类传输速率小于_____，传输介质为双绞线缆。

14. 目前应用最广泛、支撑技术和元器件最丰富的标准是_____。

15. 为了满足不同的层次对网络_____的差异要求，同时考虑汽车的性价比，避免用性能高的网络系统覆盖低层次的应用，现代汽车上的总线通信网络将是一个多层_____结构。

◆通过实训完成下列内容

1. 参阅维修手册，观察、体验实训车辆车门主控制单元功能，填写下表。

（1）配置常规线路车门控制单元。

线束连接器编号	连接器线缆数	车门控制模块数量	控制功能	总线协议名称	控制类型

◆**通过实训完成下列内容**

（2）配置总线通信网络技术的车门控制单元。

线束连接器 编号	连接器 线缆数	车门控制 模块数量	控制功能	总线协议 名称	控制 类型

2. 通过观察、体验及小组讨论，归纳总线控制技术与硬线控制技术在硬件部分的异同。

3. 结合实训谈一谈对汽车上使用总线通信网络技术的认识。

任务工单（二）　认识汽车电子信号

任务名称	认识汽车电子信号		班　级	
学生姓名		实训时间	实训地点	
车型		VIN 号		
每个工位实训学生数量	3 人/次	每次实训时间		20 min

实训目标	1. 能够掌握汽车电子信号的类型及基本通信原理 2. 能够掌握汽车电子信号的基本特征 3. 能够掌握检测汽车上各类电子信号的方法 4. 在实训过程中应注意职场健康与安全
预备知识	1. 汽车电子信号的类型及基本通信原理 2. 汽车电子信号的基本特征 3. 检测汽车上各类电子信号的方法
预期效果	能够按照要求，独立完成汽车上各类电子信号的检测，并按其基本特征进行分类
注意事项	1. 不得损坏实训设备，保证其完整性 2. 拆装工具和诊断工具等必须完好，并在课程结束后返还给指导教师 3. 服从管理，注意安全
实训设备 及数量	1. 实训用汽车　　　　　　　　　　　　　　　　　　　　4 台 2. 万用表　　　　　　　　　　　　　　　　　　　　　4 只 3. 二极管试灯　　　　　　　　　　　　　　　　　　　4 只 4. 汽车专用示波器　　　　　　　　　　　　　　　　　4 台 5. 维修手册　　　　　　　　　　　　　　　　　　　各 2 本

◆填空

1. 电子控制系统使用_____或_____作为载体完成信息的传递，控制模块则通过对它们的_____进行检测，从而实现信息识别。

2. 汽车电子信号的类型有模拟信号和_____信号。

3. 在汽车电子控制系统中，普通传感器与控制模块之间的通信，控制模块与执行器之间的通信均使用_____信号。

4. 在汽车电子控制系统中，模块与模块之间的通信使用_____信号。

5. 模拟信号转递的基本原理是：模拟信号→每根线每次传递 1 个信号→以_____为基础。

6. 数字信号转递的基本原理是：数字信号→每根线每次最多可传递 2 048 = 2^{11} 个信号→基于_____。

7. 模拟信号和数字信号可进一步细分为 5 个基本类型，即直流信号、交流信号、频率调制信号、脉宽调制信号和_____信号。

8. 汽车电子信号的 5 种基本特征是：幅值、频率、_____、脉冲宽度和_____，它可以作为诊断汽车故障的判定依据。

9. 在数字逻辑电路中，一般采用二进制码的信号识别方法，二进制码中只有"0"和"1"两个数码。二进制信号只能识别两种状态，如_____、_____及_____。

10. 汽车总线通信网络传递的每个信息都是通过连续的二进制编码来表示的，_____越大，用二进制编码表示时，其_____越长。

11. 为了能够清楚地区分车辆应用中高和低两种电平状态，在数字逻辑电路中，明确规定了每种状态的对应范围：当电平超过波峰电压的_____时，控制模块识别为"1"；当电平低于波峰电压的_____时，控制模块识别为"0"。

12. 在汽车总线通信网络技术中，数据线分为单线和双线两种，单数据线传递数字信号时采用_____的识别方法，双数据线传递数字信号时采用_____的识别方法。

◆通过实训完成下列内容

1. 参阅维修手册，选择不少于 3 种不同工作原理的电器元件（传感器或执行器），完成信号电压的在车检测，并填写下表。

电器元件名称	所选择的检测设备	信号类型（文字与简图）	判定依据				
			幅值	频率	形状	脉冲宽度	阵列

2. 本次实训检测的电器元件是智能的吗？它们分别与哪个控制模块相连？其信号传输的基本原理是什么？

3. 如果被检测的电器元件是智能的，其信号传输的基本原理是什么？请简要地谈一谈检测的方法。

任务工单（三） 汽车总线通信网络拓扑图读图练习

任务名称	汽车总线通信网络拓扑图读图练习		班　　级	
学生姓名		实训时间	实训地点	
车型		VIN号		
每个工位实训学生数量		3 人/次	每次实训时间	20 min

实训目标	1. 能够复述汽车总线通信网络拓扑图的定义 2. 能够画出汽车总线通信网络拓扑图简图 3. 能够掌握汽车总线通信网络拓扑图的读图方法 4. 在实训过程中应注意职场健康与安全
预备知识	1. 汽车总线通信网络拓扑图的定义 2. 汽车总线通信网络拓扑图的读图方法
预期效果	能够按照要求，掌握汽车总线通信网络拓扑图的读图方法
注意事项	1. 不得损坏实训设备，保证其完整性 2. 拆装工具和诊断工具等必须完好，并在课程结束后返还给指导教师 3. 服从管理，注意安全
实训设备	1. 手机 2. 互联网

◆填空

1. _____通常由两个或多个局域网组成，它是一种跨地区的数据通信网络。

2. 一般将方圆几千米以内的由各种计算机、外部设备和数据库等互相连接起来组成的计算机通信网络称为_____。

3. 局域网的网线上可传输大批量的数字信息，如文本、声音、图像等，传输速率高，但_____要求实时性。

4. 现场总线是现场通信网络与控制系统的集成，它是一种_____控制网络。

5. 汽车总线通信网络也称车载网络，它是一种实时控制的_____、_____、_____通信网络。

6. 控制器局域网是一个支持分布式实时性控制的串行通信网络，同时也是国际上应用最_____的现场总线之一。

7. 数据总线是控制模块间传递数字信号的_____，即所谓的信息高速公路。

8. 汽车总线通信网络系统采用一组数据线实现多节点之间的多个信号同时传输，即在同一通道或线路上_____传输_____信息，这种技术称为多路传输。

9. 通信的基本方式可分为并行通信和_____通信两种。

10. 为了可靠地传输数据，计算机通信传输的是由"0"和"1"等位信息组成的一个个"字节"。网络设备再将这些字节"封装"成帧，在_____上传输。二进制数据组成的"帧"是网络传输的_____单位。

11. 通信协议是指在通信网络中控制模块各共享数据遵循的标准及约定的集合，即指数据在总线上的_____规则。

12. 网关是具备不同网络协议之间_____能力的微控制器。

13. 计算机网络拓扑通过计算机网络中各个节点与通信线路之间的几何关系来表示网络结构，网络拓扑反映出网络中各_____之间的结构关系。

14. 目前汽车上常见的网络拓扑结构主要有_____、_____和环形结构。

◆通过实训完成下列内容

1. 确定车系/车型。

（1）通过小组讨论，为本小组选出最被认可的车系/车型达成共识。

（2）画出本组所选车系中相关车型的网络拓扑简图。

◆**通过实训完成下列内容**

2. 通过对网络拓扑的分析，填写下表。

汽车名称：_____

网络名称	网速	网络节点上 相关模块名称	装有终端电阻 模块名称	网关模块名称

3. 小结。

任务工单（四）　高速 CAN 总线
通信网络系统终端电阻在车检测

任务名称	高速 CAN 总线通信网络系统终端电阻在车检测		班　级	
学生姓名		实训时间	实训地点	
车型		VIN 号		
每个工位实训学生数量	3 人/次		每次实训时间	20 min
实训目标	1. 掌握高速 CAN 总线通信网络系统终端电阻的检测步骤与方法 2. 能够使用维修资料，正确选用工具 3. 能够在规定的时间内，按照正确的步骤和方法，组员相互协作完成终端电阻的在车检测 4. 能够通过检测值分析故障原因 5. 在实训过程中应注意职场健康与安全			
预备知识	1. 高速 CAN 总线通信网络的特点和总体结构 2. 高速 CAN 总线通信网络的传输原理与过程 3. 高速 CAN 总线通信网络系统的信号特点 4. 高速 CAN 总线通信网络系统终端电阻的检测方法			
预期效果	能够按照正确的技术规范，组员相互协作完成高速 CAN 总线通信网络系统终端电阻的在车检测			
注意事项	1. 不得损坏实训设备，保证其完整性 2. 拆装工具和诊断工具等必须完好，并在课程结束后返还给指导教师 3. 服从管理，注意安全			
实训设备及数量	1. 实训用汽车　　　　　　　　　　　　　　　　　　4 台 2. 万用表　　　　　　　　　　　　　　　　　　　　4 只 3. 专用检测线　　　　　　　　　　　　　　　　　　4 组 4. 实训汽车配套的维修手册　　　　　　　　　　　　4 本			

1. CAN 以＿＿＿＿＿方式工作，而不分主从顺序，网络上任一节点均可在任意时刻主动地向网络上其他节点发送＿＿＿＿＿。

2. CAN 总线的通信速率最高可达＿＿＿＿＿，此时的通信距离最长为＿＿＿＿＿ m。

3. CAN 控制器的作用是接收节点中微控制器传来的数据，对这些数据＿＿＿＿＿并将其传往 CAN 收发器。同样，CAN 控制器也接收由 CAN 收发器传来的数据，对这些数据＿＿＿＿＿，并将其传往节点中的微控制器。

4. CAN 收发器的作用是将 CAN 控制器传来的数据帧"0"或"1"的逻辑信号转换为规定的＿＿＿＿＿，并向总线输出；同样，CAN 收发器也将从数据线上接收的电平转换为＿＿＿＿＿信号，并向控制器反馈。

5. 数据传输终端是一个电阻器，其作用是防止数据在线端被反射，避免信号＿＿＿＿＿。

6. CAN 总线通信网络系统（符合 ISO 11898 – 2 标准）内的终端电阻＿＿＿＿＿ CAN – H 和 CAN – L 线连接。

7. CAN 总线通信网络系统（符合 ISO 11898 – 2 标准）内的终端电阻分别安装在距离最远的两个＿＿＿＿＿上，在节点内部的总线接口处，串联了两个＿＿＿＿＿ Ω 的电阻，并使用一个电容消除总线的电压波形。

8. CAN 总线通信网络系统（符合 ISO 11898 – 3 标准）内的两个终端电阻＿＿＿＿＿与 CAN – H 和 CAN – L 线连接。

9. 具有容错能力的收发器结构适用于低速 CAN，终端电阻没有应用于总线＿＿＿＿＿，而是按 ISO 11898 – 3 标准设在网络上＿＿＿＿＿的节点模块内。

10. 当不带终端电阻的节点的支路断路（CAN – H 或 CAN – L）时，此节点无法与其他节点＿＿＿＿＿，但其他节点的通信不受影响。

11. 当带终端电阻的节点的支路断路时，此节点无法进行通信，但其他节点以＿＿＿＿＿后的信噪比继续工作，高速 CAN 通信继续进行。

12. 因为 CEM 与 ECM 中的终端电阻分别为 120 Ω，它们形成了并联关系，所以万用表的测量结果应为＿＿＿＿＿ Ω。

13. 测量高速 CAN 总线电阻前，需＿＿＿＿＿蓄电池，以使 CAN 网络断电，等待大约＿＿＿＿＿，直到所有的电容器都充分放电。

14. 如果测量结果为＿＿＿＿＿ Ω，则说明有一个终端电阻或一侧总线断路。

15. 如果测量结果电阻为＿＿＿＿＿，则说明两个终端电阻或 DLC 的支路断路。

16. 如果测量结果为 0 Ω，则说明 CAN – H 与 CAN – L ＿＿＿＿＿短路。

◆通过实训完成下列内容

1. 查阅维修手册，画出实训汽车动力网络拓扑图。

◆**通过实训完成下列内容**

2. 利用 CAN 网络拓扑图，找到 CAN 的最佳测量点。

网络线	插脚端子号	插脚插接器名称

3. 查阅资料，并进行小组讨论归纳，写出高速 CAN 总线通信网络系统中终端电阻的检测步骤与方法。

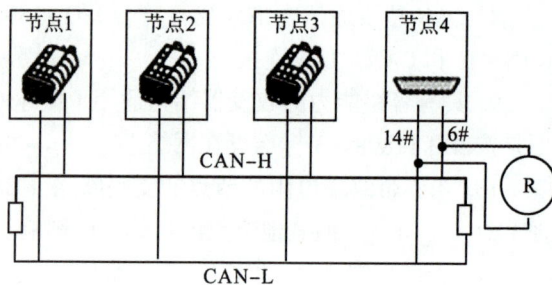

4. 按要求填写下表

检测项目	点火开关状态	检测点	检测值		检测结果分析
总线电阻	OFF	红表笔： 黑表笔：	正常		
	OFF		故障（1）		
	OFF		故障（2）		
	OFF		故障（3）		
	OFF		故障（4）		

5. 根据下图，通过资讯、验证及小组讨论，按照不同的情况判断读数。

（1）当 A 处断开时，电阻挡的读数为：

（2）当 B 处对正极短路时，电阻挡的读数为：

（3）当 C 处对地短路时，电阻挡的读数为：

（4）当 D 处 CAN－H 与 CAN－L 之间短路时，电阻挡的读数为：

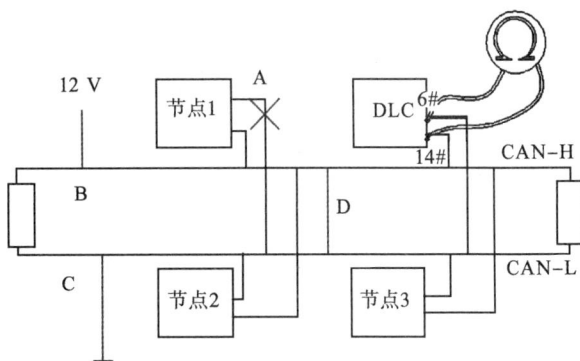

6. 低速 CAN 总线通信网络系统上的终端电阻可以用万用表测量吗？为什么？

任务工单（五） 高速 CAN 总线通信网络系统总线电压在车检测

任务名称	高速 CAN 总线通信网络系统总线电压在车检测		班　　级	
学生姓名		实训时间	实训地点	
车型		VIN 号		
每个工位实训学生数量		3 人/次	每次实训时间	30 min
实训目标	1. 掌握高速 CAN 总线通信网络系统总线电压的检测步骤与方法 2. 能够使用维修资料，正确选用工具 3. 能够在规定的时间内，按照正确的步骤和方法，组员相互协作完成高速 CAN 总线电压的在车检测 4. 能够通过检测值分析故障原因 5. 在实训过程中应注意职场健康与安全			
预备知识	1. 高速 CAN 总线通信网络的特点和总体结构 2. 高速 CAN 总线通信网络传输原理与过程 3. 高速 CAN 总线通信网络系统的信号特点 4. 高速 CAN 总线通信网络系统总线电压的检测方法			
预期效果	能够按照正确的技术规范，组员相互协作完成高速 CAN 总线通信网络系统总线电压的检测			
注意事项	1. 不得损坏实训设备，保证其完整性 2. 拆装工具和诊断工具等必须完好，并在课程结束后返还给指导教师 3. 服从管理，注意安全			
实训设备 及数量	1. 实训用汽车　　　　　　　　　　　　　　　　　　　　4 台 2. 解码仪　　　　　　　　　　　　　　　　　　　　　　4 台 3. 万用表　　　　　　　　　　　　　　　　　　　　　　4 只 4. 专用检测线　　　　　　　　　　　　　　　　　　　　4 组 5. 实训汽车配套的维修手册　　　　　　　　　　　　　　4 本			

◆填空

1. 对于高速 CAN 总线而言，在 CAN – H 与 CAN – L 的差值小于 0.5 V 时，总线上的接收节点认为总线是_____状态，对应的逻辑值用_____表示，称之为_____位。

2. 当高速 CAN 总线处于隐性状态时，此时 CAN – H 与 CAN – L 线对应的总线电压都为 2.5 V，称之为_____电压。

3. 在 CAN – H 与 CAN – L 的差值大于 1.4 V 时，总线上的接收节点认为总线是_____状态，对应的逻辑值用_____表示，称之为_____位。

4. 当高速 CAN 总线呈显性状态时，CAN – H 线对应的总线电压为 3.5 V，CAN – L 线对应的总线电压为 1.5 V，称之为_____电压。

5. 高速 CAN 总线的休眠电压（理论值）：CAN – H 线与 CAN – L 线的休眠电压均为_____。

6. 高速 CAN 总线的唤醒电压（理论值）：CAN – H 线与 CAN – L 线的唤醒电压（理论值）均为_____。

7. 在 CAN 总线实际工作中，当高速 CAN 总线在_____状态时，CAN – H 大约为 2.65 V，CAN – L 大约为 2.35 V。

8. 在检测 CAN 总线电压时，万用表红表笔应分别接 CAN – H 和 CAN – L 线；黑表笔应接_____。

◆通过实训完成下列内容

1. 查阅维修手册，参照实训汽车动力网络拓扑图，找到 CAN 网络的最佳测量点。

网络线	插脚端子号	插脚插接器名称

◆**通过实训完成下列内容**

2. 查阅资料，并进行小组讨论归纳，写出高速 CAN 总线通信网络系统中总线电压的检测步骤与方法。

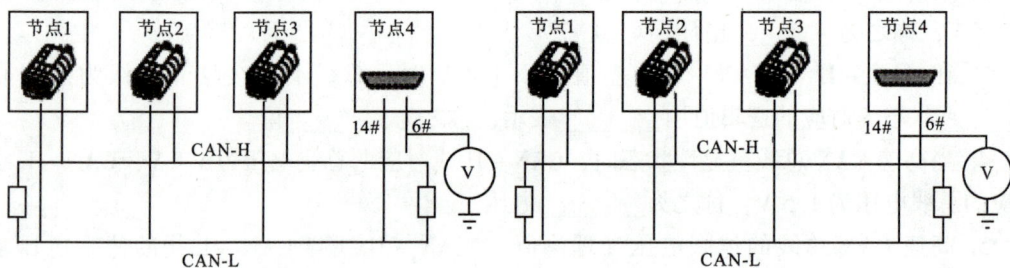

3. 按要求填写下表。

检测项目	点火开关状态	检测点	检测值		电压特性	检测结果分析
CAN – H 电压	OFF	红表笔： 黑表笔：	正常			
	ON					
	OFF		故障（1）			
	ON					
	OFF		故障（2）			
	ON					
CAN – L 电压	OFF	红表笔： 黑表笔：	正常			
	ON					
	OFF		故障（1）			
	ON					
			故障（2）			

注：故障设置以短路为宜，如 CAN – H、CAN – L 对蓄电池正极或蓄电池负极短路、CAN – H 与 CAN – L 短路。

4. 根据下图进行验证及小组讨论，按照不同的情况判断读数。

（1）当 A 处对地短路时，表 1、2 表读数是：

（2）当 B 处对地短路时，表 1、2 表读数是：

（3）当 C 处短路时，表 1、2 表的读数是：

（4）当 A 处对正极短路时，表 1、2 读数：

（5）当 B 处对正极短路时，表 1、2 读数是：

（6）当终端电阻烧断后，表 1、2 的读数是：

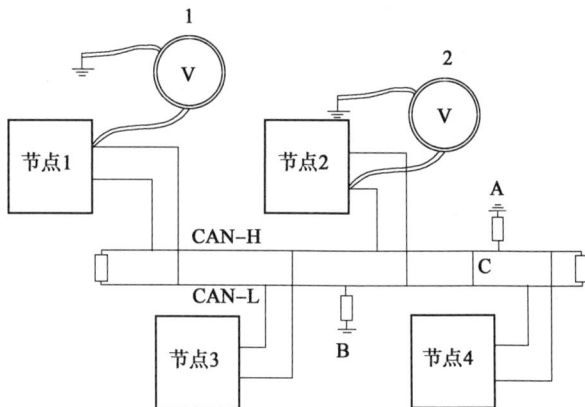

任务工单（六） 低速 CAN 总线通信网络系统总线电压在车检测

任务名称	低速 CAN 总线通信网络系统总线电压在车检测			班　级	
学生姓名		实训时间		实训地点	
车型			VIN 号		
每个工位实训学生数量		3 人/次		每次实训时间	30 min
实训目标	1. 掌握低速 CAN 总线通信网络系统总线电压的检测步骤与方法 2. 能够使用维修资料，正确选用工具 3. 能够在规定的时间内，按照正确的步骤和方法，组员相互协作完成低速 CAN 总线电压的在车检测 4. 能够通过检测值分析故障原因 5. 在实训过程中应注意职场健康与安全				
预备知识	1. 低速 CAN 总线通信网络的特点和总体结构 2. 低速 CAN 总线通信网络传输原理与过程 3. 低速 CAN 总线通信网络系统的信号特点 4. 低速 CAN 总线通信网络系统总线电压的检测方法				
预期效果	能够按照正确的技术规范，组员协作完成低速 CAN 总线通信网络系统总线电压的检测				
注意事项	1. 不得损坏实训设备，保证其完整性 2. 拆装工具和诊断工具等必须完好，并在课程结束后返还给指导教师 3. 服从管理，注意安全				
实训设备及数量	1. 实训用汽车　　　　　　　　　　　　　　　　　　　　　　　4 台 2. 解码仪　　　　　　　　　　　　　　　　　　　　　　　　4 台 3. 万用表　　　　　　　　　　　　　　　　　　　　　　　　4 只 4. 专用检测线　　　　　　　　　　　　　　　　　　　　　　4 组 5. 实训汽车配套的维修手册　　　　　　　　　　　　　　　　4 本				

◆填空

1. 当低速 CAN 总线处于_____状态时，CAN – H 线对应的总线电压为 0 V，CAN – L 线对应的总线电压为 5 V，此时称之为隐性电压。

2. 当低速 CAN 总线处于显性状态时，CAN – H 线对应的总线电压为 3.6 V，CAN – L 线对应的总线电压为 1.4 V，称之为_____电压。

3. 低速 CAN 总线的_____电压（理论值）：CAN – H 线为 0.2 V、CAN – L 线 12 。

4. 低速 CAN 总线的_____电压（理论值）：CAN – H 为 0 V、CAN – L 为 5 V。

5. 在 CAN 总线实际工作中，_____CAN 总线的唤醒状态电压：CAN – H 为 0.4 ~ 0.7 V，CAN – L 为 4.3 ~ 4.6 V。

6. 当低速 CAN 总线通信网络系统中的收发器在工作时，把总线电压从 12 V 调整为 5 V，只要有一个控制模块不处在_____模式，那么整个网络的电压就是 5 V。

7. 在检测 CAN 总线电压时，万用表红表笔应_____接 CAN – H 和 CAN – L 线；黑表笔应接搭铁（蓄电池负极）。

◆通过实训完成下列内容

1. 查阅维修手册，参照实训汽车车身网络拓扑图，找到 CAN 网络的最佳测量点。

网络线	插脚端子号	插脚插接器名称

◆ 通过实训完成下列内容

2. 查阅资料，并进行小组讨论归纳，写出低速 CAN 总线通信网络系统中总线电压的检测步骤与方法。

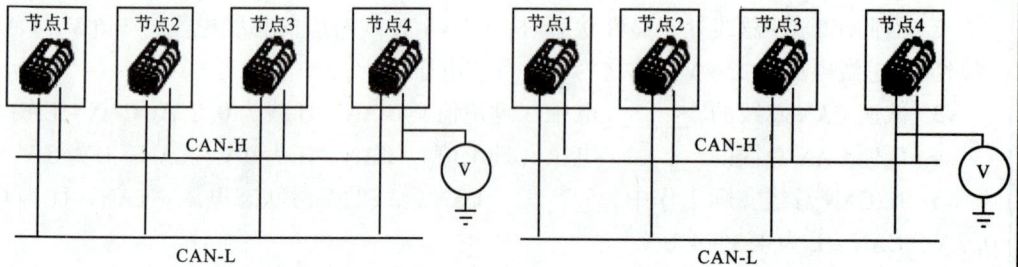

3. 按要求填写下表。

检测项目	点火开关状态	检测点	检测值		电压特性	检测结果分析
CAN-H 电压	OFF	红表笔：黑表笔：	正常			
	ON					
	OFF		故障（1）			
	ON					
	OFF		故障（2）			
	ON					
CAN-L 电压	OFF	红表笔：黑表笔：	正常			
	ON					
	OFF		故障（1）			
	ON					
	OFF		故障（2）			
	ON					

注：故障设置以短路为宜，如 CAN-H、CAN-L 对蓄电池正极或蓄电池负极短路、CAN-H 与 CAN-L 短路。

4. 根据下图，通过资讯、验证及小组讨论，按照不同的情况判断读数。

（1）当 A 处对地短路时，1、2 表读数是：

（2）当 B 处对地短路时，1、2 表读数是：

（3）当 C 处短路时，1、2 表的读数是：

（4）当 A 处对正极短路时，1、2 读数：

（5）当 B 处对正极短路时，1、2 读数是：

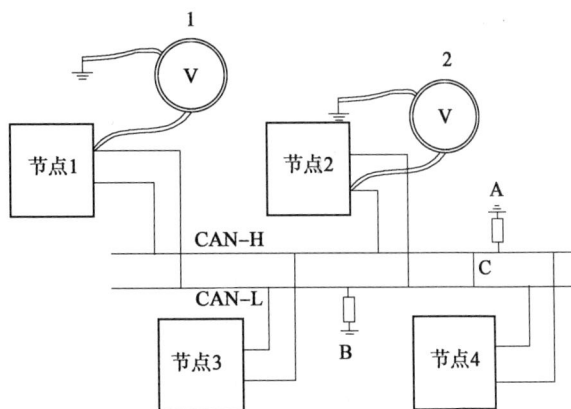

任务工单（七） 高速 CAN 总线通信网络系统容错特性验证

任务名称	高速 CAN 总线通信网络系统容错特性验证		班　　级	
学生姓名		实训时间	实训地点	
车型			VIN 号	
每个工位实训学生数量		3 人／次	每次实训时间	30 min
实训目标	1. 掌握高速 CAN 总线通信网络系统容错特性 2. 能够使用维修资料，正确选用工具 3. 能够在规定的时间内，按照正确的步骤和方法，组员相互协作完成高速 CAN 总线通信网络系统容错特性验证 4. 在实训过程中应注意职场健康与安全			
预备知识	1. 高速 CAN 总线通信网络的特点和总体结构 2. 高速 CAN 总线通信网络传输原理与过程 3. 高速 CAN 总线通信网络系统的信号特点 4. 高速 CAN 总线通信网络系统容错特性			
预期效果	能够按照正确的技术规范，组员相互协作完成高速 CAN 总线通信网络系统容错特性验证			
注意事项	1. 不得损坏实训设备，保证其完整性 2. 拆装工具和诊断工具等必须完好，并在课程结束后返还给指导教师 3. 服从管理，注意安全			
实训设备及数量	1. 实训用汽车　　　　　　　　　　　　　　　　　　　　4 台 2. 解码仪　　　　　　　　　　　　　　　　　　　　　　4 台 3. 万用表　　　　　　　　　　　　　　　　　　　　　　4 只 4. 专用检测线　　　　　　　　　　　　　　　　　　　　4 组 5. 实训汽车配套的维修手册　　　　　　　　　　　　　　4 本			

◆填空

1. 当网络上的_____出现故障时，此节点将无法与 CAN 总线上的其他节点进行通信，但其他节点可以继续通信，且会存储节点通信丢失的_____。

2. 当不带终端电阻的节点的支路（CAN－H 或 CAN－L）断路时，此节点_____与其他节点通信。其他节点的通信不受_____。

3. 当带终端电阻的节点的支路断路时，此节点无法进行通信，但其他节点以_____后的信噪比继续工作，高速 CAN 通信继续进行。

4. 当高速 CAN 总线上的 CAN－H 或 CAN－L 断路时，断路时对侧的节点之间_____，但断路同侧的节点之间_____通信。

5. 当 CAN－H 对地_____时，高速 CAN 总线整体失效，所有节点之间都不能进行通信。

6. 当 CAN－H 对蓄电池正极_____时，高速 CAN 总线具有继续工作的能力。

7. 当 CAN－L 对蓄电池正极短路时，高速 CAN 总线整体_____，所有节点之间都不能进行通信。

8. 当 CAN－L 对地_____时，由于 CAN 总线电压在共模电压范围内，故可以实现网络通信。但是这种情况会使总线的抗扰度降低，电磁辐射增加。

9. 当 CAN－H 与 CAN－L _____短路时，高速 CAN 总线整体失效，所有节点之间都不能进行通信。

10. 当节点的支路 CAN－H 与 CAN－L _____时，高速 CAN 总线整体失效，所有节点之间都不能进行通信。

◆通过实训完成下列内容

1. 查阅维修手册，画出实训汽车动力 CAN 总线网络拓扑图。

◆**通过实训完成下列内容**

2. 按要求填写下表。

故障类型	起动发动机	故障代码	总线电压		仪表故障指示灯	解码仪与		
						PCM 通信	ABS 通信	BCM 通信
CAN – H 与电源正极短路			H					
			L					
CAN – H 与电源负极短路			H					
			L					
CAN – L 与电源正极短路			H					
			L					
CAN – L 与电源负极短路			H					
			L					
CAN – H 与CAN – L 短路			H					
			L					
PCM 模块			H					
			L					

3. 参照验证作业内容通过小组讨论，总结高速 CAN 总线通信网络系统容错特性及对应故障现象。

任务工单（八） 低速 CAN 总线通信网络系统容错特性验证

任务名称	低速 CAN 总线通信网络系统容错特性验证		班　　级	
学生姓名		实训时间	实训地点	
车型		VIN 号		
每个工位实训学生数量	3 人/次		每次实训时间	30 min
实训目标	1. 掌握低速 CAN 总线通信网络系统容错特性 2. 能够使用维修资料，正确选用工具 3. 能够在规定的时间内，按照正确的步骤和方法，组员相互协作完成低速 CAN 总线通信网络系统容错特性验证 4. 在实训过程中应注意职场健康与安全			
预备知识	1. 低速 CAN 总线通信网络的特点和总体结构 2. 低速 CAN 总线通信网络传输原理与过程 3. 低速 CAN 总线通信网络系统的信号特点 4. 低速 CAN 总线通信网络系统容错特性			
预期效果	能够按照正确的技术规范，组员相互协作完成低速 CAN 总线通信网络系统容错特性验证			
注意事项	1. 不得损坏实训设备，保证其完整性 2. 拆装工具和诊断工具等必须完好，并在课程结束后返还给指导教师 3. 服从管理，注意安全			
实训设备及数量	1. 实训用汽车　　　　　　　　　　　　　　　　　　　　　　　　4 台 2. 解码仪　　　　　　　　　　　　　　　　　　　　　　　　　　4 台 3. 万用表　　　　　　　　　　　　　　　　　　　　　　　　　　4 只 4. 专用检测线　　　　　　　　　　　　　　　　　　　　　　　　4 组 5. 实训汽车配套的维修手册　　　　　　　　　　　　　　　　　　4 本			

◆填空

1. 当网络上的_____出现故障时，此节点将无法与 CAN 总线上的其他节点进行通信，但其他节点可以继续通信，且会存储节点通信丢失的_____。

2. 当总线（CAN－H 或 CAN－L）_____时，低速 CAN 总线系统处于"单线工作"和"双线工作"交替变化的状态。

3. 当 CAN－H 或 CAN－L 对地短路时，低速 CAN 总线系统处于_____工作模式。

4. 当 CAN－H 或 CAN－L 对蓄电池正极短路时，低速 CAN 总线系统处于_____工作模式。

5. 当 CAN－H 与 CAN－L 相互短路时，_____CAN 总线系统处于单线工作模式。

6. 当 CAN－H 与 CAN－L 同时断路或对地、对电源短路时，低速 CAN 总线整体失效，所有节点之间都不能_____。

7. 当低速 CAN 总线系统处于单线工作模式时，此时低速 CAN 收发器将_____方式识别数字信号改为_____的方式识别数字信号，从而判断所传输的信息含义。

◆通过实训完成下列内容

1. 查阅维修手册，画出实训汽车车身 CAN 总线网络拓扑图。

◆**通过实训完成下列内容**

2. 按要求填写下表。

故障类型	故障代码	数据流	总线电压		仪表故障指示灯	大灯工作状态	玻璃升降状态	雨刮器工作状态
CAN – H 线与正极短路			H					
			L					
CAN – H 线与负极短路			H					
			L					
CAN – L 线与正极短路			H					
			L					
CAN – L 线与电源负极短路			H					
			L					
CAN – H 线与 CAN – L 线同时对负极短路			H					
			L					
CAN – H 线与 CAN – L 线同时对电源正极短路			H					
			L					

3. 参照验证作业内容进行小组讨论，总结低速 CAN 总线通信网络系统容错特性及对应故障现象。

任务工单（九） CAN 总线通信网络系统总线信号波形采集

任务名称	CAN 总线通信网络系统总线信号波形采集		班　　级	
学生姓名		实训时间	实训地点	
车型			VIN 号	
每个工位实训学生数量		3 人/次	每次实训时间	30 min

实训目标	1. 掌握 CAN 总线通信网络系统总线标准波形特征及含义 2. 能够使用维修资料，正确选用工具 3. 能够在规定的时间内，按照正确的步骤和方法，组员相互协作完成 CAN 总线通信网络系统总线标准波形、故障波形的采集 4. 能够通过检测值分析故障原因 5. 在实训过程中应注意职场健康与安全
预备知识	1. 高速 CAN 总线标准信号波形特征及含义 2. 低速 CAN 总线标准信号波形特征及含义 3. 高速 CAN 总线故障波形的信号特点 4. 低速 CAN 总线故障波形的信号特点 5. 示波器的正确使用方法
预期效果	能够按照正确的技术规范，组员相互协作完成 CAN 总线通信网络系统总线标准波形、故障波形的采集
注意事项	1. 不得损坏实训设备，保证其完整性 2. 拆装工具和诊断工具等必须完好，并在课程结束后返还给指导教师 3. 服从管理，注意安全
实训设备 及数量	1. 实训用汽车　　　　　　　　　　　　　　　　　　　4 台 2. 汽车专用示波器　　　　　　　　　　　　　　　　　4 台 3. 万用表　　　　　　　　　　　　　　　　　　　　4 只 4. 专用检测线　　　　　　　　　　　　　　　　　　4 组 5. 实训汽车配套的维修手册　　　　　　　　　　　　4 本

◆ **通过实训完成下列内容**

1. 分别画出高速 CAN 总线与低速 CAN 总线的标准信号波形，并标注其含义。

2. 查阅资料，并进行小组讨论归纳，写出 CAN 总线信号波形采集的步骤与方法。

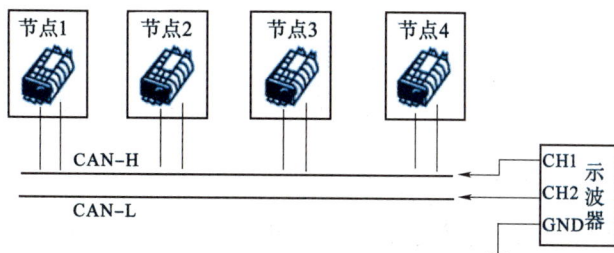

◆**通过实训完成下列内容**

3. 按要求填写下表。

检测项目	点火开关状态	检测点	检测结果分析	
高速 CAN－H 与 CAN－L 正常波形采集	ON	信号采集线（＋）： 信号采集线（－）：	画出波形	
高速 CAN－H 与 CAN－L 故障波形采集	ON	信号采集线（＋）： 信号采集线（－）：	画出波形	
低速 CAN－H 与 CAN－L 正常波形采集	ON	信号采集线（＋）： 信号采集线（－）：	画出波形	
低速 CAN－H 与 CAN－L 故障波形采集	ON	信号采集线（＋）： 信号采集线（－）：	画出波形	

4. 如果总线存在故障，且使用万用表进行测量与使用示波器进行测量，则哪种方法对总线故障的分析与判断更有利？为什么？

任务工单（十）　LIN 总线通信网络系统总线电阻/电压在车检测

任务名称	LIN 总线通信网络系统总线电阻/电压在车检测		班　级	
学生姓名		实训时间	实训地点	
车型		VIN 号		
每个工位实训学生数量	3 人/次		每次实训时间	20 min
实训目标	1. 掌握 LIN 总线通信网络系统总线电阻/电压的检测步骤与方法 2. 能够使用维修资料，正确选用工具 3. 能够在规定的时间内，按照正确的步骤和方法，组员相互协作完成总线电阻/电压的在车检测 4. 能够通过检测值分析故障原因 5. 在实训过程中应注意职场健康与安全			
预备知识	1. LIN 总线通信网络系统的特点和总体结构 2. LIN 总线通信网络系统传输原理与过程 3. LIN 总线通信网络系统的信号特点 4. LIN 总线通信网络系统总线电阻的检测方法			
预期效果	能够按照正确的技术规范，组员相互协作完成 LIN 总线通信网络系统总线电阻、电压的在车检测			
注意事项	1. 不得损坏实训设备，保证其完整性 2. 拆装工具和诊断工具等必须完好，并在课程结束后返还到指导教师手中 3. 服从管理，注意安全			
实训设备及数量	1. 实训用汽车　　　　　　　　　　　　　　　　4 台 2. 万用表　　　　　　　　　　　　　　　　　　4 只 3. 专用检测线　　　　　　　　　　　　　　　　4 组 4. 实训汽车配套的维修手册　　　　　　　　　　4 本			

◆填空

1. LIN 作为一种高效率的串行通信网络，其典型的应用是车载_____和_____的联网。

2. LIN 总线的数据传输率最高为_____kbit/s，通常一个 LIN 网络上节点数目小于_____个。

3. LIN 属于_____结构，即在一组网络中，只有一个主控制器节点，从控制器节点可以有多个。

4. LIN 总线通信网络系统中的主控制器节点，在 LIN 数据总线与 CAN 总线之间起"_____"作用，它是 LIN 总线通信网络系统中唯一与_____总线通信网络相连的控制单元。

5. 在 LIN 总线通信网络系统内，单个的控制模块、传感器及执行元件都可看作 LIN 总线主控制节点的从控制节点。这些从控制节都是_____型的。

6. LIN 总线通信网络系统中的_____可以通过一个"叫醒"信号唤醒 LIN 总线通信网络系统。

7. LIN 总线通信网络系统使用_____导线作为数据总线连接主控制器节点与任何一个从控制器节点。

8. LIN 总线通信网络系统采用_____驱动，系统内收发器使用_____基准电压。

9. LIN 总线通过上拉电阻与电源线连接，电源线连接外部电源，主节点的上拉电阻为_____，从节点的上拉电阻为_____。

10. 当 LIN 信号发送时，收发器通过 Tx 控制三极管导通，此时 LIN 总线为_____电平。

11. 当 LIN 信号发送时，收发器通过 Tx 控制三极管截止，此时 LIN 总线为_____电平。

12. 当 LIN 信号接收时，从节点中的收发器在接通与断开内部三极管的过程中，会在总线上产生高低电平的变化，主节点的_____线可以接收这个高低变化的电压，从而_____其含义。

13. 如果 LIN 总线通信网络系统处于待用状态一定时间，则_____将向网络上发送一个休眠命令，此时所有节点都进入休眠状态，以便降低功率消耗。

14. LIN 总线通信网络系统在被唤醒之前，总线上不会有任何活动，这时总线处于_____状态，节点没有内部活动，收发器处于_____状态。

15. LIN 总线通信网络没有容错功能，所以当 LIN 网络出现故障后相关的功能会_____。但如果是_____故障或支路_____，则不会影响主节点与其他节点的通信。

16. 测量 LIN 总线工作时的波形，可以直观地判断 LIN 总线是否正在_____。如果 LIN 总线存在故障，则其波形也表现出_____特征。

◆**通过实训完成下列内容**

1. 查阅维修手册，画出实训汽车 LIN 总线网络拓扑图。

2. 查阅维修手册，找到正确的测量点。

网络名称	插脚插接器名称	插脚端子号	插脚端子含义

3. 通过小组讨论归纳，回答以下问题。

（1）LIN 总线通信网络系统节点电阻的检测步骤与方法是什么？

（2）LIN 总线通信网络系统总线电压的检测步骤与方法是什么？

◆ **通过实训完成下列内容**

4. 按要求填写下表。

检测项目 （LIN 网络）	点火开 关状态	检测点	检测值		检测结果分析
主节点电阻	OFF	红表笔： 黑表笔：	正常		
			故障		
从节点电阻		红表笔： 黑表笔：	正常		
			故障		
总线电压	OFF	红表笔： 黑表笔：	正常		
			故障		
	ON		正常		
			故障		

5. 当 LIN 某个从节点故障，会影响整个 LIN 不工作吗？为什么？请验证。

任务工单（十一）　LIN 总线通信网络系统总线信号波形采集

任务名称	LIN 总线通信网络系统总线信号波形采集		班　级	
学生姓名		实训时间	实训地点	
车型		VIN 号		
每个工位实训学生数量		3 人/次	每次实训时间	30 min
实训目标	1. 掌握 LIN 总线通信网络系统总线标准波形的特征及含义 2. 能够使用维修资料，正确选用工具 3. 能够在规定的时间内，按照正确的步骤和方法，组员相互协作完成 LIN 总线通信网络系统总线标准波形、故障波形的采集 4. 能够通过检测值分析故障原因 5. 在实训过程中应注意职场健康与安全			
预备知识	1. LIN 总线标准信号波形的特征及含义 2. LIN 总线故障波形的信号特点 3. 示波器的正确使用方法			
预期效果	能够按照正确的技术规范，组员相互协作完成 LIN 总线通信网络系统总线标准波形、故障波形的采集			
注意事项	1. 不得损坏实训设备，保证其完整性 2. 拆装工具和诊断工具等必须完好，并在课程结束后返还给指导教师 3. 服从管理，注意安全			
实训设备及数量	1. 实训用汽车　　　　　　　　　　　　　　　　　4 台 2. 汽车专用示波器　　　　　　　　　　　　　　　4 台 3. 万用表　　　　　　　　　　　　　　　　　　　4 只 4. 专用检测线　　　　　　　　　　　　　　　　　4 组 5. 实训汽车配套的维修手册　　　　　　　　　　　4 本			

◆**通过实训完成下列内容**

1. 画出高速 LIN 总线的标准信号波形，并标注其含义。

2. 通过小组讨论归纳，写出采集 LIN 总线信号波形的步骤与方法。

3. 按要求填写下表。

检测项目	点火开关状态	检测点	检测结果分析	
LIN 网络 正常波形采集	ON	信号采集线（＋）： 信号采集线（－）：	画出 波形	
LIN 网络 故障波形采集	ON	信号采集线（＋）： 信号采集线（－）：	画出 波形	

4. 小结。

任务工单（十二）　车辆暗电流在车检测

任务名称	车辆暗电流在车检测		班　级	
学生姓名		实训时间	实训地点	
车型		VIN 号		
每个工位实训学生数量	3 人/次		每次实训时间	20 min
实训目标	1. 掌握车辆暗电流的检测步骤与方法 2. 能够使用维修资料，正确选用工具 3. 能够在规定的时间内，按照正确的步骤和方法，组员相互协作完成车辆暗电流的在车检测 4. 能够通过检测值分析故障原因 5. 掌握查找产生暗电流故障的排查方法 6. 在实训过程中应注意职场健康与安全			
预备知识	1. 车辆暗电流的形成机理 2. 检查暗电流时的注意事项 3. 检查暗电流的步骤与方法 4. 排查产生暗电流故障范围的方法			
预期效果	1. 能够按照正确的技术规范，组员相互协作完成车辆暗电流的在车检测 2. 能够讨论查找产生暗电流故障的排查方法			
注意事项	1. 不得损坏实训设备，保证其完整性 2. 拆装工具和诊断工具等必须完好，并在课程结束后返还给指导教师 3. 服从管理，注意安全			
实训设备 及数量	1. 实训用汽车　　　　　　　　　　　　　　　　　　　　　　4 台 2. 万用表　　　　　　　　　　　　　　　　　　　　　　　　4 只 3. 专用检测线　　　　　　　　　　　　　　　　　　　　　　4 组 4. 实训汽车配套的维修手册　　　　　　　　　　　　　　　　4 本			

◆填空

1. 暗电流是指点火开关在_____的位置时，仍在流动的电流。

2. 暗电流是为了电控单元 RAM 中数据不丢失，保证的_____工作电流。

3. 电控汽车对暗电流是有域值要求的，正常值应控制在_____以下。

4. 为了精确测量车辆暗电流，所有电气系统应进入_____模式。这至少需要 1 h，最多需要 1 d。如果在 10～20 min 后测量车辆暗电流，测到的是车辆暗电流的近似值。

5. 在用电流表检测法，检测车辆暗电流时，在蓄电池"－"端子和搭铁线束之间连接跨接线的目的是防止_____被初始化。

6. 在用电流表检测法检测车辆暗电流时，电流表应_____在蓄电池"－"端子和搭铁线束之间。

7. 如果暗电流超出界限值，_____拆卸各系统保险丝，检测_____变化状态，找出异常电路。

8. 如果可疑电路的保险丝工作正常，暗电流超出界限值故障仍然存在，则此时应逐个分离连接至可疑_____的部件，以此搜索可疑部件，直到实际暗电流_____至界限值以下。

◆通过实训完成下列内容

1. 通过小组讨论归纳，分别写出用普通电流表检测暗电流与夹钳型电流表检测暗电流的步骤与方法。

2. 在车检测，并完成以下要求。

（1）参照下图，按照正确的步骤与方法，完成电流表检测暗电流的任务，记录检测值。

（2）在检测过程中分别拔下给发动机 ECU 及 BCM 供电的熔断器，观察检测值变化，记录检测值。

检测值：（a）

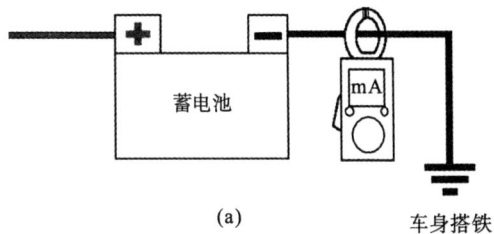

（a）

变化值：（a）

检测值：（b）

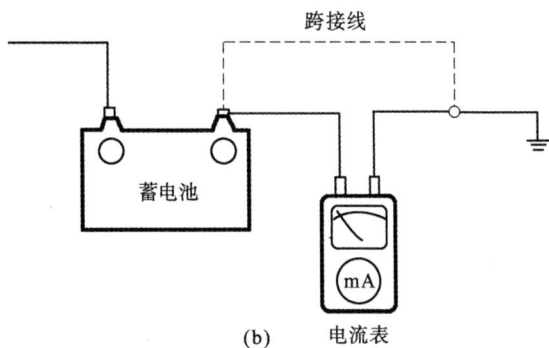

（b）　电流表

变化值：（b）

3. 讨论与总结

（1）如果拔下给相关模块供电的熔断器后，检测值未发生变化或发生变化，说明了什么？

（2）如果拔下给相关模块供电的熔断器后，检测值未发生变化，但此时的检测值大于 50 mA，接下来应该怎样做，才能找到故障电路？

任务工单（十三） 大众车系发动机不能起动综合故障诊断

任务名称	大众车系发动机不能起动综合故障诊断 （注：由 CAN 总线系统相关故障引发）		班　级	
学生姓名		实训时间	实训地点	
车型		VIN 号		
每个工位实训学生数量	3 人/次		每次实训时间	30 min
实训目标	1. 依据故障现象，初步掌握分析由 CAN 总线系统引起故障的方法 2. 能够合理地选用检测手段和方法对 CAN 总线系统引起的综合故障进行检测 3. 具备读识和分析大众车系相关网络拓扑的能力 4. 能够通过检测值与参数值的比较与分析，判定产生故障的可能原因			
预备知识	1. 大众车系相关总线通信网络系统的特点 2. 大众车系总线通信网络拓扑上电控单元的编码规则及含义 3. 大众车系相关总线通信网络系统故障诊断与维修的方法			
预期效果	1. 能够完成由 CAN 总线系统引起的发动机不能起动故障的分析和检测 2. 能根据检测结果，分析判断可能的故障原因			
注意事项	1. 不得损坏实训设备，保证其完整性 2. 拆装工具和诊断工具等必须完好，并在课程结束后返给指导教师 3. 服从管理，注意安全			
实训设备 及数量	1. 大众车系相关实训汽车　　　　　　　　　　　　　　　　2 台 2. 解码仪　　　　　　　　　　　　　　　　　　　　　　2 台 3. 汽车专用示波器　　　　　　　　　　　　　　　　　　2 台 4. 数字万用表　　　　　　　　　　　　　　　　　　　　2 只 5. 二极管试灯　　　　　　　　　　　　　　　　　　　　2 只 6. 专用检测线　　　　　　　　　　　　　　　　　　　　2 组			

1. 大众车系 CAN 导线的基色为_____色，所有的 CAN – L 线都是_____色。

2. 大众车系 CAN 动力数据总线特征是：传输速率为_____、无数据传输时的基础电压值约为_____、CAN – H 线为_____色、CAN – L 线为橙/棕色、_____单线工作模式。

3. 大众车系 CAN 舒适/信息数据总线特征是：传输速率为_____、无数据传输时的基础电压值 CAN – H 为_____、CAN – L 线色为_____、CAN – H 线色为_____、_____单线工作模式。

4. 大众车系 LIN 总线通信网络系统的传输速率为_____、无数据传输时的基础电压值为_____、线色是_____。

5. 大众车系动力数据总线上分配式终端电阻的匹配值为：安装在发动机控制单元内的中央末端电阻的阻值为_____；其他控制单元内的末端电阻的阻值为_____。

6. 大众车系_____的 15#正电再激活功能是：动力总线系统在 15#正电关闭后，有些控制单元仍然需要交换信息，因此，在控制单元内部，用 30#正电激活控制单元内部的 15#正电，保证_____，以及信息的正常传递。

7. 如果车辆处于睡眠模式，则当某一个信息激活相应的总线后，_____控制单元会激活其他的总线系统。

8. 帕萨特 B6 汽车车门控制功能单元与_____ CAN 总线连接，主要由 J386、J387、J388、J389、J393 等控制模块组成。

9. 帕萨特 B6 汽车车门控制功能单元为_____拓扑结构，其中央控制单元是_____控制模块。

10. 帕萨特 B7 汽车的网络化方案中新增了扩展的高速 CAN 子网络，原有的_____诊断网络被高速 CAN 取代。

◆ 检测与诊断实施

1. 核对故障现象及故障发生的条件。

2. 网络测试。

3. 读取并记录故障码。

◆ **检测与诊断实施**

4. 查阅维修手册画出相关的网络拓扑。

5. 工作原理（信息流程示意图）分析。

6. 分析可能故障原因。

7. 检测与维修的主要步骤与方法。

8. 检测结果分析及维修故障。

9. 功能恢复检查。

任务工单（十四）　长安福特车系发动机
不能起动综合故障诊断

任务名称	长安福特车系发动机不能起动综合故障诊断 （注：由 CAN 总线系统相关故障引发）		班　　级	
学生姓名		实训时间	实训地点	
车型			VIN 号	
每个工位实训学生数量	3 人/次		每次实训时间	30 min
实训目标	1. 依据故障现象，初步掌握分析由 CAN 总线系统引起故障的方法 2. 能合理的选用检测手段和方法对 CAN 总线系统引起的综合故障进行检测 3. 具备读识和分析长安福特车系相关网络拓扑的能力 4. 能够通过检测值与参数值的比较与分析，判定产生故障的可能原因			
预备知识	1. 长安福特车系相关总线通信网络系统的特点 2. 长安福特车系总线通信网络拓扑上电控单元的编码规则及含义 3. 长安福特车系相关总线通信网络系统故障诊断与维修的方法			
预期效果	1. 能够完成由 CAN 总线系统引起的发动机不能起动故障的分析和检测 2. 能根据检测结果，分析判断可能的故障原因			
注意事项	1. 不得损坏实训设备，保证其完整性 2. 拆装工具和诊断工具等必须完好，并在课程结束后返还给指导教师 3. 服从管理，注意安全			
实训设备 及数量	1. 长安福特车系相关实训汽车　　　　　　　　　　　　　2 台 2. 解码仪　　　　　　　　　　　　　　　　　　　　　2 台 3. 汽车专用示波器　　　　　　　　　　　　　　　　　2 台 4. 数字万用表　　　　　　　　　　　　　　　　　　　2 只 5. 二极管试灯　　　　　　　　　　　　　　　　　　　2 只 6. 专用检测线　　　　　　　　　　　　　　　　　　　2 组			

◆填空

1. 福特绝大部分车型中都使用了_____模块作为网关。

2. 在福特现阶段采用的 CAN 中，传输速率有两种，它们分别是：传输速率为_____ kbit/s 的高速网和传输速率为_____ kbit/s 的中速网。

3. 福特现阶段采用 LIN 总线通信网络系统的传输速率为_____ kbit/s。

4. 在福特现阶段采用的 CAN 网络中，CAN 总线终端电阻均为_____。

5. 福克斯 C519 总线通信网络系统的 HS – CAN1 高速总线通信网络的终端电阻可以在 DLC _____的引脚之间测量。

6. 福克斯 C519 总线通信网络系统的 HS – CAN2 高速总线通信网络的终端电阻可以在 DLC _____的引脚之间测量。

7. 福克斯 C519 总线通信网络系统的其他 CAN 总线通信网络的终端电阻只能在 _____模块的相关引脚之间测量。

8. 金车座 D568 的 4 个 CAN 与 2 个诊断接口相连接。第一诊断接口为 OBD Ⅱ 诊断接口，连接_____网络；第二诊断接口为非 OBD Ⅱ 诊断接口，连接_____网络，可以从这进行网络的_____测量。

9. 在福特现阶段采用的 CAN 中，对于 CAN 的容错特性而言，不支持_____工作模式。

◆检测与诊断实施

1. 核对故障现象及故障发生的条件。

2. 网络测试。

3. 读取并记录故障码。

4. 查阅维修手册画出相关的网络拓扑。

5. 工作原理（信息流程示意图）分析。

6. 分析可能的故障原因。

7. 检测与维修的主要步骤与方法。

8. 检测结果分析及维修故障。

9. 功能恢复检查。

任务工单（十五）　奔驰车系发动机 CAN C 区域网络容错特性验证

任务名称	奔驰车系发动机 CAN C 区域网络容错特性验证			班　级	
学生姓名		实训时间		实训地点	
车型			VIN 号		
每个工位实训学生数量		3 人/次		每次实训时间	30 min

实训目标	1. 掌握奔驰车系发动机 CAN C 区域网络系统容错特性 2. 能够使用维修资料，正确选用工具 3. 能够在规定的时间内，按照正确的步骤和方法，组员相互协作完成发动机 CAN C 区域网络系统系统容错特性验证 4. 在实训过程中应注意职场健康与安全
预备知识	1. 奔驰车系高速 CAN 总线通信网络的特点和总体结构 2. 奔驰车系高速 CAN 总线通信网络传输原理与过程 3. 奔驰车系高速 CAN 总线通信网络系统的信号特点 4. 奔驰车系高速 CAN 总线通信网络系统容错特性
预期效果	能够按照正确的技术规范，组员相互协作完成奔驰车系发动机 CAN C 区域网络系统容错特性验证
注意事项	1. 不得损坏实训设备，保证其完整性 2. 拆装工具和诊断工具等必须完好，并在课程结束后返还给指导教师 3. 服从管理，注意安全
实训设备 及数量	1. 实训用汽车　　　　　　　　　　　　　　　　　　　　　2 台 2. 解码仪　　　　　　　　　　　　　　　　　　　　　　　2 台 3. 万用表　　　　　　　　　　　　　　　　　　　　　　　2 只 4. 专用检测线　　　　　　　　　　　　　　　　　　　　　2 组 5. 实训汽车配套的维修手册　　　　　　　　　　　　　　　2 本

◆填空

1. 奔驰车系中一般将总线通信网络系统统称为_____。

2. 奔驰车系高速 CAN 的常见终端电阻结构为一个_____的电阻器。

3. 在奔驰车系中，所有同一个子网络上的控制单元，均通过一个_____连接在一起。

4. 当发动机 CAN C 的总线上的 CAN – H 对蓄电池负极短路时，发动机_____。

5. 当发动机 CAN C 的总线上的 CAN – L 对蓄电池负极短路时，发动机转入_____模式。

6. 当发动机 CAN C 的总线上的 CAN – H/ 或 CANL 对蓄电池正极_____时，发动机无法起动。

7. 在用万用表检测制器区域网络 CAN 的总线电压时，应将电压分配器专用的_____（在接线盒中有）连接在电压分配器上，该电器元件引出两个线端，一个为 CAN – H，另一个为 CAN – L，可以通过这两根引出线端检测 CAN 的总线电压。

8. 检测 CAN 的终端电阻，让车辆进入_____状态，或是断开电瓶负极线缆_____。直接用万用表的电阻挡来测量由分配器引出的 CAN – H 和 CAN – L 线。

◆通过实训完成下列内容

1. 查阅维修手册，画出实训汽车 CAN C 区域网络拓扑图。

◆**通过实训完成下列内容**

2. 按要求填写下表。

故障类型（CAN C 区域网络）	故障代码	起动发动机	总线电压		仪表故障指示灯	解码仪		
						N127 通信	N3/10 通信	N30/4 通信
CAN-H 与电源正极短路			H					
			L					
CAN-H 与电源负极短路			H					
			L					
CAN-L 与电源正极短路			H					
			L					
CAN-L 与电源负极短路			H					
			L					
CAN-H 与CAN-L 短路			H					
			L					
			L					

3. 通过小组讨论，总结高速 CAN 总线通信网络系统容错特性及对应故障现象。

任务工单（十六） 奔驰车系 FlexRay 总线系统主要电气参数在车检测

任务名称	奔驰车系 FlexRay 总线系统主要电气参数在车检测		班　级	
学生姓名		实训时间	实训地点	
车型		VIN 号		
每个工位实训学生数量		3 人/次	每次实训时间	30 min
实训目标	1. 掌握奔驰车系 FlexRay 总线系统主要电气参数在车检测的方法 2. 掌握奔驰车系 FlexRay 总线系统支路故障的判别方法 3. 能够使用维修资料，正确选用工具 4. 能够在规定的时间内，按照正确的步骤和方法，组员相互协作完成 FlexRay 总线系统主要电气参数的在车检测 5. 在实训过程中应注意职场健康与安全			
预备知识	1. 奔驰车系 FlexRay 总线系统的特点和总体结构 2. 奔驰车系 FlexRay 总线系统的信号特点 3. 奔驰车系 FlexRay 总线系统主要电气参数的检测方法 4. 奔驰车系 FlexRay 总线系统支路故障的判别方法			
预期效果	能够按照正确的技术规范，组员相互协作完成奔驰车系 FlexRay 总线系统主要电气参数的在车检测；掌握 FlexRay 总线系统支路故障的判别方法			
注意事项	1. 不得损坏实训设备，保证其完整性 2. 拆装工具和诊断工具等必须完好，并在课程结束后返还给指导教师 3. 服从管理，注意安全			
实训设备 及数量	1. 实训用汽车　　　　　　　　　　　　　　　　　　2 台 2. 解码仪　　　　　　　　　　　　　　　　　　　　2 台 3. 万用表　　　　　　　　　　　　　　　　　　　　2 只 4. 专用检测线　　　　　　　　　　　　　　　　　　2 组 5. 实训汽车配套的维修手册　　　　　　　　　　　　2 本			

◆填空

1. 在奔驰车型配置的 FlexRay 总线中，_____和_____控制模块由 EIS、ESP、EPS 等控制模块承担。

2. 奔驰车型中，只有在 EIS 和 ESP 或 EIS 和 EPS 对时正确地执行后，整个 FlexRay 总线网络才能开始正常_____。因此，对时过程（冷启动过程）是在每次打开点火开关后约_____ μs 内完成。

3. 当 FlexRay 总线无信号时，FlexRay BP（＋）线与 FlexRay BM（－）线的总线电平为_____（平静电压）。

4. 当 FlexRay 总线有信号时，FlexRay BP（＋）线的总线电平为_____；FlexRay BM（－）线的总线电平为_____。

5. 在奔驰车系中，FlexRay 总线每个节点控制模块都可_____系统。

6. 唤醒模式的数据同步，只能有_____授权。

7. 在奔驰车系中，FlexRay 总线正常工作条件：至少要有_____冷启动节点控制模块的终端电阻、线路连接、节点控制模块供电正常。

8. 由于目前现有的汽车专用示波器采样率问题，通过汽车专用示波器去查看 FlexRay 波形并不能很好地对故障诊断进行_____。

9. 在奔驰车系中对 FlexRay 的_____，基本是通过测量供电、线路、及节点电阻来判断故障点。

10. 在奔驰车系中，FlexRay 总线每条_____都由通用节点控制模块（U）、若干个中间节点控制模块（W）及末端节点控制模块（E）组成。

11. 每条支路的总电阻约等于_____，每条支路中节点电阻同为 102 Ω 的模块是_____控制模块和_____控制模块。

◆通过实训完成下列内容

1. 查阅维修手册，画出实训汽车 FlexRay 总线网络拓扑图。

2. 查阅维修手册，参照实训汽车 FlexRay 总线网络拓扑图，找到 FlexRay 总线网络的最佳测量点。

网络线	插脚端子号	插脚插接器名称

3. 检测 FlexRay 总线通信网络系统总线电压与总线电阻。

（1）查阅资料通过小组讨论归纳，写出 FlexRay 总线通信网络系统中总线电压的检测步骤与方法。

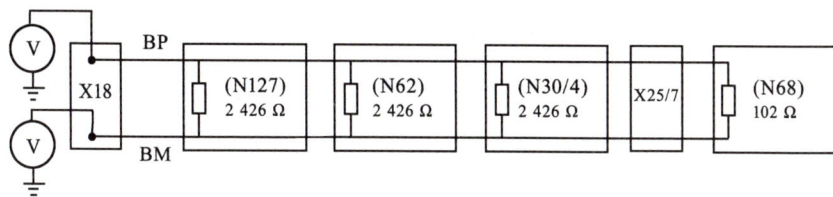

（2）查阅资料通过小组讨论归纳，写出 FlexRay 总线通信网络系统中支路总线电阻的检测步骤与方法。

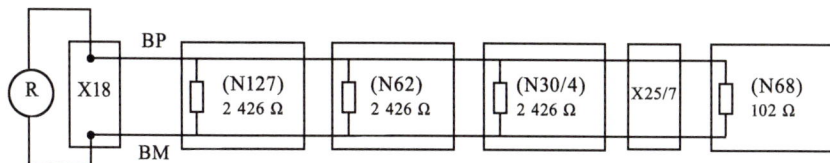

◆**通过实训完成下列内容**

4. 按要求填写下表。

检测项目	点火开关状态	检测点		检测值	检测结果分析
总线电压	OFF	红表笔：			
	ON	黑表笔：			
	OFF	红表笔：			
	ON	黑表笔：			
支路总线电阻	OFF	支路1	红表笔：黑表笔：		
	OFF	支路2			
	OFF	支路3			

5. 当 FlexRay 总线某个支路故障时，会导致整个 FlexRay 总线网络不工作吗？为什么？

任务工单（十七） 奔驰车系发动机不能起动综合故障诊断

任务名称	奔驰车系发动机不能起动综合故障诊断 （注：由 CAN 总线系统相关故障引发）		班　级	
学生姓名		实训时间	实训地点	
车型			VIN 号	
每个工位实训学生数量		3 人/次	每次实训时间	30 min
实训目标	1. 依据故障现象，初步掌握分析由 CAN 总线系统引起的相关故障的方法 2. 合理的选用检测方法对 CAN 总线系统引起的综合故障进行检测 3. 具备读识和分析奔驰车系相关网络拓扑的能力 4. 能够通过检测值与参数值的比较与分析，判定产生故障的可能原因			
预备知识	1. 奔驰车系相关 CAN 总线通信网络系统的特点 2. 奔驰车系相关 CAN 总线通信网络拓扑上电控单元的编码规则及含义 3. 奔驰车系相关 CAN 总线通信网络系统故障诊断与维修的方法			
预期效果	1. 能够完成由 CAN 总线系统引起的发动机不能起动故障的分析和检测 2. 能根据检测结果，分析判断可能的故障原因			
注意事项	1. 不得损坏实训设备，保证其完整性 2. 拆装工具和诊断工具等必须完好，并在课程结束后返还给指导教师 3. 服从管理，注意安全			
实训设备 及数量	1. 奔驰车系相关实训汽车　　　　　　　　　　　　　2 台 2. 解码仪　　　　　　　　　　　　　　　　　　　　2 台 3. 汽车专用示波器　　　　　　　　　　　　　　　　2 台 4. 数字式万用表　　　　　　　　　　　　　　　　　2 只 5. 二极管试灯　　　　　　　　　　　　　　　　　　2 只 6. 专用检测线　　　　　　　　　　　　　　　　　　2 组			

◆**检测与诊断实施**

1. 核对故障现象及故障发生的条件。

2. 网络测试。

3. 读取并记录故障码。

4. 查阅维修手册画出相关的网络拓扑。

5. 工作原理（信息流程示意图）分析。

6. 分析可能的故障原因。

7. 检测与维修的主要步骤与方法。

8. 检测结果分析及维修故障。

9. 功能恢复检查。

任务工单（十八）　比亚迪 e6 汽车网关控制器在车检测与故障诊断

任务名称	比亚迪 e6 汽车网关控制器在车检测与故障诊断		班　级	
学生姓名		实训时间	实训地点	
车型			VIN 号	
每个工位实训学生数量		3 人/次	每次实训时间	30 min

实训目标	1. 掌握比亚迪 e6 汽车网关控制器在车检测与故障诊断的方法 2. 掌握比亚迪 e6 汽车网关控制器故障的判别方法 3. 能够使用维修资料，正确选用工具 4. 能够在规定的时间内，按照正确的步骤和方法，组员相互协作完成比亚迪 e6 汽车网关控制器在车检测与故障诊断 5. 在实训过程中应注意职场健康与安全
预备知识	1. 比亚迪车系 CAN 总线系统的特点和总体结构 2. 比亚迪车系 CAN 总线系统的信号特点 3. 比亚迪车系总线系统主要电气参数的检测方法 4. 比亚迪车系总线系统网关控制器的在车检测与故障诊断等方法
预期效果	能够按照正确的技术规范，组员相互协作完成比亚迪 e6 汽车网关控制器在车检测；掌握比亚迪 e6 汽车网关控制器故障的判别方法
注意事项	1. 不得损坏实训设备，保证其完整性 2. 拆装工具和诊断工具等必须完好，并在课程结束后返还给指导教师 3. 服从管理，注意安全
实训设备 及数量	1. 实训用比亚迪 e6 汽车　　　　　　　　　　　　　　　　2 台 2. 解码仪　　　　　　　　　　　　　　　　　　　　　　2 台 3. 万用表　　　　　　　　　　　　　　　　　　　　　　2 只 4. 专用检测线　　　　　　　　　　　　　　　　　　　　2 组 5. 实训用比亚迪 e6 汽车配套的维修手册　　　　　　　　2 本

1. 混合动力或纯电动车辆配置_____蓄电池，如果高电压系统或车辆处理不当，可能会导致漏电甚至触电的严重伤害。

2. 在比亚迪新能源汽车的总线通信网络系统中，现阶段使用的 CAN 总线通信网络系统的传输速率分别有_____kbit/s、_____kbit/s 和_____kbit/s。

3. CAN 总线通信网络系统的容错特性符合_____标准，不支持单线工作模式。

4. 为了便于对 CAN 总线通信网络系统进行故障诊断，比亚迪 e6、秦等汽车在相应线束上设置了 CAN _____。

5. 比亚迪 e6 汽车总线通信网络系统的总线总电阻可以在 OBD–Ⅱ的引脚之间测量的子网络是_____和_____。

6. 比亚迪秦汽车总线通信网络系统的总线总电阻可以在 OBD–Ⅱ的引脚之间测量的子网络是_____。

7. 比亚迪秦汽车总线通信网络系统的总线总电阻除了_____子网络可以在 OBD–Ⅱ的引脚之间测量外，其余子网络的总线总电阻只能在 CAN _____或_____的相应引脚之间测量。

8. 在比亚迪 e6 汽车的灯光控制中通过 CAN 总线通信网络控制的主要有转向灯、雾灯、小灯和_____等。

9. 比亚迪 e6 汽车的远、近光控制是根据车灯开关和变光信号开关的位置向组合开关 CPU 提供_____，再将不同信号转化为 CAN 信息发送至 CAN，由继电器控制模块提供远、近光继电器_____，使近光、远光灯工作。

10. 在比亚迪秦汽车的智能钥匙控制系统中，当智能钥匙控制模块接收到高频接收模块发出的解调信号后，通过_____网及_____网与车身控制模块、转向轴锁控制模块和 ECM 协调配合，完成门锁电机执行开/闭锁、转向轴解/闭锁、BCM 上电和动力系统启动等任务。

◆通过实训完成下列内容

1. 查阅维修手册，画出实训汽车网关控制器工作电路简图。

◆通过实训完成下列内容

2. 查阅维修手册，填写下表。

比亚迪 e6 汽车网关线束连接器端子代号：＿＿＿＿＿＿＿＿＿＿		
端子号	线色	端子描述

3. 查阅维修手册，填写下列与网关控制器相关的电气参数检测表格。

（1）检查网关插座相关端子电压。

检测项目	检测点		点火开关状态	检测值	检测结果分析
网关模块供电（常电/IG）	红表笔：		OFF		
	黑表笔：		ON		
	红表笔：		OFF		
	黑表笔：		ON		
网关模块（搭铁）	红表笔：		OFF		
	黑表笔：		ON		
ESC 网总线电压	H	红表笔：	OFF		
		黑表笔：	ON		
	L	红表笔：	OFF		
		黑表笔：	ON		
舒适网总线电压	H	红表笔：	OFF		
		黑表笔：	ON		
	L	红表笔：	OFF		
		黑表笔：	ON		

◆**通过实训完成下列内容**

（2）检查网关连接器 K16 插座相关子网络总线电阻。

检测项目		检测点	检测条件	检测值	检测结果分析
总线电阻	ESC 网				
	舒适网				
	启动网				
	车载终端网				

（3）检查网关。

相关模块	与解码仪通信	故障代码/代码含义
智能钥匙控制模块		
BCM		
仪表模块		
转向轴锁模块		
安全气囊模块		
倒车雷达模块		

检测结果分析：_____

4. 当网关插座相关端子未检测到工作电压，试分析可能的故障原因。

5. 当在对网关模块检查时，解码仪不能与网关连接的所有模块建立通信，试分析可能的故障原因。

任务工单（十九） 比亚迪 e6、秦发动机
不能起动综合故障诊断

任务名称	比亚迪 e6、秦发动机不能起动综合故障诊断 （注：由 CAN 总线系统相关故障引发）		班　级	
学生姓名		实训时间	实训地点	
车型		VIN 号		
每个工位实训学生数量	3 人/次		每次实训时间	30 min
实训目标	1. 依据故障现象，能初步掌握分析由 CAN 总线系统引起的相关故障的方法 2. 能合理地选用检测手段和方法对 CAN 总线系统引起的综合故障进行检测 3. 具备读识和分析比亚迪新能源汽车相关网络拓扑的能力 4. 能够通过检测值与参数值的比较与分析，判定产生故障的可能原因			
预备知识	1. 比亚迪新能源汽车相关 CAN 总线通信网络系统的特点 2. 比亚迪新能源汽车相关 CAN 总线通信网络拓扑上电控单元的编码规则及含义 3. 比亚迪新能源汽车相关 CAN 总线通信网络系统故障诊断与维修的方法			
预期效果	1. 能够完成由 CAN 总线系统引起的发动机不能起动故障的分析和检测 2. 能根据检测结果，分析判断可能的故障原因			
注意事项	1. 不得损坏实训设备，保证其完整性 2. 拆装工具和诊断工具等必须完好，并在课程结束后返还给指导教师 3. 服从管理，注意安全			
实训设备 及数量	1. 比亚迪新能源汽车相关实训汽车　　　　　　　　　　　　　2 台 2. 解码仪　　　　　　　　　　　　　　　　　　　　　　　2 台 3. 汽车专用示波器　　　　　　　　　　　　　　　　　　　2 台 4. 数字万用表　　　　　　　　　　　　　　　　　　　　　2 只 5. 二极管试灯　　　　　　　　　　　　　　　　　　　　　2 只 6. 专用检测线　　　　　　　　　　　　　　　　　　　　　2 组			

◆检测与诊断实施

1. 核对故障现象及故障发生的条件。

2. 网络测试。

3. 读取并记录故障码。

4. 查阅维修手册并画出相关的网络拓扑。

5. 工作原理（信息流程示意图）分析。

◆ 检测与诊断实施

6. 分析可能的故障原因。

7. 检测与维修的主要步骤与方法。

8. 检测结果分析及维修故障。

9. 功能恢复检查。

学 习 评 价

以下题目中，至少有一项是正确的，请将正确答案填入括号中。

项目一　汽车总线通信网络技术基础知识

任务一　汽车总线通信网络技术概述

1. 对通信相关概念描述正确的是（　　　）。

A. 通信是信息从一点传递到另一点的过程

B. 通信技术是实现信息从一点传递到另一点的方式和方法

C. 现代通信技术只能实现有关信息从一点传递到另一点的通信

D. 现代通信技术既能实现信息从一点传递到另一点的通信，也能实现信息从一点传递到多点的通信

2. 对有线通信技术描述正确的是（　　　）。

A. 通过导线连接源设备和目标设备，以此交换信号

B. 1对1通信是有线通信基本形态

C. 传输信号特征为数字信号或模拟信号

D. 受干扰较小，可靠性强

3. 对无线通信技术描述正确的是（　　　）。

A. 通过信道连接源设备和目标设备，以此交换信号

B. 传输信号特征为电磁波信号

C. 单源，允许电子设备之间进行非接触式点对点数据传输交换数据，也可以同时存在多个目标

D. 受干扰较小，可靠性强

4. 以下属于总线通信网络技术的优点是（　　　）。

A. 简化布线

B. 电控单元之间交流更加简单和快捷

C. 模块之间信息实现共享

D. 提高汽车总体运行可靠性

5. 对线控技术描述正确的是（　　　）。

A. 线控就是用电子信息的传送取代过去由机械的或液压的或气动的系统连接的传动部分

B. 驾驶人员操纵意图通过人机接口，转换为电信号传到执行机构，由执行机构控制功能装置

C. 传感机构感知功能装置状态，通过电信号传给人机接口，反馈给驾驶人员

D. 线控系统是开环控制系统

6. 目前汽车上应用最广泛、支撑技术和元器件最丰富的协议标准是（　　）。

A. CAN　　　　　　　　B. SAE J1850　　　　　C. FlexRay　　　　　　　D. LIN

7. 对高速 CAN 应用范围的描述正确的是（　　）。

A. 悬架控制、牵引控制、发动机控制、ASR、ABS、EBD 等系统

B. 车身电子的舒适性模块和显示仪表等设备

C. 后视镜、电动窗和灯光照明设备调节等

D. OBD－Ⅱ与诊断仪通信

8. 常见总线通信网络协议中基准电压为 12 V 的协议标准是（　　）。

A. CAN　　　　　　　　B. K 线　　　　　　　　C. FlexRay　　　　　　　D. LIN

9. 常见总线通信网络协议中基准电压为 2.5 V 的协议标准是（　　）。

A. CAN　　　　　　　　B. VAN　　　　　　　　C. FlexRay　　　　　　　D. LIN

10. 常见总线通信网络协议中访问方式为主/从结构的协议标准是（　　）。

A. CAN　　　　　　　　B. MOST　　　　　　　C. byteflight　　　　　　D. LIN

任务二　汽车总线通信网络技术基础知识

1. 在汽车电子控制系统中，模块与模块之间的通信使用的信号是（　　）。

A. 数字信号　　　　　　　　　　　　　　　　B. 模拟信号

C. 数字信号与模拟信号

2. 对于模拟信号特点表述正确的是（　　）。

A. 模拟信号的幅值随时间变化而连续变化的物理常量

B. 模拟信号为无级

C. 模拟电信号包括直流和交流信号

D. 模拟信号的电压或电流在幅值上和时间上是离散、突变的信号

3. 对于数字信号特点表述正确的是（　　）。

A. 数字信号的幅值随时间变化而连续变化的物理常量

B. 数字信号为无级

C. 数字电信号包括直流和交流信号

D. 数字信号的电压或电流在幅值上和时间上是离散、突变的信号

4. 下例属于数字信号的有（　　）。

A. 交流信号　　　　　　　　　　　　　　　　B. 频率调制信号

C. 脉宽调制信号　　　　　　　　　　　　　　D. 串行数据信号

5. 在汽车总线通信网络技术中，数据线采用单线时，其数字信号的识别方法是（　　）。

A. 控制模块通过识别电平的高低来判断信息含义

B. 当电平超过波峰电压的 70% 时，识别为"1"；当电平低于波峰电压的 30% 时，识别为"0"

C. 模块可判通过识别电平高低和时间宽度，判断这组信号的"1"和"0"组合

6. 在汽车总线通信网络技术中，数据线采用双线时，其数字信号的识别方法是（　　）。

A. 控制模块通过识别电平的高低来判断信息含义

B. 控制模块通过识别两根数据线的电平差来判断信息含义

C. 电平差大于 1.4 V，识别为"0"

D. 电平差小于 0.5 V，识别为"1"

7. 局域网的基本概念是（　　　）。

A. 将某个学校、工厂或机关内计算机，外部设备和数据库等互相连接起来组成的计算机通信网络

B. 将多个城市或国家的各种计算机，外部设备和数据库等互相连接起来组成的计算机通信网络

C. 将某汽车总装厂的现场设备或现场仪表互连的通信网络

8. 多路传输含义，包括的内容有（　　　）。

A. 一根线路传输
B. 一组总线传输

C. 多个信号同时传输
D. 多个信号先后传输

9. 在串行通信中，如果按数据传送方向的不同来定义通信方式，我们把"同一时刻只能是一方发送，另一方接收"的通信方式称为（　　　）。

A. 单工传输
B. 半双工传输

C. 全双工传输

10. 关于网关模块的描述，正确的是（　　　）。

A. 它直接控制全车所有模块
B. 它是网络上的一个节点

C. 它连接不同协议的网络
D. 它能识别与其连接的所有网络

11. 汽车总线通信网络上采用的通信方式是（　　　）。

A. 并行通信
B. 串行异步通信

C. 串行同步通信
D. 并行通信和串行通信

12. 为了可靠地传输数据，通常将原始数据分割成一定长度的数据单元，这个数据传输单元称为（　　　）。

A. 字节
B. 位
C. 比特流
D. 帧

13. 每一个节点都有一条单独的链路与中心节点相连的拓扑结构是（　　　）。

A. 总线型结构
B. 星形结构

C. 环形结构
D. 复合型结构

14. LIN 总线通信网络采用的是（　　　）。

A. 单工传输
B. 半双工传输

C. 全双工传输

项目二　汽车常用总线通信网络技术与检修

任务一　CAN 总线通信网络技术与检修

1. 属于 CAN 网络的特点有（　　　）。

A. 单主多从结构
B. 压差驱动

C. 多主方式
D. 无容错能力

2. CAN 的通信介质可以是（　　）。

A. 双绞线　　　　　　　B. 同轴电缆　　　　　　C. 光纤　　　　　　　　D. 电磁波

3. CAN 总线通信网络中任意两个节点的最大通信距离与位速率的关系是（　　）。

A. 通信距离与位速率成正比　　　　　　　B. 通信距离与位速率成反比

C. 通信距离与位速率无关

4. CAN 总线通信网络系统中 CAN 收发器采用的运算电路是（　　）。

A. 正逻辑运算电路　　　　　　　　　　　B. 负逻辑运算电路

5. 关于高速 CAN 总线通信网络的总线状态与电压等级，描述正确的是（　　）。

A. CAN 总线为隐性状态时，CAN – H 与 CAN – L 线的电压为 2.5 V

B. CAN 总线为隐性状态时，CAN – H 与 CAN – L 线的电压为 0 V

C. CAN 总线为显性状态时，CAN – H 线的电压为 3.5 V、CAN – L 线的电压为 1.5 V

D. CAN 总线为显性状态时，CAN – H 线的电压为 3.6 V、CAN – L 线的电压为 1.4 V

6. 关于低速 CAN 总线通信网络的总线状态与电压等级，描述正确的是（　　）。

A. CAN 总线为隐性状态时，CAN – H 与 CAN – L 线的电压为 2.5 V

B. CAN 总线为隐性状态时，CAN – H 线的电压为 0 V、CAN – L 线的电压为 5 V

C. CAN 总线为显性状态时，CAN – H 线的电压为 3.5 V、CAN – L 线的电压为 1.5 V

D. CAN 总线为显性状态时，CAN – H 线的电压为 3.6 V、CAN – L 线的电压为 1.4 V

7. 关于 CAN 控制器的功用描述正确的是（　　）。

A. 接收节点中微控制器传来的数据，对这些数据进行处理（将字节封装成帧）

B. 接收由 CAN 收发器传来的数据，对这些数据进行处理（将字节从帧中取出）

C. 接收节点中微控制器传来的数据，对这些数据进行处理（将逻辑信号转换为规定的电平）

D. 接收由 CAN 收发器传来的数据，对这些数据进行处理（将电压转换为逻辑信号）

8. 关于 CAN 收发器的功用描述正确的是（　　）。

A. 接收 CAN 控制器传来的数据，对这些数据进行处理（将字节封装成帧）

B. 接收由数据线上传来的数据，对这些数据进行处理（将字节从帧中取出）

C. 接收 CAN 控制器传来的数据，对这些数据进行处理（将逻辑信号转换为规定的电平）

D. 接收由数据线上传来的数据，对这些数据进行处理（将电压转换为逻辑信号）

9. 关于 CAN 通信总线网终上端电阻的相关知识描述正确的是（　　）。

A. 防止数据在线端被反射，避免信号失真

B. 符合 ISO 11898 – 2 标准的两个终端电阻通过 CAN – H 和 CAN – L 线连接

C. 符合 ISO 11898 – 3 标准的两个终端电阻分别与 CAN – H 和 CAN – L 线连

D. 符合 ISO 11898 – 2 标准与符合 ISO 11898 – 3 标准的两个终端电阻的电阻值都可以通过相应的端子检测

10. 关于 CAN 收发器中 Tx 与 Rx 线的相关知识描述正确的是（　　）。

A. CAN 收发器通过 Rx 线向 CAN 总线发送信息，同时改变总线的状态

B. CAN 收发器通过 Rx 线接收 CAN 总线传来信息，同时监测总线的状态

C. CAN 收发器通过 Tx 线向 CAN 总线发送信息，同时改变总线的状态

D. CAN 收发器通过 Tx 线接收 CAN 总线传来信息，同时监测总线的状态

11. 以下四个选项是数据帧中仲裁域的 11 位二进制，CAN 总线协议规定优先权较高的是（   ）。

　　A. 00110100000
　　B. 01010000000
　　C. 10001000000
　　D. 00011011011

12. 当带终端电阻的节点的支路断路（CAN – H 或 CAN – L），CAN 总线具有的容错范围是（   ）。

　　A. 此节点无法与其他节点通信，其他节点的通信不受影响
　　B. 此节点无法进行通信，其他节点以信噪比降低后的值继续工作
　　C. 高速 CAN 总线整体失效，所有节点之间不能通信
　　D. 低速 CAN 总线，故障节点转入单线工作模式，其他节点的通信不受影响

13. 当 CAN – H 对蓄电池正极短路时，CAN 总线具有的容错范为范围是（   ）。

　　A. 高速 CAN 总线具有继续工作能力
　　B. 高速 CAN 总线整体失效，所有节点之间不能通信
　　C. 低速 CAN 总线整体失效，所有节点之间不能通信
　　D. 低速 CAN 总线转入单线工作模式，通信不受影响

14. 造成高速 CAN 总线整体失效的故障是（   ）。

　　A. CAN – H 与 CAN – L 相互短路时
　　B. CAN – L 对地短路时
　　C. CAN – H 或 CAN – L 断路时
　　D. CAN – H 对蓄电池正极短路时

15. 如果高速 CAN – H 接地，则（   ）。

　　A. 网络继续通信，无任何异常
　　B. 网络继续通信，但存储 DTC
　　C. 网络彻底失效
　　D. 打开点火开关时仪表出现异常

16. 以下 DTC 属于网络系统的是（   ）。

　　A. P0340
　　B. B1040
　　C. C0501
　　D. U0100

17. 从 DLC 处检测到高速 CAN 总线的电阻为 120 Ω，可能的原因是（   ）。

　　A. 总线出现短路
　　B. DLC 的支路断路
　　C. 仪表模块节点脱开
　　D. 发动机模块的支路断路

18. 如果高速 CAN – H 存在接地故障，则产生的结果是（   ）。

　　A. 车辆不能起动
　　B. 车辆能起动，发动机转速和车速不指示
　　C. 车辆的仪表不亮
　　D. 车辆的中控锁功能失效

19. 打开点火开关，测量高速 CAN – H 的电压约为（   ）。

　　A. 2.3 V
　　B. 2.5 V
　　C. 2.8 V
　　D. 3.5 V

20. 造成低速 CAN 总线通信网络处于单线工作模式的故障是（   ）。

　　A. CAN – H 与 CAN – L 线相互短路
　　B. CAN – H 或 CAN – L 断路
　　C. CAN – H 或 CAN – L 对蓄电池正极短路
　　D. CAN – H 或 CAN – L 对蓄电池负极短路

任务二　LIN 总线通信网络技术与检修

1. 以下各项，属于 LIN 与 CAN 的区别的是（　　　）。

A. 总线协议不同　　　　　　　　　　B. 通信电压不同

C. 传输速率不同　　　　　　　　　　D. 支路节点损坏后的结果不同

2. LIN 节点与上拉电阻串联的二极管如果断路，则可能（　　　）。

A. 节点无法发送信号　　　　　　　　B. 总线电压下降

C. 电源保险丝熔断　　　　　　　　　D. 信号传输不影响

3. 如果节点内的 SCI 控制三极管接通，则 LIN 总线的电压值为（　　　）。

A. 0 V　　　　　　B. 5 V　　　　　　C. 12 V　　　　　　D. 24 V

4. 主节点访问总线后，从节点的响应是（　　　）。

A. 所有节点均需要回应　　　　　　　B. 最多只有一个节点能回应

C. 所有节点不允许回应　　　　　　　D. 可以没有节点回应

5. LIN 总线会彻底失效的情况有（　　　）。

A. 总线对地短路　　　　　　　　　　B. 总线对电源短路

C. 主节点损坏　　　　　　　　　　　D. 众多从节点中的一个损坏

6. 可以作为 LIN 的故障诊断手段有（　　　）。

A. 执行网络测试　　　　　　　　　　B. 读取节点的参数

C. 测量总线的电压值　　　　　　　　D. 测量总线的信号波形

7. 当 LIN 总线工作时，用万用表直流电压挡测量总线的对地电压，最可能是（　　　）。

A. 0 V　　　　　　B. 2.5 V　　　　　　C. 7 V　　　　　　D. 12 V

8. 不是 LIN 主控制器主要功能的是（　　　）。

A. 该控制单元在 LIN 数据总线与 CAN 总线之间起"翻译"作用

B. 通过 LIN 主控制单元进行 LIN 系统自诊断

C. 可以通过一个"叫醒"信号时，唤醒 LIN 总线通信网络系统

D. 监控数据传递和数据传递的速率，发送信息标题

任务三　MOST 总线通信网络技术与检修

1. 对 MOST 总线通信网络系统相关知识描述错误的是（　　　）。

A. 服务于多媒体应用的通信技术　　　B. 使用单根光纤作为总线

C. 各个节点串联在光纤上　　　　　　D. 各个节点并联在光纤上

2. 关于 MOST 总线通信网络的特点，以下描述正确的是（　　　）。

A. 使用两条光纤铰接在一起　　　　　B. 单向传输

C. 多主结构　　　　　　　　　　　　D. 主从结构

3. MOST 总线通信网络设计成环形拓扑结构的主要原因是（　　　）。

A. 单向传输　　　　　　　　　　　　B. 主从结构

4. 光纤通信就是以光纤作为传输介质，以（　　　）。

A. 电信号作为信息载体进行的通信

B. 电磁波作为信息载体进行的通信

C. 光波作为信息载体进行的通信

5. 关于光传输设备的描述，正确的是（　　　）。

A. 光纤与普通导线类似，只是做成了空心状态

B. 光纤接入光纤连接器需要借助铜管

C. 光纤可以随意安装到光纤连接器的进出接口

D. 光纤连接器的锁销用于固定连接器在模块上

6. 在讨论 MOST 总线通信网络系统中控制模块的组成与作用时，观点正确的是（　　　）。

A. 控制模块的核心是光接收器和光发送器。

B. 输入光纤与光接收器连接

C. 输出光纤与光发送器连接

D. 发送/接收器功能模块直接把 MOST 控制模块连到网络上

7. MOST 总线通信网络系统中控制模块的光接收器和发送器的作用是（　　　）。

A. 光接收器将光信号转换为电信号　　　　B. 光接收器将电信号转换为光信号

C. 光发送器将电信号转换为光信号　　　　D. 光发送器将光信号转换为电信号

8. MOST 网络的 1 个最小信息，包括（　　　）。

A. 1 个数据区　　　　B. 16 个数据帧　　　　C. 64 个字节　　　　D. 1 024 个字节

9. 在 MOST 总线传输的"音频、TV 和视频"等数据是（　　　）。

A. 通过控制通道发送　　　　　　　　B. 通过异步通道发送

C. 通过同步通道发送　　　　　　　　D. 上述 3 个通道都可以发送

10. 不属于 MOST 总线通信网络控制特点的是（　　　）。

A. 网关驱动　　　　B. 主模块驱动　　　　C. 信号放大　　　　D. 信号旁通

11. 检测 MOST 总线通信网络系统的故障是在光纤上还是在模块上，可以使用的方法是（　　　）。

A. 模块断路测试　　　B. 断点环路测试　　　C. DTC 测试　　　　D. 数据流读取

12. MOST 网络会停止工作的情况有（　　　）。

A. 光纤存在某处断路　　　　　　　　B. 某个模块的收发器损坏

C. 某个模块的电源或接地丢失

13. 当从节点存在内部故障时，MOST 总线通信网络系统将会（　　　）。

A. 停止工作

B. 通过主节点模块关闭故障从节点模块的网络通信

C. 通过旁通模式直接将光波发送至下一个节点模块，保持 MOST 网络继续工作

14. MOST 总线连接的控制单元有（　　　）。

A. 被动安全系统的所有控制单元　　　　B. 底盘控制系统的所有控制单元

C. 传动装置的所有控制单元　　　　　　D. 信息/通信技术的所有控制单元

项目三　汽车现阶段拓展总线通信网络技术

任务一　FlexRay 总线通信网络技术

1. 属于 FlexRay 优点的是（　　　）。

A. 带宽较高　　　　　　　　　　　　B. 实时数据传输

C. 数据通信可靠   D. 国际标准

2. 同时支持事件触发与时间触发的通信协议有（　　）。

A. CAN   B. MOST   C. FlexRay   D. byteflight

3. 对 FlexRay 总线数据帧结构相关知识表述正确的是（　　）。

A. FlexRay 的信息段包括静态段和动态段

B. FlexRay 的静态段按时间触发传递信息

C. FlexRay 的动态段按事件触发传递信息

D. 不论是按时间触发、还是按事件触发传递信息，都必须按照 FlexRay 总线通信协议规定的仲裁逻辑确定优先级

4. 在 FlexRay 的静态段，为了确保每个模块都能准时的传递信息，必须做到（　　）。

A. 所有 FlexRay 网络中的模块，必须要进行精确时间同步，才能参与信息传递

B. 承担时间同步的模块称为起动和同步控制模块，并由 FlexRay 总线系统指定

C. 在被指定承担时间同步的模块，只要有一个承担时间同步的模块工作，就能完成时钟同步校对，一旦校对成功，校对后的时刻会发放给所有其他信息传递参与者

D. 在被指定承担时间同步的模块，至少要有两个承担时间同步的模块同时工作，才能完成时钟同步校对，一旦校对成功，校对后的时刻会发放给所有其他信息传递参与者

5. FlexRay 总线通信协议与 CAN 总线通信协议规定相同的有（　　）。

A. 总线上传输的信号特点   B. 总线系统的电压范围

C. 当总线无信号时的隐性电压   D. 信号传输原理

6. 采用星形拓扑结构 FlexRay 总线，对终端电阻结构相关知识表述正确的是（　　）。

A. 每条与星形连接器（中心节点）相连的 FlexRay 支路，其中一个终端电阻一定安装在中心节点的驱动器内

B. 如果星形连接器（中心节点）中一个总线驱动器（BDO）上仅连接一个控制单元，则总线驱动器和控制单元的接口各有一个终端电阻

C. 如果星形连接器（中心节点）上的接口不是物理终止节点，每个总线路径端部的两个节点必须以终端电阻终止

6. 采用星形和总线型混搭的拓扑结构 FlexRay 总线，对终端电阻结构相关知识表述错误的是（　　）。

A. 每条与星形连接器（中心节点）相连的 FlexRay 支路，其中一个终端电阻一定安装在中心节点的驱动器内

B. 如果星形连接器（中心节点）中一个总线驱动器（BDO）上仅连接一个控制单元，则总线驱动器和控制单元的接口各有一个终端电阻

C. 如果星形连接器（中心节点）上的接口不是物理终止节点，每个总线路径端部的两个节点必须以终端电阻终止

D. 如果星形连接器（中心节点）中一个 FlexRay 支路连接一个以上的控制单元，则处于星形分支中间的节点控制单元，在 FlexRay 的双线之间内置一电阻较大的端末电阻（奔驰车系匹配阻值为 2 426 Ω）

7. 奔驰车型采用双线制，星形和总线型混搭的拓扑结构。每个星形的分支，都有一个

约为（　　）。

    A. 50 Ω 的终端总电阻　　　　　　　　　　B. 60 Ω 的终端总电阻

    C. 120 Ω 的终端总电阻

8. 奔驰 205 型汽车，底盘 FlexRay 总线通信网络系统使用的起动和同步的控制单元分别是（　　）。

    A. N73、N30/4 和 N68　　　　　　　　　　B. N73、N30/4 和 N62

    C. N127、N30/4 和 N68　　　　　　　　　　D. N127、N62 和 N68

9. 宝马 F01/F02 型汽车，行驶动态管理 FlexRay 总线通信网络系统使用的起动和同步的控制单元分别是（　　）。

    A. DME、DSC 和 ICM　　　　　　　　　　B. DME、DSC 和 AL

    C. VDM、DSC 和 ICM　　　　　　　　　　D. VDM、AL 和 ICM

任务二　byteflight 总线通信网络技术与蓝牙通信技术

1. 可以使用光缆通过光脉冲传输数据的总线系统有（　　）。

A. CAN　　　　　　B. MOST　　　　　　C. FlexRay　　　　　　D. byteflight

2. 对 byteflight 总线通信系统相关知识表述正确的是（　　）。

A. 采用星形拓扑结构

B. 主控单元接收各个从控单元发送的数据，随即又将这些数据重新发送给所有从控单元

C. 主控单元接收各个从控单元发送的数据，根据需要向从控单元发送信息标题

D. 主控单元不具有访问控制功能，而仅承担纯粹的分配功能

3. 与 CAN 数据帧结构相同的总线通信网络系统是（　　）。

A. byteflight　　　　B. MOST　　　　　　C. FlexRay　　　　　　D. LIN

4. 采用主从结构的总线通信网络系统有（　　）。

A. CAN　　　　　　B. MOST　　　　　　C. FlexRay　　　　　　D. byteflight

E. LIN

5. 对 byteflight 数据帧相关知识表述正确的是（　　）。

A. byteflight 具备同步和异步数据传输的能力

B. 为了保证同步数据正常传输，byteflight 通过软件设定了产生同步脉冲的电控单元

C. 数据帧的优先级，通过标识符进行区别

D. 由于 byteflight 具备同步和异步数据传输的能力，当产生同步脉冲的电控单元故障时，byteflight 总线仍能进行异步数据传输

6. byteflight 系统中，某根光缆上出现下列哪些故障时，就会关闭卫星式传感器（　　）。

A. 没有在规定时间内接收到光信号　　　　B. 发送二极管没有持续发光

C. 衰减强度过大　　　　　　　　　　　　D. 同步脉冲中断

7. 在 E60 车型发出同步脉冲的控制模块是（　　）。

A. ZGM　　　　　　B. SGM　　　　　　C. ZGM 和 SIM　　　　D. SGM 和 SGL

8. 对蓝牙通信技术基本的正确认知是（　　）。

A. 蓝牙技术属于一种短距离、低成本和低能耗的无线连接技术，其带宽为 2.402～2.480 GHz

B. 蓝牙技术是一种能够实现语音和数据无线传输的开放性方案

C. 蓝牙技术，能够有效地简化笔记本电脑和移动电话等移动通信终端设备之间的通信

D. 目前汽车上使用"IEEE 802.15 协议"1.2 的制式的蓝牙技术，传输速率最高为 2 Mbit/s，通信距离为 10 m 左右

9. 蓝牙通信技术在汽车上的应用有（　　　）。

A. 免提装置 　　　　　　　　　　 B. 传输电话本数据

C. 传输短信息 　　　　　　　　　　 D. 传输音频流

E. 互联网连接

10. 蓝牙连接配对学习的条件有（　　　）。

A. 配对设备应获得授权

B. 移动电话中的蓝牙已激活

C. 功能键切换至"蓝牙对所有人可见"状态

D. 蓝牙每次连接时，都得满足上条件完成配对学习

11. "音频设备搜索移动电话"操作属于（　　　）。

A. 内部授权 　　　　　　　　　　 B. 外部授权

12. "移动电话搜索音频设备"操作属于（　　　）。

A. 内部授权 　　　　　　　　　　 B. 外部授权

13. 蓝牙连接配对学习的条件之一是"配对设备应获得授权"，以下属于内部授权操作的是（　　　）。

A. 输入自己选择的密钥后分别在音频设备和移动电话上确认

B. （NTG4.5 及蓝牙 2.1 以上）通过简易配对，在音频设备生成密钥，接着在音频设备和移动电话上进行确认

C. 自己选择密钥

D. 简易配对

14. 对"蓝牙配置文件"基本概念的正确认知是（　　　）。

A. 蓝牙配置文件表达了蓝牙设备的一般行为

B. 蓝牙配置文件定义了可能的应用

C. 通过这些配置文件，蓝牙设备可以与其他设备进行通信

D. 特定配置文件必须能够被蓝牙设备翻译

E. 就当今汽车上的设备而言，只能支持一种蓝牙配置文件

项目四　典型的汽车总线通信网络系统检修

任务一　大众车系总线通信网络技术应用与检修

1. 在大众车系总线通信网络系统中，目前使用的总线通信网络系统有（　　　）。

A. 高速 CAN（传输速率：500 kbit/s） 　　 B. 低速 CAN（传输速率：100 kbit/s）

C. MOST（传输速率：25 Mbit/s） 　　 D. FlexRay（传输速率：10 Mbit/s）

E. LIN（传输速率：20 kbit/s）

2. 上海大众车系网络化方案中新增了 MOST 子网络，并将原有的低速 CAN 网络匀改的高速 CAN 网络的是（　　）。

A. PQ35 平台相关车型　　　　　　　　B. PQ46 平台相关车型

C. PASSAT B7　　　　　　　　　　　　D. PASSAT B8

3. 在大众车系中以下不属于动力 CAN 总线上的电控单元的是（　　）。

A. 发动机控制单元　　　　　　　　　　B. 变速箱控制单元

C. 中央门锁控制单元　　　　　　　　　D. ABS 控制单元

4. 大众车系 CAN 总线线束的基色是（　　）

A. 橙色　　　　　B. 红色　　　　　C. 绿色　　　　　D. 棕色

5. 在大众车系中，对于设备配置相对比较高端的车型，CAN 双绞线一般采用插座式连接器连接。连接插头分别构成了舒适系统 CAN 总线及驱动系统 CAN 总线的中央节点，各总线系统下的所有控制单元的 CAN 线均被连接到连接插座上，插座式连接器的作用包括（　　）。

A. 可以通过检测盒检查驱动和舒适 CAN 总线上控制单元的各条导线

B. 可以在进行总线系统故障查寻时区分出各个控制单元

C. 可以通过检测盒用来确定 CAN 总线上的短路点

D. 可以将各个控制单元连接触桥插到检测盒上对控制单元进行检查

6. 在大众车系中，具有单线工作模式的总线通信网络系统有（　　）。

A. 高速 CAN　　　　　　　　　　　　B. 低速 CAN

C. MOST　　　　　　　　　　　　　　D. LIN（传输速率：20 kbit/s）

7. 大众车系高速 CAN 数据总线上的终端电阻是（　　）。

A. 标准式结构，终端电阻安装在距离最远的两个节点上通过 CAN – H 和 CAN – L 线连接

B. 分配式结构，网络每个节点上的 CAN – H 和 CAN – L 线之间安装了匹配好阻值的末端电阻，终端电阻集成在发动机控制单元内，阻值为 66 Ω

C. 标准式结构，网络每个节点内有两个终端电阻，分别与 CAN – H 和 CAN – L 线连接

8. 大众车系总线系统中所谓"15#正电再激活功能"是指（　　）。

A. 动力总线系统在点火开关处于 OFF 位，网关控制 30#正电激活控制单元内部的 15#正电，保证断电后，相关电控单元信息的正常传递

B. 舒适总线系统在点火开关处于 OFF 位，网关控制 30#正电激活控制单元内部的 15#正电，保证断电后，相关电控单元信息的正常传递

C. 再激活功能的时间在 10 s ~ 15 min 之间

D. 再激活功能的时间没有限制

9. 大众车系总线系统中，网关控制舒适总线系统进入"睡眠"模式的必要条件是（　　）。

A. 当信息娱乐总线处于空闲状态时

B. 当舒适总线处于空闲状态时

C. 当动力总线处于隐性状态时

D. 当舒适和信息娱乐总线处于空闲状态时

10. 使用 VAS 诊断仪进行网络测试，应在菜单中选择的地址号是（　　）。

A. 01　　　　　　　　B. 09　　　　　　　　C. 17　　　　　　　　D. 19

11. 使用 VAS 诊断仪对 CAN 总线系统故障检测步骤是（　　）。

A. 选择网关（19）地址码，检测所有连接在一起的总线上的数据交换

B. 选定网关的故障存储器（02）地址码，查阅当前、以前及偶尔出现的错误信息

C. 选定故障控制单元的测量数据块（08）地址码，查阅相关控制单元的当前状态

D. 必要时，选定故障控制单元的存储器（05）地址码，查阅相关控制单元的当前信息

12. 使用 VAS 诊断仪读取测量数据块的工作状态时，在"单线工作"的显示区，显示"单线工作"与"双线工作"交替变换信息，则说明低速 CAN 总线系统存在（　　）。

A. 低速 CAN 总线系统主链路 CAN – H 或 CAN – L 存在断路故障

B. 低速 CAN 总线系统支链路 CAN – H 或 CAN – L 存在断路故障

C. 低速 CAN 总线系统主链路 CAN – H 或 CAN – L 存在短路故障

D. 低速 CAN 总线系统支链路 CAN – H 或 CAN – L 存在短路故障

任务二　长安福特车系总线通信网络技术应用与检修

1. 目前福特车载网络系统使用的总线通信网络系统有（　　）。

A. CAN（传输速率：500 kbit/s）　　　　B. CAN（传输速率：125 kbit/s）

C. MOST（传输速率：25 Mbit/s）　　　　D. FlexRay（传输速率：10 Mbit/s）

E. LIN（传输速率：20 kbit/s）

2. 福特现有 CAN 总线通信网络系统的容错特性（　　）。

A. 符合 ISO 11898 – 2 标准

B. 符合 ISO 11898 – 3 标准

C. 传输速率为 125 kbit/s CAN 总线系统，符合 ISO 11898 – 3 标准

3. 福克斯 C519 总线通信网络拓扑结构表述正确的是（　　）。

A. 布置 4 条传输速率为 500 kbit/s 的 CAN 网络

B. 布置 1 条传输速率为 125 kbit/s 的 CAN 网络

C. 布置了 6 组 LIN 总线通信网络

D. 在这 5 条 CAN 网络中总共安装了 14 个终端电阻

E. 在这 5 条 CAN 网络中总共安装了 10 个终端电阻

4. 福克斯 C519 车型能够在 OBD – Ⅱ16 针诊断接口处检测到总线电阻的 CAN 子网络有（　　）。

A. HS – CAN1　　　　　　　　　　　　B. HS – CAN2

C. HS – CAN3　　　　　　　　　　　　D. HS – CAN4

E. MS – CAN

5. 福克斯 C519 车型能够在网关（GWM）背面连接器的引脚处检测到总线电阻的 CAN 子网络有（　　）。

A. HS – CAN1　　　　　　　　　　　　B. HS – CAN2

C. HS – CAN3　　　　　　　　　　　　D. HS – CAN4

E. MS – CAN

6. 查阅维修手册，确定福克斯 C519 免钥匙起动系统中，BCM 控制模块接收 LIN 总线传递的广播消息是（　　）。

    A. 被动钥匙数据　　　　　　　　　　B. PATS 起动请求目标命令

    C. 被动钥匙检测显示　　　　　　　　D. 点火状态

7. 查阅维修手册，确定福克斯 C519 主动泊车系统中，PAM（泊车辅助控制模块）输出的广播消息是（　　）。

    A. 主动泊车辅助转向角请求　　　　　B. 主动泊车辅助转向激活请求

    C. 车速　　　　　　　　　　　　　　D. 泊车辅助鸣响请求

    E. 泊车辅助故障状态　　　　　　　　F. 主动泊车辅助

8. 福克斯 C519 主动泊车系统终止条件有（　　）。

    A. 驾驶员车门打开　　　　　　　　　B. 驾驶员握紧方向盘

    C. 车位出现物体　　　　　　　　　　D. 车轮打滑或陡坡

9. 为了便于 CAN 总线电阻、电压检测，金车座 D568 总线通信网络系统配置了两个诊断接口。一个为 OBD Ⅱ 诊断接口；另一个为非 OBD Ⅱ 诊断接口，在 BCM 附近。其目的是（　　）。

    A. OBD Ⅱ 诊断接口与 HS – CAN1 和 HS – CAN2 连接

    B. 非 OBD Ⅱ 诊断接口 HS – CAN3 和多媒体 CAN 连接

    C. 非 OBD Ⅱ 诊断接口 HS – CAN3 和 MS – CAN 连接

    D. 非 OBD Ⅱ 诊断接口多媒体 CAN 和 MS – CAN 连接

10. 对金车座 D568 总线通信网络拓扑结构表述正确的是（　　）。

    A. 布置 4 条传输速率为 500 kbit/s 的 CAN

    B. 布置 1 条传输速率为 125 kbit/s 的 CAN

    C. 布置了 4 组 LIN 总线通信网络

    D. 在这 5 条 CAN 中总共安装了 14 个终端电阻

    E. 在这 5 条 CAN 中总共安装了 10 个终端电阻

11. 在金车座 D568 总线通信网络系统中，能够通过 OBD Ⅱ 诊断接口处进行相关网络信电气参数测量的 CAN 网络是（　　）。

    A. HS – CAN1　　　　　　　　　　　B. HS – CAN2

    C. HS – CAN3　　　　　　　　　　　D. MS – CAN

12. 在金车座 D568 总线通信网络系统中，能够通过非诊断接口处进行相关网络信电气参数测量的 CAN 网络是（　　）。

    A. HS – CAN1　　　　　　　　　　　B. HS – CAN2

    C. HS – CAN3　　　　　　　　　　　D. MS – CAN

13. 金车座 D568 总线通信网络系统中的车身电子控制模块 BCM 具有 4 总工作模式，其中运输工作模式的解除方法是（　　）。

    A. 打开点火开关，在 10 s 内踩刹车踏板 3 次

    B. 打开点火开关，在 10 s 内踩刹车踏板 5 次

    C. 同时按双闪灯开关两次

    D. 同时按双闪灯开关 3 次

14. 查阅 D568 总线网络拓扑，判断在讨论 D568 外部灯光系统工作原理时，表述错误的是（　　）。

A. BCM 通过 HS – CAN1 接收→DWM→HS – CAN2→SCCM 发送的远近光请求信号

B. BCM 通过 HS – CAN2 接收→DWM→HS – CAN1→SCCM 发送的远近光请求信号

C. BCM 通过 HS – CAN1 接收→DWM→HS – CAN2→IPMA 发送的自动远光灯请求信号

D. BCM 通过 HS – CAN1 接收→PCM 发送的车速信号

任务三　奔驰车系总线通信网络技术应用与检修

1. 奔驰 205/253 型汽车载网络系统使用的总线通信网络系统有（　　）。

A. 多达 12 条传输速率为 500 kbit/s 的 CAN 控制器区域网络

B. 3 条网速为 250 kbit/s 的 CAN 控制器区域网络

C. 传输速率为 25 Mbit/s 的 MOST

D. 传输速率为 10 Mbit/s 的低盘 FlexRay 网络

E. 传输速率为 20 kbit/s LIN：20 kbit/s

2. 奔驰现有 CAN 控制器区域网络系统的容错特性有（　　）。

A. 符合 ISO 11898 – 2 标准

B. 符合 ISO 11898 – 3 标准

C. 传输速率为 250 kbit/s 的 CAN 控制器区域网络，符合 ISO 11898 – 3 标准

3. 对应发动机的工作状态，对发动机 CAN C 的容错性表述错误的是（　　）。

A. 当 CAN – L 对地短路，车辆起步、发动机转入单线模式

B. 当 CAN – L 对地短路，车辆起步、发动机转入应急运行模式

C. 当 CAN – H 对地短路，发动机无法起动

D. 当 CAN – H/或 CAN – L 对正极短路，发动机无法起动

E. 当 CAN 总电阻小于 30 Ω，发动机无法起动

4. 奔驰现有常见 CAN 控制器区域网络系统的终端电阻结构是（　　）。

A. 标准式结构，终端电阻安装在距离最远的两个节点上通过 CAN – H 和 CAN – L 线连接

B. 分配式结构，网络每个节点上的 CAN – H 和 CAN – L 线之间安装了匹配好阻值的末端电阻，终端电阻集成在发动机控制单元内，阻值为 66 Ω

C. 标准式结构，网络每个节点内有两个终端电阻，分别与 CAN – H 和 CAN – L 线连接

D. 分配式结构，网络每个节点上的 CAN – H 和 CAN – L 线之间安装了匹配好阻值较大的末端电阻；终端电阻安装在电压分配器上的 CAN – H 和 CAN – L 线之间，阻值为 60 Ω

5. CAN 总线电压分配器的主要作用有（　　）。

A. 为各子控制器局域网络提供终端电阻的安装位置，阻值大多为 60 Ω

B. 便于快速查找节点故障，提高维修效率

C. 有利于子控制器局域网络功能拓展

D. 为 CAN 总线子控制器局域网络各节点分配工作电压

6. 奔驰车型 FlexRay 总线采用双线制，星形和总线型混搭的拓扑结构。每个星形的分支的总电阻是（　　）。

A. 30 Ω   B. 50 Ω   C. 60 Ω   D. 66 Ω

7. 查阅维修手册，N73 是（   ）控制器区域网络的网关控制单元。

A. 车内控制器区域网络（CAN B）

B. 传动系控制器区域网络（CAN C1）

C. 用户界面控制器区域网络（CAN HMI）

D. 外围设备控制器区域网络（CAN PER）

8. 奔驰汽车控制器区域网络，终端电阻正确的检测方法是（   ）。

A. 让车辆进入休眠状态后检测

B. 断电瓶负极线缆 5 min 后检测

C. 直控用万用表的电阻挡测量由电压分配器引出的 CAN－H 和 CAN－L 线

D. 在检测电压分配器引出的 CAN－H 和 CAN－L 线之前应将电压分配器专用的适配器接在电压分配器上

9. 当 FlexRay 总线中间节点控制模块有故障时，正确的判别方法是（   ）。

A. 断开有可能故障的 M 模块插头，看系统是否正常工作

B. 断开有可能故障的 M 模块插头，用跨接导线直接跨接过该 M 模块，看系统是否正常工作

C. 断开有可能故障的 M 模块插头，用一个 2 500 Ω 左右的电阻连接在 FlexRay 的高线与低线之间，看系统是否正常工作

D. 断开有可能故障的 M 模块插头，用一个 102 Ω 左右的电阻连接在 FlexRay 的高线与低线之间，看系统是否正常工作

10. 在讨论 FlexRay 总线系统正常工作的条件时，表述错误的是（   ）。

A. FlexRay 总线上的每个控制模块都可唤醒系统

B. 只有在被授权的冷起动控制模块进行唤醒模式的数据同步后

C. FlexRay 总线系统的数据同步，必须由 2 个被授权的冷起动控制模块完成

D. FlexRay 总线系统的数据同步，可由 1 个被授权的冷起动控制模块完成

项目五　新能源汽车总线通信网络系统检修

1. 按人体安全电压的域值分，强电与弱电的基本概念描述正确的是（   ）。

A. 直流电大于 60 V、交流电大于 30 V 时

B. 直流电大于 60 V、交流电大于 220 V 时

C. 直流电大于 60 V、交流电大于 380 V 时

D. 直流电大于 60 V、交流电大于 1 000 V 时

2. 在新能源汽车中，属于高压电的应用主要设备或电器是（   ）。

A. 电动压缩机   B. 动力电池

C. 驱动电机   D. 电压转换器

3. 我国规定，在一般环境条件下允许持续接触的"安全特低电压"是（   ）。

A. 60 V   B. 42 V   C. 36 V   D. 24 V

4. 当流过人体的电流超过（   ）时，触电伤害会危及人的生命，并且触电人不容易摆脱电源。

A. 30 mA　　　　　B. 50 mA　　　　　C. 60 mA　　　　　D. 1 A

5. 目前比亚迪新能源汽车车载网络系统使用的总线通信网络系统有（　　）。

A. CAN（传输速率：500 kbit/s）　　　B. CAN（传输速率：250 kbit/s）

C. CAN（传输速率：125 kbit/s）　　　D. LIN（传输速率：20 kbit/s）

E. MOST（传输速率：25 Mbit/s）

6. 在比亚迪新能源汽车中，配置有 CAN 短接器，其主要目的是（　　）。

A. 便于布线

B. 便于对 CAN 总线通信网络系统进行故障诊断

C. 便于功能拓展，连接新增电控单元

7. 目前比亚迪新能源汽车现有 CAN 总线通信网络系统的容错特性有（　　）。

A. 符合 ISO 11898 – 2 标准

B. 符合 ISO 11898 – 3 标准

C. 传输速率为 125 kbit/s CAN 总线系统，符合 ISO 11898 – 3 标准

8. 比亚迪 e6 汽车，总线电阻和总线电压可以在 OBD – Ⅱ（数据链路连接器）引脚之间处测量的子网络是（　　）。

A. 电子稳定控制系统（ESC）总线通信网络

B. 舒适系统总线通信网络

C. 动力系统总线通信网络

D. 起动系统总线通信网络

9. 比亚迪 e6 汽车，总线端末电阻未安装在网关内的子网络是（　　）。

A. 电子稳定控制系统（ESC）总线通信网络

B. 舒适系统总线通信网络

C. 动力系统总线通信网络

D. 起动系统总线通信网络

10. 在比亚迪 e6 汽车灯光控制系统中，通过 CAN 总线通信网络由"多路集成控制模块"控制的灯光主要有（　　）。

A. 转向灯　　　　　　　　　　　　B. 前雾灯

C. 后雾灯　　　　　　　　　　　　D. 小灯

E. 远、近光灯

11. 在比亚迪 e6 汽车灯光控制系统中，通过 CAN 总线通信网络由"继电器控制模块"控制的灯光主要有（　　）。

A. 转向灯　　　　　　　　　　　　B. 前雾灯

C. 后雾灯　　　　　　　　　　　　D. 小灯

E. 远、近光灯

12. 比亚迪秦总线通信网络系统，布置了 2 条传输速率为 500 kbit/s 的 CAN 高速网络，它们分别是（　　）。

A. ESC 电子稳定控制系统总线通信网络

B. ECM 发动机控制系统总线通信网络

C. 动力控制系统总线通信网络

D. 舒适系统总线通信网络

E. 起动系统总线通信网络

13. 比亚迪秦汽车，总线电阻和总线电压可以在 OBD－Ⅱ（数据链路连接器）引脚之间处测量的子网络是（　　）。

A. 电子稳定控制系统（ESC）总线通信网络

B. 舒适系统总线通信网络

C. 动力系统总线通信网络

D. 起动系统总线通信网络

14. 在比亚迪秦智能钥匙控制系统中，通过 CAN 总线与转向轴锁（ECL）进行通信，进行密码信息认证的过程是（　　）。

A. 智能钥匙进入工作流程

B. 无钥匙进入工作流程

C. 无钥匙起动工作流程

D. 无电模式起动工作流程